U0582919

Management Science

管理学

服务时代的决胜关键

现代工商管理经典教材

李铭辉‖主编

叶日武　林玥秀‖著

经济管理出版社
ECONOMY & MANAGEMENT PUBLISHING HOUSE

北京市版权局著作权合同登记：图字：01-2014-1176 号

图书在版编目（CIP）数据

管理学：服务时代的决胜关键/叶日武，林玥秀著. —北京：经济管理出版社，2015.5
ISBN 978-7-5096-2832-4

Ⅰ. ①管…　Ⅱ. ①李…　②林…　Ⅲ. ①管理学　Ⅳ. ①C93

中国版本图书馆 CIP 数据核字（2013）第 286977 号

组稿编辑：陈　力
责任编辑：陈　力　丁慧敏
责任印制：黄章平
责任校对：张　青

出版发行：经济管理出版社
　　　　　（北京市海淀区北蜂窝 8 号中雅大厦 A 座 11 层　　100038）
网　　址：www. E-mp. com. cn
电　　话：(010) 51915602
印　　刷：玉田县昊达印刷有限公司
经　　销：新华书店
开　　本：787mm×1092mm/16
印　　张：26.25
字　　数：541 千字
版　　次：2017 年 4 月第 1 版　　2017 年 4 月第 1 次印刷
书　　号：ISBN 978-7-5096-2832-4
定　　价：78.00 元

序

观光事业是一门综合性的服务事业，为了让观光事业能正常有效地运作，就需要有效的管理。有良好的管理，组织才能正常有效地运作。简言之，管理是组织有效运行的保证，组织通过管理，才能有效地实现组织的目标，经由服务业有效的管理，才能够将管理变为服务时代的决胜关键。

管理学上有"如何进行规划"、"如何组织团队成员"、"如何用人与留人"、"领导和激励员工"和"有效进行绩效控制"五大功能。一般认为管理的职能包括计划、组织、领导、控制这四种基本职能，但各职能相互联系与相互制约，其中计划是管理的首要职能，是组织、领导和控制职能的依据；组织、领导和控制职能是有效管理的重要环节和必要手段，是计划及其目标得以实现的保障，最后加上统合协调，使之形成前后关联、连续一致的整体管理过程，才能保证管理工作顺利进行和组织目标圆满实现。

近年，管理学的著作虽有许多，但以观光管理为本的管理专业书籍却较为缺乏，也难以满足学界、业者及读者的需要。个人从事观光事业研究与教育20余年，平常与观光业者谈及观光管理相关书籍时，常会有坊间著作难以满足业者需要之憾。今适得叶日武及林玥秀两位从事多年学术的作者，惺惺相惜下，携手合作，将多年的教学经验，结合国内外知名的服务业者成功案例，作为观光界学习管理的前导指针，相信本书付梓应能确实反映业者的真正需求，除作为观光事业管理的指引外，更能满足学生学习的需要。

作者以生动活泼的写作方式，突破传统的管理学写作风格，在兼顾理论与实务之下，除了探讨管理学重要的观点与理论外，更将各种理论确实应用在实例上，一方面可让读者对理论的发展脉络有所了解，另一方面两位作者掌握各种理论间的关联，建立系统性架构，并力求以实例来加以说明，以飨读者在实务上的运用。在呈现方式上，则力求完整与新颖；全书不但将理论与实务有效衔接和应用，还能实际帮助读者，真正地学习与应用管理学的理论，并决胜在今日以服务为主轴的时代。

身为此书的主编，除要感谢本书作者将多年的教学与实务经验无私融入本书外，也要感谢前程文化事业有限公司执事诸君的支持与工作人员的辛劳，本书才得以顺利问世。

中国台湾·台湾观光学院校长

李铭辉 博士 谨识

2010 年 8 月

代序：学理与应用结合的自然实验

写作与出版动机

从坐在台下听讲到站在台上开讲，从单纯的学生到历经沧桑的"回锅教师"，本书的两位作者始终有个疑问：为什么商学教育总是给人"过于理论化"的刻板印象，导致许多商科学生和社会人士都认为"理论与实务不一样"，从而在课堂上展现出"只求考试过关，不想学习了解"的行为？

任何人都可以针对这个问题构建出自己的诠释，但本书两位作者的假说之一在于：虽然许多商学教科书都强调"结合理论与实务"，实际上也提供了大量的真实案例，但是在只有文字和口头叙述、缺乏实际应用机会的学习环境当中，学生很难深刻体验到各种理论确实可以应用在实务上，更无法理解为何许多商场实务其实都符合理论上的主张。

这个假说促成了本书的诞生。用学术语言来说，撰写并出版这本书是在进行一场自然实验（Natural Experiment），这本书就是实验中的处理（Treatment），而市场反应则是实验的结果（Outcome）。若本书在市场上获得接受，则表明确实有许多人觉得实务应用是问题之一，因此上述假说应该相当符合事实。

事实上，商学教科书市场上并不缺少强调实务应用的作品，例如各大外文书商或多或少都出版了几本采用个案式教学（Case Teaching）或体验式教学（Experiential Approach）的教科书。然而，这类教科书或是内容无法融入传统的讲授式教学，或是个案与练习难以与讲授内容连接，以至于迄今仍无法成为教学主流。

本书尝试突破既有的商学教科书写作方式，一方面维持讲授式教学的传统，另一方面也纳入体验与个案教学的菁华。使用本书的学生一方面得以了解重要的学术理论，另一方面也获得充分的练习机会，可以思考如何将特定理论应用在实务上，或者特定实务背后反映了什么理论。这种实验性的教学方式或许会影响升学主义下极其重视的"进度"，却有助于突破死记硬背囫囵吞枣的传统，获得"知道如何应用"这个商学教育理应能够达成的学习成效。

章节架构与特色

就章节安排而言，本书与其他管理学教科书大致相同，先以管理学简介和管理思想史切入，然后依序讨论规划、组织、领导、控制等议题，并于最后一章说明服务业管理所面临的挑战与常见的因应措施。整体而言，本书配合作者的教学经验与学生的实际需要，涵盖了管理学必须探讨的基本议题，但省略了变革、团队与作业管理等经常在美式管理学教科书中出现的进阶议题。

本书与其他的管理学教科书的主要差异在于下列几点：①兼顾完整性与实用性，在正文叙述中纳入许多其他管理学教科书未予说明的重要理论，例如在解释人类行为上极其重要的理性行动与计划行为理论（TRA & TPB）；②秉持"即学即用"的精神，在各节提示"随堂思考"题，在章末提示"应用题"，让读者获得可以立刻应用的学习回馈；③坚持"理论与实务结合"，章末个案的内容与讨论方向都与正文密切结合，不至于沦为"不看正文也可以讨论"的官样文章。

因此，如果您想要的是一本用来应付考试、只需死记硬背的管理学教科书，那么这本书的正文可以提供许多其他教科书所忽略的重要内容，在准备考试方面不无小补。然而，本书适合的是希望"学习管理"而非"背诵管理学"的读者，通过本书所提供的个案与练习题，有志于学习管理的读者在阅读正文后，还可以在思考应用的过程中深刻理解到理论与实务的密切关联以及管理学的实用价值，这也正是本书两位作者多年来所执著的教学使命与目标。

目　录

1 管理学导论

本章学习目标

1. 了解管理的意义与重要性

2. 了解管理工作的内涵与程序

3. 了解管理者的职务类别与扮演的角色

4. 了解管理工作的基本特征

5. 了解管理者所需的能力与培养这些能力的途径

女佣变凤凰

对某些人而言，好莱坞电影《女佣变凤凰》（Maid in Manhattan）只是一部平凡女性嫁入豪门的爱情喜剧，但学管理的学生按理应该会注意到，女主角珍妮佛·罗培兹（Jennifer Lopez）是纽约曼哈顿地区某饭店的客房清洁人员，向公司申请参与管理训练并获得核准，相关桥段包括其直属上司对她的鼓励有加，母亲质疑她为何不乖乖地继续做客房清洁工作，以及同事以"我们想要都没有机会，你还犹豫什么"来勉励她等等。

虽然整部电影只显示出女主角因为"不想一辈子当女佣"而申请参与管理训练，看不出她对管理工作的热爱与努力过程，甚至在女主角违反规定偷穿房客的名牌服饰，被男主角撞见而一见钟情的关键桥段中，多少有一点讽刺遵守规定则不会有意外惊喜的味道，但包括基层工作者亟求管理职位而不可得，客房清洁人员在房客眼中有如隐形人等管理相关议题，都通过不同的桥段有意无意地显示出来。

在管理实务上，参与管理训练的员工称为储备干部（Management Trainee），顾名思义就是训练完成之后预计要担任公司的干部（即管理者）。显然，并不是在基层工作上表现良好的人都可以接受储备干部训练，更不是人人都可以成为管理者。究竟管理是怎么回事？管理者在做哪些事情？需要哪些不同于基层工作人员的能力？这些问题都可以在本章获得初步的答案。

虽然管理学知识本身并不足以让学习者建立职场的竞争优势，如何灵活有效地运用这些知识才是关键，但是和储备干部一样有系统地学习管理知识，确实可以省下许多自行摸索的时间与尝试错误的过程，这也正是管理学课程与教科书的价值所在。本章是管理学知识的起点，依序介绍管理的意义与重要性、管理工作的内涵与程序、管理者的职务类别与扮演的角色以及管理者所需的能力与培养这些能力的途径。

1.1 管理的意义与重要性

管理（Management）一词涵盖范围很广，若想要以几句话加以说明，则很可能发生瞎子摸象寓言中的错误。为了避免偏颇，本书分别以简单和完整的定义来解释管理的意义。

1.1.1 管理的简单定义

以最简单的定义而言，管理就是"通过其他人来做好事情"。这个定义说明了管理的目标是"做好事情"，但同时也指出要"通过过其他人"才算是管理，因此管理兼有人与事这两个层面，一方面要"管事"，另一方面也要"管人"。

图1-1呈现了管理的人与事这两个层面。在"管人"的层面包括用人、领导、沟通、激励等议题，本书后文将有专章分别探讨，其中"用人"部分以"人力资源管理"的标题来呈现。在"管事"的方面则是先行按照企业功能将各种事情区分为策略、营销、生产/作业、财务、人力资源、信息等领域，然后根据管理学的内含将之区分为规划（包含组织）、执行与控制等步骤。本书分别有若干章节来探讨规划（含组织）与控制，但是和其他管理学教科书一样，并不讨论营销、财务等企业功能，同时也不讨论"如何按照计划执行各项工作"。

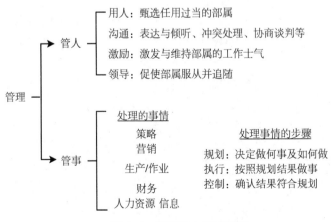

图1-1 管理的人与事层面

上述简单的定义适用于一般状况，同时也能够借由图 1-1 与本书的内容结合。然而，严格说来人与事这两个层面可能很难划分，例如沟通的对象是人（部属、同事、上司等），但沟通的内容经常涉及某些事情，将之划分为人或事都可能引发争议。另外，在所属单位只有一个人，管理者形同"校长兼撞钟"，或者管理议题属于个人生活、生涯等"个人管理"层面时，"通过其他人"才算是管理的定义并不成立。

1.1.2 管理的完整定义

上述区分为人与事的简单定义并不足以描绘出管理的全貌。

（1）虽然管理工作很繁杂，但并不是杂乱无章毫无次序，通常都可以在其中找到一些有规律的活动，这些活动也就是管理学上所称的管理功能（Management Functions）或管理程序（Management Process）。目前管理学界最普遍接纳的管理程序包括四个步骤，分述于下：

1）规划（Planning）：决定该做哪些事情以及如何做这些事情，也就是设定目标并拟定借以达成目标的行动计划。

2）组织（Organizing）：决定如何分工及彼此间如何指挥协调，也就是任务分派及权责关系的厘定。

3）领导（Leading）：决定如何鼓励部属完成任务，也就是通过沟通、激励与领导促使部属达成预定的目标。

4）控制（Controlling）：确定部属是否达成任务，包括适时指导修正部属的行动，也就是持续监控部属的行动以确使其达成任务。

熟悉管理教材的读者可能会提出其他的管理程序。图 1-2 分别列出孔茨（Harold Koontz）在建立现代管理学教科书架构时所提出的主张，闻名的行政三联制以及日本企业界习见的 PDCA 循环，并与从规划到控制的管理程序对照。如图 1-2 所示，其间的差异只不过是名称不同以及将某些管理活动独立出来或合并为一，并不是分别提出不同的管理程序。

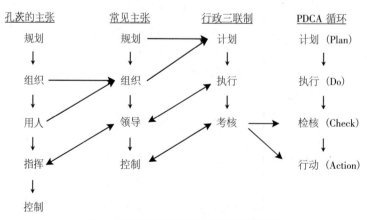

图 1-2 管理程序各种主张的比较对照

（2）"巧妇难为无米之炊"一语也适用于管理工作，换言之，管理者并不是只靠一张嘴巴来工作，必须用到许多不同的资源。过去国内学界喜欢用"X 个 M"来代表这些资源，包括人力（Manpower）、资金（Money）、机器（Machinery）、方法（Methods）、材料（Materials）、管理信息（Management Information）等，但本书还是选择比较正统的方式，将之区分为人力资源（Human Resource）、财务资源（Financial Resource）、实体资源（Physical Resource）、技术资源（Technological Resource）以及信息资源（Information Resource）等等。

（3）管理工作并非随兴所至任意胡为，背后通常隐含着某些想要达成的目标，例如企业的经营绩效或个人的生活富足等。因此，管理工作上还包括了有效率且有效能地达成目标，其中，效率（Efficiency）是指工作的成果与投入的资源两者的比值，其值愈高则愈有效率，效能（Effectiveness）则是工作成果与预期目标的差距，成果超越目标愈多则效能愈佳。部分学者专家简单扼要地以"做对的事情"来代表效能，以"把事情做对"来代表效率。

综合以上三点，管理的完整定义可以列示如下：管理就是运用各项资源，通过规划、组织、领导、控制等程序，从而有效率地达成目标[1]。图 1-3 是此定义的图示，扼要显示出资源、程序与目标三个部分。

图 1-3　管理的完整定义

店，严长寿和其他饭店同仁一起手忙脚乱地用扫帚扫水、用脸盆倒水，忙了老半天却效果不彰。以管理的定义而言，严长寿在这段经历中犯了哪些优秀管理者不应该出现的错误？当时的情况理应如何处理？

这个定义也彰显出管理的重要性。不论是企业、政府还是其他非营利组织或者是家庭与个人，都必定有许多想要达成的目标，因此兼顾了使用各种资源、采纳适当程序、强调效率与效能的管理，按理必定有助于目标的达成。虽然这个主张纯属根据定义所做的逻辑推导，在目前还未发展出完整的工具来测量管理的好坏，无法用实证资料来加以证明或否定，但至少以企业界而言，应该没有人会公开主张管理或管理者不重要。

1.2 管理者及其角色

了解了管理的定义之后，接下来把讨论焦点转移到负责管理工作的人，也就是所谓的管理者、经理人或主管（Managers）身上。本节将分别说明常见的管理者类别、管理者扮演的角色以及管理工作的一般特征这三个议题。

1.2.1 管理者的类别

略具规模的组织当中都会有许多位管理者，职位高低与职务内含各不相同，因此在管理者的分类上，最简单的方式就是用这两点来划分。以职位高低而言，通常是区分为高级、中级与基层三者。如表1-1所示，高级主管（Top Managers）负责组织的重大决策及整体或重要部门的成败，常见的职称包括总裁、副总裁、总经理、副总经理等；中级主管（Middle Managers）负责管理个别部门，常见的职称包括经理、副理、处长、主任等；基层主管（First-line Managers）负责管理个别部门内部较小的单位，常见的职称包括班长/领班、组长/领组、督导等。

表1-1　管理者的职位层级、职责与常见职称

职位层级	职　责	常见职称
高级主管	负责组织的重大决策及整体或重要部门的成败	总裁、副总裁、总经理、副总经理
中级主管	负责管理个别部门	经理、副理、处长、主任
基层主管	负责管理个别部门内部较小的单位	班长/领班、组长/领组、督导

当然，一方面，有时候很难根据职称来判断管理者所属的层级，例如，银行业的"襄理"在职称上属于"理字级"，直觉上应该和经理、副理一样属于中级主管，但实际上只是基层主管；又如科长、课长等职位在某些组织中只是基层主管，但是在某些组织中则应

该视为中级主管。再者，随着管理信息的流通，国内许多企业也相继采用美国常见的管理工作职称，例如属于重要部门主管的总监（Directors）、负责全公司重大决策的执行长（Chief Executive Officer，CEO）、负责全公司重大财务决策的财务长（Chief Financial Officer，CFO）等。另一方面，职务的内容也是区分管理者的重要依据。除了总裁、总经理等职位必须兼顾组织的各种事务之外，其他主管职位大致上只负责某一个企业功能领域的事务，因此可以称之为营销主管、财务主管、生产/作业主管等。当然，由于企业的性质各不相同，其功能领域未必是采用营销、财务、生产/作业等名称，例如凤凰国际旅行社的主要部门包括营业处、旅游作业处与信息财务处。

综合上述两种管理者区分方式，就成为实务上最常见的管理者分类。如图 1-4 所示，纵轴代表管理者的职位层级，横轴代表管理者的职务内容，于是任何一位管理者都可以在其中找到适当的位置，例如财务长或财务副总经理是负责财务领域的高级主管；业务经理是负责营销业务的中级主管；工厂领班是生产/作业部门中的基层主管等。图中上窄下宽的三角形代表基层主管的人数较多而高级主管的人数较少。

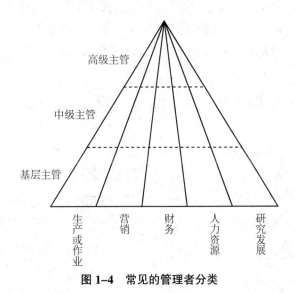

图 1-4　常见的管理者分类

1.2.2　管理者扮演的角色

不论其职位层级和职务内容为何，管理者在工作上都会扮演某些共通的角色，例如部属遇到困难时提供协助、代表单位对外发言等。了解这些角色之后，对于管理者"做什么事情"理应有所助益。

对管理者角色的研究已经累积了不少的文献。最早的主张是由 Mintzberg 通过系统的观察，将高级主管所扮演的角色区分为十种，并归纳成三大类，详述如下 [2]：

（1）人际性角色（Interpersonal Roles）。

1）代表人（Figurehead）：在法律或社会习惯上所需扮演的角色，例如代表组织签署法律文件、接见访客、颁奖致辞等。

2）领导者（Leader）：泛指涉及领导与激励部属的各种事项，其中也包括甄选、训练、任务指派等。

3）联络人（Liaison）：代表组织与外界联络，例如出席会议、参加社交宴会、写致谢函等。

（2）信息性角色。

4）监视者（Monitor）：借由口头与书面资料来掌握组织内外的状况。

5）传播者（Disseminator）：将来自组织内外的信息传达给组织内有必要获得这些信息的成员。

6）发言人（Spokesman）：将组织内的信息传达给外界。

（3）决策性角色。

7）创业家（Entrepreneur）：研拟策略或方案以促使组织获得成功。

8）问题处理者（Disturbance Handler）：解决组织所面临的问题或危机。

9）资源分配者（Resource Allocator）：将各种资源分配到各个部门或单位，例如人力调派、资金调度等。

10）协商谈判者（Negotiator）：代表组织与工会、供货商、经销商等外界人士协商谈判。

后续研究显示这十种角色确实足以描述高级主管的工作，只不过对不同层级的管理者而言，个别角色的相对重要性不尽相同，例如代表人、资源分配者、协商谈判者等角色对高级主管的重要性都远高于基层主管，但领导者角色对基层主管的重要性则远高于高级主管[3]。因此，虽然有部分学者主张应该纳入其他角色，但上述十种角色仍是目前的主流观点。

随堂思考 1-3

许多学者专家都主张管理者也应该扮演教练（Coach）或师父（Mentor）的角色，在部属面临问题或困难时给予指导协助。试对照正文所述的十种角色，指出为何应该或不应该把教练或师父独立出来。

管理前线 1-1

您想成为能干或成功的管理者吗?

任何有志于在管理职务上步步高升的人都会尽可能提升自己在工作上的表现,但小心了,首先要决定的是"做给谁看",因为上司和部属对你的评价往往大不相同,受到上司提拔的管理者经常不是部属眼中的好管理者,而部属眼中的好管理者则经常不受上司青睐。

研究显示,受到上司提拔而获得快速升迁的"成功型管理者",在所作所为上与受到部属爱戴的"能干型管理者"大相径庭,前者把近半数的时间用在经营人脉关系上,而且打好关系的对象以上司与同事为主,后者则是把大部分的时间用在对部属的沟通以及指导协助上面。另外,少数既成功又能干的管理者则是把时间平均分配到上述两方面,而既不成功也不能干的管理者则是把最多的时间用在可以关起门来进行的"规划与控制"上。

当然,管理活动只是许多可以解释能否快速升迁和受到部属爱戴的因素之一。针对想要快速升迁而获得成功的管理学生而言,对既有研究的整理显示与人脉关系同义的社会资本(Social Capital)固然可以解释管理者获得升迁的次数以及目前的薪资水准,但包括教育水准与工作经验等在内的人力资本(Human Capital)解释能力更高。一项针对跨国连锁观光饭店管理者的研究则显示,人脉关系同样可以解释升迁次数和目前的职位层级,但个人所接受的教育训练和累积的工作经验也同等重要[4]。

1.2.3 管理工作的一般特征

前述从规划到控制的管理程序,暗示着管理工作可以也应该很有系统,很客观理性。然而,从管理者所扮演的角色可知,管理工作非常庞杂,而且包括问题处理者和协商谈判者等角色在内,许多角色似乎很难找到系统而客观理性的做法。就管理者的实际工作状况而言,系统和客观理性似乎并不是很适当的形容词,研究显示其一般特征包括下列几点[5]:

(1)管理者的工作时间很长,大多每周超过 50 小时,而且通常是职位愈高则工作时间愈长。

(2)管理者很忙碌,每天所处理的事件或从事的活动经常多达数百项,但通常是职位愈高则处理的事项愈少。

(3)管理者的工作零散而不连续,在个别事件或活动上所花费的时间很短,而且经常被打断。

(4)管理者的工作变化很大,每天都会面对许多文书作业,事前排定或临时决定的会议，拨打与接听电话，以及各种访问视察等。

（5）管理者是"恋巢族"，大部分时间都停留在自己的部门或办公室内，而且职位愈高，静态的文书作业愈多。

（6）管理者在口头沟通上花费最多的时间，其中大部分都是面对面的谈话，高级主管更是把大部分时间用在各种会议上。

（7）管理者每天与组织内外的许多人接触，但整体而言与部属接触的时间和次数都多过与上司的接触。

（8）管理者并非深思熟虑的规划人员，独处的时间大部分用于阅读和书写，而不是用于思考和规划。

（9）管理者很重视信息的搜集，大致有 1/4~1/2 的时间用来取得信息，而用于规划、分析、决策等方面的全部时间则少于 1/4。

（10）管理者对于自己的时间运用没有概念，通常会低估在各种人际接触与讨论上所花的时间，并高估文书作业、电话与思考活动所花的时间。

这些特征有助于化解某些对管理工作常见的迷思，包括管理工作是"叫别人做"，因此很轻松、管理者最主要的工作是"做决策"、管理者会尽其所能做出最好的决策等。对于尚未成为管理者的人而言，上述特征可以作为生涯抉择的参考，例如对于一个喜欢固定上班时间，工作内容固定单纯，或尽可能少跟别人接触的人而言，管理工作显然并不是理想的抉择。相对的，若目前已经是管理者，上述特征也提供了改善工作绩效的线索，例如既然自己没有时间进行审慎周详的规划与决策，那么不妨考虑由能干的幕僚或部属提供支持，既然在工作时间很长之下仍然忙碌不堪，那么不妨考虑将部分工作交给部属全权处理，自己只要知道处理情形即可。

1.3 管理能力

本章最后一个主题是管理者需要哪些能力以及如何培养这些能力。根据 Katz 的主张，优秀的管理者应该具备下列三种能力[6]：

（1）技术能力（Technical Skill）：了解并精通特定种类的活动，尤其是有关方法、过程或技术的部分，例如餐厅内场人员知道如何制作各种餐点，外场人员熟悉菜单的内容与整个服务流程。

（2）人际能力（Human Skill）：能够有效地打入群体，并能够促使其团体通力合作完成任务，例如餐厅外场领班能够与服务生和睦相处，而且在需要加班的时候都能够让服务生乐于牺牲休息时间继续工作，甚至也包括能够与顾客建立良好的关系。

（3）概念能力（Conceptual Skill）：进行抽象与复杂思考的能力，尤其是指能够将公司视为一个整体，了解企业各种功能之间如何相互影响，以及企业本身与外界环境中各种力量的关联。

在提出这三种能力的同时，Katz 也推断不同层级的管理者所需要的能力组合不尽相同，概念能力对高级主管比较重要，对基层主管而言则比较不重要，反之专业能力对基层主管比较重要，对高级主管则比较不重要，至于人际能力则是对所有的管理者都一样重要，图 1-5 说明了此观点。

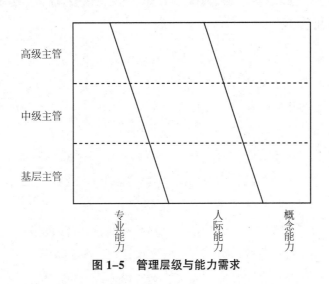

图 1-5　管理层级与能力需求

其后有学者尝试验证 Katz 对管理层级与能力需求关系的主张，请受访者评估各种能力对其工作绩效的影响。结果人际能力得分最高，技术能力最低，其中技术能力的评分只达到接近"有点重要"水准。除了概念能力对于执行长比较重要之外，其他管理层级所需能力都没有明显的差异。因此，整体而言管理者需要技术、人际与概念能力的主张固然获得证实，但除了高级主管比较需要概念能力，以及人际能力对各级主管都一样重要之外，其他能力需求差异的主张都未能获得证实[7]。

虽然 Katz 的主张普遍受到学者专家的接纳，但其完整性还有争议，部分学者专家提出其他的能力作为补充，例如有学者认为在专业、人际与概念能力之外，管理者还应该具备在特定情况下找出最佳因应之道的"诊断能力"，传达与接收想法与信息的"沟通能力"，发掘问题与机会并妥善处理与运用的"决策能力"，以及分辨工作优先级从而善用每一分每一秒的"时间管理能力"等[8]。

随堂思考 1-4

曾有财经企管杂志对企业甄选管理阶层的条件进行调查，结果最受重视的五种能力依序为专业能力、品行操守、领导能力、沟通能力和分析判断能力。试根据这些能力的性质，分别归类到技术、人际和概念这三种能力中。

管理前线 1-2
管理者的"葵花宝典"

虽然在金庸的小说《笑傲江湖》当中，东方不败只是一个小角色，但改编而拍成电影后，东方不败却成为主角，而其绝世武功来源的《葵花宝典》已经成为人们日常用语，用来代表能够让某种能力大幅提升的秘诀。在公务人员之间就流传着这么一部"葵花宝典"，内容如下：

苦干实干，撤职查办；东混西混，一帆风顺

任劳任怨，永难如愿；尽职负责，却遭指责

会捧会现，杰出贡献；不拍不吹，狗屎一堆

全力以赴，升迁耽误，推托栽赃，满排勋章

屡建奇功，打入冷宫；阿谀逢迎，平步青云

会钻会溜，考绩特优；看紧国库，马上解雇

虽然这些有可能只是对公职不满者的画符之作，但许多学者专家确实主张，包括拉关系、拍马屁、要权谋等行为在内的政治能力（Political Skill）对管理者相当重要。虽然对管理者的调查显示，受访者普遍认为就改善工作绩效而言政治能力不太重要，但综合过去的实证研究发现则显示，管理者的政治能力是和目前薪资水准关系最密切的变量之一，其重要性与教育水准及工作经验相当，远高于为工作牺牲奉献以及苦守寒窑累积年资[9]。

因此，借由教育训练和实际工作经验来提升自己的技术、人际与概念能力，固然可以改善工作绩效，进而获得高层的赏识提拔，但学习与培养自己的政治能力也可能是升官发财的"葵花宝典"……当然，可能要有一点天分，有些人就是学不来！

除了实证依据不足且完整性有所争议之外，用技术、人际和概念能力来界定管理者的能力需求还面临着能力类别过于广泛的问题。举例而言，"沟通能力"普遍受到实务界管理者的重视，虽然可以将之视为人际能力的一部分，但为什么要选择广泛而抽象的人际能力，舍弃具体而明确的沟通能力呢？事实上，学术界的实证研究中通常并不是直接询问技术、人际和概念能力的重要性，而是将之分解为许多易于理解的能力。

因此，以许多具体明确而且足以影响工作绩效的能力来取代广泛而抽象的技术、人际与概念能力，已经成为许多学者专家努力的方向，并延续心理学家 McClelland 的主张而用"Competence"来代表这些能力。目前有关"Competence"的主张可说是汗牛充栋，其中最著名的主张或许是《工作能力》(Competence at Works) 一书所揭示的内容[10]。这本书根据为期 20 余年，累积 200 余篇研究的成果来撰写，针对不同性质的工作分别发展出能力模式。以管理者所需要的能力而言，共分为 12 项，按照其重要性顺序排列如下：

（1）冲击与影响力：是否想要且能够影响其他人。

（2）成就导向：设定标准挑战自我，追求卓越。

（3）团队与合作精神：成为团队一部分而和其他人通力合作。

（4）分析式思考：系统地把一个问题或情况区分成若干部分，并找出各部分之间的关系。

（5）主动积极：在没有人要求的情况下付出额外的努力。

（6）培育他人：教导或协助其他人成长发展。

（7）自信：相信自己具备完成某种任务的能力。

（8）人际 EQ：了解其他人的态度、兴趣与感觉。

（9）坚决果断：直接而坚定地促使其他人按照其希望做事。

（10）寻求信息：主动搜集信息而非接受现成的信息。

（11）团队领导：担任团队领导者的意愿与能力。

（12）概念式思考：了解一个问题或情况的整体与各个部分之间的全部关联。

另外，该书主张专业知识、对组织的了解和关系建立这三者是管理者必备的基本能力，因此合计有 15 种足以影响工作绩效的管理能力。

另一个知名的管理能力模式是由美国管理协会 (American Management Association) 所提出，其内容可以说是对 Katz 的主张所进行的解释与延伸，保留概念与人际能力这两大类别，但增加了沟通 (Communication) 与效能 (Effectiveness) 这两大类，各大类中又进一步列出细项，如表 1-2 所示[11]。

表 1-2　美国管理协会所界定的管理能力

一、概念能力	
1. 运用信息解决企业问题 2. 辨识创新的机会 3. 掌握问题根源并推动解决方案	4. 了解各种科技在企业中的应用 5. 了解组织的经营模式
二、沟通能力	
1. 以文字和行动传达想法 2. 受到同事与部属的信任 3. 聆听与询问各种问题	4. 口头表达 5. 书面表达

续表

三、效能能力	
1. 对企业使命或部门目标有所贡献	6. 评估现状并执行改善
2. 以客为尊	7. 对内对外设定并维持绩效标准
3. 同步处理多种事务	8. 对各种事务设定优先级
4. 协商谈判	9. 时间管理
5. 专案管理	
四、人际能力	
1. 指导与协助	4. 在组织外建立人脉
2. 包容个人与文化上的差异	5. 团队合作
3. 在组织内建立人脉	

虽然管理能力的研究尚未抵达可以盖棺论定的程度，而且许多主张确实在能力的辨识与测量上都有明显的问题，但针对这个议题系统地进行科学化的研究，确实有助于了解如何培养优秀的管理者并借以改善个人与组织的绩效。目前许多领域都持续进行这类的努力，例如有学者针对餐旅业辨识出99种管理能力，而调查结果显示"自我管理"获得最高的评价，其中包括遵守伦理规范、时间管理、弹性与调适以及自我成长发展[12]。

不论是采用Katz的主张或上述的各种详细区分能力的观点，我们都有必要了解如何培养增进这些能力。整体而言，教育训练和工作经验两者都是无可取代的抉择，如图1-6所示，但这两者所扮演的角色不尽相同。

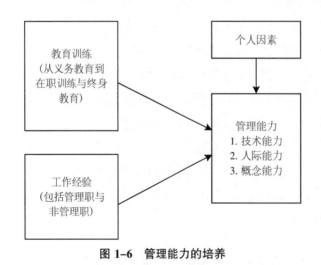

图 1-6 管理能力的培养

义务教育阶段所学习的听说读写和计数等技能以及自然与社会等领域的基本常识，构成了人际沟通的基础，为每个人培养了最基本的人际能力，也奠定了学习其他能力的基础，至于其他如团队合作等人际能力，则大部分是通过校内的各项活动（包括游玩）来间接学习，并非直接在课堂上讲授。到了高等与技职教育阶段，课堂学习重点转移到技术能力上，但仍可借由社团及其他校园生活来培养人际能力，并通过通识课程以及与其他科系同学的互动，让自己对整个社会甚至全人类的运作建立起基本的了解，这也正是概念能力的一部分。

进入职场之后，不论组织有无安排职前训练，"边做边学"的在职训练都是真正的关键，也可能必须另行寻求终身教育渠道来补强某些能力，或迅速吸收其他人所累积的经验。这个时期可以应用到高等与技职教育阶段所学到的技术能力，但还是要另外学习组织所特有的技术能力，包括组织特有的产品/制程技术与业界新发展的技术，处理各种事务的一般规定与标准作业流程等。另外，这个时期也必须借由经验来学习适应职场的人际互动，因为职场生活中所需的人际能力与家庭或校园生活不尽相同。至于概念能力方面，则可以由各部门之间的互动协商过程或职务轮调来获得了解。

图 1-6 中还另行列出教育训练与工作经验之外的"个人因素"。许多研究都显示，管理者的某些特征不但有助于提升工作绩效，也有助于获得生涯上的成就。举例而言，既有的研究显示管理者的个性愈外向，则工作绩效愈好，目前的薪资水准愈高，获得升迁的次数愈多 [13]。因此，在教育训练与工作经验之外，某些个人因素可能有助于管理者获得并运用管理能力。

总之，优异的管理能力必须有适当的教育训练与工作经验配合，两者缺一不可，若有其他的个人因素配合则更佳。工作经验丰富但教育训练不足的人大部分只能继续担任基层员工，教育训练良好但工作经验不足的人通常也必须从基层干起，这两种人当中或许有一小部分可以担任基层主管，但理应视为幸运的特例，并非职场上的常态。

随堂思考 1-5

在中国台湾，"疯英文"几乎可说是全民运动，英文课已经提早到幼儿园阶段。曾有补习班用两个美国大都市中的无业游民来打广告，其中一位高兴地宣称他知道要去哪里找工作了，因为他日常说的是英文（美语），所以可以到台湾教英文（美语）。试问，学好英文对提升管理能力可能有何助益？

课后练习

复习题

（1）若想用最简单的方式来定义管理，则至少应该考虑哪两个层面？应该如何定义？

（2）所谓的"管理程序"中包含哪几个步骤？各步骤的主要活动是什么？

（3）效率与效能两者有何差异？这两者与管理的目标有何关联？

（4）根据 Mintzberg 的主张，管理者在实际工作时会扮演哪些角色？

（5）根据 Katz 的主张，管理者应该具备哪些能力？

（6）试指出培养与提升管理能力的三个重要途径。

应用题

（1）《追求卓越》（In Search of Excellence）一书曾经在全世界掀起抢购热潮，其内容是归纳出卓越企业的共同特征。该书结论当中包括"以人来提高生产力"以及"高度分权但有强烈的共同价值观"，试问这两者分别属于管理程序的哪个或哪些步骤？

（2）"科学"（Science）通常是指有条理、客观理性的事物，"艺术"（Art）则通常代表没有一定的规则，偏重于主观好恶的事物。根据您对管理工作的了解，您觉得管理究竟是科学还是艺术？

（3）情绪智商（EQ）曾经风靡一时，若将之定义为"了解并改变自己和其他人情绪的能力"，则是否应该将之视为管理者必须拥有的另一种能力？

（4）试根据本章第 1.3 节有关管理能力的主张，说明为何学术界在了解 Katz 对管理能力的主张有许多缺失的同时，还继续在教学与写作上宣扬此一主张。

管理个案

国宾饭店的储备干部训练

国宾饭店创立于 1964 年，称得上是中国台湾地区的"老字号"，不但是台湾有关当局核定的 60 余家国际观光饭店之一，更获得五朵梅花标志（中国台湾版的"五星级"饭店）。目前该公司共有台北、新竹与高雄三个分馆，全部员工 500 余人，是中国台湾旅馆业中规模较大的业者之一，全年营业收入略低于新台币 30 亿元，其中餐饮收入略低于六成，住房收入则略高于三成。

老字号的国宾饭店是中国台湾有关当局核定的 60 余家国际观光饭店之一，更获得五朵梅花标志（即台湾版的"五星级"饭店）。（照片由联合报系提供）

该公司相当重视储备干部训练，视为培养经营阶层的重要途径，并发展出一套完整的训练制度，分别由台北总公司和三个分馆落实执行。基本上，其储备干部训练分为两级，第一级是"领班级"，以培养各部门基层主管为目标，由各分馆评估其人力需求，自行招募与培训，要求的资格是大专相关科系毕业。在培训内容上通常以专业实作训练为主轴，有时甚至直接公开宣示所招募的是住房或餐饮方面的储备干部。

第二级是"副理级"，以培养中、高级主管为目标，由台北总公司评估全公司的人力需求后规划并执行，要求的资格是相关研究所硕士班或以上毕业。在培训内容上大致区分为两个阶段：第一个阶段是在各个部门之间轮调，目标是熟悉各部门的业务；第二个阶段则是配合个人意愿与实际工作表现，选择特定部门深入历练，以备结训后任职所需。当然，除了现场实作之外，公司内部和外界所提供的各种讲习也扮演重要的角色。

虽然名为"储备干部"，但是在现场实习阶段实际上等同于"学生"，有点像是军队调训时"拔掉阶级"的情况。除了基层主管所当然地可以指挥这些储备干部之外，拥有丰富现场经验的第一线员工通常也会兼负指导与考核的工作。更有甚者，部分资深第一线员工可能对储备干部近乎"空降"的现象不以为然，轻则冷嘲热讽，重则故意找麻烦。因此，储备干部除了必须迅速掌握该部门的业务之外，还必须随时面对并妥善处理职场人际关系的问题。

领班级的储备干部需要在特定部门经过两年的学习与历练，考核合格之后才可以正式成为领班，但整体而言，培训内容不会超出领班的职务范围，因此可预见的是未来升迁潜力有限。副理级的储备干部则是在各部门之间"流浪"两年半，除了要大致熟悉第一线员工与基层主管的工作内容外，还必须兼顾部门主管的工作，例如分析基层主管上呈的各种报表，为该部门编列年度预算等。

相对于大专院校提供的旅馆与餐饮教育，储备干部训练的基本目标相同，但学习步调比较紧凑，并且比较偏重实作训练。然而，相对于大专院校旅馆与餐饮科系学生大部分都可以顺利毕业，完成储备干部训练并走马上任成为领班或副理的比例则低得可怜，同一期受训的储备干部绝大多数都在培训过程中自愿放弃。

目前其他连锁饭店业者也有类似的储备干部培训制度，例如福华饭店，但也都和国宾一样面临成本偏高的难题。虽然缺乏正式的统计，但国宾饭店的一位现任副理估计，大概只有一到两成的储备干部能够走完全程，其他或半途而废，或上任后转业。这其中，有部分人员是因为发现工作性质不符合原先的预期，但也有不少是因为熟悉旅馆业的各个经营管理层面而选择了一个很好发挥的舞台，那就是成为高职或大专院校相关科系的教师。

讨论问题

（1）为何有些企业采用储备干部培训制度，而不是全部采用内部升迁制度，直接拔擢工作表现优异的第一线员工？

（2）领班级与副理级储备干部的培训内容不同，试运用本章所述的三种管理能力来说明两者有别的可能原因。

（3）部分储备干部发现工作性质不符合原先的预期，试根据本章所述管理工作的特征指出若干可能的原因。

（4）企业界普遍同意"会念书"不如"会做事"，既然如此，为何在甄选储备干部之际，学历仍然是第一道筛选标准？

2 管理思想发展史

本章学习目标

1. 了解部分流传至今的古代管理思想

2. 了解管理科学学派的基本主张

3. 了解一般行政学派的探讨方向

4. 了解行为学派的发展历程

5. 了解管理科学学派的基本精神

6. 了解系统与权变学派的基本观点

7. 了解日本式管理对企业管理实务的影响

8. 了解部分近期重要管理理论的基本主张

第五元素

卢贝松主导的科幻电影《第五元素》(The Fifth Element) 开了学者一个玩笑。为了对抗袭击地球的黑暗星球，男主角历尽艰险后取得代表风、火、水、土的四块石头，并安放在金字塔内部的适当位置，接下来必须"打开"石头，才能够与身为第五元素的女主角共同形成防御的力量。于是男主角询问历代相传保护该项秘密的神父是否知道如何打开石头，神父支支吾吾地点头说："理论上"(Theoretically)，男主角却一脸恍然大悟地响应说："你不知道！"

许多人认为学校或教科书当中所传授的是"理论"(Theory)，而职场上实际执行的则是"实务"(Practice)，理论与实务之间没有交集，隔着一条巨大的鸿沟。通过本章所介绍的管理思想发展历程，读者将发现这个观点错误的部分远多于正确的部分，范迪文（Andrew H. van de Ven）所言："没有像好的理论那么实务的东西 (Nothing is quite so practical as a good theory.)"或许是最中肯的结论[1]。

本章将配合年代顺序，并沿用孔兹（Harold Koontz）的"学派"（School）一词，来介绍各种不同的管理主张与应用工具，其中也提及 20 世纪以前的大致状况。虽然历史通常并不足以吸引有志于管理工作的读者，但本章所叙述的许多观点、主张与原理原则，实际上已经成为"管理常识"，因此在教科书的其他章节中往往予以省略。

2.1　古代的管理思想

早在工业革命之前，各国都有许多小规模的商业活动，但并不存在规模较大的企业，因此其经营管理活动很少流传下来。这个时期的管理思想主要是来自有关国家民族、教会和军队的史料。根据管理思想史学者所言，早在公元前数千年，苏美人（Sumerian，居住于目前的中东地区）就开始使用书面记录，可能是为了执行管理的"控制"功能所需。其后，埃及人兴建金字塔的过程中，显然会用到从规划到控制的管理程序。罗马帝国兴起之后，为了管理其庞大的帝国，集权式组织和有效的沟通成为不可或缺的手段 [2]。

这些片段的历史并没有对现代企业的经营管理带来任何冲击，但这期间确实留下了一些重要的管理思想与工具。这其中，Pacioli 所创的复式簿记（Double-entry Bookkeeping）影响最为深远，目前各主要国家或地区（包括中国台湾地区）的企业、政府及其他非营利机构都使用这种簿记方法，并据以产生会计信息，供管理者、债权人及投资人应用在其决策上，而根据复式簿记所产生的预算与决算资料，也协助管理者执行其规划与控制工作。

另一项流传至今的著名史料是马基雅维利（Machiavelli）所著的《君王论》（The Prince）。这本探讨权力及其应用的书提出许多主张，包括"为达正当目的可以不择手段"、"人性本恶"等，迄今仍有许多实务界人士奉行不悖，甚至许多著名的现代管理理论也接受这些观点，例如代理理论（Agency Theory）与交易成本经济学（Transactional Cost Economics）。另外，该书对于君主对下属应该"恩威并济"的主张，也符合实务上激励部属时常用的"棍子加胡萝卜"（Stick and Carrot）策略，以及学术界所提出的某些激励理论。虽然这些学术理论与实务措施未必来自《君王论》一书，但其观点却不谋而合。

进入工业革命时期之后，大量使用机器导致产量大幅提高，这个事实衍生了持续至今的"以机器取代人工"的趋势，制造业逐渐走向全面自动化生产。另外，工业革命时期也开始出现代工制度（Putting-out System），有人专门负责提供材料并销售成品，民众则是在家里从事生产并以成品换取报酬，这种生产制度在某些经济落后国家仍相当普遍，台湾也曾经用这种"家庭代工"的方式争取到许多塑料花、雨伞、圣诞灯饰等产品的低价外销订单。

工业革命时期也出版了一本重要的管理相关著作，即亚当·斯密（Adam Smith）所著的《国富论》(The Wealth of Nations)。这本书最重要的主张是运用自由经济体系来为世界各国创造财富，属于政府经济政策的议题，与企业经营管理缺乏直接关联，但书中有一段是倡议以分工（Division of Labor）来提高生产效率，不但被后续的许多管理思想家所接纳，更落实到管理实务上，例如现代工厂中仍相当常见的"输送带"，就是福特汽车公司（Ford Motor Company）根据分工原则所设计出来的提升效率利器。

将代工与分工结合是目前全球高科技产业最普遍的经营模式。下游的品牌厂负责销售，其销售的产品来自于中游厂商的整机组装代工，而上游厂商则分别专业生产一种或少数几种零组件，销售给品牌厂或代工厂。因此，目前最现代化的产业所应用的是 200 多年前业已问世的管理措施。

整体而言，虽然 20 世纪以前所出现的某些管理思想与措施仍然继续存在，但着眼的议题分散，缺乏有系统、前后一致的原理原则，因此并不能视为一个"学派"。管理思想的第一个学派来自于以科学方法来改善员工工作效率的原则。

2.2 科学管理学派

科学管理学派（Scientific Management School）的基本主张是管理者应该运用科学方法来进行研究分析，协助部属找出最理想的工作方法，借以提升部属的工作效率。这个学派的开山鼻祖是泰勒（Freedrick W. Taylor），因此称之为"科学管理之父"，其代表作为1911 年出版的《科学管理原理》(Principles of Scientific Management)。

泰勒主张管理是一项独立的职能，而不是在做好基层工作之后才抽空处理的额外工作，而管理者的职责包括协助工人改善工作效率，以及工人的甄选、训练、指导等事宜。这些主张目前已经成为管理上的基本事实，大部分人都会以"本来就是这样"来形容，几乎没有人会质疑为什么要这样安排。

然而，"科学管理"一词来自于泰勒主张用科学化的方法找出最好的工作方式，从而提高工人的工作效率。这里所说的科学方法是指现场实验。泰勒曾经进行过许多不同的实验，以锅炉工为例，当时的锅炉所烧的是煤炭，锅炉工必须将煤炭铲进锅炉的燃烧室，泰勒分别以不同形状与面积的铲面以及不同长度的铲柄进行实验，找出最省时省力的铲子（或称为"圆锹"）。虽然这个范例业已过时，但运用现场实验来找出最好的工作方式仍然是许多现代企业在寻求"改善"或"合理化"之际所遵循的基本原则。

泰勒的另一个重要主张是差别计件工资（Differential Piece-rate）。为了鼓励工人努力工作提高产出，有必要对工作绩效良好者加以奖励，因此根据劳工的实际工作表现分段给予奖金，工作效率越高者所获得的奖金比率越高。目前仍有许多计件制的生产线和业务人员奖金继续采纳此原则。图 2-1 呈现了泰勒的这两项基本主张及其可能的效益。

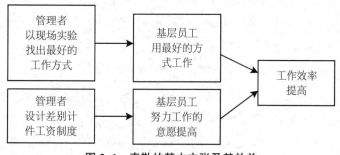

图 2-1　泰勒的基本主张及其效益

随堂思考 2-1

　　科学管理学派致力于提高生产效率，因此被人质疑是在"压榨劳工"，要求立法禁止采用其管理方法，泰勒还曾经因此而到国会作证。您觉得泰勒应该如何为自己的主张辩护？

　　在泰勒之后，季伯莱兹夫妇（Frank & Lillian Gilbreth）针对生产线工人的动作加以分析，将之区分为抓、握、放等 17 种动素（Therbligs，将其姓氏字母顺序反转，但 th 两字母顺序不变），分别测定其所需时间，然后尝试不同的排列组合，以求缩短工作时间。这个主张与方法如今发展成为所谓的时间与动作研究（Time and Motion Study），不但是工业工程科系的必修课程，也是在人力密集的生产线上提高工作效率的重要方法。

　　另外，泰勒的同事甘特（Henry L. Gantt）并未直接探讨如何提高工人的效率，而是寻求掌控工作进度的方法，其成果是著名的甘特图（Gantt Chart），横轴是依序排列的日期，纵轴是按照先后顺序排列的各种活动，然后标示出每一种活动预定的开始与完成时间，因此与实际工作进度对照之后，很容易就了解到究竟是哪件事有所耽误，以及可能会耽误多久。虽然严格说来甘特图并不属于科学管理学派所提出的方法，但确实是很简便实用的规划与控制工具，目前在实务上仍然相当普遍。

2.3　一般行政学派

　　相对于科学管理学派专注于生产/作业领域，一般行政学派（General Administration School）则是着眼于提出适用于所有管理工作的原理原则。这个学派中最具代表性的人物莫过于费尧（Henri Fayol），其代表作是 1916 年以法文出版的《工业与一般行政》（Administration Industrielle et Generale)。

费尧是管理程序的首创者，主张管理程序包括规划、组织、指挥（Command）、协调（Coordination）和控制这五个步骤，但其最著名的主张则是包含 14 点的"一般管理原则"，内容如下：

（1）分工（Division of Work）：在各种工作领域都实行专业分工。

（2）职权与责任（Authority and Responsibility）：享有职权的同时必定伴随对等的责任。

（3）纪律（Discipline）：遵守各种有助于达成服从、勤奋、活力的协议。

（4）指挥统一（Unity of Command）：每位员工只接受一位上司的命令。

（5）方向统一（Unity of Direction）：用目标或计划引导员工朝着相同的方向努力。

（6）共同利益优先于个别利益（Subordination of Individual Interest to the General Interest）：组织的利益优先于个人或个别单位的利益。

（7）奖酬（Remuneration）：奖酬必须公平且尽可能让主雇双方满意。

（8）集权（Centralization）：视个别情况决定职权集中和分散的程度。

（9）层级链（Scalar Chain）：明确显示从最高层到最基层的相对关系与层级数。

（10）秩序（Order）：人与物都各得其所。

（11）公平（Equity）：以仁慈和公正对待部属以换取其忠诚与奉献。

（12）人员安定（Stability of Tenure of Personnel）：降低员工流动率以减少不利影响。

（13）主动进取（Initiative）：鼓励部属主动提出计划并予以执行。

（14）团队精神（Esprit de Corps）：注重协调沟通与团队合作。

这 14 项原则涵盖了从规划到控制的管理程序，例如方向统一属于规划，分工和集权属于组织，奖酬和纪律属于领导，而秩序与团队精神则属于控制。当然，包括人员安定、主动进取、团队精神等项目，严格说来比较像是管理者所要达成的目标或努力的方向，并不是可以直接执行的具体原则。

无论如何，这些原则大部分或者已经在现代组织中实现，或者是公开揭示的努力方向，例如分工、职权与责任大致已取得实现，而主动进取则是通过建议箱、提案制度等形式，鼓励员工主动提出改善建议。

一般行政学派的另一个重要人物是德国的社会学家韦伯（Max Weber），其论述大致集中在管理程序中有关组织的部分，在管理者职权这个议题上贡献良多，但其最著名的管理主张是倡议采用科层组织（Bureaucracy）。根据韦伯的观点，理想的科层组织包含六项特征，如图 2-2 所示，各项特征分述如下 [3]：

（1）分工（Division of Labor）：明确区分不同的事务，交由不同的人负责。

（2）职权层级（Authority Hierarchy）：每个职位都有明确的层级和指挥隶属关系。

（3）正式规定（Formal Rules and Regulations）：各种事务的处理方式都有明文规定。

（4）正式甄选（Formal Selection）：明订各个职位的能力要求并据以甄选员工。

（5）生涯导向（Career Orientation）：管理者并未拥有该单位的各项资源，而是根据其专长受雇来有效地使用这些资源。

（6）排除人情（Impersonality）：按照规定办事，不受个人情感因素干扰。

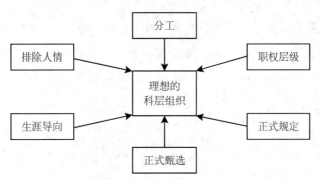

图 2-2　韦伯的理想科层组织

虽然韦伯自己也承认理想的科层组织在现实中并不存在，但至少对目前的大型企业、政府机构和较具规模的非营利组织而言，大多都有明确的分工与职权层级，订定许多规章制度，甚至也明订各种职位所需的资格，禁止攀亲带故关说请托等。因此，整体而言韦伯对于科层组织的主张大致已经获得采用，问题只在于业者对这些主张究竟落实到什么样的程度。

随堂思考 2-2

　　政府机构和大型企业普遍都采用科层组织，但评价却是两极化，一般认为政府机构很没有效率而大型企业却很有效率。试推测采用科层组织之后为何会出现这两种迥异的结果。

2.4　行为学派

　　行为学派（Behavior School）早期也称为人际关系学派（Human Relation School），虽然其起源至少可以追溯到工业革命时期 Robert Owen 对劳工工作环境的关切以及改善劳工处境的建议，但一般认为到了哈佛大学教授梅耶（Elton Mayo）及其同事参与霍桑研究（Hawthorne Studies）后，行为学派才广受产学两界瞩目。

霍桑研究原先是按照科学管理学派的主张，希望借由改变照明来提升工作效率，但结果却发现，只要亮度达到一定水平，接受实验的劳工生产效率都会提高，原先主持该研究的工程师无法解释此结果，于是在 1927 年引进哈佛大学的顾问团来进行后续研究。这些研究得到许多发现，包括劳工受到关注则生产效率会提高，团体奖励制度对工作效率的影响没有群体规范和绩效标准来得重要等等。

整体而言，梅耶等人并未否定工作环境、机具、方法等因素对工作效率的影响，但指出个人与群体的心理与社会因素也会影响工作效率，因此有些学者专家将梅耶等人的主张归类为社科系统（Sociotechnical System）观点，其他后续专注于社会与心理因素的主张才视为行为学派。

虽然有若干学者对于霍桑研究的过程与结果提出质疑[4]，但事实上霍桑研究的重要性在于带动了其后对于群体行为、激励与领导等理论的发展，而不在于其各项研究发现，因此其研究是否有误并非重点。

行为学派的后续发展主要集中在人力资源管理和激励、领导等议题上，也就是管理程序的组织与领导阶段，在后文适当的章节中将有深入的说明。无论如何，至少就表面上而言，行为学派的主张获得产学两界的普遍支持，例如"员工是我们最重要的资产"是许多企业公开宣示的信条，探讨企业如何获得良好绩效的《追求卓越》(In Search of Excellence)一书建议"以人来提高生产力"，甚至经济学者也将人性因素纳入考量，例如赛蒙（Herbert A. Simon）所提出的有限理性（Bounded Rationality）和威廉逊（Oliver E. Williamson）在其交易成本经济学（Transaction Cost Economics）论述中所强调的投机主义（Opportunism）。另外，营销领域也普遍引用行为学派的观点来解释或预测消费者的动向。

2.5 管理科学学派

管理科学学派（Management Science School）也称为数量学派（Quantitative School），基本主张是运用各种数学方法来改善决策，所使用的数学方法相当广泛，包括微积分、线性代数、统计学等，其中有部分议题最后导出了一般性、适用于各种场合的数学式，但最多的还是针对特定情况推导出数学模式并估计最佳决策为何。

第二次世界大战当中美国海军大量使用数学模式来处理后勤事务，经常被视为管理科学学派的起源，但事实上，在此之前已经发展出许多著名的数学模式，包括生产/作业领域用微分推导而得，用以降低采购总成本的经济订购量模式（Economic Order Quantity，EOQ），以及财务投资领域用基本代数推导而得，用以评估各种资产合理价格的基本证券评价模式（Basic Security Valuation Model）等，而且，美国海军早在第一次世界大战之前就已经大量使用数学模式。

目前学术界所说的管理科学也称为作业研究（Operation Research），一度被列为管理科系学生的必修课程，其内容通常是由 George B. Dantzig 运用线性代数所发展出来的线性规划（Linear Programming）开始，然后是其他运用线性代数所发展出来、用以寻求决策最佳化的技术，最后才是美国海军所发展出来的计划评核术（Program Evaluation and Review Technique，PERT）以及用统计概率理论发展出来的决策树（Decision Tree）与模拟（Simulation）等。

整体而言，管理科学学派着眼于决策最佳化，因此强调管理程序中的规划层面，也因此又称为决策科学（Decision Science）。少数例外中最著名的或许是 Walter A. Shewart 在 20 世纪 30 年代发展的统计品质管制（Statistical Quality Control），目前仍是企业监测其产品或服务品质水准并谋求改善的重要工具。

管理科学学派大量使用各种数学，这点使得许多人望之生畏，但事实上已经有许多不同的计算机软件可以使用，不需要再经历其繁复的计算过程，因此在实务上的普遍性已经有所改善，例如许多项目管理软件中都已经将计划评核术纳入，在餐旅管理领域中借由弹性调整价格来达成收益最大化的收益管理（Revenue Management）也有许多现成的软件可以使用。然而，严格说来管理科学学派所提供的只是可供管理者运用的工具，而且主要是决策阶段所用的工具，对于其他管理程序阶段少有建树，同时也无法处理管理工作上常见的复杂、抽象、难以客观评估的问题。

管理前线 2-1

彼得·德鲁克是哪一派的管理大师？

注意财经企管报道的人或多或少都听过彼得·德鲁克（Peter F. Drucker），在报道中经常冠上"管理大师"的头衔，对其推崇有加。然而，即使是相当熟悉管理文献的人，通常也无法具体指出彼得·德鲁克究竟有哪些重要的主张，或比较偏向于哪一个学派，能够知道他曾经提出企业的八个目标，或其《成果管理》（Management by Results）一书经常被视为目标管理（Management by Objectives，MBO）制度的起源。

如果一定要将彼得·德鲁克纳入某一个学派，那么孔兹在其《管理理论的丛林》（The Management Theory Jungle）[5] 一文中所提及的实证学派（Empirical School）或许是最合理的抉择。实证学派强调从实际经验中汲取知识，因此主要是从案例或历史中归纳出管理原则，而彼得·德鲁克的重要著作之一《企业的本质》（The Nature of Enterprise）就是以美国的通用汽车公司（General Motor）为蓝本来撰写。由于彼得·德鲁克并未担任企业主管，在管理世界中只是一个"旁观者"（Bystander），因此其各项主张实际上是借由观察分析而产生。但不论是亲身体验或旁观分析，根据孔兹所言，过去对的方法未来不一定对，而且所归纳出来的主张可能受到个人偏见、兴趣或立场所影响。

事实上，彼得·德鲁克的学术地位仍有争议。在他离开纽约大学转往加州任教后，纽约大学的新院长与该校教师会谈，询问以当时而言彼得·德鲁克能否在该校获得终身教职，结果有多位教师持反对意见，其中一位宣称彼得·德鲁克只不过是一位"新闻工作者"（Journalist）。

2.6 系统学派

系统（System）在自然科学中相当常见，泛指由许多个体构成而共同运作的事物，例如银河系是一个由无数星球所构成的巨大系统，而太阳系则是银河系中的一个子系统（Subsystem），又如人体可以视为一个由无数个细胞所构成的系统，而且区分为骨骼与肌肉、神经、消化、心肺循环等子系统。

系统学派（System School）的主张就是将组织视为一个系统，与外界环境中的政治、金融、消费、生产、就业等系统连接，而组织内部则有彼此相关的生产/作业、营销、财务、人力资源等子系统。组织在外界环境中取得资源作为投入（Inputs），然后运用内部的子系统将各项资源转换（Transform）成产品/服务与经营成果等产出（Outputs）。图2-3显示了此过程。

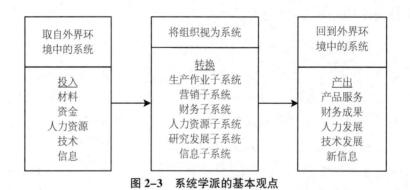

图2-3　系统学派的基本观点

早在19世纪末，伯拉多（Vilfredo Pareto）就主张将社会区分为许多相互依存的单位，并由"统治阶层"来领导其运作。就管理文献而言，巴纳德（Chester I. Barnard）在1938年出版的《主管的功能》(The Functions of Executive) 率先将组织视为个人借由合作来满足某种需要的社会系统，而组织与外界连接的投入、转换、产出关系则首先见诸于范伯塔兰菲（Ludwig von Bertalanffy）在 1937 年发表的《一般系统理论》（General System Theory）一文。

严格说来，系统学派的主张在管理应用上并不是很实用，主要问题是过于复杂，辨识各个层级的子系统并了解其间关系是一项浩大的工程，例如营销系统中至少要区分为规划、执行、控制这三个子系统，营销规划子系统中至少必须再区分为营销信息与决策这两个子系统，营销信息子系统当中又必须再区分为现成信息和原创信息这两个子系统，现成信息子系统当中又至少必须再区分为内部与外部这两个子系统。因此，虽然系统学派的主张按理最能够掌握管理的全貌，但实务上很少有人采用这种观点来进行管理。

2.7 权变学派

上述各个学派都有其确切的管理主张，但权变学派（Contingency School）的观点却是任何管理主张都有其局限，不可能适用于所有的情况，换言之，管理工作上并没有万灵丹（Panacea），某种情况下的良药到了另一个状况可能成为毒药，因此管理者必须配合人、事、时、地、物等因素通权达变，分别找出该状况下最好的管理方式。图 2-4 扼要地显示出此原则。

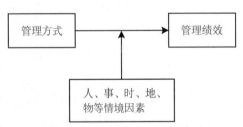

图 2-4 权变学派的基本观点

权变学派最重要的文献之一是 Tom Burns 和 George M. Stalker 在 1961 年出版的《创新的管理》（The Management of Innovation）一书。该书指出环境稳定的企业通常采用类似的组织结构，而环境变化激烈的企业则普遍采用另一种组织结构，因此推断并不存在最好的组织结构，必须视组织所处环境的特征来选择适当的结构。

权变学派的主张相当合理，符合"橘逾淮化为枳"的传统智能，同时也颇能解释管理工作所面临的某些问题，例如为何某一种激励或领导方式在甲公司很有效，但是到了乙公司却几乎毫无作用。然而，这个主张在实际应用上相当困难，因为管理者必须找出所有可能的（至少是"主要的"）情境，并逐一确定各种情境下应该采取何种管理方法，而这个工程远超过个人心智所能掌握。

2.8 日本式管理

以上各个学派的主张都是源自欧美，但由于日本经济的快速发展，傅高义（Ezra F. Vogel）在 1979 年出版《日本第一》(Japan as Number One)一书，全面探讨日本社会的各个层面，而管理领域的学者专家也起而探讨日本企业的经营管理之道，形成一股"日本式管理"(Japanese Management) 的风潮。

在学者专家持续探讨的过程中，确实发现许多迥异于欧美企业的管理方法与措施，例如欧美各国普遍遵循资本主义的原则，减少对企业经营管理的干预，即使是偏向社会主义的国家，也只是运用较高税率来确保政府实施社会主义的财源，但日本却是倾向于产官合作（Business-government Cooperation），政府高度介入企业运作以共同强化国际竞争力的模式，因此被戏称为"大日本公司"(Japan Inc.)。同理，裁员在欧美企业司空见惯，但日本的大型企业却普遍采用终身雇用（Lifetime Employment）制度，除非个人出现重大过失，否则都可以在该公司任职到退休为止。

学者专家各抒己见的结果是众说纷纭，因此有学者称之为"日本式管理的丛林"(Japanese Management Theory Jungle)，并尝试性地归纳出这些迥异于欧美企业的管理措施主要是来自于日本企业：①着眼于长期，不短视近利；②信守终身雇用制度；③强调全体员工的集体责任。随后，同一个研究团队指出文化、政府与财团等因素是日本企业各种独特管理措施的成因，而这些独特管理措施涵盖了管理程序、人力资源管理以及制造/作业活动[6]。

虽然所谓的日本式管理似乎只是许多管理措施的综合体，缺乏可以提纲挈领的基本原则，而且在 20 世纪 90 年代经济泡沫破灭导致日本陷入"失落的十年"之后，日本式管理已经不再是学者专家追逐的焦点，但确实在管理实务上留下明显的足迹，目前仍相当普遍，以满足顾客为起点，全体员工共同努力提升品质降低成本的全面品质管理（Total Quality Management），以及配合生产或出货时程缩短原物料采购交货间隔，借以压低存货成本的及时生产制度（Just-in-time，JIT）等。

管理前线 2-2

沙里淘金的淘汰历程

就在"日本第一"的呼声高唱入云的同时，中国台湾也有许多学者专家尝试发展出所谓的"中国式管理"，其努力方向之一就是在《孙子兵法》、《三国演义》等古籍中寻找线索。这其中，一位知名学者发表了《C 理论：易经管理哲学》，其理论架构如下[7]：

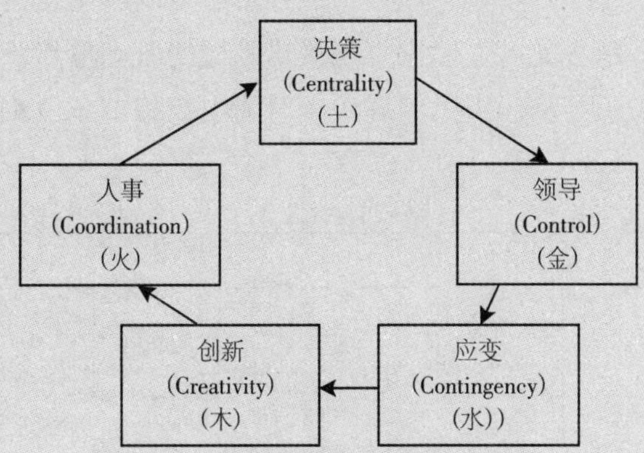

图 2-5　国内学者所提出的 C 理论

就其五个"元素"的五行属性和相生关系而言还说得通，例如"金"代表刚毅坚忍、刚柔并济，正符合领导者应有的特质，而良好的领导按理也确实可以带领组织因应各种变化（金生水）。然而，为何可以用中文和英文将管理程序中的"控制"与"领导"合二为一，而"组织"部分则只需要考虑人力资源管理的部分？为何决策不利于应变（土克水）而领导不利于创新（金克木）……

学习管理之际有许多途径可以选择，博览群籍是可能的途径之一，但囫囵吞枣则只是适得其反。管理思想的演进是个沙里淘金的过程，没有价值的沙石会被时间所累计的群体力量自然淘汰，但一个新诞生的理论究竟是沙石还是黄金，就需要个人运用批判式思考来进行推断了。

2.9　其他重要理论

本章最后一节将介绍几种不适合纳入上述各个学派，但是在学术研究或实务应用上相当重要的理论。这些理论主要来自经济学与社会学，来自心理学的重要理论则会在后文的适当章节叙述。

2.9.1　产业组织经济学

一般而言，所谓的产业组织经济学（Industrial Organization Economics）是指从个体经济学的产业结构分析所衍生的各项理论发展，由 Edward S. Mason 在 1939 年提出的结构—行为—绩效典范（Structure- conduct–performance Paradigm）描绘出基本理论架构，而后累积数十年的研究所形成的大量知识。图 2-6 为经过修正之后的理论架构[8]。

图中"厂商行为"的部分显示，产业组织经济学可以应用在营销、研发等领域的决策上，而"市场结构"部分的各项因素则是策略领域的考虑重点，将在后文适当章节讨论。整体而言，产业组织经济学提供了高级主管为组织拟定竞争策略时所必须考虑的重要事项。

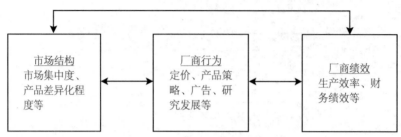

图 2-6　产业组织经济学的理论架构

2.9.2　组织经济学

虽然可能有所争议，但组织经济学（Organizational Economics）一词通常是指交易成本经济学和/或代理理论[9]。交易成本经济学（Transaction Cost Economics）所探讨的是组织疆界的问题，也就是在何种状况下应该由组织来进行某项活动，何种状况下应该将该项活动交给其他业者，而何种状况下应该由组织与其他业者合作进行该项活动。这三种抉择分别称为层级（Hierarchy）、市场（Market）以及市场与层级之间（Between Market and Hierarchy）。

交易成本经济学主张投机主义（Opportunism）普遍存在，意指人们用说谎、欺骗等一切可能的狡诈手段来寻求自利，因此必须使用适当机制来防止，并以资产专属性和交易频率来决定对策。资产专属性（Asset Specificity）是指该项交易所涉及的资产无法移转到其他交易的程度，专属性越高则越是无法将之移转到其他用途，越可能因为交易对手的投机行为而蒙受损失，因此越需要某种机制来防范。交易频率（Transaction Frequency）是指该项交易发生的频繁程度，频率越高则衍生的交易成本越高。在资产专属性偏低之际，投机主义的威胁有限，因此可以在市场上自由交易，但资产专属性和交易频率偏高之际，投机主义可能造成重大损失，因此必须将之纳入公司内部以便严密监控，其他状况则应该与交易对手建立某种合作关系。图 2-7 为交易成本经济学的基本主张[10]。

交易成本经济学可以应用在上下游活动的自制、外包或策略联盟的决策上，甚至也可以用来解释组织在自有与派遣员工上的抉择。虽然实证研究结果并不完全支持该理论的主张，但至少以资产专属性的可能影响而言，大部分研究都获得正面的结论[11]。因此，虽然管理者可能并不了解交易成本经济学的内容，但其实际决策却经常符合该理论的主张。

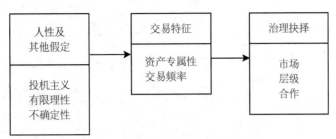

图 2-7　交易成本经济学的基本主张

　　代理理论（Agency Theory）是将股东视为当事人（Principals），管理者则是接受当事人委托代为执行业务的代理人（Agents）。代理人按理应该为当事人谋求福祉，但可能因为双方利益冲突而在代理人寻求自利的过程中损及当事人的权益，因此必须加以防范。该理论主张最重要的两种防范机制是有效监控（Efficiently Monitor）管理者的行为和促使管理者与组织的利益一致（Alignment of Interest），前者的具体措施包括查核财务报表、任用外部董事等，后者则包括根据绩效来决定薪资、分红入股等。图 2-8 为代理理论的基本主张，包括部分基本假定与因应措施[12]。

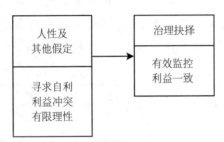

图 2-8　代理理论的基本主张

　　代理理论按理也可以应用在组织对外和对员工的关系上，虽然目前只有探讨高级主管与董事会相关制度设计的公司治理（Corporate Governance）领域几乎全面接受代理理论，但管理实务上许多激励与控制员工行为的机制也符合代理理论的基本主张，而组织在对外合作时通常也会考虑如何有效监控或促使双方利益趋于一致。

2.9.3　资源基础观点与知识管理

　　相对于本章所述的其他主张，资源基础观点（Resource-based View，RBV）是比较"年轻"的理论，20 世纪 90 年代才受到管理学者的瞩目。该理论主张厂商是由许多不同的资源组合而成，个别厂商所拥有的资源不尽相同，且其中有一些无法交易或转让，这两点也就是所谓的异质性（Heterogeneity）与不可移动性（Immobility）。厂商若想要获得持久性的竞争优势，就必须拥有适当的资源，也就是有价值（Value）、稀少（Rareness）、不可模仿（Inimitability）而且组织可以善加运用（Organization）的资源。图 2-9 为资源基础观点的基本主张，包括基本假定、资源特征与竞争优势这三部分[13]。

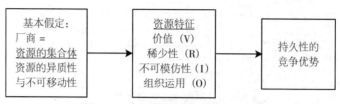

图 2-9　资源基础观点的基本主张

显然，资源基础观点主要是应用在策略领域，高级主管可以借由分析组织的资源组合来掌握竞争态势，并据以决定其竞争手段。这其中，从有形与无形的资产到知识技术、能力、企业文化等，都可能是能够为组织带来持久性的竞争优势的资源，例如有调查显示许多高级主管都认为企业声望与产品声望是对公司成败影响最大且最难模仿的无形资源[14]。

另外，知识管理（Knowledge Management）理论则是主张知识资源对组织的生存发展相当重要，因此有必要建立适当的机制来吸收、储存、创造、应用与保护各种知识，包括可以意会而不可言传的隐性知识（Implicit Knowledge）和可以用语言文字或图案影像描述的显性知识（Explicit Knowledge），甚至让整个组织成为积极管理知识的学习型组织（Learning Organization），借以提升组织的绩效，如图 2-10 所示。

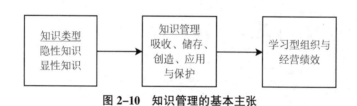

图 2-10　知识管理的基本主张

整体而言，知识管理的相关主张还在持续演进当中，但因为知识管理能力是组织所拥有的资源之一，因此将之视为资源基础观点的特定议题似乎是合理的选择[15]。

随堂思考 2-3

结合资源基础观点和知识管理的主张，您觉得学习管理学知识是否能够帮助自己自职场上取得持久性的竞争优势？

2.9.4　体制理论

相对于资源基础观点比较适用于策略领域，体制理论（Institution Theory）的适用范围则可说是毫无限制，只要是组织经营管理上常见的问题，都可以用这个理论来解释管理者的抉择。该理论主张决策并非完全来自于经济理性，必须兼顾该项抉择是否能够被社会大众所接受，也就是所谓的正当性（Legitimacy），否则组织无法生存发展。

图 2-11 显示了体制理论的基本主张。社会中既有的各种体制构成了体制环境（Institutional Environment），包括属于政府政策与管制措施的管制层面（Regulatory Dimension）、属于社会大众共同价值观的规范层面（Normative Dimension）以及属于可以用来处理该项事务的知识技能的认知层面（Cognitive Dimension）。组织对于体制环境中的各种限制可以用服从、选择、操纵或创造等方式来因应，但最终目的是在取得正当性，从而让组织得以生存发展[16]。

体制理论有助于补充其他理论的不足，例如有研究显示同时采用交易成本经济学和体制理论的主张，有助于提高对于厂商自制或外购决策的解释能力[17]。然而，严格说来行为学派也主张社会规范（Social Norms）足以影响人们的态度与行为，因此体制理论的独特贡献或许在于比行为学派更明确完整地界定出环境中的影响力量与因应策略。

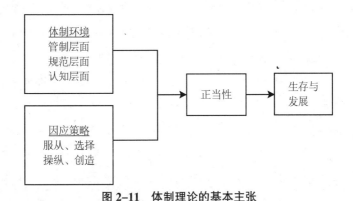

图 2-11　体制理论的基本主张

课后练习

复习题

（1）说明科学管理学派的基本主张。

（2）说明一般行政学派所探讨的主要议题。

（3）说明霍桑研究对行为学派的发展有何影响。

（4）说明管理科学学派的基本精神。

（5）说明系统学派的探讨组织管理的方式。

（6）说明权变学派的基本观点。

（7）举例说明日本式管理对企业管理实务的影响。

（8）说明产业组织经济学的基本理论架构。

（9）说明交易成本经济学的基本主张。

（10）说明代理理论的基本内容。

（11）说明资源基础观点的基本观点。

（12）说明知识管理的基本主张与探讨的议题。

（13）说明体制理论的基本内涵。

应用题

（1）为了确认消费者的偏好，餐饮与食品业者经常让消费者试吃，然后选择评价较好的纳入菜单或产品线，这种做法符合哪个学派的主张？

（2）服务利润链（Service Profit Chain）模式主张应该先善待员工，激发其满意与忠诚，从而得以改善品质并降低成本，博得顾客的满意与忠诚，而企业的获利与成长自然水到渠成。试问此一理论架构是属于哪个学派的主张？

（3）根据科学管理学派的观点，在不同顾客群的需求曲线弹性不同的基础上，为了让总收入最大化，应该如何决定产品或服务的价格？

（4）韦许（Jack Welch）担任奇异公司（General Electric）期间经营绩效卓著，因此媒体与出版业者竞相以直接访问韦许或通过奇异公司员工的叙述来发掘其管理秘诀。试问以这类媒体报道或出版品来学习管理之道可能会产生哪些问题？

（5）商场如战场，因此许多人认为《孙子兵法》可以提供可行的经营管理之道，你认为如何？

（6）在《追求卓越》(In Search of Excellence)一书中归纳出卓越企业的共同特征之一是"做内行的事"，试运用资源基础和知识管理观点说明何以这个特征有助于提升经营绩效。

（7）政府官员按理应该多方评估，但各国官员都经常以公民投票、民意调查、甚至媒体批判来决定施政内容，试分别以代理理论和体制理论解释。

管理个案

金色拱门背后的奥秘

每位顾客到店只花了几块美元，一年却可以创造出超过200亿美元的营业额，而且其中1/3还是来自于全球百余国家的加盟店所支付的加盟费用，并非加盟店的营业额。这种成就足以令任何管理者或旁观者叹服，对其经营管理的秘诀深感好奇。

麦当劳（McDonald's）并不是奇迹的创造者，而是管理学的忠实信徒，一路走来确实展现了各种管理思想应有的面貌。在各种事务的处理上，该公司以不断地寻求更好的方法为原则，即使是像炸薯条这么基本的营运作业，都经过多次的尝试改善，包括马铃薯密实度的选择、切片的规格、热油的温度等，都通过不断的实验来获得最理

想的组合，例如"油温比薯条热三度"的炸熟标
准就是在多次尝试后才获得确认。

麦当劳以不断寻求更好的方法为原则，即使是像炸薯条这么基本的营运作业，都经过多次的尝试改善。（照片由联合报系提供）

　　经由长期持续的寻求改善，这类事务的处理
方式相继纳入麦当劳的营运手册当中，主要目标
是将餐厅的各项工作转变成有如工厂生产线作业
那样的精确而一致，但其中也包含其他经营管理
层面，例如有一本营运手册是教导加盟者如何编
制财务报告、预测营业额、制定工作进度等。该
公司甚至根据营运手册当中的各项规定发展出
QSC（Quality, Service, Cleanliness）评鉴制度，
由专职的营运顾问负责到各分店参观评估，评鉴结果分为 A 到 E 五级，获得 B 级以
下评价的加盟者不得申请新店。

　　在人的问题上又是另一番面貌。麦当劳的创办人克罗克（Ray A. Kroc）曾表示：
"如果我们想要有所成就，那么就需要人才，而我将投资于人才培育。"这个信条主要
是通过该公司于 1961 年成立的汉堡大学（Hamburger University），以及陆续成立的 20
余个区域训练中心来实践。新进基层员工安排到各个区域训练中心学习餐厅的各项营
运作业事宜，资深员工与主管阶层则安排到汉堡大学接受基层、中级或高级主管的培
训。目前汉堡大学占地 30 余公顷，约有 20 位专任教师，十余间普通与专业教室，每
年约有 5000 名学员在此接受训练，校方甚至安排了 20 余种语言的翻译以便利来自各
国的学员。

　　除了教育训练之外，麦当劳对员工还有许多奖励措施。一方面，该公司相信把主
要工作伙伴变成所有人是促使公司持续获利成长的关键，因此全公司有数万名主管可
以获得分红，而店经理及以上的主管还可以获得为数不等的股票认购权。除了物质面
的奖励之外，表现良好的员工和加盟者还可以获得各种形式上的殊荣，林林总总不下
于数十种奖项，例如绩效优异的资深店员经审核后可获得加入"第一俱乐部"，在获
得加薪之外，还可以穿着绣有特殊标章的制服，并获得同事的肯定与尊重。

　　另一方面，麦当劳也致力于建立"顾客关怀"（Customer Care）的文化，最基本的
原则是：如果顾客要吃加生菜的麦香鱼，我们就该照做。为了满足顾客的需要，餐厅
的作业流程可能必须调整，甚至有可能必须开发出新的烹调设备，其目的都是寻求顾
客的全面满意（Total Satisfaction）。因此，虽然在营运手册中可能有所规定，但还是
要求各级主管以顾客的观点来看个别餐厅的营运状况，并授权当地的主管和店员尽其
所能地努力满足顾客。

当然，麦当劳的经营管理措施也并不是毫无争议，例如在美国以低价位销售的汉堡，在发展中国家却成为中、高价位的食品，就引发部分人士"欺负当地消费者"的批评。然而，至少就这项批评而言，任何人都可以对照一下巷口卖汉堡的早餐店与麦当劳的异同，然后理解到1984年麦当劳进军台湾之际，为何能够很快地创下单店单日营业额100万元新台币的辉煌战果。

讨论问题

（1）在店面与加盟商管理方面，麦当劳的措施反映了哪个管理学派的主张？

（2）在员工与顾客方面，麦当劳的措施反映了哪个管理学派的主张？

（3）将各项经营管理措施视为规定而纳入营运手册可能有哪些利弊？

（4）比较巷口卖汉堡的早餐店与麦当劳的异同，指出您觉得重要的管理方法差异。

（5）若将麦当劳的管理措施套用在其他行业，其结果可能如何？

3 管理环境

本章学习目标

1. 了解组织所面对的主要环境因素

2. 了解对于环境因素的一般性因应方式

3. 了解主要的一般环境层面

4. 了解主要的任务环境层面及其一般特征

5. 了解主要的内部环境层面

赌国风云

由劳勃·迪·尼洛（Robert De Niro）主演的剧情片《赌国风云》（Casino）当中，对管理者的艰难处境做了多元化的描述。他是黑帮所指派的赌场旅馆经理，但真正需要他操心的并不是顾客方面的问题，而是老婆嗜赌贪杯挥霍无度，合伙人不断用黑道手段来达到个人目的衍生许多困扰，其赌场经理人的资格遭到主管机关的质疑，乃至于想要开除不适任的游乐场主管时才发现该主管是当地郡长的亲戚。最后，在美国政府介入拉斯维加斯的赌场生态之后，他甚至丢官去职，退隐幕后为黑帮老大处理财务事宜。

任何管理者都必须面对环境中的各种影响因素，层级愈高则考虑的因素愈多、愈复杂。基层主管通常只需要搞定与自己的职务有关的环境因素，高级主管却必须兼顾所有可能影响组织的事项。有些影响因素可以借由个人或集体的努力来因应化解，但有些因素却是任何管理者都无力回天的残酷现实。

本章将讨论管理者必须面对的各种环境因素。随着层级与职务的差异，个别管理者必须因应的环境因素各不相同，因此本章所提供的只是全面性的浏览，而不是特定管理职位上所需掌握的环境因素。

3.1 组织环境及其分类

日常对话中的环境通常是指生活周遭各种有形的实体，例如"环境卫生"一词是指特定场所内外是否干净，而"环境保护"则是指维持土地、空气、水、动植物等自然与生态层面原有的面貌。然而，管理学当中使用到环境（Environment）一词之际，除非特别加以说明，否则通常是泛指各种可能影响组织达成其目标的力量。

这些影响力量可能来自于自然界，例如台风、地震、全球暖化等，都可能对组织产生轻重不等的影响。然而，管理学当中比较关心的是各种人为的影响力量，例如来自于组织外界的同业动向，来自于组织内部的员工态度等。一般而言，足以影响组织的因素可以分为三大类，每一类又再区分为若干层面，如图 3-1 所示。各类环境因素的意义分述如下：

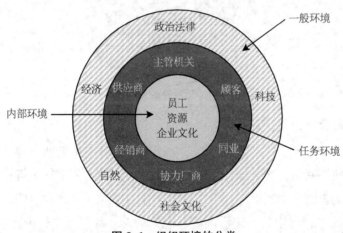

图 3-1 组织环境的分类

（1）一般环境（General Environment）：对所有组织都有一定程度影响的外界因素，包括政治与法律、经济、社会文化、科技乃至自然环境等层面。

（2）任务环境（Task Environment）：直接影响特定组织的外界因素，包括顾客、同业（竞争者）、供货商、协力厂商、主管机关等层面。

（3）内部环境（Internal Environment）：特定组织内部的影响因素，包括员工、资源、企业文化等层面。

一方面，虽然组织的活动经常跨越国界，因此国际/全球环境（International/Global

Environment）相当重要，但图3-1并未列出此一层面，原因在于探讨国际/全球环境等于是探讨其他国家的一般与任务环境，甚至涵盖国外分支机构的内部环境，因此将该项环境因素独立出来并没有多大的意义。

另一方面，由于"社会文化"这类因素并没有具体的对象，管理者在面临相关问题时可能无法找人交涉，因此也可以用具体的组织或群体来显示各个影响力量的来源。由于构成这些影响力量来源的组织或群体都是由不同的人所组成，因此称之为组织的利害关系人（Stakeholders）。这其中又可以区分为对组织影响比较直接而明显的主要利害关系人（Primary Stakeholders），包括顾客、员工、同业、供货商、主管机关等，以及影响力比较间接而微弱的次要利害关系人（Secondary Stakeholders），包括一般政府机关、教育机构、金融机构、各种公益团体以及一般社会大众等，如图3-2所示。

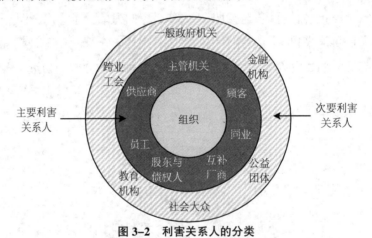

图3-2　利害关系人的分类

不论采用何种分类方式，环境中各种力量对个别组织的影响力都不一致，例如台湾当局的交通部观光局对一般企业而言属于一般环境的政治法律层面或次要利害关系人，但是对餐旅休闲产业的厂商而言却是任务环境和主要利害关系人当中的主管机关。同理，公益团体对一般企业的影响力相当有限，但高污染产业的厂商却经常对这些团体深感头痛。因此，个别组织应该自行界定其环境层面或利害关系人，甚至个别管理者也应该比照办理，例如证券主管机关是财务主管的主要利害关系人，但对于营销、生产/作业和人力资源主管而言只是次要利害关系人。

随堂思考3-1

管理学教科书通常不会把个人与家庭因素纳入管理议题中，但中国传统的观点却是"修身、齐家、治国、平天下"，试运用环境分类及利害关系人的观念，说明个人与家庭因素对管理者执行其工作可能有何影响。

3.2 一般性的因应措施

面对不同的环境因素自然应该有不同的因应对策，但整体而言仍有一些共通的原则与方案可供应用，这也正是本节所要讨论的主题。

3.2.1 环境扫描系统

由于环境因素为数众多，很难借由个人的心智能力来全盘掌握，因此在组织内部建立起一套制度，由某些员工负责有系统地搜集各个环境层面的信息，经过初步整理分析后再交给各级主管运用，就成为对抗"信息爆炸"的可行之道，这种制度也就是所谓的环境扫描系统（Environmental Scanning System）。有些组织是在常态性的管理信息系统中建立此一子系统，有些组织则是在临时需要时才运用任务编组来搜集相关信息，但不论组织的环境扫描系统属于何种形式，个别管理者都必须另行决定自己需要哪些信息及如何取得这些信息，因为组织所建立的系统不可能完全符合所有管理者的需要。

图 3-3 说明了环境扫描系统的几个关键事项。在扫描时程与范围方面，不定期系统（Irregular System）是在面临重大问题时立即分工搜集相关信息，因此没有固定的扫描时程，而扫描范围则限制在该问题的相关事项上。定期系统（Periodic System）则是先行选定若干重要的事项逐期搜集信息，因此有固定的扫描时程，而扫描范围则涵盖了所有选定的事项，但不包括名单以外的信息。持续系统（Continuous System）是随时随地搜集所有可能影响组织的信息，因此其扫描时程是持续不断，而扫描范围则涵盖一般、任务、内部环境中所有的因素[1]，只不过通常会列出类似于定期系统的某些重要事项以免遗漏。

图 3-3　环境扫描系统

不论采用何种环境扫描系统，都必须针对搜集而来的环境信息加以评估，必要时还必须提出因应对策。不定期系统是针对重大议题搜集信息，因此相关人员必定会进行讨论评估并谋求对策，但定期与持续系统所搜集的信息范围很广，而且也未必具有急迫性，因此有些事项可能只需继续扫描即可，有些事项则可能呈现趋势而有必要尝试预测其未来发展，有些事项已经确定发生，因此需要评估影响力与急迫性，甚至提出因应措施。

3.2.2　概率/冲击矩阵与一般因应策略

环境扫描系统可以获得大量的信息，管理者必须评估其影响力与急迫性，决定是否需要迅速予以因应。这个步骤中可以运用的一项管理工具是概率/冲击矩阵（Probability/Impact Matrix），先针对个别环境因素进行预测，据以推断该事项影响到组织的可能性以及对组织的可能影响程度，然后将影响组织的可能性较高且可能的影响程度较大的事项列入优先处理的议题，如图3-4所示。

	影响程度		
	大	中	小
高	优先	优先	次优先
发生概率 中	优先	次优先	最后
低	次优先	最后	最后

图 3-4　概率/冲击矩阵

概率/冲击矩阵可以决定应该优先处理哪些环境因素所可能产生的影响，但并不能为组织或个别管理者提供可能的因应方式。由于不同的环境因素可能产生不同的影响，因此不可能出现适用于各种状况的具体对策，但组织或个别管理者确实可以在"改变自己"和"改变环境"间加以抉择，从而产生可以适用于各种状况的四种初步抉择。

图3-5右半部列出了这四种初步抉择的意义。组织或个别管理者可以"无为而治"，既不尝试改变自己也不尝试改变环境，一切顺其自然，希望日后能有所好转，这第一种因应方式称为逃避（Avoidance）。相反的，组织或个别管理者也可以配合环境因素调整自己的脚步，例如在景气不佳的时期进行裁员或遇缺不补等措施以减少人力闲置，这第二种因应方式称为反应（Reaction）。第三种因应方式称为影响（Influence），涉及尝试改变环境因素，例如在立法机关有意提案讨论对组织不利的法案之际，借着游说、广告、媒体专访或投书等方式，尝试改变相关政府官员的态度。第四种因应方式是预期（Anticipation），一方面自行调整以便适应环境，另一方面则运用各种可能的方法尝试改变环境。

图3-5左半部则是采用这些因应方式的基本前提。学者专家之间对于组织能否影响环境各有不同的主张，认为组织只能在既定环境中寻求调适者称为环境决定论（Determinism），反之认为组织可以影响甚至改变环境者称为策略抉择论（Strategic Choice）。然而，有些环境因素显然可以通过努力而改变，有些因素则是人力无法回天，而针对同一事项有些人相信只要努力则事无不成，有些人则相信事有定数，执意强求只会徒劳无功。因此，管理者可以根据环境因素的性质与自己能否使之改变的信念，选择最适当的因应方式，例如环境因素和策略抉择的影响力都很高之际，可以采纳双轨并进的预期策略，反之两者影响力都有限之下，无为而治的逃避策略可能是合理的抉择[2]。

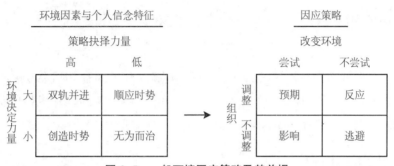

图 3-5　一般环境因应策略及其前提

随堂思考 3-2

对餐旅休闲业者而言，金融海啸导致失业率上升和开放中国大陆民众来中国台湾旅游这两者分别属于何种环境因素？以概率/冲击矩阵评估的结果可能是什么？业者可能应该采取何种一般因应策略？

管理前线 3-1

美国企业环境扫描和预测实务

　　许多组织并没有正式的环境扫描系统，分别由各个与外界接触的高级主管、业务人员、研发人员等疆界跨越者（Boundary Spanners）非正式的搜集相关环境信息。但许多大型企业当中确实设立了正式的环境扫描系统，一项针对美国企业的调查显示，受访厂商当中五成多已建立正式的环境扫描系统，最主要的两种环境信息来源是各产业的专业出版品和政府出版品，整体而言以科技和经济层面的环境因素最受重视，但各产业之间有明显差异，例如受到政府严格管制的电信、运输及其他公用事业都以政治法律层面为重。

　　企业如何因应环境变迁并非适合进行调查的事项，但综合各项环境因素来预测未来营业额的方式则可以借由调查而得知。一项针对美国企业的调查显示，整体而言受访厂商大量使用主观判断的预测方法，包括业务人员提报数字汇总、中级主管意见和高级主管集体判断等，数学或统计预测方法的使用情形相对而言比较不普遍[3]。

显然，在环境因素的扫描与评估上，正式、有系统的扫描已经日渐普遍，但如何评估环境扫描系统所获得的信息，则还是个人主观判断的天下。

3.3　一般环境

一般环境通常可以区分为政治法律、经济、社会文化、科技和自然等层面，但因为自然环境因素通常并非组织所能掌握，因此经常只考虑前四个层面，并将英文前缀缩写而形成所谓的 PEST 分析（PEST analysis）。

3.3.1　政治法律环境

政治法律环境（Political-legal Environment）涵盖了与政府有关的各项因素，包括国家的政治与经济体制、主要政党生态与基本政策、执政团队的政策、各项法令规章、官员执法态度乃至主要官员的个人特征等，其重要性在于组织的活动会受到政治法律环境的限制，从组织的成立到各种营运措施的决定都必须考虑政府政策与法律规定。

不论是市场型或指挥型的经济体制，只要是在民主国家，个别组织或管理者就可以通过各种方式来影响政府的政策和实际立法与执法行动。一般而言，影响政党或政府官员的措施可以分为下列三大类[4]：

（1）信息策略（Information Strategy）：提供对方亟须的信息，例如游说，提供支持或反对特定立法方向的研究报告，提供专家出面作证等。

（2）财务诱因策略（Financial Incentive Strategy）：提供对方财务上的支援，例如对政党或个人提供政治献金，雇用对方的亲戚等。

（3）建立支持者策略（Constituency-building Strategy）：协助对方争取支持者，例如成立后援会，刊登支持广告等。

3.3.2　经济环境

经济环境（Economic Environment）涵盖了与整体经济活动有关的各项因素，包括国民所得、经济成长率与景气循环阶段、利率、汇率、失业率、物价上涨（通货膨胀）率乃至消费者信心指数等，其重要性在于大部分产品或服务的需求都或多或少受到整体经济活动热络程度的影响。举例而言，2008 年底发生的金融海啸导致失业率上升，民众忧心未来而节衣缩食，结果是景气衰退，经济负成长，绝大部分的企业也面临营收衰退的困局。

政府机构和许多公民营机构会定期发布经济统计和预测资料，因此经济环境信息的来源通常不是问题，关键在于预测资料是否具有参考价值。虽然各机构都是采用繁复的计量经济模式来预测景气动向，但还是经常发生重大错误，例如各机构都未能预测到 1995 年的亚洲经济危机和 2008 年的金融海啸。

管理前线 3-2
经商要学胡雪岩

清朝末年的胡雪岩有"商神"或"商圣"之誉，原本只是钱庄的伙计，其后自行开办钱庄，先后成立 20 余家分店，其后甚至跨入丝、茶、中药等产业，都获得可观的绩效。因此过去百余年来，中国社会都流传着"经商要学胡雪岩"的谚语。

然而，胡雪岩的商场成就中，有相当多的成分来自于其良好的政商关系。从建立第一家钱庄开始，所需资金就是浙江海运局官员王有龄"挪用公款"来资助，而钱庄的成长过程也有一部分归功于左宗棠指派他为总管，负责处理浙江省的钱粮和军饷。虽然这两次官员拔刀相助都是因为胡雪岩先行施恩于对方，但企业试图建立政商关系之际当然是"先投资后收成"，称不上有何独到之处。

胡雪岩当然有其独到的经营秘诀，但万变不离其宗，让掌权的政府官员愿意出面协助，对企业的茁壮成长通常大有助益。专制时代如此，民主时代又何尝不然，至于要如何让掌权的政府官员愿意出面协助，还是万变不离其宗，"走对门路，投其所好"就成了。

3.3.3 社会文化环境

社会文化环境（Social-cultural Environment）涵盖了整个社会的人口特征以及和言行与心态有关的各项因素，其中的人口特征包括人口总数以及性别、年龄、职业、居住地区等事项的分布状况，言行与心态则包括语言文字、风俗习惯、价值观与行为规范等。这些因素都可能会影响到产品或服务的需求，例如人口总数决定了许多产业的潜在顾客多寡，而风俗习惯与价值观决定了民众对某些产品或服务的偏好程度。

有关人口特征的资料称为人口统计（Demography），各国政府通常会每年发布一次统计结果。语言文字属于公开的事实，但有官方语言和常用语言之分。其他如风俗习惯、价值观与行为规范等社会文化环境则通常缺乏确切的信息来源，管理者可能必须广泛搜集资料并亲身体验，或者针对某些特定议题进行调查研究。举例而言，文献中揭示了西方人士在谈话中点头通常代表同意，而日本人点头却往往只是代表了解谈话内容，因此管理者不需要借由亲身体验或调查研究来知道这个"习惯"。

3.3.4 科技环境

科技环境（Technological Environment）涵盖了社会中各项人为事物的相关因素，其中涉及各项事物的内容与用途可以归类为产品/服务技术（Product/Service Technology），如何产生这些事物则是流程技术（Process Technology）的范畴。以目前而言，这两者当中可能包含了大量的计算机与网络的运用，也就是所谓的信息科技（Information Technology，IT），例如，许多旅馆业者的订房系统和运输业者的订位系统都已经全面计算机化、网络化。

一般而言，管理者应随时注意各项科技的发展，研判是否可以用来改善经营管理，例如麦当劳在网际网络普及之前就已经设立了企业网站，同时具备了广告媒体与销售渠道的功能。当然，管理者最关注的还是与所属行业直接相关的产品/服务与流程技术，因此经常阅读专业刊物、参加技术研讨会等。整体而言，管理者可以根据组织对于技术层面是采纳领先或追随策略，来决定要进行自行研发、合作研发或授权使用、直接购买等方式。

3.4 任务环境

相对于一般环境的对所有组织都有高低不等的影响，任务环境则局限于主要只是影响到组织所处行业的各项因素，因此也经常称为产业环境（Industry Environment）。本节将先行说明各个任务环境层面的意义，再提出学界发展出来的两种分析方法。

3.4.1 任务环境的内容

组织的任务环境是由主管机关、顾客、同业（竞争者）、供货商、互补厂商和经销商所组成。这其中，主管机关（Regulators）是指按照某些法令规章而负责监督组织营运的政府机构，一般企业的主管机关是经济部工业局与商业司，但部分产业由其他的主管机关负责，例如虽然餐饮业是台湾当局经济部商业司的管辖范围，但旅馆业和旅行社则归台湾当局交通部观光局管辖。另外，组织的特定活动还受到其他主管机关的监督，例如人力资源活动属于行政院劳工委员会的职权，营销活动是由行政院公平交易委员会掌管，而融资活动则归财政部金融局管辖。管理者通常会遵循主管机关的命令，但情况允许时也可能以请愿、行政诉讼等方式企图改变主管机关的决定。

顾客（Customers）是指向组织购买产品或服务的个人或组织，没有顾客则组织无法存活，其重要性不言而喻，因此如何创造满意的顾客是各种营利性组织共同关切的事项。然而，顾客可能直接向组织购买产品或服务，但也可能通过第三者来购买，这些经手组织产品或服务销售业务的个人或组织就是所谓的经销商（Distributors），或称为组织的渠道（Channels）。另外，为了提供产品或服务，组织可能必须向其他的个人或组织购买原物料、零组件乃至制成品，这些为组织提供营运所需物资的个人或组织泛称为供应商（Suppliers）。

互补厂商（Complementors）的观念是来自于互补品（Complementary Products），是指消费者必须同时购买若干种产品或服务方可使用的情形，例如计算机硬件与软件、相机与底片、汽车与汽油等。一般而言，若互补品功能良好且价格适当，将有利于既有产品或服务的销售。部分学者专家将互补厂商称为"协力厂商"，严格说来并无错误，但忽略了国内实务上惯用日本名词，因此所谓的协力厂商实际上是指供货商。

最后，同业或竞争者（Competitors）是指提供相同或类似产品/服务的所有业者。由于顾客的购买数量有限，因此竞争者愈多则组织所能分到的销售量就愈少，而且竞争者的经营能力愈强，则组织所受到的不利影响愈大。在这种情况下，经营阶层通常都会密切注意同业的动向，必要时甚至以类似的经营手段正面交锋，希望获得"击败竞争者"或至少"不会输太多"的结局。

以上各个任务环境层面中，大部分层面的管理原则与方法已经累积成为独立的学门，例如顾客与经销商层面属于营销管理（Marketing Management）的范畴，而供货商层面则属于采购（Purchasing）或供应链管理（Supply Chain Management）的领域，因此管理学教科书当中通常都不做深入探讨。

3.4.2 任务环境的分析架构

第2章所述的产业组织经济学对组织的任务环境建立了一个相当完整的分析架构。如图3-6所示，这个简称为五力模式（Five Forces Model）的分析架构将顾客（含经销商）、竞争者、供货商三者纳入，另行考虑了可能有新的厂商加入此行业，以及顾客可能转而购买其他产品或服务来替代。图中并未标示影响这五种力量的各项因素，但遗漏这些因素则对此分析架构的了解就不够完整，因此后文将有所提示。整体而言，这个分析架构是用来评估特定产业的吸引力，也就是在这个产业中能否获得优渥的利润，例如进入障碍（Entry Barriers）愈高则新的厂商愈难进入这个产业，因此对该产业既有厂商有利，而退出障碍（Exit Barriers）愈高则既有的同业愈难脱离这个产业，必须继续与同业竞争，因此对该产业既有厂商不利。

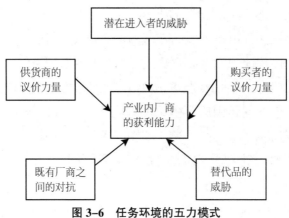

图 3-6　任务环境的五力模式

五力模式中影响个别力量的因素各不相同，合计有 20 多种必须考虑的因素，分述如下[5]：

（1）既有厂商之间的对抗（Rivalry Among Current Competitors）：业者之间的竞争激烈程度，影响因素包括既有厂商家数与能力/规模差异、产业成长率、固定/储存成本、产品标准化程度、规模经济、目标/策略等特征的相似度、将该产业视为策略重点的业者家数以及退出障碍等。

（2）潜在进入者的威胁（Threat of New Entrants）：新厂商进入该行业的困难度，影响因素包括进入障碍的高低与既有厂商在新厂商进入时可能的反应。

（3）替代品的威胁（Threat of Substitutes）：以替代品取代该行业产品/服务的可能性，影响因素包括替代品的价格、替代品的品质以及转换成本等。

（4）购买者的议价力量（Bargaining Power of Buyers）：买方对该行业厂商讨价还价的能力，影响因素包括买方家数与规模、该行业的产品/服务是否为买方的重要投入、该行业产品/服务的差异化程度与转换成本、买方向上整合的可能性以及该行业的产品/服务对买方产品/服务品质的影响等。

（5）供应商的议价力量（Bargaining Power of Suppliers）：供货商对该行业厂商讨价还价的能力，影响因素包括供货商家数与规模、有无可以取代供货商产品/服务的替代品、该行业厂商是否为供货商的主要顾客、供货商产品/服务是否为该行业厂商的重要投入、供货商产品/服务的差异化程度与转换成本以及供货商向下整合的可能性等。

这个模式在应用上所面临的最大困难是影响因素众多，且各项因素的相对影响力并不明确，有可能因产业而异，因此管理者必须自行思考判断这五种力量的综合影响为何。在这种情况下，虽然有学者发展出可以用来测量这五种力量的调查工具[6]，但还是必须对其实用性存疑。

3.4.3 任务环境的一般特征

以上两小节都是针对任务环境的详细内涵进行讨论，但管理文献中还有另一种探讨任务环境的方式，那就是尝试回答"整体而言这个行业是什么样子"这个问题。如图 3–7 所示，第一种方式是着眼于任务环境中的各种因素的复杂性与可预测程度，称为环境不确定性（Environmental Uncertainty）。若环境因素简单且易于预测则归类为不确定性低的行业，反之若环境因素复杂且难以预测则归类为不确定性高的行业。

图 3–7　环境不确定性及其因应

观念上，任务环境的不确定性会产生下列三个后果：①状态（State）的不确定性，即不确定环境变动的方向和幅度为何；②效应（Effect）的不确定性，即不确定环境变动产生的影响为何；③因应（Response）的不确定性，即不确定应如何因应环境的变动[7]。因此，不确定性较低的行业可以采纳科层组织的原则，在各个经营管理层面都事先制定详细的方法与流程，但不确定性较高的行业则必须维持弹性，随时配合环境的需要改变其经营管理措施。

另一种方式是将任务环境的一般特征区分为下列三个不同的层面：①环境丰富性（Environmental Munificence），即任务环境能够支持组织持续生存成长的程度，通常可以用产业整体获利和成长来评断；②环境动荡性（Environmental Dynamism），即任务环境变动的可预测程度，通常可以用产业整体销售额和利润率的变化来评断；③环境复杂性（Environmental Complexity），即经营管理活动的多元化程度，可以用地理集中度和产品种类多寡来评断[8]。这其中，环境动荡性和复杂性其实就是环境不确定性所涵盖的两个层面，而丰富性也确实是各个产业的重要特征之一，因此这个分类方式比环境不确定性高低来得完备，只不过在实务应用上会因为至少要区分成八个产业类型而增加许多困扰。

随堂思考 3-3

假定您是花莲海洋世界的高级主管，试根据您对主题乐园的了解，完成下列三项分析工作：

（1）指出任务环境中的主要成员。

（2）以五力分析评估主题乐园在中国台湾的预期获利状况。

（3）判断中国台湾的主题乐园所面临的环境不确定性水准。

3.5 内部环境

组织内部环境的主要成员是员工，其中包括各级管理者，但只有员工并不足以让组织顺利运作，还必须使用设备机具等有形资产，以及方法技术等无形资源，而影响员工态度与行为的企业文化也是组织能否顺利运作的关键之一。因此，本节并不针对员工层面进行讨论，只配合资源基础观点而将员工视为组织内部的资源之一（即人力资源），并探讨企业文化对组织运作的可能影响。

3.5.1 组织内部的资源

如第1章所述，管理者使用人力、财务、实体、技术、信息等资源来达成目标，因此这些资源的特征就是管理者首先应予掌握的事项。虽然这个议题在管理学界尚未达成共识，但本小节还是尝试性地将常见的重要资源分类如下：

（1）人力资本（Human Capital）：泛指员工的素质，其中也包括努力工作的意愿。由于组织的运作有赖人来推动，因此优秀而努力的人才有助于组织顺利运作，并借以塑造累积组织的其他资源。

（2）财务资本（Financial Capital）：泛指组织的资产负债状况，尤其是可以运用的资金，包括现有资金，构成未来资金的自由现金流量，以及潜在的融资能力。许多组织并不公开这类信息，但至少高级主管必须有所了解。

（3）技术能力（Technological Capability）：泛指组织所拥有的产品/服务与流程技术，其中包括专利权等无形资产。这些能力也可能称为知识管理能力，是导致顾客愿意购买组织的产品/服务的基本原因。

（4）营销能力（Marketing Capability）：泛指组织吸引顾客并持续创造交易的能力，其中包括品牌、商标等无形资产。营销能力和流程技术能力合称为补充性能力（Complementary Capabilities），意指拥有产品/服务技术的组织还需要这些能力才有可能创造出良好的经营绩效。

（5）组织能力（Organizational Capability）：类似经济学中所讨论的企业家精神（Entrepreneurship），泛指组织组合上述各种资源而有效营运的能力。

这五种资源都是理论与实务文献中经常提及的竞争优势来源，虽然目前尚未发展出完整的清单或检核表，但针对这五种类别分别检视组织所拥有的资源，确实可以视为掌握组织内部环境的基本动作。

3.5.2 组织文化

然而，不论组织拥有多少珍贵的其他资源，若员工的行为并不符合组织的目标，则拥有这些资源并不能为组织带来良好的绩效。虽然可能影响到员工行为的因素有很多，但组织文化显然是其中一个重要的因素。

和国家社会一样，组织成员也可能建立起某些属于组织所特有的习惯、规范、信念、价值观等，这些事项共同构成了组织文化（Organizational Culture），并且对员工的行为产生一定程度的影响。虽然学者专家之间对于组织文化的内涵尚未产生共识，但以广义的组织文化而言，一般认为应该包括从抽象而无形各种基本假设，到具体而有形的各种人为产物，如图3-8所示[9]。

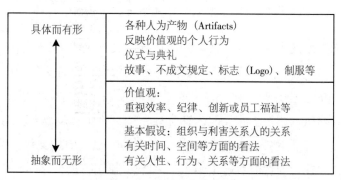

图3-8 组织文化的内涵

然而，就影响员工行为的观点而言，人为产物当中的仪式与典礼、标志、制服等并没有多大的意义，因此既有文献中大多从基本假设和价值观及其衍生的行为着手，例如反映组织对各个利害关系人重视程度的利害关系人导向（Stakeholder Orientation），反映组织是否以客为尊，群策群力以满足顾客需要的市场导向（Market Orientation），反映组织是否积极承担风险以寻求各项创新的创业导向（Entrepreneurial Orientation）等。

就比较完整的组织文化分析方法而言，竞值架构（Competing Value Framework）是可能的选择之一，其内容区分为两个层面，第一个层面的两个相互对立的价值观是强调弹性与强调控制，第二个层面的两个相互对立的价值观分别是内部聚焦与外部聚焦。弹性（Flexibility）是指随时随地持续进行变革与创新，控制（Control）让各项事物井井有条，持续稳定，内部聚焦（Internal Focus）是指优先考虑员工的福祉，外部聚焦（External Focus）则是以组织的利益为优先。

如图3-9所示，这两条轴线构成了四个象限，强调弹性且属于外部聚焦的象限称为开放系统文化（Open System Culture），优先考虑对外部环境因素寻求调适，借以取得所需资源。强调弹性且属于内部聚焦的象限称为人际关系文化（Human Relations Culture），优先考虑员工的态度，注重员工凝聚力与士气。强调控制且属于外部聚焦的象限称为理性目标文化（Rational Goal Culture），致力于提升效率与产出。强调控制且属于内部聚焦的象限称为内部流程文化（Rational Goal Culture），以作业流程稳定顺畅为优先考虑[10]。

图 3-9　竞值架构

显然，在人际关系文化中，以客为尊的市场导向文化无法生存，各项反映市场导向的措施无法获得员工的衷心支持，因此即使强加推动其效果也会打折扣。同理，在内部流程文化中，冒险创新的创业导向文化无法生存，各项反映创业导向的措施普遍不受员工欢迎，不易出现良好的执行成效。相反的，在开放系统文化中，市场导向与创业导向文化都很容易被员工接纳，相关措施推动起来自然事半功倍。这是组织文化带给管理者的限制，但同时也是机会，要视管理者能否善用组织文化的影响力而定。

随堂思考 3-4

许多专家学者支持学习导向（Learning Orientation）、组织学习（Organization Learning）或学习型组织（Learning Organization）的观念，主张促使全体员工主动地广泛学习新知，并保持开放的心灵淘汰过时的知识。试问：

(1) 以图3-8的组织文化内涵而言，这些主张反映了哪些层面？

(2) 以竞值架构而言，这些主张反映的是何种文化？

管理前线 3-3

半自动打造的共同价值观

《追求卓越》（In Search of Excellence）一书中指出强烈的共同价值观是卓越企业共同特征之一，而且构成了组织运作的核心。同样探索杰出企业经营奥秘的《基业长青》（Built to Last）一书，甚至以"教派般的文化"来形容共同价值观的影响力。那么，面对背景、个性、兴趣等方面都不尽相同的众多员工，管理者如何塑造出强烈的共同价值观呢？

事实上管理者不必过于伤神，因为管理学者发现并确认了一个自然发生的吸引—甄选—淘汰（Attraction-selection-attrition）机制。如图3-10所示，组织的文化特征会吸引价值观类似的人前来应征，在甄选过程中若有任何一方觉得彼此价值观不合则不会入选或报到，而正式任职后又有部分人因为实际价值观不合而去职，结果是员工的价值观日渐趋于一致[11]。

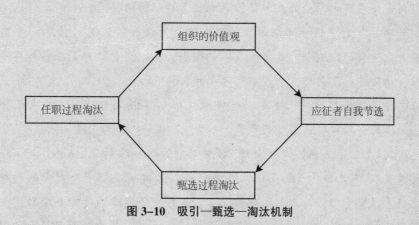

图 3-10　吸引—甄选—淘汰机制

因此，虽然员工的价值观不会自动趋于一致，但管理者只要在各项言行上坚决一致地反映出某种价值观，那么组织的运作过程自然会使员工的价值观逐渐趋于类似，因为"趋吉避凶，物以类聚"是生物本能，人类也不例外。

课后练习

复习题

（1）组织的环境因素可以区分为哪三类？各类别中分别包含哪些事项？

（2）以利害关系人观点来分析组织环境之际，可以根据利害关系人对组织的影响力来如何分类？以一般企业而言这两类当中可能包含哪些利害关系人？

（3）何谓环境扫描系统？通常可以区分为哪三种类型？

（4）简述概率/冲击矩阵的内容与用途。

（5）组织对环境因素的因应方式有哪几种？分别用于何种状况？

（6）简述 PEST 分析的内容。

（7）简述五力分析的内容。

（8）环境不确定性、环境丰富性、环境动荡性和环境复杂性这四个名词的意义分别为何？彼此间有何关系？

（9）说明何谓组织文化并列举若干有形与无形的事项。

（10）简述如何以竞值架构来分析组织文化。

应用题

（1）中国台湾地区劳工每年工作时数远高于全世界主要先进国家，就中国台湾的休闲产业而言，这点属于哪一类的环境因素？在休闲产业的经营管理上有何重要性？

（2）观光景点和高速公路休息站的餐点经常都很昂贵，试先用经济学的供需关系来解释，然后用利害关系人的影响力来解释，再比较两种解释的异同。

（3）上网搜寻有关中国台湾地区国际观光饭店产业一般状况的信息，并完成下列事项：①以五力分析来研判这个产业对投资人的吸引力；②评估这个产业所处环境的不确定性、丰富性、动荡性和复杂性，并说明管理上的含义。

（4）国内许多官场与商场人士都笃信玄学，希望借由风水命理之术来让自己一帆风顺，试运用环境的一般特征来解释此现象。

（5）艾科卡（Lee Iacocca）在其自传《反败为胜》（Iacocca：An Autobiography）当中坦承，他在接掌克莱斯勒公司（Chrysler）半年之后，才发现公司有个严重的财务缺口，最后被迫向政府寻求融资担保。以组织环境而言，艾科卡所忽略的是哪个层面？

（6）有学者专家指出，组织应该以严格的纪律来维持一贯性和稳定性，但同时也应该促成持续不断的变化以追求进步。以竞值架构而言，这种主张是否可能实现？

4 文化价值观、社会责任与企业伦理

本章学习目标

1. 了解文化价值观的层面与分类

2. 了解社会责任的意义与重要性

3. 了解组织在履行社会责任上的可能抉择

4. 了解企业伦理的意义与重要性

5. 了解组织在推动企业伦理上的可能抉择

骇客任务

在《骇客任务》(The Matrix) 系列电影中，满头白发一脸严肃的母体设计人 (Architecture) 只出现过两次。第一次是在"那个房间"(The Room) 中告知男主角有关救世主 (The One) 的残酷事实，并对男主角同时想要拯救爱人和全体人类的愚蠢行为深表不屑。第二次是在最后结局中与先知 (Prophet) 谈判，同意不再追杀逃出母体的人类，而在先知询问他是否会遵守承诺之际，他的回答是："你以为我是谁? 人类吗?"

人类是很复杂的生物，同时具有利己和利他的倾向，有时候可以用动物本能来解释其自私自利的行为，但有时又必须用"圣人"(Saint) 来形容其无私无我的牺牲奉献，有时候言行一致如彬彬君子，有时候却又反反复复如无常小人。这是管理者所必须面对的现实，也是《骇客任务》电影中男主角经常冒出的一句话：重点在于抉择 (Choice)。

本章将讨论三个不适合纳入环境分析架构,但确实属于环境因素,而且彼此间有某种关联的议题,包括不同国家民族乃至于个人的文化价值观差异;企业履行社会责任的义务以及探讨企业的行为是否符合道德要求的企业伦理。

4.1 文化价值观

价值观(Value)是指人们对于各种事物相对重要性的评断,因此其范围很广,例如每个人对于金钱、工作、家庭、休闲都有其独特的价值观。而正如第 3 章所述,组织内部的共同价值观是组织文化最重要的环节之一。相对的,文化价值观(Cultural Values)则是着眼于不同的国家民族在价值观上的差异,其范围也同样宽广。因此,有关价值观的探讨通常都着眼于特定事项,例如有学者专门探讨金钱价值观对员工态度与行为的影响[1],在文化价值观方面也是如此,其探讨的价值观通常都局限于抽象的议题,较少触及金钱、工作等具体事物。

4.1.1 Hofstede 的国家文化架构

在众多跨文化研究的学者专家中,Geert Hofstede 率先对文化价值观进行大规模的调查,其研究对象是 IBM 美国总公司和各国分公司的员工,研究结论是文化价值观可以区分为四个层面,分述如下[2]:

(1)个人主义(Individualism)对集体主义(Collectivism):意指个人与社会关系的紧密程度。个人主义倾向较高者只顾自己和近亲的利益,几乎不会考虑所属群体的利益,反之集体主义较高者则会优先考虑所属群体的利益。用俗话来说,个人主义是"自扫门前雪",集体主义则是"愿意牺牲小我完成大我"。

(2)权力距离(Power Distance):意指对权力分配不平等的接纳程度,亦称为威权主义(Authoritarianism)。权力距离倾向较高者很注重身份、地位等方面的差异,权力距离倾向较低者则认为应该公平一致地对待所有人。换言之,权力距离倾向较高者认为"上下有别",权力距离倾向较低者则认为"人人平等"。

(3)不确定性规避(Uncertainty Avoidance):意指容忍混淆或不确定性的程度。不确定性规避倾向较高者偏好明确与安定,不确定性规避倾向较低者则偏好求新求变。换言之,不确定性规避倾向较高者喜欢"维持现状",不确定性规避倾向较低者则喜欢"勇于尝试"。

(4)阳刚(Masculinity)对阴柔(Femininity):意指对于传统男性与女性角色的偏好程度。阳刚倾向者重视坚强、果断、竞争、金钱与物质等,阴柔倾向者则重视良好的人际关系以及人与人的互相关怀。换言之，阳刚倾向者偏好传统上的"战士"角色，阴柔倾向者则偏好传统上的"母亲"角色。

根据 Hofstede 的调查结果，各国民众的文化价值观确实呈现明显的差异。如图 4-1 左半部所示，美国是个人主义倾向很高的国家，而韩国与中国台湾地区则是集体主义倾向很高的国家或地区，日本虽然经常被称为高集体主义的社会，但实际上集体主义倾向并不明显，但是其阳刚倾向偏高则符合"日本人是经济动物"的形容。该图的右半部则是各国民众权力距离和不确定性规避倾向的分布情形，五个国家或地区都没有特别偏高或偏低的情形，但中国台湾、韩国和日本相当接近。

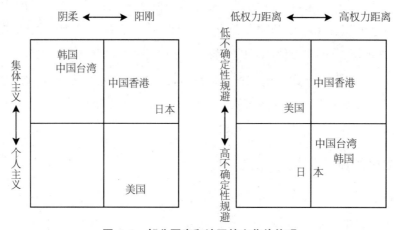

图 4-1　部分国家和地区的文化价值观

文化价值观应该会反映在管理措施的偏好上，表 4-1 列出了部分推断，以左右对照的形式来呈现，例如在个人主义倾向偏高的国家，员工理应偏好按照个人工作表现来决定薪资，而集体主义倾向偏高的国家中，员工理应偏好按照团队的工作表现来决定薪资。同理，在不确定性规避倾向偏高的国家，员工理应偏好各项事务都有明确的制度与规定，而不确定性规避倾向偏低的国家中，员工理应偏好各项事务都保持弹性与变通。

表 4-1　文化价值观与管理措施偏好

个人主义	集体主义
强调按个人表现叙薪	强调按团体表现叙薪
表现优异者应公开表扬	表现优异可能引发众怒
高权力距离	低权力距离
直接指挥效果良好	直接指挥可能引起反感
不得质疑上级的决定	任何决策都可以讨论
高不确定性规避	低不确定性规避
强调制度与规定	强调弹性与变通
重视事前的规划分析	重视行动，边做边修正

Hofstede 后来提出文化价值观的第五个层面，称之为儒家思想（Confucian Dynamism）或时间导向（Time Orientation），意指强调传统或强调未来，强调传统者在尊重传统之余也偏好安定，重视面子与互惠，强调未来者认为做人应该坚忍不拔，克勤克俭，知所荣辱。Hofstede 也指出其他四个层面与该国的经济成长率无关，但儒家思想则和经济成长率密切相关，并主张东亚地区各国的快速经济成长是因为儒家思想在这些国家广泛流传所致[3]。

不论是前四个层面或第五个层面，都有许多学者专家提出强烈的批评，主要集中在资料的取得与解释等方面[4]。虽然如此，Hofstede 的国家文化架构仍是学术研究上经常采用的观点，例如有研究显示，国家文化会影响到旅客对于机场设施与航空公司的评价，也会影响到他们继续搭乘该公司客机以及向其他人推荐该航空公司的意愿，而后续研究也至少在不确定性规避层面上再度证实其结果符合 Hofstede 的主张[5]。

4.1.2　GLOBE 架构

延续 Hofstede 的研究结果，GLOBE 研究团队尝试以多元化的方法获得更完整的发现，研究目的在于探讨文化差异对于领导、其他管理层面以及组织效能的影响。该研究计划于 1993 年激活，合计有 61 个国家/地区，超过 150 位学者专家参与，并集体决定针对下列九个文化层面进行探讨[6]：

（1）不确定性规避（Uncertainty Avoidance）：意指社会或组织的成员是否高度地依赖社会规范、正式规定来因应不可预测的未来，与 Hofstede 的定义类似。

（2）权力距离（Power Distance）：意指社会或组织的成员期待并同意权力应该平均分配的程度，与 Hofstede 的定义类似。

（3）社会集体主义（Social Collectivism）或集体主义 I（Collectivism I）：意指社会或组织以各种措施来鼓励集体行动并分配资源的程度。

（4）群体内集体主义（Social Collectivism）或集体主义 II（Collectivism II）：意指个人对组织或家庭是否荣辱与共、忠诚、有凝聚力。

（5）性别平等（Gender Egalitarianism）：意指社会或组织中性别角色差异与性别歧视的严重程度。

（6）自恃（Assertiveness）：意指社会或组织的成员对于彼此关系倾向于驾驭、对立以及富有侵略性的程度，与 Hofstede 的"阳刚"类似。

（7）未来导向（Future Orientation）：意指社会或组织的成员是否积极进行规划、投资于未来、延后满足等有助于改善未来的活动，与 Hofstede 的定义类似。

（8）绩效导向（Performance Orientation）：意指社会或组织鼓励其成员努力改善绩效、追求卓越表现的程度。

（9）人情味导向（Humane Orientation）：意指社会或组织鼓励其成员为他人着想、表现出和善慷慨并予以关怀照顾的程度，与 Hofstede 的"阴柔"类似。

这些层面大部分是延续自 Hofstede 的主张，但或者予以重新定义，或者进一步区分为若干层面，例如集体主义就区分为"社会"与"群体内"这两个层面。另外，如何衡量这些文化层面也是 GLOBE 研究的重点工作之一，其衡量方式与 Hofstede 的研究不同，因此严格说来并不适合直接进行比较。

表 4-2 是部分国家在上述九个文化层面的分布状况，因调查工具所限，其可能的范围落在 1~7，数字愈高代表该项文化特征愈强烈 [7]。如表 4-2 所示，中国台湾在不确定性规避和社会集体主义等方面相对偏高，而在权力距离与性别平等、自恃等方面则相对偏低。

表 4-2　GLOBE 文化价值观调查的部分结果

	中国台湾	中国	美国	日本	中国香港	韩国	平均/SD*
不确定性规避	5.31	5.28	4.00	4.33	4.63	4.67	4.62/0.61
权力距离	3.09	3.10	2.85	2.86	3.24	2.55	3.56/0.44
社会集体主义	5.15	4.56	4.17	3.99	4.43	3.90	4.72/0.49
群体内集体主义	5.45	5.09	5.77	5.26	5.11	5.41	5.66/0.35
性别平等	4.06	3.68	5.06	4.33	4.35	4.22	4.51/0.48
自恃	3.28	5.44	4.32	5.56	4.81	3.75	3.82/0.63
未来导向	5.20	4.73	5.31	5.25	5.50	5.69	5.48/0.41
绩效导向	5.74	5.67	6.14	5.17	5.64	5.25	5.94/0.34
人情味导向	5.26	5.32	5.53	5.41	5.32	5.60	5.42/0.25

注：*62 个国家/地区平均数与标准差。

虽然想要完全掌握 GLOBE 研究的成果就必须详细阅读其研究报告，但表 4-2 的资料还是可以显示出各国或地区的文化价值观确实存在许多明显的差异。这些差异对管理工作有一定程度的影响，但 GLOBE 研究也发现两者之间的关系不是很密切，例如性别平等的价值观与管理措施之间的相关系数仅 0.32，而绩效导向价值观与管理措施之间甚至出现反向关系。这种现象可能部分是衡量方法不理想所致，但主要原因可能还是落在管理者的其他考量之上。因此，在文化价值观之外，应该还有其他因素会影响到社会和组织对于管理方式的选择。

随堂思考 4-1

　　分别阅读下列三个叙述句，然后在 1~7 圈选出最能反映您个人对这句话同意程度的数字：

	非常 不同意	不同意	有点 不同意	无意见	有点 同意	同意	非常 同意
1.组织应该订出详细规定来让员工知道 应该做哪些事情	1	2	3	4	5	6	7
2.部属应该无条件地接受上司的命令	1	2	3	4	5	6	7
3.即使无法达成个人目标,个人还是应 该效忠于所属的群体	1	2	3	4	5	6	7

这三题是修改自 GLOBE 用以调查不确定性规避、权力距离和社会集体主义的题目,请将您的得分与表4-2的资料比较,并归纳出您的价值观在中国台湾地区和世界上偏高或偏低。

管理前线 4-1

也是国情差异?

组织可能像是一个和乐融融的大家庭,但也可能像是一部冷酷无情的机器,个别管理者可能像"好好先生"那样一切以和为贵,做人处事都力求圆融周全,但也可能像"计算机程序"那样一切就事论事,一板一眼不容许敷衍通融。这种各行其是的现象只是存在于组织与个人之间,还是可以提升到所谓"国情差异"的层次呢?

一位英国的学者想要解答这个问题,在针对七个国家/地区的500多位管理者进行调查之后发现,整体而言没有人想要成为没有计算机程式成分的好好先生,俄罗斯的管理者想要两头兼顾,美国的管理者是两头都不想要,而韩国的管理者则渴望成为计算机程序。下图是这七个国家/地区的比较[8]。

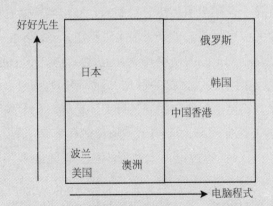

然而,更具参考价值的发现是各国管理者想要成为电脑程式的程度差距有限,换言之,对于应该就事论事,努力做好工作这件事的看法相当一致。相反地,想要成为好好先生的程度差距相当可观,换言之,对于为人处事应该通达圆融的看法有明显差

距，所以"好好先生"未必可以讨好别人。另外，各国管理者本身的差异很大，这点显示个人或组织差异可能比国情差异来得重要。

4.2 社会责任

个人或组织都负担着许多有形与无形的责任与义务，例如父母应该照顾年幼的子女，而年幼子女应该听从父母的教训，员工应该为组织工作，而组织应该发给员工薪资或其他报酬，政府应该保护人民而人民应该缴纳各种税捐等。这些责任与义务当中，有些是法律或正式契约中所明文规定的，有些则只是社会上的无形规范，并不属于法律或正式契约所订定的义务。无论属于何者，未能履行这些义务或责任的人或多或少都会受到某些惩罚，包括心理层面的"万夫所指"和实质层面的"牢狱之灾"等。

因此，企业或其他组织必须履行许多不同的责任与义务，这点是无可争议的事实。然而，企业或其他非政府组织是否必须履行所谓的"社会责任"，却是一个争议多年的议题，而这点必须从社会责任的定义开始着手进行了解。

4.2.1 社会责任的内涵

学者专家之间对于企业社会责任（Corporate Social Responsibility，CSR）的定义并未出现共识，但可以将之视为"企业在保护与提升自身利益的同时，也应该采取行动来保护与提升整个社会的利益[9]"。任何人都没有立场要求企业或其他组织"不顾性命安危"的去履行社会责任，因此这个兼顾组织与社会利益的定义相当普遍的获得接纳。然而，比较推崇自由经济体系的学者专家可能会偏好下列比较狭隘，专注于组织利益的定义：企业唯一的社会责任是在游戏规则的范围内使用其资源从事各项提升利润的活动[10]。

这两种定义可以视为两个极端，第一种定义强调组织应该同时寻求利己与利他的目标，第二种定义则主张只需要追寻狭隘的利己目标，也就是业主或股东的利益。由于这两种定义分别有其支持者，因此目前对于组织应该在哪些事项上善尽其社会责任也尚未出现共识，再加上有些人采取折中观点，于是企业社会责任的范围也就出现一个连续带，如图4-2所示。

图4-3则是跨越定义的层次，具体地提出企业社会责任所涵盖的范畴，并根据原创者的主张以金字塔的形式来呈现其层次上的差异[11]。此一分类架构主张企业社会责任涵盖了下列四个层面：

（1）经济责任（Economic Responsibilities）：意指企业应该赚取利润。由于企业必须获

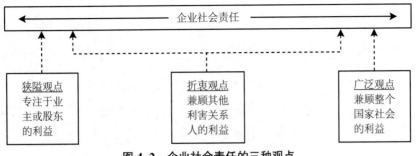

图4-2　企业社会责任的三种观点

图4-3　企业社会责任的四个层次

利方可生存，因此经济层面是最基本的社会责任。

（2）法律责任（Legal Responsibilities）：意指遵守各项法律。

（3）伦理责任（Ethical Responsibilities）：意指各项行为应该符合伦理要求。

（4）慈善责任（Philanthropic Responsibilities）：意指尽其所能贡献社会。

图4-3的金字塔形式隐含着一项优先性原则，即履行了经济责任后才会考虑法律责任，履行了经济责任后才会考虑法律责任，余依此类推。这点难免有所争议，例如不赚钱的企业必定不会遵守法律，必定不会从事慈善活动吗？但无论如何，该图明确地显示出企业的社会责任涵盖了经济、法律、伦理和慈善这四个层面，确实有助于了解社会责任的意义。

如第3章所述，各个利害关系人相对重要性的评断（利害关系人导向）属于价值观的一环，因此组织应该履行哪些社会责任来自于个人的价值判断。同理，在经济与法律责任之外的伦理与慈善层面也涉及主观的价值判断。这点说明了何以社会责任是个富有争议的议题，因为不同的价值观衍生出不同的主张，而价值观却相当主观，很难借由辩论的过程来加以改变。

4.2.2 利害关系人利益的重要性

大部分管理者不会公开主张图 4-2 中的狭隘观点，但实际心态则可能是相当支持，例如许多企业经常打出"员工第一"或"顾客至上"的口号，但面临重大亏损时却经常采纳大幅裁员或"放无薪假"等手段来降低亏损，面临重大产品瑕疵时却往往尽可能推拖拉赖不予处理。不论管理者的实际心态如何，我们有理由相信，由于利害关系人的行动足以影响组织的生存发展，因此兼顾各个主要利害关系人利益的社会责任观点，应该有助于提升组织绩效。

图 4-4 的左右两侧简略地显示出这个机制。一方面，组织提供薪资、产品/服务、现金等报酬来换取利害关系人所提供的体力智力、现金、原物料等资源，若既有的利害关系人发现组织所重视的只有业主或股东的利益，尽可能压低员工薪资与进货价格，同时也尽可能在不影响销售的情况下减少产品/服务品质上的投资，那么这些利害关系人会觉得自己受到不合理的待遇，产生自己的付出并未获得对等回报的感受，并因此尝试另行寻找可能的交易对象，而且只要有可能就会避免继续和该组织交易。另一方面，潜在的利害关系人通常也会观察到与该组织交易并不划算，因此不愿意与该组织建立交易关系，即使暂时因为没有其他选择而被迫交易，同样也会积极寻找可能的交易对象。久而久之，愿意与该组织进行交易者日渐减少，该组织被迫付出较高的代价以换取利害关系人提供的资源，结果是经营效率持续下降，竞争力日渐流失。

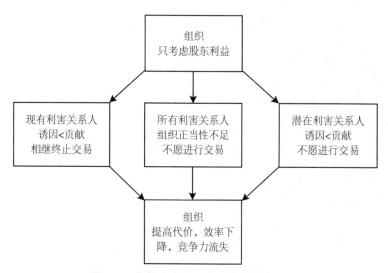

图 4-4　忽视利害关系人利益的潜在后果

这个机制是从诱因—贡献契约（Inducements-contributions Contract）的观点推导而来，其主张是个别组织必须提供诱因（报酬）以换取利害关系人的贡献（资源），而包括传统上最支持优先考虑股东利益的财务学者在内，近期已经有许多学者专家都同意，忽视其他利害关系人的利益对于提升股东利益并没有帮助[12]。另外，图4-4的中间则显示了另一个可能的机制。按理，组织与利害关系人的交易必须是两蒙其利的互惠关系，若组织侵害某些利害关系人的利益，所有的利害关系人都可能觉得该组织不该如此，这个负面的观感可能导致利害关系人不愿意与该组织进行交易。这个机制是属于第2章所述体制理论的规范层面，由于该组织违反了互惠的社会规范，因此利害关系人可能觉得该组织缺乏正当性，不愿意与之进行交易，最后可能导致该组织无法存活。

这两种机制只是观念上的推导，还需要使用实际资料来加以验证，但已经足以显示出狭隘的社会责任观点未必是最佳选择，组织可能至少必须兼顾到主要利害关系人的利益。

随堂思考 4-2

哈佛大学教授 James L. Heskett 等人发展出著名的服务利润链（Service Profit Chain）模式，简单地说就是"有满意与忠诚的员工才有满意与忠诚的顾客，有满意与忠诚的顾客才有公司的获利与成长"。试根据图4-4的观念架构找出支持服务利润链模式的理由。

4.2.3　企业社会责任的正反论点

第4.2.2节讨论了组织应该兼顾到主要利害关系人的利益的理由，但并未触及为何要兼顾整体社会的利益，或为何组织在道德与慈善层次也有责任，而这个部分才是企业社会责任这个议题的争议焦点。

支持广泛观点社会责任的学者专家提出许多支持的理由，涵盖了自利与利他的动机，综合整理如表4-3所示[13]。这些主张多属揣测推断，欠缺实际资料支持，其中有些主张彼此高度重叠，有些主张纯属道德诉求，有些主张则可能受到驳斥。举例而言，再生纸制造商回收废弃纸张，有助于减轻造纸业砍伐林木衍生的环境影响，按照表4-3中的长期自利观点，应该会受到民众的广泛支持，但事实上却因为成本较高且消费者偏爱白净的原生木浆纸而滞销。

相对的，反对广泛观点社会责任的学者专家也提出许多反对的理由，如表4-4所示，其中部分甚至与前述的支持理由形成相反的推论，例如，企业拥有大量资源与权力的事实，在支持者眼中这些资源可以用来解决社会问题，而善尽社会责任有助于权责平衡，但

表 4-3　支持广泛观点社会责任的论点

长期自利	民众对企业有许多期待，善尽社会责任而满足这些期待可以换来各种支持，有助于提升经营绩效
公共形象	善尽社会责任有助于提升企业的公共形象，从而能够吸引更多的顾客、更好的员工等
存活机会	企业若想继续存活就必须符合社会的期待
防止干预	善尽社会责任有助于防止政府干预，从而避免成本上升、决策受限等困扰
社会规范	社会要求企业履行社会责任形成了企业决策上的规范或限制
股东利益	在某些状况下履行社会责任可能让股东受益，例如吸引特定投资人而推升股价
何妨一试	既然政府和许多其他机构都无法解决社会问题，何妨让企业试试看能否解决
资源运用	企业拥有大量资源，其中一部分可能有助于解决社会问题
商业机会	企业的创新能力可能将社会问题转化成可观的商业机会
预防为先	社会问题迟早会波及企业，目前防治所付出的代价理应低于届时再谋求对策
权责平衡	企业在社会上拥有可观的权力，因此也应该担负相当的社会责任
将功折罪	贫富差距等问题部分是源自企业，因此企业有责任协助解决
道德义务	善尽社会责任是"做好事"，企业应该尽可能行善
公民义务	企业也是社会公民，和其他公民一样应该履行各种责任义务

反对者却认为这些资源并不适用于解决社会问题，而且让企业介入社会运作会进一步扩大企业的权力。显然，国内官场俗谚"换了位置就换了脑袋"也适用于社会责任这个议题，价值观差异导致立场差异，而立场差异导致思考推断的方向迥异。

表 4-4　反对广泛观点社会责任的论点

违反营利原则	企业的存在是为了追求利润，而不是解决社会问题
负担额外成本	许多社会问题的防治不能产生经济利益，必须承担额外的成本
缺乏关键能力	企业的资源有特定用途，用来解决社会问题可能事倍功半
导致目标分散	在经济目标外加上社会目标，可能目标与力量分散而两头落空
降低竞争力	企业承担额外成本可能导致售价上升，不利于国内与国际竞争
权力更行扩大	让企业插手社会问题等于是让企业进一步扩张权力
缺乏公信力	民众对企业的社会参与缺乏共识，而企业也无需为其社会参与负担任何责任
衍生利益冲突	缺乏公平合理的机制来决定企业应优先介入哪些社会问题

4.2.4　企业的因应策略

在立场歧异众说纷纭之下，组织是否应该履行广泛观点的社会责任，事实上不可能在短期内产生共识，但"没有结论"并不表示"不需要对策"。实际上企业或其他组织都在执行某种形式的社会责任策略，其内涵从一端的蓄意阻挠到另一端的积极贡献，如图 4-5 所示，共区分为四种，分别叙述于下 [14]：

（1）阻挠（Obstruction）：在可能的范围内尽可能逃避法律、道德与慈善责任。

（2）防御（Defense）：遵守各项法律，此外不履行任何道德与慈善层面的责任。

（3）接纳（Accommodation）：在经济与法律层面之外，也对社会各界的要求给予选择性的接受与响应。

（4）前瞻（Proactivity）：将组织视为社会公民，积极寻求各种方法贡献社会。

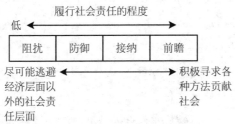

图 4-5　四种社会责任因应策略

这四种策略都可以找到许多实例，以污水处理而言，政府制定了放流水标准，但许多业者采取阻挠策略，私下埋藏"暗管"而将污水排放到偏僻的场所逃避检查，但也有许多业者按照法律规定设置污水处理设施或将污水转由专业厂商处理，因此在明文规定下，业者可能分别选择阻挠或防御策略。另外，观光业者配合大专院校要求而提供实习机会，就符合社会责任的接纳策略，而且在人力短缺等特定情况下也可以让业者直接受益。最后，麦当劳的 Ronald McDonald House 就是前瞻策略的范例，该公司发现许多低收入家庭在子女生病入院后，不但在筹措医疗费用上有困难，就近照顾病患的家属还必须负担高昂的住宿费用，因此该公司主动在各大医学中心附近设立"宿舍"，让家属以低廉的价格入住。

随堂思考 4-3

经济学大师 Milton Friedman 主张企业应该在遵守游戏规则的前提下寻求利润最大化，但营销大师 Philip Kotler 则认为企业做公益可以让社会和公司都获益。若您认同他们的主张，则分别应该以何种策略来履行社会责任？分别应该履行哪些层面的社会责任？

4.2.5　社会责任与经营绩效

本节探讨了有关社会责任的各项议题与争议，但还有一个关键性的问题尚未获得解答，那就是企业或其他组织积极履行社会责任，也就是所谓的社会绩效（Social Performance），是否确实足以影响经营绩效。就目前的研究成果而言，虽然有若干例外，但整体上比较偏向于积极履行社会责任有助于提升经营绩效的主张，但其影响程度会受到衡量财务与社会绩效的方法所影响，例如，会计绩效数字与社会绩效的关联程度高于以股票价格为基础的绩效数字，而主观评估的社会绩效与财务绩效的关联程度高于以客观资料衡量的社会绩效 [15]。

然而，财务绩效与社会绩效两者的正向关联并不足以断定两者之间的影响机制，虽然研究者也尝试验证其因果关系，但资料显示既可以解释为社会绩效影响财务绩效，也可以解释为财务绩效影响社会绩效。如图 4-6 所示，这两种因果关系衍生了对于社会绩效与财务绩效两者关系的两种主张，第一种主张认为积极履行社会责任可以获得社会的接纳与认同，因此财务绩效得以提升，第二种主张则认为经营绩效良好导致组织自认为"行有余力"，因此比较可能积极履行社会责任。

在研究方法有其极限之下，目前并不能断言上述两种主张何者较为正确，因此就组织是否应该积极履行社会责任这个问题而言，最合理的答案还是"取决于经营阶层的价值判断"，而此判断也涉及第 4.3 节所述的企业伦理议题。

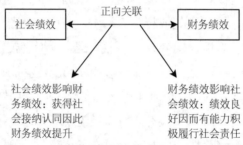

图 4-6　社会绩效与财务绩效实证关系与诠释

管理前线 4-2

策略性慈善？开明自利？为善要让人知就对了！

既然企业最基本的社会责任是"经济"层面，而在竞争激烈的商场，想要获得合理的利润并非易事，那么怎能慷慨地花银子做公益呢？简单，上一道很有学问，称为"策略性慈善"（Strategic Philanthropy）或"开明自利"（Enlightened Self-interest）的菜吧！据说这可是企业社会责任议题中最受欢迎的菜色喔！

这道菜宣称企业做公益可以同时达成经济与社会目标。但想要做到这点并不是憨憨地埋头去做就成了，而是必须丢掉"为善不欲人知才算高尚"的包袱，积极寻找可以借着做公益来露脸的机会，例如媒体会争相报道的名流慈善晚会，能够吸引媒体报道的新奇公益活动，以及其他各种可以宣扬公司或老板"急公好义"的对外场合。当然，最好是能够与公司的产品/服务连接的公益活动，例如麦当劳的许多公益活动都以儿童为主轴。

卫道人士必定会指责这种做公益的方式动机不单纯，而且说穿了只是用做公益来包装的公共关系活动。但俗话说得好，"富贵不还乡，如衣锦夜行"，对企业老板来说，何尝不是"行善不为人知，如衣锦之夜行"。

4.3 企业伦理

4.3.1 企业伦理的意义与范畴

和社会责任一样，"企业伦理"一词也缺乏一般公认的定义，但因为伦理（Ethics）是指"界定出行为是正确或错误的规定与原则"[16]，因此企业伦理（Business Ethics）也可以定义为"界定出企业行为是正确或错误的规定与原则"。在某种程度上，伦理与道德（Moral）两者可以通用，但一般而言道德是指由价值观或无形社会规范所界定出来的正确或错误行为，而伦理则是在道德层面之外，另行涵盖了社会上的各种明文规定，尤其是法律和其他规章制度。

图4-7呈现了法令规章、道德与伦理三者的关系，简言之，伦理涵盖了法令规章与道德，而法令规章与道德彼此有所重叠。虽然有人宣称"守法是最起码的道德标准"，但不论是专制或民主的国家，政府所制订的法令都至少有一部分是为了特定的政治利益而让某些特定族群获得利益或必须牺牲，这也就是俗称的"恶法"，因此并不是所有的法令规章都符合道德要求。

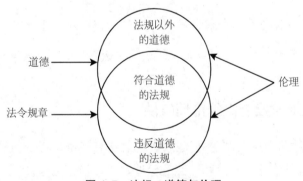

图4-7 法规、道德与伦理

4.3.2 伦理的四种观点

既然伦理可以界定出行为是正确或错误，那么究竟是如何界定的呢？目前有四种彼此有别但可以互补的观点，分别叙述如下：

（1）目的论（Teleology）：以结果的好坏来论定是非，其中最有名的是功利主义（Utilitarianism）原则，主张只要结果符合大多数人的利益，该项决策就符合伦理要求。

（2）道义论（Deontology）：以过程与结果是否公平且顾及个人的各项权利来论定是非，

其中强调过程与结果是否公平的部分属于正义论（Theory of Justice），强调必须顾及个人各项权利的部分属于权利论（Theory of Rights）。

（3）相对主义（Relativism）：主张没有放诸四海而皆准的伦理原则，必须针对当时的特定情况来加以评断。

（4）社会契约论（Social Contract Theory）：主张有某些适用于各种状况的伦理原则，但也有一些是只能适用于特定状况的原则。

许多学者专家结合上述部分观点来探讨伦理议题，例如，有人主张个人是借由目的论和道义论这两个观点来形成整体的伦理判断，然后据以决定行止。另外也有人将目的论的内涵视为理想主义（Idealism），然后和相对主义共同形成个人的伦理立场（Ethics Position）或伦理意识形态（Ethical Ideology）[17]。

随着观点不同，对于同一项行为是否符合伦理要求自然可能产生不同的评断。以经常引发争议的性骚扰为例，目的论者可能认为只要没有实际伤害到当事人就无妨，道义论可能主张身体自主权不容侵犯因此任何性骚扰都违反伦理，相对主义论者可能主张必须视当时双方的互动情形而定，而社会契约论者可能认为某些行为无伤大雅（如说黄色笑话），某些行为则是大忌（如抚摸）。

随堂思考 4-4

以下几种决策常见的主张分别是采用哪一种伦理观点：①少数服从多数；②多数尊重少数；③因时制宜，因地制宜。

4.3.3 道德发展阶段与组织伦理气候

虽然每个人都有其伦理观点，但其他因素也会影响到是否符合伦理要求的判断，其中相当重要的是个人的道德发展阶段和组织的伦理气候。道德发展阶段（Stage of Moral Development）是针对个人道德素养高低所进行的分组，常见的主张是区分为三段六级。第一段称为常规前阶段（Preconventional Stage），停留在自利主义（Egoism）的思维中，分为逃避惩罚和寻求奖赏这两级。第二段称为常规阶段（Conventional Stage），分为迎合亲友期许和履行既有义务这两级。第三段称为原则阶段（Principled Stage），分为尊重他人权利和履行自有原则这两级[18]。表 4-5 列示了这三段六级以及有关行为特征的补充说明。

举例而言，动物或幼儿的行为通常都停留在常规前阶段，必须有立即的处罚或奖励才能约束其行为，而大部分成年人都停留在常规阶段，会迎合亲友期许并履行既有义务，但通常不会为了实践某项信念而与多数人或政府对抗，因此印度"圣雄"甘地（Mohandas K.

表 4-5　道德发展阶段

三阶段	六层级	行为特征
原则阶段	6. 履行自有原则	笃信并奉行某些原则，即使因此违法也在所不惜
	5. 尊重他人权利	能够了解其他人所拥有的权利，并且甘冒众怒来维护这些权利
常规阶段	4. 履行既有义务	接纳并履行自己事先已经正式或非正式同意的各种责任义务
	3. 迎合亲友期许	能够了解亲友对自己的期许，并且努力让亲友满意
常规前阶段	2. 寻求奖赏	只遵守那些可以让自己立刻获得某些好处的规定
	1. 逃避惩罚	只遵守那些可以让自己避免受到身体上的处罚的规定

Gandhi）和美国黑人民权领袖金恩（Martin L. King，Jr.）等，确实可以视为伦理素养远超过凡夫俗子的顶尖人物。

除此以外，组织是由许多个人所组成的，因此个人的道德发展阶段应该会反映在组织的行为上，并成为组织文化的一部分。那么，组织的道德水准是否也可以区分为上述三段六级呢？观念上当然可以，但目前学者专家并不采用这种观点，而是另行界定出所谓的组织伦理气候（Ethical Climate），用以代表组织成员对于何者符合伦理要求以及如何处理各项伦理议题的共同看法，并区分为下列五个层面[19]：

（1）关怀照顾（Caring）：意指组织关怀员工及员工彼此扶持照顾的程度。

（2）法律与守则（Law and Code）：意指对于遵守各项法律与专业守则的重视程度。

（3）规定（Rules）：意指对于遵守各项组织规定与程序的重视程度。

（4）工具性（Instrumentality）：意指对于个人与组织利益的重视程度。

（5）独立性（Independence）：意指对于个人道德与伦理信念的重视程度。

这些伦理气候层面不但可以显示组织的特征，而且显然会影响到工作满意度等员工态度层面。

目前有关伦理气候的研究仍持续不绝，例如对韩国观光产业的研究显示，伦理气候的各个层面可以解释员工对于工作本身、上司等各个工作层面及整体的满意度，也可以解释员工认同组织、愿意为组织牺牲奉献及不想要脱离组织的程度[20]。

管理前线 4-3

商业使人变坏？别闹了！

曾经有位学者在报纸投书中宣称，其好友的女儿空灵飘逸，老早就读完《红楼梦》，每次弹起德布西钢琴曲都令人神往，平日相处甚欢，但后来结识了一位学商的男友，言谈之间开始沾染铜臭味，只觉得言语乏味面目可憎，让人浑身不自在，久而久之两家就疏远了。

这是许多人对商学门徒的刻板印象，总觉得学商的人就好像《海贼王》中的娜美一样，动不动就在两只眼睛里头冒出"$"。更糟的是，由于企业以盈利为目的，不论嘴里冒出多少"利润最大化"或"股东财富最大化"等学术名词，说穿了还是停留在自利主义的最低层次，因此许多人认为学商和从商的人道德修养都很差，"无商不奸"的俗语就反映了这种刻板印象。

学商或从商的人道德修养真的比较差吗？至少对于大学生的研究显示，或许在个别调查中会出现商科学生的道德修养比不上其他科系学生的情况，但整体而言并没有证据显示这两个族群在道德修养上有明显的差异，而且至少有一项调查显示，商科学生的道德修养比不上商场人士[21]。所以，学商或从商会使人变坏？别闹了！学商或从商的人比较会杀人放火，不会吧！

4.3.4 伦理守则与伦理节选

个人道德发展阶段与伦理气候可以分别视为个人与组织的"道德水准"或"伦理素养"，但除了这个既定因素外，是否有可能借着某些原则性的规定或方法来促使个人与组织的行为更能符合伦理要求呢？就组织而言，制定伦理守则（Code of Ethics）或伦理行为守则（Code of Ethical Conduct）是可能的抉择之一，也就是正式规定出组织在各项活动中应该符合哪些伦理要求，其内容可能只是某些原则性的规定，但也可能详尽地列出组织所容许与不容许的各项行为[22]。

虽然伦理守则的内容五花八门，但研究显示各国企业的伦理守则大致上都脱离不了下列五大类事项[23]：

（1）代表企业的行为（Conduct on Behalf of the Firm）：涵盖了对待政府、顾客、员工、同业等利害关系人的方式，其中也包括收送贿赂/礼品、交际活动等事项。

（2）针对企业的行为（Conduct Against the Firm）：涵盖了利益冲突、内线交易、泄露商业机密、个人品德以及对企业的法律与伦理责任。

（3）引述的法律（Law Cited）：涵盖了各项活动中应予遵守的法律及其特定条文。

（4）监督执行程序（Compliance/Enforcement Procedures）：包括直属上司、委员会等上级单位的监督，员工检举与自诉，以及会计师、执法机关等外界单位的稽核与调查。

（5）惩处（Penalties）：涵盖了违反伦理守则后可能受到的各项处分，按其情节轻重从申诫到开除不等。

就个人而言，针对各个生活层面订出个人的伦理守则可能不切实际，比较可能的做法是采用某些方法来测试该项决策或行为是否符合伦理要求。这些测试方法统称为伦理节选（Ethics Screen），其中包括下列三大类方法[24]：

（1）常规法（Conventional Approach）：意指根据既有的法律规章与明文的伦理规范来

研判该项决策或行为是否符合伦理要求。

（2）原则法（Principles Approach）：意指根据功利主义、权利论、正义论等伦理观点所主张的基本原则，来研判该项决策或行为是否符合伦理要求，其中也包括运用"己所欲施于人"的黄金律（Golden Rule）和"己所不欲勿施于人"的白银律（Silver Rule）来研判。

（3）伦理测试法（Ethics Test Approach）：意指根据其他某些特定方法来研判该项决策或行为是否符合伦理要求，例如，该项决策或行为是否合情合理的常识测试（Common Sense Test），是否可以让其他人或社会大众知晓的公开揭露测试（Public Disclosure Test），以及先放出"风声"以了解其他人反应的通风测试（Ventilation Test）等。

若个别伦理筛选方法得到负面的结果，未必表示该项决策或行为确实不符合伦理要求，有可能只是因为法令规章不合时宜，或伦理观点迥异所致。然而，若同时有好几种伦理筛选方法都得到负面的结果，则该项决策或行为不符合伦理要求的可能性就非常高了。

随堂思考 4-5

有五位学生从来不作弊，但其不作弊的主要理由分别为：①怕被抓到而受处罚；②作弊对提高分数没帮助；③规定不准作弊因此遵守规定；④父母不希望自己作弊；⑤作弊本来就是不对的事情。请指出这五位学生对作弊一事的思维可能分别处于何种道德发展阶段，并以适当的伦理筛选方法说明作弊这件事情是否符合伦理要求。

另外，除了让自己或组织更为"高尚"之外，促使个人与组织的行为更能符合伦理要求能否产生实质的利益呢？毕竟，俗话中就有"道德一斤值多少钱"和"道德放两旁，利益摆中间"之类的质疑。这个问题目前还在探讨阶段，根据公平互惠等道德原则和体制理论的推断，提升自己的道德伦理层次应该有助于个人或组织在社会上的生存发展，而实际资料支持道德伦理水准与工作或经营绩效彼此有正向关联的主张[25]，但由于这类研究为数有限，因此距离盖棺定论尚远。

课后练习

复习题

（1）根据 Hofstede 的分类，文化价值观包含哪些层面？

（2）根据 GLOBE 研究团队的分类，文化价值观包含哪些层面？

（3）根据 Hofstede 和 GLOBE 研究团队的发现，相对于其他国家或地区，中国台湾在文化价值观上有何特色？

（4）所谓的企业社会责任通常涵盖了哪些层面？以企业履行社会责任多寡程度而言可以分为哪些不同的观点？

（5）为何企业至少必须对主要的利害关系人履行社会责任？

（6）有哪些论点分别支持与反对企业履行广泛观点社会责任？

（7）试说明四种社会责任因应策略的内容。

（8）何谓伦理？伦理与法律、道德有何关联？

（9）对于伦理的构成有哪些不同的观点？其中哪些观点考虑到情境差异？

（10）何谓个人道德发展阶段？何谓组织伦理气候？

（11）组织的伦理守则通常涵盖哪些事项？

（12）有哪些方法可以用来判断某项决策或行为是否符合伦理要求？

应用题

（1）试比较 Hofstede 和 GLOBE 研究团队对于文化价值观的分类，指出您认为何者比较正确合理。

（2）在电影《MIB 星际战警》（Men in Black）第一集中，探员 J 原来是便衣警察，在一次追捕行动中获得探员 K 的赏识而向外星人管理局主管推荐，除了体能与勇气之外，其主要理由是"不怕权威"。试讨论"不怕权威"此一特质在文化价值观当中的角色以及应该如何管理具有这种特征的员工。

（3）具有不同的集体主义倾向及处在不同的个人道德发展阶段的个人，对于企业的社会责任分别可能采取何种观点与因应策略？

（4）前法务部长王清峰显然是个人道主义者，认为即使是国家也不能侵犯个人的"生命权"，因此主张废除死刑，知名艺人白冰冰因而公开批评此举是"向邪恶一方倾斜，慈悲用错地方"，并要求王清峰要有对受害家属感同身受的"同理心"。以伦理观点而言，这两个人分别抱持着何种观点？对死刑这个议题而言其个人道德发展阶段可能为何？

（5）2008 年底发生"金融海啸"之后，国内许多企业开始放"无薪假"，员工不上班不领薪资，但名义上仍是公司的员工，因此公司可以降低成本且无须发放资遣费。试运用伦理筛选方法评估无薪假是否符合伦理要求。

管理个案

Marriott 的群体文化

对中国台湾民众而言，Marriott 并不是一个著名的品牌，因为该集团并未进军中国台湾，在可以看到该集团足迹的中国香港和中国大陆则称之为万豪酒店。根据跨国商情信息公司 Datamonitor 2009 年的资料，该集团的营业收入约 130 亿美元，员工逾

14万人，经营多种品牌的旅馆与度假中心，曾经连续10年荣登财富杂志（Fortune）旅馆业最受尊崇企业（The Most Admired Company）金榜，是全球最著名的观光休闲业者之一。

　　想要管理这么庞大的企业，当然会制定并执行许多规章制度，并不断提升经营管理技术，例如，善用网络科技就让该集团的网络营收占了全部的两成左右。然而，高级主管最津津乐道的往往是该集团的价值观层面，尤其是该集团不鼓励内部竞争的团队文化。

　　一般企业通常会鼓励员工勇于表现，例如，IBM虽然强调公司是个大家庭，但还是会使用各种方式来公开表扬工作表现卓著的员工，因此企图心旺盛的员工通常都可以在公司如鱼得水。然而，Marriott对于表现优异的"超级明星"并没有提供特别的待遇，甚至公开宣示"最积极寻求升迁的人通常升迁最慢"。这种价值观可以追溯到第二次世界大战之后，各大企业开始重视文凭，而Marriott却继续要求每位员工都"卷起袖子干活"。

　　Marriott并非不重视人才，而是认为用奖励制度来凸显一小部分人的话，将导致团队分崩离析，而且重视物质奖励的员工随时都可能因为其他业者提供更优惠的待遇而离职。因此，该集团在公司整体与员工个人目标的平衡上，选择了"为了同一个目标一起工作"的人迹稀少之路，避免因为员工彼此间的竞争衍生敌意，制止各项不符合多数人利益的措施。

　　举例而言，该集团旗下拥有多个旅馆与度假中心品牌，虽然彼此定位有别，但难免仍有客源重叠、彼此竞争的问题。为了避免因为个别事业单位力求表现而影响到集团整体的利益，经营阶层调整了组织结构与绩效考核措施，在维持各品牌独立性与自主性的同时，也将"对其他品牌的贡献"纳入绩效项目，结果第一年来自品牌间互相推介的业绩就达到将近2亿美元。

　　该集团确实有许多奖励员工的措施，但整体而言强调的是要让员工体会团队合作的重要性，因此获得奖励的主要是具体实现团队文化的员工，例如，旅馆部门的Taifel Award是颁给超越职责所需对顾客或同事提供服务的员工。

　　这种团队文化曾经协助该集团安然渡过20世纪90年代初期的财务危机。当时该集团还在积极扩张，但房地产市场崩溃导致市场资金紧俏，该集团因而陷入财务危机。此后的几年，员工并未出现"大难来时各自飞"的场面，而是积极的"节衣缩食"，有效压低了集团日常营运所需的资金，更接受为期三个月到一年不等的延后发放薪资，有效地缓解了该集团的财务压力。

　　即使在面对同业之际，该集团也秉持着团队第一的精神，而不是尽其所能设法击败竞争对手。例如，该集团曾与同业在亚特兰大合资设立儿童中心，让全市的旅馆业共同使用，借由改善托儿服务与儿童教育来安定员工。反映到社会乃至全人类的则是该集团对社会责任的积极表现，包括直接与间接协助某些国际人道救援组织，积极保护自然环境、提供各种教育训练机会、援助贫病儿童，等等。

该集团也另行制定了仅有3页的伦理守则（Code of Ethics）和长达13页的商业行为指南（Business Conduct Guide），前者只是宣示要遵守相关法律，公平、有尊严、尊重地对待所有人这类的基本原则，并提供可以用来检举违反伦理事宜的机密信箱，后者则巨细无遗的列出欺骗贪污等禁止事项以及在政府、同业、员工与顾客等层面应有的行为。

讨论问题

（1）Marriott集团所拥有的团队第一价值观在Hofstede和GLOBE研究团队对于文化价值观的分类中属于何种层面？具有何种文化价值观倾向的人可能觉得无法适应？

（2）若对于社会乃至全人类也持有类似于Marriott集团的团队价值观，则对于企业的社会责任可能抱持何种观点？可能采取何种因应策略？以个案资料而言Marriott集团是否确实抱持该观点并采取该因应策略？

（3）若股东大会上有人宣称该集团经营阶层不应该自作主张，把股东的钱拿去进行各项统称为"社会责任"的活动，应该如何响应？

（4）以企业与利害关系人彼此互动的观点，说明Marriott集团将员工、顾客、同业视为伙伴可能有何优缺点。

（5）根据个案资料，Marriott集团在组织伦理气候上有何特征？此特征对员工工作态度可能有何影响？

5 规划概论

本章学习目标

1. 了解规划与计划的意义与重要性

2. 了解规划的基本步骤与原则

3. 了解组织目标的层级与相互关系

4. 了解目标管理制度的基本内涵

5. 了解规划阶段可以运用的部分管理工具

世界末日

灾难电影《世界末日》（Armageddon）中有许多值得思考的剧情。确定彗星会撞击地球后，NASA 主管要所有人寻找对策，结果发现过去曾经提出的对策全都不管用，所幸其首席科学家想出在彗星上钻洞，让核子弹在彗星内部爆炸的对策。其后向上呈报时却受到质疑，军方甚至引用总统科技顾问的主张宣称只要向彗星发射核子弹，就可以让彗星改变轨道，NASA 的首席科学家只好直言，总统科技顾问在念 MIT 时太空物理学只拿到 C。最后男主角应邀负责在彗星上钻洞，但对于结果不太有把握，因此主动询问 NASA 主管其"情境计划"（Contingency Plan）为何，而 NASA 主管听不懂，于是男主角只好改用通俗的"备案"（Back-up）一词，结果所得到的回答是孤注一掷，完全没有备案，男主角无法置信的高呼：你们可是 NASA 啊！把人送上月球的 NASA！

计划让我们知道应该做什么事，没有计划的行动往往只是碰运气或逞匹夫之勇，但我们却经常在火上眉梢之际才决定要怎么做，而且往往没有为自己留退路，用俗话来说就是抱持着"船到桥头自然直"的心态。然而，这句俗话其实糟糕到不行，因为河流上的船夫只要转一下舵就可以让船走上正确的方向，而人生或职场上的"船夫"却还面临着不知道哪个方向才正确、不知道要怎么转舵，以及没有足够的力气来转动船舵等问题。

本章开始将探讨管理程序中的规划阶段，本章先行介绍有关规划的基本概念，在后续两章当中则分别探讨规划过程必须涉及的决策以及攸关组织生存发展的策略规划。

5.1 规划与计划

5.1.1 规划与计划的意义与重要性

如第 1 章所言，规划（Planning）是指决定该做哪些事情以及如何做这些事情，也就是设定目标并拟定借以达成目标的行动计划，因此规划属于过程，而规划过程所产生的结果就是各种正式与非正式的计划（Plan），涵盖了既定的目标以及为了达成目标所应该采取的各项行动。规划活动在中国台湾经常称之为"企划"，其成果则称为"企划书"，但冠上企划一词的部门和职位所负责的通常都是策略和营销活动的规划，并不符合管理学当中各项管理活动都需要规划的主张。

计划涵盖了目标和达成目标所需的行动，因此可以视为"目的地与地图"，只要按图索骥，自然可以顺利抵达目的地。因此，规划的重要性就在于借由适当的过程发展出良好的计划，从而提供基本方向和行动细节等方面的指引。另外，周详的规划过程中通常也会考虑到各种不确定性，并决定在某些意外发生之际应该如何处理，因此规划也是因应不确定性的方法之一。当然，周详的规划过程中也会考虑相关人员或部门所需的协调整合，因此可以避免方向不一致衍生的冲突与浪费，而且规划阶段所拟定的目标也可以作为控制阶段所需的准绳。

总之，规划的重要性或目的可以区分为下列四点：

（1）规划可以提供努力的方向及具体的行动计划，让相关人员知道目标是什么以及自己应该做什么事情。

（2）规划过程中已经对许多事项做成决策，因而可以减少许多零星琐碎的决策，同时也可以避免在许多临时性的协调沟通中浪费时间与资源。

（3）规划可以促使管理者注意环境变迁并预先因应，从而避免出现常见的"到处救火"和"头痛医头，脚痛医脚"等现象。

（4）规划过程所建立的目标或绩效标准，是控制阶段所不可或缺的事项，因此没有规划就没有控制可言。

然而，规划活动需要耗费资源，而且详细的行动计划也对组织或个人形成限制，因此许多人并不喜欢开会、撰写计划等"正式"的规划活动，最常见的反对理由是"计划永远赶不上变化"。事实上，不论是在个人或职场生活中，我们随时都在进行各种"非正式"

的规划活动，例如，迅速评估当时的状况并立刻决定应该怎么做，而且严格说来只要确实有其必要，任何既定的计划都可以修改甚至完全推翻，因此反对进行规划活动的理由并不充分。

可以预见的是，虽然老祖先已经告诉我们"凡事预则立，不预则废"，现代管理学教科书更一再强调规划是管理所不可或缺的基本环节，而学术界甚至搬出积极进行规划活动有助于提升经营绩效的研究证据[1]，但反对正式规划活动的声浪不会就此消失。事实上，有人针对管理学上用以进行正式规划活动的各种工具提出强烈的批评，宣称在管理学当中相当重要的预测、策略规划以及财务管理上的资本预算等方法，其实都和求神问卜这类"迷信行为"没有两样，都是为了降低甚至消除不确定性所引发的焦虑，借以产生"一切都在掌握中"的安全感，但实质上管理者完全无法借由这些方法来掌控结果，因此所获得的只是人类心理上经常出现的"控制的幻觉"（Illusion of Control）[2]。

5.1.2 规划与计划的类型

规划的意义不难理解，但规划活动却相当复杂多元，因此需要某种分类方式来获得全面的了解。由于所有的管理活动都涉及规划，而各个功能领域的规划活动内容大不相同，因此可以根据所属的功能领域来区分，这也是最能够与业界人士沟通的分类方式。图 5-1 列出了这种分类的基本内容，根据功能领域区分为策略规划、营销企划等类别，并以营销企划为例说明还可以进一步划分。当然，经由规划过程所完成的各种计划，也可以冠上"营销计划"、"生产/作业计划"等名称。

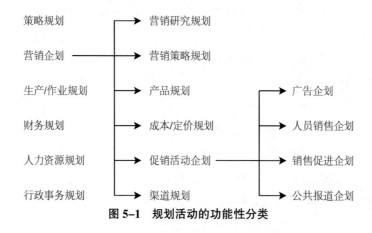

图 5-1　规划活动的功能性分类

上述分类浅显易懂，但规划活动还有其他重要的分类方式。首先，组织层级不同则规划活动内容有别，因此有必要以该项活动所属的组织层级来划分，又由于组织层级愈高则规划活动涵盖的事项愈广泛，因此也可以视为按照考虑事项的"广度"来划分。根据这种分类方式，所属组织层级最高、涵盖事项最广的规划活动称为策略规划（Strategic Planning），发生在公司或事业部的高层，其目的是拟定全公司或事业部的经营目标与达成目标的行动计划，涵盖事项包括环境分析，拟定全公司或事业部的总目标和具体的行动方向，乃至编制详尽的收支预算等。相对的，各功能部门根据策略性计划来拟定部门目标与行动计划的过程则称为战术规划（Tactical Planning），涵盖事项包括拟定部门目标及主要的活动与措施以及决定必须使用哪些资源等等。

其次，在基层单位配合日常营运所需的各项规划活动统称为营运规划（Operational Planning），涵盖事项包括配合特定时期或特定活动所进行的规划活动，以及为了持续发生的活动而进行的规划，前者如餐旅业者每年在情人节、母亲节等节日所推出的促销项目，后者如指示基本处理原则的政策（Policy），明订处理方式的规定（Rules）或标准作业程序（Standard Operating Procedures，SOP）等。

最后，规划与计划所涵盖的期间也是重要的分类方式。若涵盖期间超过五年，则称之为长期规划（Long-term Planning），若涵盖期间超过一年但未超过五年，则称之为中期规划（Intermediate Planning），这两者通常都发生在策略规划的层次。若涵盖期间不超过一年，则称之为短期规划（Short-term Planning），可能发生在策略、战术与营运规划层次，例如策略层次的拟定全公司年度经营目标、战术层次的全年广告排期以及营运层次的双十档期促销项目等。

随堂思考 5-1

某零售业者公开招募"企划人员"，条件是曾经任职于大型卖场，具备活动规划执行经验与美工能力。试问以功能、所属层级以及涵盖期间长短而言，该职位所负责的分别是何种企划或规划活动？

以上说明了规划与计划的一般分类方式，但还有若干不符合上述分类方式的规划相关名词需要进一步说明。首先，年度营运计划（Annual Operating Plan）一词虽然冠上"营运"二字，但涵盖事项遍及策略、战术与营运规划层次，是全公司或事业部一整年的经营目标与行动计划，因此不能将之视为日常营运层次。

其次，有些规划活动事先已经考虑到可能的环境变迁或偶发事件，并将之纳入拟定目标与行动计划的过程，因此称为预期性规划（Anticipatory Planning），但有些规划活动是在已经面临环境变迁或发生特定事件后，才开始规划如何因应，这类规划活动统称为反应性规划（Responsive Planning）。举例而言，餐旅业者可以预先规划发生火灾时应该如何处理，并借由教育训练来让员工熟悉该计划的内容，但也可能不做事先规划，等到实际发生火灾之际，再由适当的人员临场判断指挥应变。

最后，若某项计划是在正常营运中使用，则不论其所属层次和涵盖期间为何，都统称为行动计划（Action Plan）。反之若该项计划只是用于原有行动计划已经不再适用的意外状况，则统称为情境计划（Contingency Plan）。再以餐旅业为例，平时应该如何招待顾客的食宿都是属于行动计划的范畴，而发生火灾时应该如何疏散顾客并防止灾情扩大则是情境计划的领域。另外，由于可能的意外状况很多，组织不可能采用预期性规划来逐一订出明确周详的情境计划，许多情况下仍然必须依赖反应性规划来因应。这类面临意外状况之际，如何借由预期性和反应性规划来决定对策并予以执行，借以减轻组织所受伤害的管理方法，目前统称为危机管理（Crisis Management），其议题范围遍及政治经济变局、重大工安或产品事故、甚至涉及高级主管的丑闻等，而因应对策则包含如何面对媒体和社会大众，如何使用任务编组来有效化解问题等。

5.1.3 规划活动的流程

上述讨论说明了规划活动的复杂性，在所属层级、涵盖时间乃至任务内容等方面都有多种类别之下，按理不可能有一般性的规划原则可以参考应用。然而，和其他的管理程序一样，学者专家仍然可以推导归纳出理想情况下的一般原则，只不过实际应用时必须配合当时情况适度调整。如图5-2左侧所示，理想的规划活动可以区分为五个步骤，分别叙述于下：

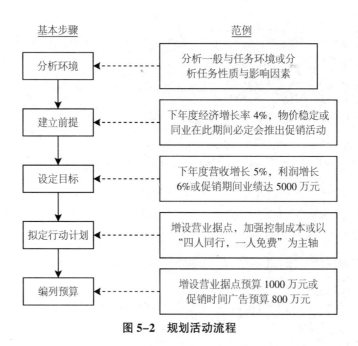

图5-2 规划活动流程

（1）分析环境（Analyze Environmental Factors）：针对重大影响因素进行分析，例如在拟定年度计划时必须考虑政经环境与同业动态等因素，而促销活动规划中则必须考虑该活动的重要性以及同业、顾客等方面可能的动态。

（2）建立前提（Establish Premises）：对于重大影响因素提出前提假设，例如在拟定年度计划时必须对下年度经济成长率、物价等方面做出假定，而促销活动规划中则必须对同业在该期间是否会积极促销做出假定。

（3）设定目标（Set Objectives）：决定该项规划活动所要达成的目标，例如在拟定年度计划时决定营收与利润增长率目标，而促销活动规划中则必须决定促销活动期间所要达成的业绩。

（4）拟定行动计划（Construct Action Plans）：决定如何达成目标，例如在拟定年度计划时决定增设营业据点并加强控制成本，而促销活动规划中则决定以"四人同行，一人免费"为促销活动主轴。

（5）编列预算（Prepare Budgets）：编列行动计划所需预算，例如在拟定年度计划时增设营业据点需要预算 1000 万元，而促销活动规划中则编列广告预算 800 万元。

如上述范例所示，这五个步骤依序层层节制。在分析环境之前不应该任意对各项重大因素做出假设，在建立前提假设前也不应该设定目标，没有目标则没有行动计划可言，没有行动计划则自然不知如何编列预算。这个顺序关系也显示，后面各阶段的决定不应该与前面的阶段冲突，例如既然预料同业在该期间必定会推出促销活动，则除非有独特而且对顾客极具吸引力的构想，否则不应该预期促销期间的业绩可以大幅成长，而既然决定业绩要大幅成长，那么就必须有独特而且对顾客极具吸引力的构想来配合。

如前文所述，规划活动的类别很多，很难推导归纳出适用于各种状况的一般原则，因此在应用图 5-2 的规划活动流程之际，还是必须视当时状况酌予调整。举例而言，在处理营运层面的顾客诉怨之际，分析环境的阶段所要处理的是有关人、事、地、物等方面的信息，建立前提阶段是研判该项问题的关键为何，建立目标阶段决定了要让顾客产生何种心理反应，拟定行动计划决定了响应顾客的方式，而编列预算阶段决定了响应顾客时所耗费的人力物力。因此，虽然客诉人员的处理过程可能只有几分钟，但其心智活动中已经涵盖了上述五个阶段，只不过不像图 5-2 当中的范例那样需要明确具体的呈现出来。

5.2 目标及其管理

上述规划活动流程中，分析环境的部分已经在前两章有所说明，而建立前提的部分取决于管理者对于各项环境因素的分析结果，因此本节将探讨设定目标的部分，先行针对不同层级的目标进行讨论，然后再说明设定目标之际可以采纳的方法和应予考虑的原则。

5.2.1 目标及其层级

个人与组织都有许多目标，其中有些相当长远而抽象，例如"想成为什么样的人"和"想成为什么样的组织"，有些则很明确具体而且时间上较为迫切，例如"明年要存到人生第一桶金（100 万元）"和"明年营收要成长三成"。因此，目标（Goal or Objective）就是指个人或组织想要在未来达成的状况。有些人进一步主张 Goal 是指长远、抽象、范围广泛的目标，而 Objective 是指较短期间内想要达成、明确具体、范围狭隘的目标，但这种主张并非绝对，可能徒增困扰。

对组织而言，各项目标在所属层级、涵盖期间与范围以及具体程度等方面都各有不同，图 5-3 呈现了这些目标的层级关系及其来源。层级最高、长远、抽象、范围广泛的目标包括了使命和愿景这两者。使命（Mission）是指组织存在的基本目的，例如想要让民众获得物美价廉的餐点或接受高品质的教育等。愿景（Vision）则是指未来想要达成的理想状况，例如成为餐饮或教育产业领导品牌。

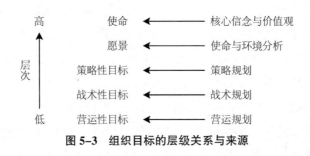

图 5-3 组织目标的层级关系与来源

使命和愿景都可能只是经营阶层心中的构想，但也可能转化成具体文字而让员工与社会大众知晓。呈现出组织存在目的的文件称为使命宣言（Mission Statement），通常反映了组织的核心信念与价值观，并不考虑环境可能的制约，例如迪士尼的使命宣言中最关键的一句话是"让人们快乐"（to make people happy）。当然，使命宣言中还可能纳入有关组织价值观或对于主要利害关系人的态度等。相对，愿景宣言（Vision Statement）则是呈现出组织未来想要达成的理想状况的文件，通常是在兼顾使命与环境制约之下产生，例如麦当劳的愿景宣言"成为全世界最好的快餐餐厅"（to be the world's best quick service restaurant）。

在实务上，个别业者并未特别关注使命与愿景的差别，因此所宣示的使命与愿景可能有所重叠，不同的业者之间对于使命与愿景意义也经常出现不同的诠释。这种现象意味着实务上对于使命与愿景并未严格区分，业者所提出的使命或愿景可能恰如其分，但也可能融合了两者，甚至有可能在使命宣言中全盘呈现有关愿景的宣誓。例如有研究显示，英美大型企业的使命宣言中涵盖了下列八种事项：目标市场与顾客群、主要产品或服务、营运涵盖地区、核心技术、对成长与利润等层面的要求、企业经营哲学、企业自我概念以及希望拥有的公共形象[3]。但严格说来，除了企业自我概念与经营哲学比较贴近于使命之外，其他六项按理都是愿景所涵盖的范围。

　　除了高层次、涵盖范围较广的使命与愿景之外，组织还有其他不同层次的具体目标，包括层次较高的策略性目标（Strategic Goals），例如对于全公司营收、利润、成长、市场占有率等重要事项所设定的目标；层次居中的战术性目标（Tactical Goals），例如增设营运据点或改善财务结构的目标；层次最低的是营运性目标（Operational Goals），例如实施奖金制度或举办促销活动等。

　　上述各种目标具有一定的层级关系，愿景来自使命与环境制约，策略性目标必须与愿景连接，战术性目标是根据策略性目标来决定，而营运性目标则是配合达成战术性目标所需。图 5-4 以虚构的范例来显示上述的层级关系。

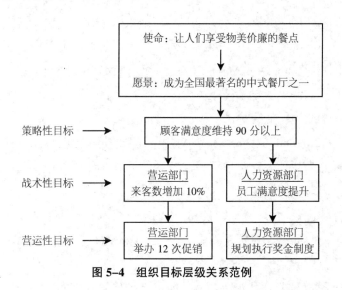

图 5-4　组织目标层级关系范例

5.2.2　目标的设定

　　就目标的设定而言，使命与愿景反映了组织的价值观与基本方向，因此通常是由创办人及历任的高级主管逐渐打造形成。然而，策略性、战术性与营运性目标的设定，则可能有中、基层人员参与，原因是这些人员实际负责日常营运事务，可能比高级主管更能有效的掌握状况，这种考量也正是政府机构中有许多事务都是由所谓的技术官僚（Technical Bureaucrat）掌控，部长级的高级官员经常力有未逮的原因。

　　因此，在策略性、战术性与营运性目标的设定过程方面，实际上可能取决于议题的性质、管理者的能力与个性、组织的规定与文化等多项因素。但万变不离其宗，所有的目标设定过程都可以根据部属参与的形式而纳入一个连续带，如图 5-5 所示，而其中具有代表性的几种流程分述于下。

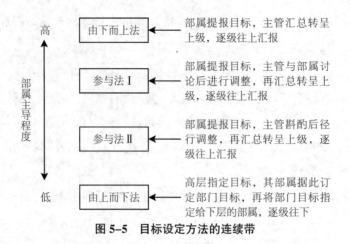

图 5-5　目标设定方法的连续带

（1）由上而下法（Top-down Approach）：直接由上级指定目标。这种方法最简便，能够迎合高级主管的期待，但部属可能因为目标未尽合理而心生不满。

（2）由下而上法（Bottom-up Approach）：由部属决定目标并向上呈报汇总。这种方法可以迎合部属的期待，但可能导致高级主管无法掌控经营目标，而且在奖励制度不够周全之下部属可能尽其所能地压低目标。

（3）参与法（Participative Approach）：上级与部属共同决定目标，其中又可以根据部属所能主导程度区分为两种。这类目标设定方法能调和各级员工的期待，因此通常被视为比较理想的方式，但对于部属主导程度的拿捏事实上不易掌握。

除了设定目标的过程之外，管理者也必须确定目标本身是否妥善，否则可能沦为例行公事或官样文章。一般而言，目标是否妥善可以用 SMART 原则（SMART Principles）来研判，表 5-1 列示了这组原则所包含的五个要点以及违反该原则的范例。当然，这组原则并不适用于使命与愿景的层次。另外，在同时拟定多种目标或汇整各单位的目标之际还必须符合一致性（Consistency）的要求，也就是各项目标之间不能冲突，例如，虽然删减 10%的营销费用和提高 5%的市场占有率，两者都符合可达成等原则，但删减营销费用按理会导致业绩衰退，因此同时想要达成两者是不合理的期待。

表 5-1　SMART 原则与范例

原　则	正反范例
明确（Specific）	反面范例：加强顾客服务
可衡量（Measurable）	→不明确，无法衡量，没有达成期限，过程导向
可达成（Achievable）	正面范例：半年内降低顾客诉怨次数 50%
成果导向（Result-Oriented）	→明确可衡量，有期限，成果导向（是否可达成必须视实际状况而定）
达成期限（Time）	

某公司对外宣誓未来将致力于"提升产品/服务品质，有效降低成本，借以改善公司的竞争力"。若将此宣誓视为该公司未来的经营目标，则可能有哪些值得疑虑的问题？

最后，设定目标的同时必须有适当的制度配合，尤其是奖惩制度，否则各项目标很可能成为官样文章或牟利工具。举例而言，若没有奖惩制度配合，则员工可能丝毫不在意是否达成目标，但是将目标达成状况与奖惩连接，例如国内许多企业以年度利润达标率来决定年终奖金及其他奖惩，则结果自然是迫使员工尽其所能地压低年度利润目标。显然，若目标本身不合理，则依据目标达成状况所做的奖惩也不合理，管理者必须将目标达成状况与奖惩连接，但也必须考虑此举对员工目标设定行为的可能影响，进而采取比较适当的目标设定方法。换言之，虽然设定目标与决定奖惩在管理程序中属于不同的阶段，但两者必须相互搭配。

管理前线 5-1

哪个经营目标比较重要？拼命赚钱就是了！

个人与组织都同时有许多想要达成的目标，而在资源与环境限制下通常不可能同时追逐这些目标，因此其间的轻重缓急顺序就相当重要。举例而言，心理学研究显示延后满足（Delayed Gratification）倾向较高，能够压抑欲望而进行各项积极性活动（例如压抑游玩的欲望而认真读书）的人在人生战场上通常有较好的表现[4]。

那么对于企业而言，利润、成长、市场占有率等常见的重要目标当中，哪个最受到管理者的重视呢？显然，个人差异必定扮演重要的角色，但研究显示各项经营目标的相对重要性也有一定的"国情差异"。例如，研究显示大型企业高级主管最重视的前两个目标依序为市场占有率和投资报酬率，提高股票价格的目标在九个选项中倒数第一，和日本的调查结果完全相同，但美国的调查则显示其优先考虑的三个目标依序为投资报酬率、提高股票价格和市场占有率。显然，股东的角色在日本和中国台湾都微不足道。

近期的另一项跨国研究则显示，来自 21 个国家的近 2000 名受访者普遍认为，成功的企业所重视的前三个目标依序为成长、存活和年度利润。但有趣的是，这些受访的管理者虽然也同意自己在工作岗位上积极寻求公司的成长与存活，但宣称自己所优先考虑的第三个目标是对员工的责任，而且他们认为成功的企业普遍不重视对员工的责任，在 15 个目标中排名第 10，与遵守法令及注重伦理同属难兄难弟[5]。显然，这些管理者实际上相当程度地认为成功的企业应该"目无员工、法律与伦理"，只要拼命存活并赚钱就成了。

5.2.3　目标管理制度

在管理程序中，目标只是规划阶段必然产生的结果，但学者专家根据目标可以发挥的功能发展出一套以目标为核心的管理制度，并称之为"目标管理"（Management by Objectives，MBO）。虽然这套管理制度至少已经有半个世纪的历史，企业很少再行公开宣示自己正在采纳并推动这套制度，但实际经营管理实务上或多或少都还留有这套制度的精神。

目标管理的基本精神在于：①设定目标并据以决定奖惩；②在设定目标与决定奖惩的阶段都积极让员工参与。图 5-6 显示了这套制度的几个关键步骤，除了第一步的决定组织的长期目标与规划的前提假定之外，其他步骤都是由主管与部属开诚布公地进行讨论并做成决定。

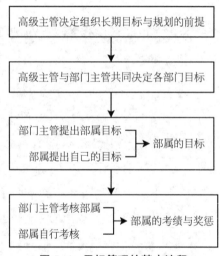

图 5-6　目标管理的基本流程

上述流程只显示直接隶属于部门主管的员工，但实施目标管理必须逐层往下，直到所有的员工都设定其目标为止，决定奖惩时亦然。当然，如图 5-5 的目标设定方法所示，有些组织可能是直接由个人提出其目标，与部门主管讨论修正后逐层汇总上报，因此，高级主管并未与部门主管共同决定各部门目标与全公司目标，而是由个人目标逐层汇总而成为各部门与全公司的目标。

虽然目标管理有助于降低上级指定目标所衍生的不利影响，但需要花费大量的时间来沟通协调，而且在员工普遍会设法保护自己的基础上，个人目标可能受到压抑，而组织的长期目标也可能因此受到不利的影响。实证研究显示，许多大型企业都曾经宣布实施目标管理制度，但大部分都以失败收场，主要问题在于违反目标管理的基本精神，未能让员工积极参与[6]。

说明了与规划有关的基本事项之后，本节将提供若干个在规划阶段可以应用的方法技术，并统称为"规划工具"。虽然这些工具当中有一部分已经发展成为独立的学科，不可能在本节中完整地加以说明，但还是有助于建立起基本的认识。

5.3.1   预测的工具

如图 5-2 所示，规划过程涉及分析环境并建立前提假设，换言之，管理者必须评估各项环境因素可能出现何种变化，并且判断这些变化可能衍生的影响。因此，管理者有必要针对环境中某些层面进行预测（Forecasting），也就是对于特定事物未来可能的状况进行评估，从而建立起规划的前提假设。当然，由于有关经济、社会等层面的环境因素可能并非个别组织或管理者所能全面掌握，因此也可能直接使用专业组织所提供的预测资料，例如在观光相关产业中经常引用世界观光组织（UNWTO）所发布的预测。

图 5-7 列出了几种常见的预测方法，大致上可以区分为质性与量化两大类。质性预测（Qualitative Forecasting）也称为判断性预测（Judgmental Forecasting），泛指各种依赖个人或集体判断来进行预测的方法，而量化预测（Quantitative Forecasting）则是泛指各种依赖数学或统计技术来进行预测的方法。

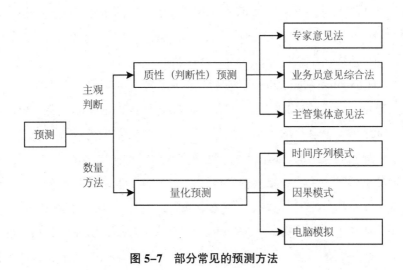

图 5-7 部分常见的预测方法

顾名思义，专家意见法（Expert Opinion）是指邀请对于该项事物有研究的专业人士，针对其未来可能的状况发表意见。对于组织所不熟悉的经济、社会、科技等层面，专家的意见特别有价值，但通常还是要多方探询，避免过于依赖特定的某位专家，以免因为个人的主观偏见影响结论。若希望许多位专家的意见能够趋于一致，则德菲法（Delphi Method）是可能的选择之一，其过程可描述如下：

（1）联络若干位专家并要求他们分别提出预测。

（2）整理全体专家的意见，让所有的专家过目，并要求他们分别提出第二次预测。

（3）重复第（2）步，直到全体专家的意见趋于一致为止。专家意见法比较费时耗事，成本也可能偏高，而且这些专家也未必能够评估特定产业或公司可能受到的冲击，因此由经验老到的主管阶层来取代专家不失为可行之道。这种由组织内部的主管阶层对特定事物进行预测的方法称为主管集体意见法（Jury of Executive Opinion），特别适用于有关任务与内部环境的各种事项。另外，若预测事项属于顾客层面，则真正的专家当然是直接与顾客接触的业务人员，因此由业务员分别提出其个人对该项事物的预测然后予以汇总，这种方法称为业务员意见综合法（Sales Force Composite）。

相对地，量化预测不涉及主观判断，完全根据实际资料进行演算并获得结论，因此只能运用在各种有客观资料的事物上，例如经济成长、人口变动、家庭消费形态等。其中，时间序列模式（Time Series Models）只考虑所要预测的事物，先行搜集过去各期的资料，然后用某些演算方法找出这些资料在不同期间变动的形态，并据以预测未来可能的发展。这种模式可能使用的演算方法相当多，但基本上都是尝试在资料中找出趋势，并假定此一趋势会延续下去，因此，在组织内外环境出现重大变化时不宜采用此模式。

因果模式（Causal Models）着眼于不同事项之间的关系，借由其他事项来对既定事项进行解释或预测。举例而言，若过去资料显示经济成长率可以解释出国旅游人数，则业者就可以用主计处或其他机构预测的下年度经济成长率来预测下年度出国旅游人数。这类模式可能用到比较简单的回归分析（Regression Analysis），但也可能使用极其复杂、以联立方程式来处理的计量经济模式（Econometric Models）。

电脑模拟（Computer Simulation）的原理是借由多次的运算来产生各种可能的结果，然后据以推定最可能发生的结果为何。其基本步骤如下：①推断其他各个事项与预测事项之间的关系；②推断其他各个事项可能的结果及各种结果发生的概率；③让其他各个事项分别按照概率分配来产生结果，据以计算出预测事项会产生何种结果；④重复进行第③步，据以计算出预测事项各种可能结果的总平均，而此平均数即为该事项的最佳预测值。

以上各种预测方法分别有其优缺点与适用场合，但整体而言量化预测需要的资料可能无法取得，而且通常也无法将组织内外的重大事项纳入考量，质性预测则可能受制于个人的主观偏见。因此，许多学者专家都建议兼采量化与质性预测以便相互取长补短，而对美国大型企业的调查也显示，这些厂商确实兼采量化与质性预测，只不过最常用的还是主管集体意见法。

5.3.2 排期工具

若某事物的处理过程涉及先后次序不同的若干项活动，而且每项活动都需要若干时日来完成，那么就可以应用各种排期技术（Scheduling Techniques），将处理该项事物所需的各项活动按照先后顺序和所需时间明确地标示出来，借以进行后续的规划与控制活动。

最基本的排期技术是甘特图（Gantt Chart），其横轴代表时间，纵轴则是将该事物的处理阶段依序由上而下排列，然后在矩阵中标示出每项活动从开始到结束的预期时间，如图 5-8 所示。甘特图可以用来追踪控制各项活动的进度是否落后，但制作甘特图之际可以强迫管理者仔细思考必须进行哪些活动、先后顺序与所需时间分别为何等，因此对于规划工作颇有助益。这项工具虽然很古老，但因为简便实用，在实务上仍然很普遍。

图 5-8 甘特图范例

另一种简单的排期技术是美国海军所创的计划评核术（Program Evaluation & Review Technique，PERT），和甘特图一样必须划分活动与时间，但进一步将每一项活动结束和下一项活动开始称为"事件"，以圆形表示并以箭头相连，而各项活动所需时间则以数字标示在箭头上方，如图 5-9 所示。PERT 图和甘特图一样可以用在规划与控制上，但可以容纳复杂的作业流程，因此在比较复杂的事物上比甘特图来得实用。另外，原版的 PERT 图当中，各项活动预期时间是由估计的乐观时间、悲观时间和最可能的时间计算出来，其计算式如下：

$$预期时间 = \frac{乐观时间 + 4 \times 最可能的时间 + 悲观时间}{6}$$

以图5-9而言，全部完成所需的预期时间是13天，关键在于从开始到B事件、D事件再到完成这条路径，因此也称为要径（Critical Path）。只要此一路径上所耗费的时间缩短，整个计划完成的时间也随之缩短，反之若此一路径上的活动有所延误，整个计划完成的时间也随之延后。因此，描绘出PERT图之后必须找出要径，可能的话设法缩短要径上各项活动所需时间，而后再找出新的要径并设法缩短时间，直到无法再缩短为止。到了这个阶段，规划活动已经走到极限，剩下的就是运用PERT图来追踪控制各项活动的进度。

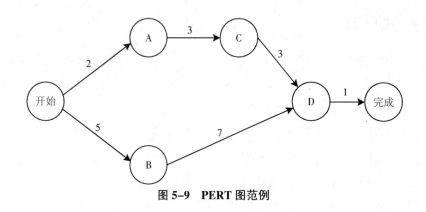

图5-9　PERT图范例

5.3.3　5W1H 规划法与时间管理

最后要介绍两种在管理学教科书当中较少提及，但确实相当有用的规划工具。第一项工具称为5W1H规划法（5W1H Planning），可以应用在各种比较简单的日常事务上，其内容如表5-2所示。

表5-2　5W1H 规划法概述

规划层面	主要规划事项
为何（why）	订出处理该项事物之际所要达成的目标
如何（how）	决定处理该项事物之际所要完成的事项与先后顺序
何人（who）	决定各个事项分别由何人负责完成
何物（what）	决定完成各个事项所需要的资源
何时（when）	决定各个事项的开始与完成时间
何地（where）	决定各个事项分别要在哪些场所进行

其他的学者专家可能提出不同的主张，例如在"何物"中把完成各个事项所需要的财务资源（经费）独立出来而称为"how much"，于是变成5W2H规划法。无论如何，上述

的 5W1H 已经涵盖了规划过程所需考虑的各个层面，在实际应用上相当周详而明确，似乎没有必要再做调整。

另一个可以用来改善规划活动的方法是时间管理（Time Management），泛指各种可以用来减少时间浪费的各种观念与方法。表 5-3 列出一些常见的主张，涵盖了观念调整与行为改变这两个层面。以观念调整而言，首先，必须认识到时间也是稀少而珍贵的资源，不应该任意浪费，也就是把"寸阴寸金"的俗语当成金科玉律。其次，是用自己的工作时间和薪资福利总额计算出自己的时间价值，借以了解浪费一小时等于浪费多少钱。接下来还必须"放得下工作"，借由效率与效能的观念，认识到"苦劳"不等于"功劳"等事实，让自己可以搁下相对不重要的工作，或授权给部属处理。最后是认识到八二原则（80/20 Principle）的普遍性，同意 80% 的价值都集中在 20% 的事项上，例如 20% 的顾客创造了 80% 的业绩，从而把自己的时间精力集中在最重要的事项上。

表 5-3　时间管理所需的观念与行为调整

观念调整	行为调整
认识到寸阴寸金	了解自己如何运用时间→时间日志法
了解自己的时间价值	设定各项工作的优先顺序
认识到苦劳≠功劳，忙碌≠绩效	优先顺序较低的工作考虑授权给部属
认识到八二原则	消除无效率的会议等时间杀手

观念调整提供了做好时间管理的动机，但实际做好时间管理还需要行为调整。管理者可以应用时间日志（Time Log）来了解自己如何运用时间，进而找出减少时间浪费的方式。管理者也可以运用八二原则，设定各项工作的优先级并依序处理，若有必要则将优先级较低的工作授权给部属。另外，管理工作上经常出现许多零星琐碎，对改善工作绩效毫无帮助的事项，例如没有效率的会议、突如其来的电话或访客等，这类事项统称为时间杀手（Time Killers），应逐一设法使之减到最少。

有关时间管理的讨论通常都是出现在通俗书籍上，但近年也引起若干学者的注意。既有研究显示，时间管理似乎有助于舒缓工作压力，改善身心健康状况，并提升工作满意度，但是否有助于提升职场的工作绩效或学生的学业成绩则尚无定论[7]。

管理前线 5-2

小小的建议，大大的值钱

在时间管理知识相当普及的现在，根据八二原则来设定工作优先顺序，已经是管理者耳熟能详的基本常识，虽然这个简单的建议在许多情况（如需要合作的场合）并不怎么实用，但是对于可以决定自己行程的大老板而言，确实是一项不错的建议，事实上就曾经有大老板为了这个建议而付出天价的报酬——数十年前的 2.5 万美元。

美国伯利恒钢铁公司（Bethlehem Steel）总裁 Charles Schwab 因为忙碌不堪而向管理顾问 Iry Lee 请教如何善用时间，开出的条件是"只要有道理，价钱无上限"。后者只是拿出一张白纸，要这位大老板写下明天必须完成的六项工作，按照其重要性编号，然后在第二天按照顺序逐一进行，到时间用完为止，而不论是否全部做完，日后都依此类推。该顾问对此一建议所开出的价码是：您觉得值多少就给多少。

几个星期之后，这位大老板支付了 2.5 万美元，并宣称这笔顾问费是该公司最好的投资之一，至少为公司赚进数百万美元，理由是他和该公司全体员工"第一次把最应该做的事情先做好"[8]。

课后练习

复习题

（1）根据规划活动所涉及的企业功能、所属组织层级和涵盖期间长短，分别指出规划活动包含哪些种类。

（2）说明预期性规划、反应性规划、行动计划和情境计划的意义并指出彼此间有何关系。

（3）何谓危机管理？危机管理所涉及的是何种规划活动？

（4）说明规划流程当中五个步骤的内容。

（5）根据所属组织层级由高而低说明各种组织目标的意义。

（6）组织的目标设定过程可以分为哪些类型？

（7）一般而言，组织所设定的目标应该符合哪些原则？

（8）何谓目标管理？目标管理主要精神与运作过程为何？

（9）质性与量化预测分别有何特色？有哪些常见的方法？

（10）何谓甘特图？主要是应用在何种状况？

（11）何谓计划评核术？主要是应用在何种状况？

（12）何谓规划的 5W1H 原则？

应用题

（1）台积电董事长张忠谋曾公开表示反对年轻人进行生涯规划（Career Planning），理由之一是人生难料，他自己早年就从未想过要成为晶圆代工厂的董事长。试讨论张忠谋对于生涯规划的观点。

（2）实务上经常把管理者分为规划者（Planner）和行动者（Doer）这两大类，前者凡事先行做好计划，然后按照计划逐步执行，后者凡事先行放手去做，碰到问题时再另行设法。这两种工作形态分别有何优缺点？

（3）一本企划名著中，将企划书区分为下列十种：一般企划书、营销企划书、新产品企划书、广告企划书、员工训练企划书、公共关系企划书、销售促进企划书、投资企划书、年度营运企划书以及企业长期发展企划书。试评论此一分类方式。

（4）以规划情侣旅游为例，先运用规划的五个步骤分别指出各个步骤分别应该进行哪些活动，再运用 5W1H 规划法分别指出各个规划层面分别应该进行哪些活动，最后并比较两种规划方法的相对优劣。

（5）中国台北西华饭店在国际颇负盛名，曾多次被 Institutional Investor 杂志评选为最佳饭店，但该公司并未公开揭示其使命与愿景宣言，甚至网页上的"集团简介"也未曾纳入符合使命与愿景宣言内容的词句。试问此一案例是否足以证明使命与愿景宣言并不重要？

（6）美国的企业每季结算损益并决定股利发放金额，因此其规划周期为三个月。若经营当局把注意焦点完全放在每季的损益，则可能有何优缺点？

（7）为了进行 8 月 8 日父亲节档期的促销，您最晚必须在父亲节前一周印妥促销文章。然而，印刷厂要求在文章"完稿"而可以制版付印之后，要给他们两周的时间来完工，而负责美工的同事则要求从得知促销活动主题之后要给他一个星期来设计并完稿。最后，该项促销活动构想完成之后，需要一周的时间进行协调沟通并呈报上级核准。试分别制作甘特图和 PERT 图，并指出应该如何缩短时程。

管理个案

凤凰国际旅行社的营运计划

凤凰国际旅行社是目前中国台湾地区唯一股票公开发行并交易的旅行业者，于 1957 年创立后数度易名，至 1980 年更名为凤凰之后沿用至今。显然，取名凤凰具有"浴火重生"的象征，当时的创业伙伴共同期望打造旅游业第一品牌，为旅游市场树立新典范。目前该公司可以视为"全产品线"的业者，足迹遍及世界各地，每年服务旅客逾 5 万人次，年营业收入在 20 亿元左右，并持续多年维持每股盈余 2 元以上的佳绩。

凤凰国际旅行社是目前中国台湾地区唯一股票公开发行并交易 的旅行业者，图中人物为凤凰国际旅行社董事长张金明。（照片由联合报系提供）

该公司设有企划室，在组织层级上属于"二级单位"，与会计室、计算机室等部门平行，但直属于总经理，其主要职责包括广告企划、文案设计、行程表及年鉴制作、产品包装、分包商管理及审查、旅讯制作及与各线控配合行程的研究及发表等。然而，在面对全体股东并提报营运计划之际，所需要进行的工作显然远远超出企划室职务范围。

1999年，该公司向股东报告其年度营运计划，先行指出受到"金融海啸"影响，前一年中国台湾人旅游的意愿与能力皆呈现消退，并根据中国台湾预估的2009年国内经济成长率，推断每位民众所得衰减将影响民众出台旅游的消费意愿。该公司也另行推断，政府逐步落实开放中国大陆人士来台旅游的政策预计可以让接待旅游业务大幅成长，而强调品质与品牌、营销渠道多样化以及主题鲜明的多元化行程正逐渐成为业界趋势，而该公司在旅游包装、相关行程安排、成本估算、市场营销等层面领先同业。

在描绘出产业现况之际，该公司也提出了发展愿景的有利与不利因素，前者如开放大陆人士来台观光、个人休闲意识抬头、交通工具日新月异以致旅游地点无远弗届、固定飞台国际航班增多且国际机票价格相对便宜化等，后者则包括同业削价竞争与异业分食旅游市场、与航空公司似敌似友的关系、网络普及压缩旅游业者的生存空间等。

在此同时，该公司也提出短期与长期的营业发展计划。短期计划只包含两点：其一是扩大产品市场占有率，在原先擅长的欧洲线产品努力维持稳定成长之外，针对近年来颇有斩获的中国大陆线产品积极开发市场；其二则是积极开发奖励旅游市场，预定将成立专责部门，积极开发国内外的奖励旅游产品，甚至扩及会议旅游，医疗旅游等产品。长期计划方面则琳琅满目，包括开拓旅游多元化产品、配合航空公司开发套装行程、扩大各分公司的服务功能、加强电子商务网站直销比率等。

然而，该公司并未比照上市上柜厂商的惯例，对股东报告该年度在财务与营运等方面的经营目标，更没有提出对于未来三五年的具体目标。事实上，在发给股东的年报中，除了"各分公司以区域旅游服务中心为定位目标"以及宣称"'同业标杆自许、品牌信誉服人'为该公司企业文化，也是员工努力追求的目标"之外，完全没有使用到"目标"二字。换言之，既有和潜在的股东无法在其公开的营运计划中了解该公司未来可能的状况，更谈不上以未来可能的投资报酬来评估该公司股票价格的合理性。

这种现象可能与该公司的股东结构有关，因为该公司虽然有数千名股东，但持有超过100万股的只有五人，包括若干属于法人的投资机构，其中董事长夫妇和该公司在维京群岛设立的投资公司就持股超过20%，而这些大股东并不需要借由阅读年报来掌握该公司的动向。

讨论问题

（1）根据凤凰国际旅行社企划室的职责，该单位所从事的是何种功能领域与组织层级的企划工作？

（2）该公司在提报给股东的营运计划中，针对规划流程第一步的"分析环境"做了哪些工作？

（3）该公司在提报给股东的营运计划中，针对规划流程第二步的"建立前提"做了哪些工作？

（4）根据个案内容，该公司有无提出使命、愿景、策略性目标、战术性目标与营运性目标？

（5）以企业经营目标所应具备的特征而言，该公司短期营业发展计划中的"扩大产品市场占有率"和"积极开发奖励旅游市场"是否适当？

6 决策

本章学习目标

1. 了解决策的意义与可能的类型

2. 了解理性决策的基本步骤

3. 了解群体决策的优缺点与常见的类型

4. 了解心理与行为因素对决策的可能影响

5. 了解决策过程中常见的可用工具

魅力四射

校园电影《魅力四射》（Bring It On）中一再点出决策错误导致的灾难。女主角是啦啦队长，想要延续该校在全国啦啦队比赛中的优异表现，于是请在大学念书的兄长设计舞步，经过一段时间的苦练之后才发现，该舞步竟然是抄袭另一所学校的拉拉队。随后女主角再度与兄长商量，最后决定聘请专业舞者来编舞教舞，好不容易在苦练后披挂上阵，结果却在比赛现场发现有好几支队伍都表演相同的舞步。所幸比赛主办单位发觉情况不寻常而决定择期再行比赛，才让结局趋于圆满。同样值得深思的是，在票房大卖且续集接二连三之下业已证明拍摄这部电影的正确性，但是在筹备阶段可不是这么笃定，许多人的第一个反应是"谁会想去看一部描写啦啦队的电影?"

电影中的主角不论发生了多少、多严重的决策错误，最后通常还是会有相当圆满的结局，但现实生活中并没有备受观众喜爱或众神眷顾的男女主角，不会有结局必定圆满的保证。但不论是电影世界或现实人生，决策错误则必须付出某些代价的定律都一体适用，差别只在于电影世界中经常会轻描淡写的处理支付代价的过程，而现实人生中所支付的代价却有可能是持续多时、甚至绵延一辈子或好几个世代的无穷悔恨。

决策是规划的重要环节，而"决策者"则是管理者所扮演的角色之一，本章将针对这个议题进行探讨，除了传统主张当中的"理性决策"之外，也扼要说明了所谓的"非理性"层面，也就是心理与行为因素对决策的可能影响。

6.1 决策概论

规划过程中必须决定要采取何种行动，而这个决定要采取何种行动的过程就是所谓的决策（Decision Making）。当然，在中文当中决策过程所产生的结果也是称为"决策"（Decision）。个人或组织随时都在进行决策，只不过许多决策都因为已经重复很多次而成为不假思索的抉择，例如早上醒来决定是否要立刻起床、在部属请假时决定是否应予核准等。相对地，有些决策很少出现但影响重大，因此必须搜集资料审慎评估，例如是否要和某人共结连理，或是否要投资于某个新事业等。

6.1.1 决策的类型

由于决策是规划过程的一环，因此对于规划的部分分类方式也适用于决策，其中最重要的是按照该项决策所属的组织层级而区分，包括：①属于全公司或事业部层次的策略性决策（Strategic Decision Making），例如是否要投资于某个新事业；②属于功能部门层次的战术性决策（Tactical Decision Making），例如是否要增设分店；③属于功能部门内部次级单位的营运性决策（Operating Decision Making），例如是否要邀请知名艺人为公司代言。

图6-1列出对于决策的几种常见分类方式。上述按照所属层级区分是第一种，第二也重要考虑了，决策所处情境的特征也是重要的考虑。其中，若相当确定各种可能的抉择分别会出现什么结果，则称为确定性决策（Decision Making Under Certainty），例如存货不足而必须决定是否要紧急采购的情况。反之若完全无法确定各种可能的抉择分别会出现什么结果，则称为不确定性决策（Decision Making Under Uncertainty），例如邀请知名艺人为公司代言能否提高公司的利润。最后，若无法确定各种可能的抉择分别会出现什么结果，但可以相当合理地估计出各种可能结果的发生概率，则称之为风险性决策（Decision Making Under Risk），例如将公司的闲置资金投资于中国台湾50基金之后，实际获得的报酬为何固然无法预料，但可以根据中国台湾股票市场历年的报酬率推估其报酬率的概率分配。一般而言，不确定性决策通常必须依赖管理者的个人判断，而确定性决策则可能可以借由既有的规定或各种数学方法来处理。

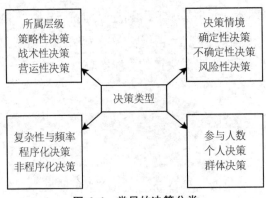

图 6-1　常见的决策分类

第三种分类方式所考虑的是决策本身的复杂性与发生频率。若该项决策很单纯，考虑因素很少，或者是经常必须进行类似的决策，甚至兼具这两种特征，则称之为程式化决策（Programmed Decision），例如原物料的采购就是考虑因素有限且重复发生的决策。相反的，若该项决策很复杂，考虑因素很多，而且较少进行类似的决策，则称之为非程式化决策（Nonprogrammed Decision），例如投资于新事业就是考虑因素众多且较少发生的决策。一般而言，非程序化决策通常必须依赖管理者的个人判断，而程序化决策则可能可以借由既有的规定或各种数学方法来处理。

第四种分类方式用参与决策的人数来分类。若该项决策完全由个别管理者径行处理，则属于个人决策（Individual Decision Making），反之，若该项决策是由两个人或更多的人共同决定，则称为群体决策（Group Decision Making），有时也称为"集体决策"。一般而言，组织内部已经有明文规定或较不重要的事项经常由管理者自行处理，而没有规定和影响重大的事项则交给群体决策。当然，所谓的"重要"必须视管理者所属层级而定。

随堂思考 6-1

就所属层级、决策情境及复杂性与频率而言，以下两项决策分别属于何种决策？比较可能使用个人或群体决策？

（1）某饭店客房部经理决定是否要雇用某位负责清理客房的房务员。

（2）某旅行社决定是否要在既有产品线中增加"极地游览"的产品。

6.1.2　理性决策

上述的决策分类显示决策并不是一种简单的活动，同一个原则或方法不太可能适用于各种不同类型的决策。然而，实际决策时固然应该知所变通，但我们至少应该了解在理想的状况下应该如何做决策，而这种在理想状况下应有的决策过程就是学者专家所说的理性决策（Rational Decision Making）。

如表 6-1 所示，理性决策的过程包括五个步骤。第一步要做的是确认决策情境，包括认识到某种现象或问题的存在，并了解其可能的原因与影响，从而可以确定是否要进行决策以及该项决策所要达成的目标。严格说来，这个步骤等于是第 5 章所述规划活动流程前三个阶段（分析环境、建立前提、设定目标）的综合体，而规划活动流程的第四个阶段（拟定行动计划）也包括在理性决策过程中，再加上大部分学者专家都主张应该把执行与控制纳入理性决策过程，因此所谓的理性决策事实上可以视为"以决策为核心的管理程序"，并不是把决策视为规划阶段的环节之一。

表 6-1　理性决策的步骤

步　骤	内容描述
1. 确认决策情境	认识决策的必要性并确定决策的目标
2. 建立决策准则	决定用来评估决策优劣的标准
3. 发展替代方案	寻找各种可能有助于连成目标的抉择
4. 评估替代方案	根据既定的决策准则分别对各项选择进行评估
5. 选择替代方案	根据评估结果选择最佳的方案

第一步中的情境因素可能是来自某些外界因素的刺激，也可能是管理者自己突发的念头，甚至有可能是组织行之有年的例行事务。举例而言，管理者发现公司的员工流动率很高，或者是突然想到降低员工流动率可能有助于提升经营绩效之际，就有可能进入确认决策情境的阶段，开始确认公司的员工流动率是否确实偏高，若确实偏高则可能是哪些原因所致，是否有必要采取某些措施来使之下降以及应该使之下降到何种水准等。反之，若确认结果显示公司的员工流动率已经低于同业，则没有必要使之进一步下降，因此并不存在决策的情境，无须进入下一个步骤。

第二步要做的是建立决策准则。所谓的决策准则（Decision Criteria）是指可以用来评估决策优劣的标准，包括应该考虑哪些因素、各项因素的相对重要性以及如何形成整体评价等。再以员工流动率为例，不论采用哪些方法来降低员工流动率，决策准则都可能是效益减成本之后的净额，也就是以各项方法降低员工流动率之后对公司所产生的经济效益，分别减去实施该项方法所需的成本，两者差距愈大代表对公司的经济效益愈高，因此理应选择差距最大者。

第三步要做的是发展替代方案。所谓的替代方案（Alternatives）是指各种可能有助于达成目标的抉择，至于实际上是否确实有助于达成目标，则必须在评估甚至执行之后才能够下定论。在员工流动率范例中，决策目标是降低员工流动率，因此，理论上有助于"留住"员工的各种措施都是替代方案，例如提高薪资福利、改善工作场所环境、减轻工作负担等。

第四步是评估替代方案，也就是针对第三步所获得的各种替代方案，分别运用第二步所建立的标准来进行评估。

第五步是选择替代方案，也就是根据第四步的评估结果选择评价最高的替代方案。此后则是付诸实行与确定结果的执行与控制阶段，虽然有许多学者专家将之纳入理性决策的步骤中，但实际上已经远远超出决策的范围。

虽然一般认为理性决策是比较理想的决策方法，但实际执行上有许多困难，包括该项决策可能无法建立明确的目标与决策准则，管理者可能无法找出所有可能的替代方案，可能无法客观正确的评估各种替代方案的效益与成本等。事实上，理性决策当中至少隐含着下列三个不太可能出现在现实生活当中的假设：

（1）完美信息（Perfect Information）：意指管理者可以取得决策所需的各项信息，包括所有可能的替代方案，各种替代方案的效益与成本等。

（2）消除不确定性（Uncertainty Elimination）：意指可以用适当的方法消除决策的不确定性，例如可以设法让实施某替代方案所衍生的效益与成本完全符合预期。

（3）客观理性（Objectivity and Rationality）：意指管理者决策时不会有偏见或私心，决策过程始终保持客观，致力于寻求最大的经济利益[1]。

由于绝大部分的决策情境都不符合这些假设，因此严格来说理性决策是非常不实用的方法。然而，借由某些适度的调整，管理者还是可以在许多场合使用近似于理性决策的方法。举例而言，学校以入学考试成绩来决定要录取哪些学生就相当接近于理性决策，此时决策目标是录取最好的学生，而好坏的标准是对于指定考试科目的熟悉程度，前来应试的每位考生都是个别的替代方案，由预定录取人数和考生成绩所共同产生的录取标准则决定了要选择哪些替代方案。

随堂思考 6-2

山富国际旅行社招募分公司营运主管之际，要求应征者具有"实务旅行社经验"与"开拓市场客服管理能力"。若有许多人应征该职位，而该公司想要录取最优秀的人才，则根据理性决策的要求该公司应该如何甄选？您认为该公司实际上可能如何甄选？

管理前线 6-1

管理顾问的企业诊断

员工经常跷班，怎么办？瑞士的一家厂商面临员工经常跷班的问题，到了冬天尤其严重，无奈之余只好请管理顾问帮忙。第一家业者根据激励理论开出"工作丰富化"的处方，花了公司数百万瑞士法郎来调整工作内容并重新训练员工，但情况却愈来愈糟。经营阶层被迫找上第二家管理顾问业者，新业者根据领导理论开出"提升领班的领导能力"的处方，随后进行一连串的领导能力训练，结果却依然不理想。随后再找的第三家业者不再询问经营阶层的意见，直接找员工探讨为何跷班，结果答案简单得出人意料——冬天跷班特别严重是因为有1/3的员工跑去兼差当滑雪教练，平时的跷班则是跑去做家事或问政[2]。了解问题根源后对策就呼之欲出，最后推出的处方是皆大欢喜的"弹性工时"。显然，前两家业者只会照本宣科，根本没做好规划第一步的"分析环境"或理性决策第一步的"确认决策情境"。

许多企业在面临困难时都会向管理顾问求助，期待这些专家能够提供对症下药的处方，但管理顾问未必是真正的专家，很可能有其喜好与偏见，甚至也可能缺乏基本的逻辑思考，因此愈帮愈忙的情况所在多有。事实上，只要扎扎实实的念完四年的企业管理课程，对于企业常见的问题和可能的对策应该都很了解，问题只在于这四年究竟是在打混、死背书，还是真正的学习。

6.2 群体决策

群体决策在个人或职场生活中相当常见，本节将说明其优缺点和决策形式，同时也涉及部分群体运作过程的行为与心理层面。

6.2.1 群体决策的优缺点

相对于个人决策，群体决策确实有许多优点，但难免也有一些相对缺点，表6-2列出了常见的主张。最明显的优点是"集思广益"，可以汇集参与者的经验、知识与信息，借由较周详的思考而产生较多且较好的替代方案，并且在相互讨论的过程中对各个替代方案进行比较完备周详的评估。因此，按理集思广益的优点本身就足以提升决策品质，俗话中的"三个臭皮匠，胜过一个诸葛亮"，就是着眼于群体决策能够集思广益的特性。

表 6-2 群体决策的相对优缺点

优　点	缺　点
1. 集思广益，汇集众人所知所能	1. 比较费时，成本高，效率差
2. 产生较多且较好的替代方案	2. 可能无法厘清决策成败的责任
3. 对替代方案进行比较周详的评估	3. 可能因折衷妥协而减损决策品质
4. 提高对决策的接受度	4. 可能受到少数人操控
5. 在决策的同时也进行沟通	5. 可能因群体盲思而成为一言堂

再者，群体决策至少反映出多数人的意见，支持者在自己已经表达过支持的基础上，自然不太可能转而反对，原先反对的人在"少数服从多数"的民主程序与社会规范下，也比较可能接受。另外，参与者在决策过程中，对于背后的理由和实质的内容都已经充分了解，因此不需要在决策后进行宣导沟通。

相对的，群体决策的第一个缺点，也是最明显的缺点是耗费参与者的许多时间，就管理者时间的机会成本而言其代价相当可观，因此远比个人决策来得缺乏效率。第二个缺点，由于是许多人的共同决定，事后很难进行功过归属，决策成功时个人固然不易获得奖赏，决策失败时个人也不会受到处罚。在这种"有功无赏，有过无罚"的环境下，参与者很可能抱着无所谓的心态，并未仔细评估决策情境与替代方案，从而降低决策品质。

群体决策的第三个缺点在于最后的决策可能只是折衷妥协的产物，并非最佳的选择。学者专家很早就指出，个人与群体对于相同的决策通常会做出不同的选择，原因是个人在讨论过程中可能认同某些人或其论点，改变自己的态度，这也就是群体极化（Group Polarization）现象[3]。群体极化可能导致共同讨论的过程中逐渐形成若干个意见集团，彼此都坚信自己的主张正确，从而必须借由折衷妥协来达成结论。

群体决策的第四个缺点是有可能受到少数人操控。所谓的少数人可能是上级主管等身份特殊的群体成员，也有可能是和其他群体成员身份地位相当但具有影响力的同侪，甚至有可能只是某位成员或明或暗的宣称"受到上级指示"。若群体决策受到少数人操控，则决策流程只是用来表彰决策正当性的工具，目标并不是寻求最佳决策，而群体成员也都沦为俗话中所说的"橡皮图章"。

群体决策的另一个缺点在于，参与者可能受制于必须维持和谐并达成共识的气氛，不愿甚至不敢提出异议，陷入所谓的群体盲思（Groupthink）现象[4]。和受到少数人操控一样，群体盲思也会导致群体决策集思广益的效益受到压抑，甚至成为自始至终只有一种意见的"一言堂"，无法达成提升决策品质的目标，但受到少数人操控的现象来自于操控者所拥有的权力，而群体盲思现象则是来自于参与者所面临的社会压力。

除了缺乏效率与可能无法厘清决策责任之外，群体决策的缺点都是来自于行为与心理层面。与会者基于某些因素而偏离了理性客观的要求，从而让群体决策无法发挥集思广益的效果，而最后所达成的决策也就很可能偏离了应有的方向。这点显示只要能够让与会成员客观理性的进行讨论，则群体决策的许多缺点都不复存在，但这点也显示出行为与心理层面在实际决策中具有一定程度的影响力。

6.2.2　群体决策的类型

直觉上，群体决策就是俗称的"开会"，但会议本身就有许多不同的形式，而且在会议之外也还有其他形式的群体决策，因此在本节对于群体决策的类型略做说明。

图 6-2 当中以主要运用的沟通方式来区分群体决策的类型。在强调语言沟通的群体决策中仍以传统会议（Conventional Meeting）最常见，与会者在指定的时间到指定的地点开会，可能事前已经拿到有关讨论议题的书面资料，但也可能是在会议现场才发放。这类会议必定是由主席（Chairman）来主持会议流程，但主席可能是职位最高的主管，也可能是与会成员相互推选。

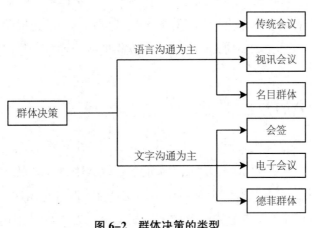

图 6-2 群体决策的类型

传统会议必须让所有的与会者集中在一个地方，若其中涉及工作地点不同的员工，则在时间上显然很不经济，因此随着科技的进步而发展出视讯会议（Video Conference），与会者只要在其工作地点安装适当的系统，就可以通过屏幕看到其他与会成员并相互讨论，达到近似于面对面沟通的效果。这种会议方式在跨国企业中相当常见，原因是机票和管理者的时间成本都相当昂贵，以视讯会议取代传统会议有其必要。

一方面，不论是传统会议或视讯会议，与会者之间的互动都可能衍生少数人操控、群体盲思等现象，因此避免人际互动对决策形成干扰的名目群体（Nominal Group）就成为可能的抉择。这种群体决策方式不进行面对面的自由发言讨论，与会者各自提出对于决策议题主张，并由全体与会者加以评分，得分最高者即为最后的决议。

另一方面，以文字沟通为主的群体决策方式当中，实务上最常见应该是公文处理程序当中的"会签"。其过程如下：①部属拟妥签呈，附上详细的说明或行动计划，呈请直属上司核示或转呈；②直属上司主动或高层指示请其他单位表示意见；③若无异议则交由高层核示，反之则先撤回签呈，修改后重新呈报。当然，以电子文件取代纸本签呈也是可能的抉择。运用网络科技来传送文字资料并举行会议的群体决策形式称为电子会议（Electronic Meeting），与会人员在指定时间上网连接，屏幕上会显示会议主题与相关说明，与会者分别输入自己的意见，经汇总整理后成为整体意见。这种会议形式可以相当程度的避免群体盲思这类"不敢或不愿"提出意见的问题，但是和名目群体一样缺乏互动讨论。

若希望参与者之间有一定程度的互动，但是又不希望出现少数人操控等问题，则德菲群体（Delphi Group）是可能的抉择之一。和第 5 章所述的德菲法不同，这种会议并没有外界专家参与，而是由既定的与会者分别提供意见，汇整后回报给各与会者过目并再次提出意见，如此反复直到意见趋于一致为止。

严格说来，实务上最常见的群体决策形式包括会议和会签两者，但并未纳入图 6-2 的"非正式会议"可能同样重要，其可能的形式包括相关人员在组织内部任何地点所发生的面对面讨论，以及在餐厅、高尔夫球场这模拟较轻松的环境中所达成的决议等。当然，这些非正式会议也扮演着事先沟通协调的角色，所获得的决议通常还是需要在正式的决议中予以确认。

6.2.3 形成决议的方式

图 6-2 当中的某些群体决策方式可以自动产生决议，但传统与视讯会议中并没有自动产生决议的机制，因此有必要了解如何在这类的群体决策中达成决议。如图 6-3 所示，如何借由会议来形成决议，主要取决于该会议采用的是合议制或主席制。合议制（Collaborative Approach）是由与会人员全体一起做出决议，决议方式可以采用"少数服从多数"的多数决（Majority Decision），也可以要求必须所有与会人员全数同意才通过的共识决（Consensus Decision）。一般而言，股东会议这类与会人数众多的场合大多采用多数决，而组织内部的主管级会议这类与会人数有限的场合则大多采用共识决。

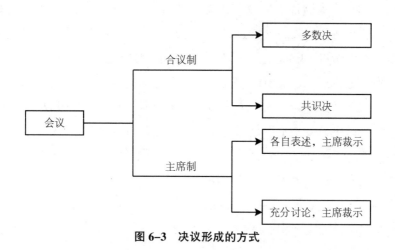

图 6-3 决议形成的方式

相对的，主席制（Chairman-dominated Approach）是指虽然有其他的与会人员，但最后的决议实际上是由主席决定，其形式又可以根据能否让与会人员充分讨论而分为两种。一般而言，若与会人数众多，没有足够的时间来互相质疑讨论，则比较可能采用"各自表述"的形式，反之则选择"充分讨论"以提升决议的正当性与决策品质。

实务上，组织内部的许多决策都倾向于主席制，即使表面上采用合议制，主席通常也扮演着操纵者的角色，对于会议的过程与结论都深具影响力。虽然有部分研究显示高级主管之间共识愈高则企业的经营绩效愈佳，但其影响程度相当轻微，而且各项研究的结论并不一致[5]。因此，在如何形成决议这个议题上，权变理论的主张应该是目前最合理的抉择。

随堂思考 6-3

某机构在董事长之外设有副董事长，由董事选举产生。某次会议中董事长提案任命某人担任副董事长，但其中一位董事发现该人选不具备董事身份，于是只好变更议程，改为任命某人担任"董事兼副董事长"。根据此一事件，您觉得该董事会犯了群体决策的哪一项毛病？其运作方式比较倾向于合议制还是主席制？

6.3 决策的行为面

如前文所述，心理与行为层面的因素经常影响决策，由于这些因素的存在违反了理性决策的规范，因此经常将之视为决策过程中因为心理与行为因素所衍生的"偏差"（Bias）。

6.3.1 有限理性决策

决策层面最有名的心理与行为因素是诺贝尔经济学奖得主 Herbert A. Simon 所提出的有限理性（Bounded Rationality）假说，基本主张是管理者固然会尽可能地遵循理性原则，但是在信息不完美、不确定性无法消除这种不符合理性决策假设的现实环境中，实际上无法做到完全的理性，只能够配合自己的偏好、习惯等因素有限度的寻求理性。

表 6-3 提供了理性决策与有限理性决策的对照，大致上根据理性决策的过程来排列。如表中所示，有限理性决策在决策情境的确认上会受到个人兴趣、利益等因素所影响，在评估准则的决定上不够完整周详，在寻找替代方案之际只要找到有限几个方案就终止搜寻，在评估各个方案时会反映管理者的个人偏好，在选择方案之际并非优先考虑"最佳"的方案，而是找到"满意"的方案即可。

对管理者的研究显示，有限理性决策远比理性决策更能够描述管理者的决策行为，包括较少搜集各种可能的替代方案，经常只是经由挖角、参观、媒体报道来寻求可以模仿的特定方案以及在评估替代方案之际经常以主观判断为主等[6]。虽然这个事实并不表示管

表 6-3　理性决策与有限理性决策的对照

理性决策	有限理性决策
优先考虑重要的议题	根据个人兴趣、利益等因素选择议题
建立完整周详的评估准则	只考虑有限的几项评估准则
寻找所有可能的替代方案	只寻找有限几个替代方案
评估所有可能的替代方案	按照个人偏好依序评估各个替代方案
选择整体评价最高的方案	找到满意的方案就终止评估

理者应该遵循有限理性决策所描述的过程，但至少显示出不能引用理性决策的规范来要求所有的管理者。

6.3.2　直觉与判断

决策经常着眼于未来，而未来具有相当程度的不确定性，管理者在无法取得与决策有关的全部信息之下，经常被迫使用自己的直觉与判断来进行决策。显然，与其耗费大量资源去设法取得不可能完全正确的信息，还不如使用直觉与判断来产生足以"满意"的决策。当然，基本前提是直觉与判断不至于太离谱。

直觉（Intuition）是指在不知道实际状况下所做的评估，例如新主管上任时对该主管几乎一无所知的部属可能"直觉的"认为这个主管很难缠。判断（Judgment）是指根据既有资料来对未知事物所做的评估，例如新主管上任几天后，部属可能根据这几天的相处"判断"这个主管很难缠。换言之，直觉与判断都是对未知事物的评估，其主要差异在于使用信息的多寡，其中并没有明确的界限，又由于我们不太可能对于一无所知的事物进行评估，因此只要是针对未知事物所做的评估，都可能兼有直觉与判断的成分。在这种情况下，本小节对于直觉与判断这两者不予区分。

虽然在决策中使用直觉与判断违反了理性决策的要求，但近年来学者专家仍然针对这个议题进行了许多研究，其中包括尝试性的将直觉区分为认知、情意、经验、价值观与伦理、次意识心智过程五个层面，以及对于"西方重分析，东方重直觉"主张的批判性讨论等 [7]。针对管理者的调查显示其决策中经常使用直觉与判断，高级主管尤其如此，但财务主管例外，而使用直觉和判断与工作绩效之间的关联则尚无定论 [8]。

任何人对未知的事物都可以有所评断，因此任何人都可以在决策中使用直觉与判断。然而，任何人都不应该把直觉与判断及科幻世界的"预知能力"或"第六感"混为一谈，稍具道德素养的学者专家都会坚持：良好的直觉判断是来自于丰富的知识与经验，而不是偶发意外产生的奇迹或上苍恩赐的礼物。

直觉与判断……你是在善用还是滥用?

　　喜欢太空科幻电影的人应该都看过《星际争霸战》(Star Trek) 系列电影。在第四集 "抢救未来" (The Voyage Home) 当中,地球被不明的探测波笼罩,人类濒于毁灭边缘,此时把理性当作至高无上原则的瓦肯人史巴克,根据探测波的特征而判断是座头鲸的语言,但人类不懂这种语言因此无从响应。由于当时地球上的座头鲸已经绝种,寇克舰长只好带着干部回到地球的 20 世纪并捕获大小两条座头鲸。然而,在准备用时光旅行回到 23 世纪时,史巴克却是一脸忧心忡忡,经寇克舰长询问后才表示不知道水槽和鲸鱼的全部重量,无法精确计算,若出现误差则有可能跑到其他年代。寇克舰长的反应是满脸笑容的要史巴克 "猜猜看" (Guess),随后再加上一句:"我相信你会猜得很棒。"

　　直觉与判断是实际决策活动中不可或缺的一部分,但这两者并不等于随意猜测。如果硬是要 "牵拖" 到猜测的话,那么决策中所使用的直觉与判断可以视为俗话中所谓 "有教养的猜测" (Educated Guess) 或 "消息灵通的猜测" (Informed Guess)。简言之,在脑海中没有累积大量的知识与信息的话,在决策中使用直觉与判断实际上跟丢铜板做决定没两样。

6.3.3　捷思或经验法则

　　既然直觉与判断是来自丰富的知识与经验,那么将知识与经验归纳成可供决策运用的简易规则,理应有助于改善决策。这类从知识与经验中归纳出来的简易决策规则称为捷思 (Heuristics) 或经验法则 (Rules of Thumb),经常出现在成语和俗谚中,例如激励员工之际应该 "有功则赏,有过则罚",在中国成语中称为 "恩威并济",而在英文俗语中则为 "棍子加胡萝卜" (Sticks and Carrots)。

　　许多经验法则相当实用,上述的 "恩威并济" 就是其中一个例子。有些经验法则甚至可以解决管理上的某种难题,例如在餐饮业中,如果想要按照理性决策的原则来决定一道餐点的价格,那么必须计算出一道餐点中的直接材料、直接人工和制造费用分别是多少,然后加计预定的利润而成为价格。然而,稍具会计知识的人都知道计算过程非常麻烦,而且 "一定不准"。因此,实务上经常采用根据过去经验所发展出来的经验法则,用主要食材的成本的三倍来推算出大致上应有的价格水准。

　　然而,并不是每一项经验法则都相当正确而实用,而且可能的经验法则为数众多,甚至有可能出现相互矛盾的现象,因此管理者在运用经验法则之际必须相当谨慎。举例而言，管理者若是捧着"棒下出孝子"的经验法则，致力于用严苛的规定与处分来对待员工，则不但违反了前述"恩威并济"的经验法则，更有可能导致组织分崩离析。

在运用经验法则之际，人们经常出现的错误是可用性偏差与代表性偏差。可用性偏差（Availability Bias）是指人们经常只会记得最近才发生或比较能够吸引自己注意的事件，因此所使用的经验法则就偏向这些事件所产生的教训，忽略了其他可能的经验法则。代表性偏差（Representativity Bias）则是人们经常忽略了自己或他人所经历的事件都相当有限，未必能够代表一般状况，从而错误地把这些事件所产生的教训视为一般性的原则。

随堂思考 6-4

以下两个来自实际事件的经验法则可能有何错误？

1. 某位著名的慢跑运动支持者在慢跑途中因为心脏病发作而死亡，消息出后有评论者宣称，这个例子证明慢跑运动对于防治心血管疾病有弊无利。

2. 微软董事长比尔·盖茨放弃读大学而跑去创业，迄今仍有许多人宣称，这个例子显示看到商业机会就要奋不顾身的冲上去抓住。

6.3.4 其他行为与心理因素

从相关信息的搜集到替代方案的评估，整个决策过程还受到其他许多行为与心理因素所干扰，表6-4列出其中常见的部分因素及其说明。在信息搜集方面最常见的问题是选择性知觉（Selective Perception），而在信息解读上最普遍的是沉没成本（Sunk Cost），其意义如表6-4所示。

表6-4 部分影响决策的行为与心理因素

行为与心理因素		意 义
信息搜集	选择性知觉（Selective Perception）	只注意到符合自己的兴趣、偏好、利益等方面的信息，对于其他信息视而不见
	确认偏差（Confirmation Bias）	偏好搜集能够支持自己既有主张或决策的信息，忽视违反自己既有主张或决策的信息
	定锚效应（Anchoring Effect）	在特定事项上搜集到初步的信息之后，就对于后续的信息视而不见
	过度自信（Overconfi Dence）	对自己所拥有的知识、信息、能力等层面具有强烈但不切实际的信心
信息解读	框架效应（Framing Effect）	信息的正面与反面呈现方式导致解读乃至于决策上产生不一致

续表

行为与心理因素		意　义
信息解读	沉没成本 (Sunk Costs)	将业已发生无法再行改变的事项视为决策所必须考虑的因素之一
	后见之明 (Hindsight)	实际事件发生之后主观的认定自己可以正确的预测到该事件的发生
	自利偏差 (Self-serving Bias)	若信息显示获得成功则归功于自己，若证明失败则归咎于外在的不可抗力因素
抉择	短期主义 (Shortermism)	偏好能够迅速产生具体成果的抉择，忽视效益卓著但需要很长的时间来实现的方案

这其中，若牵涉到如何处理过去的决策，则沉没成本与自利偏差都可能发挥作用。在该项决策是出自于自己而且证明失败之下，自利偏差会发挥作用，将责任归咎于外在的不可抗力因素，并根据沉没成本而主张必须持续下去，否则已经投入的资金会付诸流水。这种在已经证明决策失败之下仍然主张投入更多资金以维持既有决策的现象称为扩大承诺（Escalation of Commitment），在重大投资事项上相当常见。

6.4 决策工具

本节将介绍决策过程中可以运用的部分工具。由于可用工具为数众多，因此省略了较为复杂或只能适用于特定议题的工具，例如为数众多的作业研究、财务分析与统计分析方法都全数省略，有必要学习这些工具的读者应该去阅读这些学科的相关书籍。

6.4.1 多重属性决策

首先介绍的是多重属性决策（Multiattribute Decision Making），这是既有决策方法中最接近理性决策的方法之一，基本步骤是先行找出所有足以影响决策结果的因素，也就是所谓的属性（Attributes），并分别按照其相对重要性赋予一个权重（Weights），然后针对各个替代方案的各项属性分别进行评估，并以加权的方式计算出整体评价，整体评价最高者就是应予选择的替代方案。其整体评价的一般数学式如下：

整体评价 $V = \sum_{i=1}^{n} W_i V_i$

其中，W_i 为第 i 个属性的权重；V_i 为第 i 个属性的评价；n 为属性总数。

以员工甄选为例，经相关人员评估后获得应该考虑专业知识、实务经验和谈吐应对这三个属性，其比重依序为 50%、30% 和 20%，并分别以笔试、业界资历和口试这三种方式来评估。招募过程中有三位应征者符合基本要求，参与甄试的各科成绩与总成绩如下。

	笔试（分）	权重（%）	资历（分）	权重（%）	口试（分）	权重（%）	总分（分）
应征者 A	80	50	70	30	70	20	75.0
应征者 B	85	50	60	30	60	20	72.5
应征者 C	70	50	80	30	75	20	74.0

其中，应征者 A 的总成绩为 $80 \times 50\% + 70 \times 30\% + 70 \times 20\% = 75$，其余二人依此类推。由于应征者 A 的总分最高，因此虽然在三个计分项目中都没有拿到最高分，但还是应该予以录用，在应征者 A 未能报到之际则优先考虑应征者 C。

多重属性决策在产学两界都很普遍，但是在各项属性都属于主观评估之际，评估者对于受评估对象（人或物）的整体印象可能会影响到个别属性的评估结果，从而产生一定程度的偏差[9]。这种因为整体印象而影响到个别属性评价的现象称为晕轮效应（Halo Effect）。然而，在过去 30 年，多重属性决策最重要的发展应该是运用分析层级程序（Analytic Hierarchy Process）来决定属性权重[10]，其方法是由多位专家逐一针对两种属性判定其相对重要性，到所有配对的属性都比较完成为止，然后将全部判定结果以特定的演算过程转换成属性权重，目前各主要的作业研究或管理科学教科书都已经将之纳入，许多学者专家也持续运用这种方法来进行各种类型的研究。

6.4.2　确认决策情境的工具

接下来按照理性决策的过程来介绍各种管理工具或方法。在确认决策情境经常必须辨识问题，借以确定其重要性与可能成因，这个部分可以使用的工具包括因果图、条形图和柏拉多图等。如图 6-4 上半部所示，因果图（Cause and Effect Chart）是把探讨的事项视为"果"，各种可能导致该事项发生的因素视为"因"，然后用将各项可能成因连接到中间的水平箭头，后者则指向探讨的事项（本例中为"服务品质不佳"）。由于实际图形有点像是去除皮肉之后所剩下的鱼骨头，因此又称为鱼骨图（Fishborne Chart）。

条形图（Histogram）其实就是将各种因素或事件发生次数以图形表示，横轴代表不同的因素或事件，纵轴代表特定期间内该因素或事件的发生次数，然后以长条形加以标示。其中，纵轴的尺度可以视需要弹性调整，横轴部分则经常按照发生次数多寡排列，让阅读者知道各种因素或事件的相对重要性。柏拉多图（Pareto Chart）实际上属于条形图的延伸，横轴完全不变，但纵轴从发生次数改为累积发生次数百分比，因此可以显示个别因素或事件所占百分比。

条形图与柏拉多图常在生产现场使用，但因果图则可以应用在许多场合，例如航空业者在发生空难之后，通常都会立刻从人员、机械、气候这三方面开始着手调查。

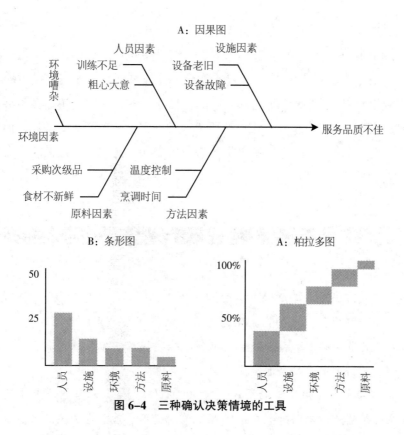

图 6–4　三种确认决策情境的工具

6.4.3　产生方案的工具

在发展替代方案的阶段，脑力激荡（Brainstorming）是最常用的方法之一，其流程如下：①与会者自由提出构想且禁止其他人加以批评；②经过特定时间或累积特定数量的构想后则停止提出构想，开始逐一讨论；③删除不可行的构想，其余保留作为替代方案，但不评估其相对优劣。这种方法让与会者齐集一堂共同思考，并可望借由其他人提出的构想激荡出新的想法，同时在时间或场地限制下也可以应用电子会议的形式来处理，但还是有可能发生不想动脑筋的"搭便车"现象，因此研究中经常出现脑力激荡的成果在量与质两方面都比不上与会者自行发展构想然后予以汇整的方法[11]。

创意思考（Creative Thinking）是另一种激发构想的方法，但实际上只是强调不要局限于传统思考方式的一般性原则，并没有一般公认的具体内涵。事实上，许多讨论创意思考也把脑力激荡纳入。所谓的传统思考方式是指逻辑思考（Logical Thinking），也称为线性思考（Linear Thinking）或垂直思考（Vertical Thinking），泛指探索不同事物之间因果关系的思考途径，例如找出电梯速度太慢的原因并对症下药。相对的，创意思考当中强调许多看似无关的事物之间或许可以找出某些关联，因此也经常称为非线性思考（Nonlinear Thinking）或水平思考（Horizontal or Lateral Thinking），例如电梯速度太慢之际使用镜子、外界景观吸引乘客注意，使之不会觉得电梯太慢即可。

脑力激荡和创意思考都必须自己动脑筋，但管理者也可以运用标杆学习（Benchmarking Learning），在同业、异业、甚至组织内部当中寻找可以参考或直接模仿的事物，然后原封不动或斟酌修改后移植到组织内部。虽然标杆学习的构想很简单，实务界也早就进行这类的交流学习活动，在纳入全面品质管理架构后更成为许多产业的常规，但目前对于这个议题仍在积极探讨中，例如有学者主张各旅游景点和观光业者可以借着各个层面的标杆学习来改善经营状况[12]。

管理前线 6-3

商场吸星大法

看过金庸武侠小说或其改编电影的人对于武林绝学"吸星大法"必定印象深刻，使出这个绝招后可以把敌人的内力化为己有，省下了数十年的修炼。在现实生活中，这类损人利己的做法必定会引来强烈的挞伐，但商场确实充斥着"利己而不损人"的"吸星大法"，借由观摩学习来迅速提升自己的功力。

早年的电梯业者应用简单的滑轮原理来设计其产品，但是在能源使用上颇不经济，于是业者想到为何不同时也应用同样简单的天平原理，在滑轮的另一侧放置与电梯等重的铁块，如此则只需要少量的能源就可以让电梯上下自如，很快的这种设计已经成为业界标准。中国台湾的丰群集团出口四破鱼到日本当钓鱼的活饵，但被四破鱼死亡率偏高的问题困扰多时，后来发现日本的水产业者自苏联进口另一种活饵时，在其中放入属于该鱼种天敌的螃蟹以降低死亡率，于是丰群集团也在出口四破鱼之际放入其天敌章鱼，结果四破鱼的死亡率立刻大幅降低。

企业经营管理经常被比喻成一场没有终点的马拉松，但也不妨比喻成永无休止的修炼，闭关苦修固然必要，但观摩学习也不无可取，因此没有必要排斥各种同业与异业交流的活动。毕竟，"井蛙观天"之流或能得逞一时，但仍属跳梁小丑，必然无法在持久的经营竞赛中脱颖而出。当然，管理者也不能囫囵吞枣，还是要谨慎地辨识黄金与垃圾。

6.4.4 评估方案的工具

在评估各个替代方案方面，前述多重属性决策当中的评估方式固然可取，但未必适合所有的情况。一般而言，适应范围最广的评估方法应该是优缺点简表（Advantages/disadvantages Table），只要针对个别替代方案分别列出优缺点，然后进行总和比较即可。这种方法很容易理解，但实际执行上有许多问题，包括可能遗漏重要的优缺点，各优缺点之间相对重要性难以判定，不同的评估者经常得到不同的结论等等。

若属必须共同讨论的重大决策，则交叉辩论（Dialectical Inquiry）是相当理想的选择。这种方法让特定方案的支持者畅所欲言，但必须接受其他人的质疑问难，借由意见冲突来发掘可能的问题，若支持理由不够坚强则很可能"惨遭修理"，因此按理有助于找出比较理想的方案。另一种类似的做法是用指定的质问者来取代自由发言，这些负责质问的人扮演着"找麻烦"的角色，其任务就是从不同的观点来质疑该方案的优越性，这种做法称为魔鬼代言人（Devil's Advocacy）。除了借由意见冲突来发掘各方案可能的问题并获得更完整的评估之外，交叉辩论和魔鬼代言人也具有避免群体盲思，不受少数人操控等优点，按理可以将群体决策的优点发挥到极致。这个主张目前尚未获得充分的验证，但至少现有研究已经显示出，这两种方法都比专家自行决策来得理想，而且两者在改善决策的成效上大致相当[13]。

课后练习

复习题

（1）分别根据所属组织层级、决策情境、复杂性与频率以及参与人数来说明决策有哪些类别？

（2）理性决策的各个基本步骤中分别要完成哪些事项？

（3）相对于个人决策，群体决策有哪些优缺点？

（4）用会议进行决策时有哪些达成决议的方式？

（5）何谓有限理性决策？有哪些特征？

（6）直觉与判断在决策上有何重要性？

（7）何谓捷思（Heuristics）？使用捷思时必须注意哪些事项？

（8）解释下列名词：

①选择性知觉（Selective Perception）　②确认偏差（Confirmation Bias）

③定锚效应（Anchoring Effect）　④过度自信（Overconfidence）

⑤框架效应（Framing Effect）　⑥沉没成本（Sunk Costs）

⑦后见之明（Hindsight）　⑧自利偏差（Self-serving Bias）

⑨短期主义（Shortermism）　⑩扩大承诺（Escalation of Commitment）

（9）说明多重属性决策的基本步骤与整体评价的计算方式。

（10）因果图的绘制方式与主要用途为何？

（11）如何进行脑力激荡和标杆学习？

(12) 如何在决策过程使用交叉辩论和魔鬼代言人？

应用题

(1) 中国台湾电力公司有许多高压电塔跨越崇山峻岭和广阔溪涧，试运用理性决策的程序，决定应该如何在成本最低的情况下把电线从一座电塔拉到另一座电塔。

(2) 以您自己选择就读的学校或就业的组织为例，说明为什么无法（至少是很难）运用理性决策。

(3) 有学者专家建议，会议室不要放置舒适的桌椅，召开会议时让与会者站着，可以提升会议效率。您认为如何？

(4) 以决策过程中使用直觉与判断的多寡，对下列三项决策加以排序：编列下年度预算、甄选基层员工、决定是否要翻修客房。

(5) 许多旅客参加旅行团时优先考虑价格，业者竞相杀价，但部分业者的价位显然无法全部回收机票、住宿等成本。试分别运用逻辑与创意思考推断这些业者如何在这种价位下仍能生存。

管理个案

餐饮大亨的用人决策

大部分中国台湾民众对于百胜餐饮集团（Yum! Brands, Inc.）都不太熟悉，但是该集团旗下的两大品牌：肯德基（KFC）和必胜客（Pizza Hut），则是家喻户晓。该集团旗下另外两大品牌：Taco Bell和Long John Silver's，则是墨西哥料理和海鲜快餐餐厅领域的领导厂商之一。

整个集团目前有超过37000家餐厅，遍及100余个国家与地区，员工超过100万人，2009年的营业额将近110亿美元。

从1997年底开始，David C. Novak逐步接任该集团最重要的几个职位，包括总裁、执行长和董事长。除了在整体经营策略上有所兴革之外，Novak把重点摆在员工（含加盟商）身上，经常亲自向员工宣扬公司的企业文化与价值观，甚至亲自主持领导训练课程。之所以如此，当然跟他"员工第一、顾客第二、股东第三"的信念有关。

这么重视员工层面的最高主管，对于重要干部的聘用自然有其独到的见解。就这点而言，想要获得Novak赏识的应征者将会很为难。个人学历这类基本资料当然不会是最高主管所关切的重点，各种无形的个人特质才是关键。第一项特质在于是否"具有领导潜力"，过不了这关则一切免谈。Novak强调他会详细询问并深入探索这个人能否在领导上有所贡献，不会单凭表象就予以录用。

除了领导潜力之外，Novak也希望录用者具有强烈的工作热忱与旺盛的学习欲望。根据他的看法，只有自己具有强烈的工作热忱，才有可能激励员工，而必须具有旺盛的学习欲望，才能够将全世界发生的事物应用到生涯事业上，而同时具有这两种特质的人将会在工作表现上不断地提高自己所订的标准。另外，他也强调进来的团队伙伴必须有一致的价值观，但是在风格与经验上却大相径庭，这样才能够发挥互补的功能，平衡其他伙伴的弱点，从而让每个人的表现都优于原先的自己。

最后，Novak 还用两个问题做最后的把关，分别是"我愿意由这个人来当我的上司吗？"和"我会让自己的子女为这个人工作吗？"这两个问题所要确认的其实是同一件事，那就是这个人是否会是一个很好的领导者，包括能否与员工打成一片，能否激励员工，能否带动整个团队向前迈进。

Novak 坦承，任何企业都想要那些拥有辉煌经历的人，百胜餐饮集团也不例外。但他认为辉煌的经历有可能只是表象，拥有前述各项特质才是"真正聪明"而且能够对该集团有所贡献的人。他在面谈过程中会一再确认这个人是否具备这些特质，而且在面谈之后还会致电相关人士，查验他在面谈中所获得的信息是否正确无误。

当然，需要经历这些过程的只限于重要的干部，不适用于中级与基层主管的聘用，但可想而知，若想在组织层级中向上爬升，则迟早会面对这样的面谈。Novak 宣称，他至少掌握了该集团 200 位员工的个人特质，从而可以充分地发挥团队的力量。

这种谨慎与深思熟虑的背后其实只有一个理由，那就是 Novak 相信唯有让该集团拥有杰出的员工，才能够做好"让顾客快乐"这件事，才能够顺利处理工作上所面对的任何问题，也才能够顺利地完成每一项任务。

讨论问题

（1）以 Novak 甄选重要干部的决策而言，该项决策在组织层级、决策情境、复杂性与频率，以及参与人数的分类中可能属于何种类别？

（2）Novak 甄选重要干部的决策比较符合理性决策、有限理性决策还是其他决策方式？

（3）有哪些行为与心理层面的因素可能导致 Novak 录用到不适当的人？

（4）若想要将 Novak 的甄选标准纳入多重属性决策，则可能应该怎么做？

（5）如何在重要员工的甄选过程使用交叉辩论或魔鬼代言人？

7 策略规划

本章学习目标

1. 了解策略的意义与层级

2. 了解常见的公司策略类型与各类型中可能的抉择

3. 了解常见的竞争策略类型与搭配的功能策略

4. 了解策略规划过程的两种主张

5. 了解 SWOT 分析、事业组合规划与价值链分析的内容

征服情海

在阿汤哥主演的电影《征服情海》（Jerry Maguire）中，男主角原先任职于全球顶尖的运 动经纪公司，而且还是工作表现最佳的经纪人。然而，有一天他突发奇想，觉得公司与运动明星之间不应该只是纯粹的利益结合，而是应该类似于近亲甚至爱侣的关系。在亢奋的情绪中，他把自己的想法写成备忘录并印发给同仁，结果一星期后就被扫地出门，只剩下一位不被看好的美式足球员换约投入他所创立的小公司。几个月后，该美式足球员在球场上的表现获得观众激赏，男主角乘机为他向球队争取到千万美元年薪，随后两人相拥而泣。一位曾经由男主角担任经纪人的运动明星在一旁看到此一场面，颇有所感地对身旁的经纪人说：我们之间为什么没有那种关系?

商场竞争自古皆然，竞争的方式也千变万化，但万变不离其宗，只要比竞争对手做得更好就对了。真正的难题在于，你要在哪些层面做得比竞争对手更好，让顾客愿意放弃其他业者而投入你的怀抱。策略学者将这项选择称为泛用策略，营销学者则称之为顾客价值，但不论名称为何，重点还是你能否权衡内外因素而选择正确的方向。

本章将介绍发生在组织高层的策略规划，其中固然会讨论到环境分析的议题，但焦点还在于组织有哪些策略性抉择，以及有哪些分析方法可以用来进行这些抉择。

7.1 策略及其层级

7.1.1 策略的意义与重要性

"策略"是商学领域被滥用的名词之一，部分原因在于这个名词让人产生"很重要"的感觉。因此，即使是在营运或作业层次，还是可能出现许多以策略为名的主张，例如，在功能层次的营销策略之下，经常还会出现广告策略、媒体排期策略、说服策略等用语。

目前最合理的定义还是将策略视为较高层次的议题，主张策略（Strategy）就是组织的经营目标与借以达成这些目标的行动计划，后者包含了行动方向与资源分配等议题 [1]。这个定义可以澄清许多误解，减少"策略满天飞"的乱象。举例而言，"提供优质度假选择"可以视为垦丁凯撒饭店的目标，确实属于策略层次，但是在广告中强调到垦丁凯撒拾回夫妻间的浓情蜜意，则应该视为营运或作业层次的广告主题与表现手法，不宜和策略混为一谈。

一般认为策略的重要性在于可以协助达成下列事项 [2]：

（1）设定组织的方向。

（2）集中组织成员的努力并促进彼此间的协调。

（3）让内部与外界人士易于了解组织。

（4）减少不确定性，可以集中资源来提升效率。

这其中，"设定组织的方向"应该是策略最重要的功能，因为"如果船头朝着错误的方向，那么划得再辛苦也毫无用处 [3]"。然而，如果将时间因素纳入考虑，则上述定义仍然不够完备，问题在于其中所强调的都属于未来，而组织固然会有未来想要达成的经营目标和预定要付诸实施的行动计划，但也一定会有过去想要达成的经营目标和过去所拟订的行动计划。其中，部分行动计划可能未曾付诸实施，而部分行动计划则可能在执行过程中有所修改或更新。因此，策略应该同时包含组织现在与过去的经营目标和行动计划，可以定义为过去与现在各项重要行动的总和，并且应该同时涵盖下列四个层面，而彼此间关系如图 7-1 所示 [4]。

（1）意图的策略（Intended Strategy）：组织想要付诸实施的策略。若属审慎规划后完成，则称为蓄意的策略（Deliberate Strategy）。

（2）突发的策略（Emergent Strategy）：组织原先并未采纳或考虑，但基于某些因素而突然予以采纳的策略。

（3）实现的策略（Realized Strategy）：组织实际上付诸实施的策略。

（4）未实现的策略（Unrealized Strategy）：组织想要付诸实施但基于某些因素而未能实际执行的策略。

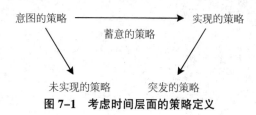

图 7-1　考虑时间层面的策略定义

这个定义虽然比较复杂，但相对而言比较完整，可以将组织现在与过去所有的经营目标和行动计划都纳入，同时也可以对组织"目前"的策略提供比较完整的描述。然而，这个比较广泛的定义也显示出，策略有助于设定组织方向等主张可能有待商榷，例如，突发策略对于设定组织方向和集中组织成员的努力等事项反而是不利的干扰。

7.1.2　策略的层级分类

虽然应该把策略视为较高层次的议题，但学者专家一致同意功能层次的重要目标与行动计划也属于策略的范畴，因此，正如同规划与计划有层次之别，策略也可以根据其所属组织层级来区分，如图 7-2 所示。

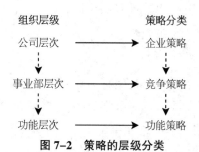

图 7-2　策略的层级分类

公司层次策略（Company-level Strategy）简称为企业策略（Corporate Strategy），有时候也称为整体策略（Grand Strategy），包含了使命、经营目标以及所选择的产品/服务与市场领域等。这其中又以公司所选择的产品/服务与市场领域最为重要，例如，虽然同属旅馆业，但观光旅馆经常同时提供住宿和餐饮服务，而且针对的是"愿意多花点钱来换取优质服务"的顾客，而许多平价旅馆只提供住宿服务，针对的是"反正只是洗澡睡觉，能省则省"的顾客，因此两者的企业策略完全不一样，彼此之间比较像是"替代品"而不是"同业"。

　　事业部层次策略（Business-Level Strategy）简称为事业策略（Business Strategy），是指公司内由个别产品或服务形成的事业单位如何与同业竞争，因此也称为竞争策略（Competitive Strategy）。再以观光旅馆为例，其住宿和餐饮服务可以视为不同的事业单位，客房部的主要竞争对手是等级相近的旅馆业者，但餐饮部的竞争对手还包括了等级相近的餐厅业者，因此，两个事业部的竞争策略可能略有差别。相对的，平价旅馆只提供住宿服务，因此其公司策略当中也包含了事业或竞争策略。

　　功能层次策略（Function-level Strategy）简称为功能策略（Functional Strategy），是指个别事业单位内部的各个功能部门如何以实际行动支持其事业或竞争策略，例如在餐饮部的竞争策略是"五星级的服务，四星级的价位"之下，营销部门如何让潜在顾客知道并认同此"物超所值"的选择，负责内场与外场的作业部门又如何在不损及服务水准之下有效地降低营运成本。

　　在欧美地区，大型企业内部经常区分为若干个事业单位，分别提供不同的产品或服务，并称之为策略性事业单位（Strategic Business Unit，SBU）。但以中国台湾地区和日本而言，业者普遍偏好成立不同的公司来提供不同的产品或服务，称之为关系企业（Affiliated Companies），并由各关系企业共同形成一个企业集团（Conglomerate）。因此，在国内可能是由企业集团总部来处理图7-2中的企业策略，各关系企业只负责自己的竞争策略与功能策略。

7.2　策略的类型

　　接下来将分别说明各个层次的策略中有哪些常见的抉择。由于这些选择的内涵彼此迥异，因此可以区分为不同的策略类型。

7.2.1　公司层次策略的类型

　　以公司层次的策略而言，最常见的分类是根据产品或服务的种类来区分。若公司只提供一种产品/服务，则称之为单一事业（Single Business），反之，若有两种或两种以上的产品/服务，则统称为多角化（Diversification）。显然，提供的产品/服务种类愈多则多角化程度（Degree of Diversification）愈高，但如何计算产品/服务种类则尚有争议，例如学术研究上经常以标准产业分类（Standard Industry Classification）为准，根据业者跨越几个四码分类以及各分类产业营业额的平均程度来计算多角化程度，但根据这种计算方式，兼营豪华饭店与民宿的业者在多角化程度上和平价旅馆业者完全相同，因为这三种住宿服务在台湾地区都属于类号5510的"短期住宿服务业"。

　　虽然多角化程度的计算方式尚有争议，但多角化的类型则大致已有共识。图7-3以进入的新行业与原有行业之间的相关性来区分多角化程度，列出四种常见的可能抉择。首先，业者可以选择技术层面相似度较高的领域来进行多角化，也就是所谓的相关多角化（Related Diversification），例如，原先主办国民旅游（Local）的旅行社可以插手出国旅游（Outbound）和外国人来台旅游（Inbound）的业务，虽然顾客群与作业流程不尽相同，但负责安排食宿与交通的本质不变。

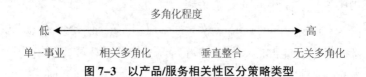

图 7-3　以产品/服务相关性区分策略类型

其次，业者也可以选择与自己的供货商或顾客做相同的生意，也就是所谓的垂直整合（Vertical Integration）。其中，与供货商做相同的生意称为向上整合（Upward Integration）或向后整合（Backward Integration），与顾客做相同的生意称为向下整合（Downward Integration）或向前整合（Forward Integration）。举例而言，若将旅行社视为饭店团客业务来源，则旅行社可以视为饭店的顾客，因此旅行社插手饭店业务属于向上整合或向后整合，而饭店插手旅行社业务则属于向下整合或向前整合。

最后，业者也可以选择技术相似度较低的领域来进行多角化，也就是所谓的无关多角化（Unrelated Diversification），例如旅行社业者看到许多旅客在旅游地点拍照摄影留念因而决定兼营摄影器材销售业务，或饭店业者想要注入文化气息而在饭店一角开设艺廊等。在不涉及产品/服务种类数之下，通常将无关多角化视为多角化程度较高的选择。

既有研究显示，多角化程度与经营绩效之间形成倒 U 型的关系，相关多角化业者经营绩效最佳，单一事业与无关多角化业者的绩效都比较差[5]。这种现象固然可以用第 2 章所述的资源基础观点来解释，但确实也符合"做内行的事可以做得比较好"的基本逻辑。然而，就观光相关产业而言，目前这类的研究相当有限，且其中有研究显示：专注于核心事业的业者相对绩效优于相关与无关多角化业者[6]，因此还需要更多的研究来确认多角化程度与经营绩效之间的倒 U 型关系是否适用于观光相关产业。

随堂思考 7-1

　　中国台湾许多汽车客运业者在经营固定载客路线的同时，也兼营游览车包租业务，甚至自行开设旅行社招揽旅客。以游览车包租和旅行社业务而言，对汽车客运业者分别属于何种多角化策略？

以既有产品/服务种类来区分策略类型只是静态的描述，不足以完整地显示企业持续调整的过程，因此有必要根据业者的重大行动来提供动态的描述，图7-4呈现了相当实用的可能抉择。首先，大部分业者都会积极寻求提高营业额与利润，其手段可能只是积极促销，但也可能是开发新顾客、新产品等，其中也包括进行多角化而跨足新事业，这类积极寻求规模扩充的做法统称为成长策略（Growth Strategy）。

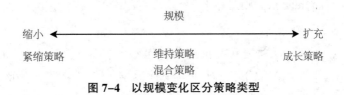

图7-4 以规模变化区分策略类型

成长策略可以根据是否推出新产品/服务和进入新市场而区分为四种可能的选择。如图7-5所示，若只是借由积极促销、增加销售据点、降低成本与售价等方式来提高营业额，不涉及新的产品/服务类别和顾客群，则称之为市场渗透（Market Penetration），意指在既有市场中让既有顾客增加购买量并且让潜在顾客成为实际购买的顾客。反之，若针对新的顾客群推出新的产品/服务类别，则是前文所述的多角化（Diversification）。若针对原有的顾客群推出新的产品/服务类别，则称为产品开发（Product Development），若将原有的产品/服务销售给新的顾客群则属于市场开发（Market Development）。这四种成长策略是最早出现在文献中的策略类型[7]，在实务上也很常见，但"产品开发"是否应与"多角化"区分则见仁见智，因为如前文所言，只要业者跨足新的产品/服务类型，就可以视为进行多角化，通常并不考虑其顾客群是否有所改变。

图7-5 成长策略的四种选择

另外，成长策略当中还有两种选择兼有市场渗透与市场开发的性质，因此并不适合纳入图7-5的分类架构。第一种是水平整合（Horizontal Integration），意指通过合并与收购（Merger & Acquisition，M&A）等方式取得同业的经营权，从而接手其产品/服务与顾客群。第二种是水平多角化（Horizontal Diversification），意指在既有产品/服务类别中寻求多样化，借以满足既有顾客"求新求变"的需求并吸引对原有产品/服务不感兴趣的新顾客。

相对的，若业者不但没有积极扩张规模，反而以各种措施来刻意缩减规模，则此时所采用的是图7-4当中的紧缩策略（Retren Chment Strategy）。业者通常并不愿意采用紧缩策略，但是在部分事业单位或分支单位表现不佳之际，"壮士断腕"可能是避免全公司受到拖累的唯一选择。实务上，紧缩策略常见的抉择包括重整、撤资、清算等。重整（Consolidation）并不是指进入破产程序后向法院提出重整申请，而是指大刀阔斧地进行各项改革，例如裁撤冗员、处分闲置资产、削减没有利润的产品线及非必要支出等，期待在"改善体质"之后能够有所表现。撤资（Divestiture）是指将事业或分支单位出售给其他人士继续经营，清算（Liquidation）则是结束事业或分支单位的营运，清理各项资产与负债并结算损益。

在成长与紧缩之间还有稳定与混合这两种策略。稳定策略（Stability Strategy）是在"步步为营、小心为上"的前提下，运用既有的功能策略来维持稳定的成长与获利，并不积极介入新产品/服务或新市场，甚至也不会在功能策略层次冒险投入大量资金以寻求更高的成长与获利。换言之，采取稳定策略的业者和采用市场渗透成长策略的业者一样着眼于既有的产品/服务与顾客群，但前者并未积极寻求扩大市场占有率。

混合策略（Combination）是同时采用成长、稳定与紧缩这三种策略当中的两种甚至全部。严格说来，多角化企业和连锁企业大致上都是采用这种策略，配合实际状况弹性因应，不断寻求新的事业机会或展店地点，绩效良好且潜力深厚的事业或分店积极追求成长，获利丰厚但发展潜力有限的事业或分店寻求稳定，而表现不佳的事业或分店则进行紧缩。

上述两种公司层次策略分类方式在实务上都很常见，但可能并未使用特定的名称，尤其是在紧缩与混合策略的部分。理由之一在于，业者所重视的是"怎么做"，而不是"怎么称呼这种做法"。

随堂思考 7-2

垦丁凯撒饭店由日本营建业者青木公司与亚细亚航空公司于1985年合资兴建，1996年以营建业起家的宏国集团认购青木公司持有的股权，成为该集团拥有的第二家饭店。若以经营规模变动来区分策略类型，则在此发展过程当中，日本青木公司和宏国集团分别采取了哪些公司层次的策略？

7.2.2 事业部层次策略的类型

就事业部层次而言，其产品/服务种类业已确定，因此高级主管的主要任务并不是决定多角化程度与方向，而是如何在既定的行业执行公司层次的策略，不论是在该行业中寻求成长、稳定还是紧缩。但以较常见的成长与稳定策略而言，事业部高级主管最基本的任务还是在于如何因应同业竞争，获取公司既定策略下的最佳绩效，因此事业部层次的策略通常称为竞争策略。

虽然还有许多争议，但目前最著名的竞争策略分类是从"谁的价钱比较漂亮"和"谁的产品/服务比较优质"这两方面来进行考虑，并辅以"全面性"与"局部性"的区别。如图 7-6 所示[8]，若尝试借由较低的价格来吸引所有可能的顾客群，则称之为成本领导（Cost Leadership），反之，若尝试借由较好的产品/服务来吸引所有可能的顾客群，则称之为差异化（Differentiation）。采用这两种策略的业者也就是社会学者在分析产业生态时所称的通才（Generalist）与专才（Specialist）。

图 7-6　竞争策略的四种选择 I

相对地，若业者只着眼于吸引特定的顾客群，而不是所有可能的顾客群，则采用的策略统称为聚焦（Focus）。然而，"聚焦"一词只能反映其顾客群方面的选择，业者还是必须决定要用价格或产品/服务的差异来吸引这些顾客，因此聚焦本身并不足以成为第三种竞争策略，必须配合究竟是强调价格或产品/服务来形成成本领导聚焦（Cost Leadership Focus）与差异化聚焦（Differentiation Focus）这两种策略。由于各行各业都可以使用这些竞争策略，因此将之统称为泛用策略（Generic Strategies）或"一般"策略。

在成本领导与差异化的选择上，传统观点认为这两者所需的资源与营运方式都大不相同，因此只能在两者之间选择其一，否则会陷入卡在中间（Stuck in the Middle）的窘境，在价格上拼不过成本领导的同业，在产品/服务上又无法与差异化的同业匹敌，结果是两头落空。然而，虽然确实有研究支持这个主张，但也有证据显示同时采纳成本领导与差异化的业者表现并不差[9]。

另一种竞争策略分类方式不考虑市场层面，直接以业者所重视的活动来区分。若业者最重视的是营运效率与成本，借由大量产销少数几种产品/服务来攻占并固守市场，则称为防御者（Defender），类似于前述的成本领导策略。反之，若业者想要以弹性与创新来不断攻占新市场，则称为探勘者（Prospector），类似于前述的差异化策略。另外，若业者想要在效率与弹性创新两者间取得平衡，同时取得一定程度的成本领导与差异化，则属于分析者（Analyzer），而缺乏特定方向，只是配合环境变迁而不断寻求调整适应，在不同时期分别扮演防御者、探勘者和分析者角色的业者则属于反应者（Reactor）[10]。图 7-7 显示了这四种竞争策略的特性。

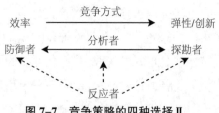

图7-7 竞争策略的四种选择 Ⅱ

管理前线 7-1

吐槽前先掂掂斤两

曾经有人用"集产业经济学之大成"来赞美 Michael E. Porter，中国台湾地区也有若干机构先后多次邀请这位"策略大师"来台演讲。虽然严格说来其论述仍有许多争议，但只要秉持着"人非圣贤"的心态，就不得不承认 Porter 在产业分析与竞争策略上为商学门徒所做出的杰出贡献。

想要在 Porter 的论述中挑毛病并不像"鸡蛋里挑骨头"那么困难，例如知名学者司徒达贤认为其聚焦策略只是特定形式的差异化，而国际知名学者 Henry Mintzberg 则进一步主张成本领导其实就是"价格差异化"，因此所有的竞争策略都属于差异化策略。另外，Porter 所述的"卡在中间"也被许多学者专家吐槽，因为确实有许多业者同时寻求差异化与降低成本，而且还干得不错。

然而，不掂掂自己的斤两就任意吐槽的人也不少。中国台湾地区一位自称受教于策略管理之父 Igor Ansoff 的学者指出，Porter 的主张已经落伍了，只能用在第二次世界大战之前，例如科学管理就是聚焦策略，如今已有全面品质管理、再造工程等竞争策略，Porter 的三种策略不但不完备，同时也未必能够协助企业取得优势。已经登堂入室的商学门徒看到这段评论一定会因为 Ansoff 会有这样的门生而为其抱屈，问题不在于 Porter 的主张是否有瑕疵，而在于"言为心声、文如其人"，任意吐槽的结果是暴露出自己不但没搞懂科学管理和聚焦策略的意义，还误把全面品质管理、再造工程等管理措施视为竞争策略！

这种竞争策略分类方式在实证研究中获得相当程度的支持，而且经常获得防御者和探勘者绩效较佳，反应者的绩效最不理想的结论，在观光产业中也获得类似的结论[11]。

在既有文献中，不论采用上述哪一种竞争策略分类方式，都把采纳同一种策略的所有同业视为同一个策略群组（Strategic Group），并主张同一个策略群组内部的业者彼此之间才是真正的竞争者。业者若想要改变其所属的策略群组，则可能面临品牌形象不符、缺乏关键能力等困难，这些困难统称为移动障碍（Mobility Barrier）。虽然这些名词的学术味道很重，但确实可以描述实务上的重要现象，例如巷口的小吃店与五星级饭店的餐饮部门属于不同的策略群组，彼此并不把对方视为"假想敌"，而想要让小吃店获得高级餐厅的评价或想要让饭店餐饮部门走上小吃店的平价路线，事实上都是困难重重。

随堂思考 7-3

下列两组业者在本书所述的两种竞争策略分类中分别是采用何种策略？

（1）平价旅馆 vs.五星级饭店。

（2）低价路线旅行社 vs.注重品牌信誉的旅行社。

7.2.3　功能层次策略的类型

就功能层次而言，其主要任务是配合事业部竞争策略所需，采取适当的策略与措施来支持竞争策略，例如在事业部采用成本领导策略之际，功能策略应该强调产销效率，积极进行扩大产销规模及其他可以有效降低成本的措施。因此，严格说来功能策略并没有"泛用"的分类方式，探讨策略的著作也经常三言两语带过，将功能别的管理措施交由其他专业著作来进行探讨。

然而，事实上反映日常营运的功能策略才是竞争策略的关键，学者专家在尝试确定个别企业或事业部的竞争策略之际，通常都是着眼于功能策略所具有的特征，例如产品/服务的价格与品质水准，是否积极发展新产品/服务等。如图 7-8 所示，必须有适当的功能策略与管理措施来产生适当的竞争优势，业者才有可能采纳成本领导或差异化的策略并获得良好的经营绩效[12]。

简言之，不论决定要用价格还是产品/服务来跟同业竞争，都必须有适当的功能策略来配合实现，否则只是高级主管所提出的口号甚至发出的梦呓，完全不能反映在实际的竞争策略上。由于功能策略与措施为数众多，图 7-9 只列出部分范例供参考，例如采用成本领导策略时通常必须选择作业流程研发、低价位与密集配销等功能策略，而采用差异化策略时通常必须选择产品/服务研发、高价位与选择性配销等功能策略。

7.2.4　其他重要管理措施

将策略区分为公司、事业部和功能层次固然有助于理解，但用来解释实务运作时可能会面临困难，因为有些管理措施很难用组织层级来加以归类。本小节将介绍其中四种层级不明的管理措施，包括委外、策略联盟、加盟与全面品质管理。

委外或外包（Outsourcing）是指组织将某些经营活动交由其他业者处理，并以"采

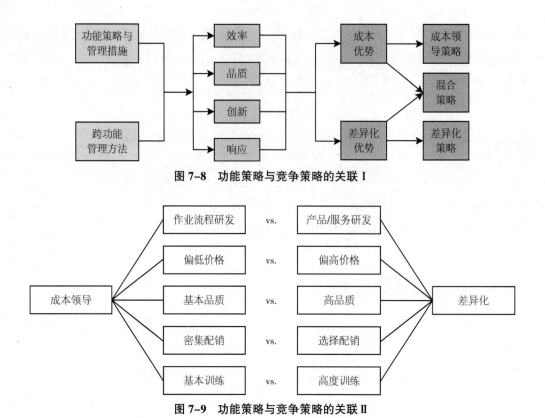

图 7-8　功能策略与竞争策略的关联 I

图 7-9　功能策略与竞争策略的关联 II

购"的形式向这些业者取得所需的产品或服务，例如大型旅馆不再自行清洗床单床罩等物品，转而委托专业的洗衣店提供清洗服务。委外在企业界很常见，例如中小企业在记账与报税等方面经常交给记账或报税代理人处理。然而，记账与报税等活动的委外通常是基于规模经济的考量，但目前许多产业的委外都是进行产业分工（Disintegration）的结果，由不同的业者分别负责产销流程的不同环节，让各个业者比较能够获得规模经济与专业分工的利益，从而兼收降低成本与提升品质的功效。

业者在进行产业分工的同时，也积极地进行策略联盟（Strategic Alliance），也就是建立各种形式的长期合作关系，借由同业与异业之间合作以解决规模经济不足、成本过高、揽客不易等问题，进而提升经营绩效。在观光领域最知名的策略联盟案例是由联合航空（United Airline）等五家航空业者所成立，其后有多家航空公司相继加入的星空联盟（Star Alliance），而后则有其他业者所建立的寰宇一家（One World Alliance）和天合联盟（Sky Team）等类似的合作协议，知名案例之一是由长荣桂冠、国宾等十家国际观光饭店加上一家租车业者共同成立的"菁钻酒店联盟"。

加盟（Franchising）可以视为特定形式的委外或策略联盟，通常是运用在增设分支据点上，因此视为营销领域的"渠道"策略亦无不可，但通常都将之视为公司的重大策略选择。一般而言，加盟总部（Franchiser）会授权加盟商（Franchisee）使用其品牌，并提供教育训练，统一实施各项经营管理措施，甚至包含集中进货、广告支持等事项，而加盟商则必须自行准备必要设施与营运资金，遵守加盟总部的各项规定，并定期缴交约定的加盟费。这种安排可以让加盟总部无须在拓展据点上投入大量资金，经营风险也大幅降低，而加盟商则可以顺利取得品牌、管理技术乃至集中进货与广告所衍生的各种效益。采用加盟制度后自然会产生许多挂着相同品牌的分店，因此统称为连锁店（Chain Stores）。整体而言，餐饮业是最常实施加盟制度的产业之一，例如麦当劳的分店有不少是加盟店，每年的加盟金收入达 70 亿美元。

相对于委外、策略联盟和加盟强调借由"对外关系"来改善营运，全面品质管理（Total Quality Management，TQM）则是借由各种可能的内部改善途径来提升绩效。目前对于 TQM 的内涵并没有共识，其范围经常包括了决策那一章所述的因果分析、脑力激荡、标杆学习等，但以采用 TQM 观点来评分的美国国家品质奖（Malcolm Baldrige National Quality Award，MBNQA）而言，其考虑层面包括领导、策略规划、顾客与市场聚焦、人力资源聚焦、流程管理、测量分析与知识管理等[13]，因此理应视为跨越功能领域和组织层级的综合性管理措施。

不论是委外、策略联盟或全面品质管理，目前实际上都已经发展出许多复杂的观念与分析方法，其中全面品质管理早已成为商学科系常见课程，委外和策略联盟则经常视为策略管理课程的重要议题。

随堂思考 7–4

以下是观光产业常见的两种经营问题，试分别针对功能策略、委外与策略联盟等方向探讨可能的对策。

（1）旅馆客房经常面临"假日大爆满，平时养蚊子"的局面。

（2）旅行社经常到了预定出团日期但参团的旅客还是"小猫两三只"。

7.3 策略管理流程

第 7.2 节说明了策略规划过程中常见的"替代方案"，本节将回到策略规划的整个过程，针对学者专家所提出的两种主张略做探讨。

7.3.1 策略配适度观点

第一种主张的观点在于，企业或其他组织都必须配合内部与外界的环境，通过审慎的分析来发展出最适当的经营目标与行动计划，并借由落实执行来创造良好的经营绩效。这种主张获得最多学者专家的支持，由于其过程强调环境与策略的配合，因此属于策略配过度（Strategic Fit）观点，又由于其过程涉及审慎的分析规划，因此也称为策略的设计学派（Design School）。

图 7-10 显示了策略配适度观点下典型的策略规划过程。首先要分析内部与外界的环境因素，在一般与任务环境中找出适当运用之下可能有助于组织成长茁壮的机会（Opportunities），以及可能不利于组织未来生存发展的威力（Threats）。同时也必须通过内部环境分析以及和同业的比较，确认组织是否拥有优于同业而且可能有助于提升经营绩效的长处（Strengths），以及不如同业而且可能不利于经营绩效的弱点（Weaknesses）。这个步骤通常引用长处、弱点、机会与威胁的英文前缀而简称为 SWOT 分析（SWOT Analysis）。

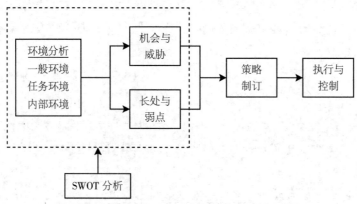

图 7-10　策略配过度观点下的策略规划流程

在确认了长处、弱点、机会与威胁之后，下一步就是据以制订策略，其中包括如何运用自己的长处与外界的机会，如何消除自己的弱点和因应外界的威胁，以及整体而言长期与短期目标应该设定何种水准等。举例而言，旅行业者若确认自己的长处在于能够了解并响应消费者的需求，那么制订策略之际可能应该考虑要如何善用这个长处来开发新游程，而在确认消费者普遍接受精致旅游机会之后，则可能应该考虑开发定点旅游的产品线。

在 SWOT 分析中还有一个经常受到忽略的配适度议题。在许多行业中，各种外界环境因素以及组织的各种资源与能力所能发挥的力量并不相等，例如对平价餐饮业者而言，国民所得提高并没有民众外食习惯来得重要，而外场员工素质并没有地点、价格、口味等因素来得重要。因此，策略规划流程当中必须考虑想要在该行业中获得成功所必须具备的条件，以及组织所拥有并且有别于其他同业的资源与能力，前者称为关键成功因素（Key/Critical Success Factor），后者称为核心能力（Core Competence）或独特专长（Distinctive Competence）。

举例而言，"财力雄厚"是可能的长处之一，但除非同业之间产品/服务的同构型过高，陷入恶性竞争而必须"比谁的气比较长"，否则财力雄厚通常并不是该行业的关键成功因素，拥有此一核心能力或独特专长对于提升经营绩效的助益相当有限。因此，在SWOT分析当中还必须考虑该行业的关键成功因素与组织的核心能力是否能够配合，否则再多的机会与长处都无助于提升经营绩效。

7.3.2 策略企图心观点

第二种主张不是从环境分析开始着手，而是以组织使命或愿景这类的长期目标为依据，回过头来检讨组织的现况，在其中找出想要达成目标的话还欠缺哪些资源与能力，然后据以制订策略。这种观点是从组织想要达成的长远目标来着手，因此可以称为策略企图心（Strategic Intent）观点。

图7-11显示了策略企图心观点之下的策略规划过程[14]。首先是对组织的现况与愿景或长期经营目标进行比较，了解两者之间的差距，然后评估达成愿景或长期经营目标所需的资源与能力，以及组织目前所拥有的资源与能力，借以了解组织还需要取得或培养哪些新的资源与能力。最后是根据这些分析评估结果，分别制订建立新能力的策略和应用现有能力的策略，并付诸实施。

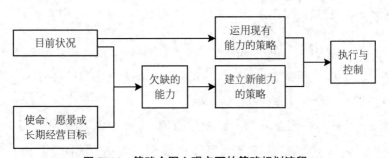

图7-11　策略企图心观点下的策略规划流程

策略企图心观点显示出策略制订是一个朝着既定方向持续调整的过程，而不是策略配适度观点所强调的内外环境配合。就实务而言，许多大型企业的策略规划部门确实按照策略配适度观点来制订策略，但真正的关键性决策往往是由策略企图心观点来主导。举例而言，中国台湾的宏碁集团在创业初期就面对着国际计算机大厂的竞争，严格说来根本毫无优势可言，若采纳策略配适度观点则可能应该放弃，但该集团即使曾经被迫向政府求援，仍持之以恒朝向全球个人计算机大厂的目标迈进，如今在市场占有率上已经是全球个人计算机的二龙头。

事实上，大部分企业在创立初期都缺乏足以与竞争者匹敌的长处，因此在策略配适度观点之下可能会获得"根本不应该进入这个市场"的结论。然而，许多新业者都是持续采纳边做边学（Learn by Doing）的方式，逐步消除本身的弱点并建立本身的长处，日复一日的寻求改善并逼近其长期目标。因此，若将观察时间延长数十年，则策略企图心观点通常比较能够描述成功企业的策略规划流程。

上述两种策略制订过程中，策略配适度观点可以视为"规范性"的主张，说明了"应该如何"制订策略，策略企图心观点则可以视为"描述性"的主张；说明了"实际上如何"制订策略。了解了这两种观点之后，对于策略制订过程才能够产生完整的认识。

随堂思考 7-5

嘉年华邮轮公司（Carnival Corporation & Plc.）1972年成立之际，全公司只有一艘改装的中古轮船，但创办人的梦想是让一般人也能享受以前富豪专属的度假经验，如今该公司拥有20余艘新颖的邮轮，是世界上最大、最成功的邮轮公司，乘客遍及达官贵人与升斗小民。以策略制订过程而言，该公司可能比较接近于策略配适度或策略企图心观点？为什么？

管理前线 7-2

大师与学徒的差别

管理大师与管理学徒"平平拢是郎"，他们的主要差别之一在于能否了解某种管理知识的界限，在几乎业已盖棺论定的管理知识中察觉到可能的疑义，并逐步构建出能够处理该项疑义的新理论架构。

策略领域的 SWOT 分析得到广泛应用已有50年，大部分管理学徒视之有如"神谕"，不敢稍有质疑，目前国内还经常看到硕士班学生用来当毕业论文。然而，策略大师 C. K. Prahalad 坦白指出，相对于 Apple、IBM 和 Compaq 等美国计算机大厂，台湾地区的宏碁集团只是在业已拥挤的市场中较晚进入且缺乏优势的厂商，但最后却能够顺利立足而成为主要厂商之一，这类的例子都违反了既有的"好理论"，成为强大学术典范可能缺陷的微弱信号[15]。绝大部分的管理学徒都熟悉宏碁集团的例子，但典型的反应是将之视为少数特例，也就是任何理论都应该容许存在的"些许误差"，并不会因此认为以 SWOT 分析为主轴的策略思维值得商榷，即使在"策略企图心"一词已经相当普及的现在，许多学者专家仍然认为 SWOT 分析是策略制订过程唯一的典范。

这种因循保守的思维确使大师只是少数中的少数，但也显示想要用金钱或名位来"打造出管理大师"是不可能之举。当然，Prahalad 的大师地位或多或少来自于美国名校的光环，换成中国的学者提出策略企图心或其他违反既有典范的观点，很可能在国内的学术审查机制中老早就"被干掉"了。

7.4　策略规划工具

本节还是要介绍管理者可以运用的部分方法或工具。同样的，由于可能的选择相当多，本节只能斟酌其知名度与重要性选择一小部分。

7.4.1　SWOT 分析

第 7.3 节已经指出，采用策略配适度观点来制订策略时，必须针对一般、任务与内部环境进行 SWOT 分析，借以找出组织所面对的各种机会与威胁，以及相对于竞争者的长处与弱点。这个分析过程涉及环境扫描中所搜集的各项信息，因此并不适合在篇幅受到限制的教科书中详细举例说明，但我们还是可以借由实际案例来了解 SWOT 分析的基本精神与做法。

表 7-1 是企业信息厂商 Datamonitor 在 2009 年初针对 Marriott 旅馆集团所做的 SWOT 分析结果[16]，其中长处的部分包括消费者很容易就会想到该品牌，拥有许多不同类型的饭店而可以满足不同的顾客群，以及平均房价持续上扬等，而弱点则只有债务负担过于沉重。这四点都属于内部因素，但严格说来平均房价持续上扬可能是反映其品牌强势与产业供需，属于结果而非原因，将之视为长处难免有所争议。

表 7-1　Marriott 旅馆集团的 SWOT 分析

长　处	弱　点
高品牌回想	债务负担沉重
饭店类型多样化	
平均房价持续上扬	
机　会	威　胁
扩充至中国与印度	观光产业成长趋缓
与著名儿童品牌合资成立家庭式度假中心	恐怖分子攻击
在墨西哥与比利时成立新饭店	美国经济成长趋缓

在威胁方面有一般环境中的美国经济成长趋缓和恐怖分子的攻击，以及任务环境中的观光业成长趋缓，但包括扩展国外据点和合资成立家庭式度假中心等，严格说来都是该集团运用机会的策略性行动，属于结果而非原因，并不适合将之视为机会。比较合理的机会可能是"中国经济快速发展，对高品质饭店需求迫切"，以及"著名儿童品牌业者想借由合资方式进军度假中心产业"等。

整体而言，上述范例明确地显示出 SWOT 分析应该考虑一般、任务与内部环境层面，但同时也显示出即使是经验丰富的实务界人士，在掌握 SWOT 分析的基本精神与具体做法上还会出现明显的缺陷。

随堂思考 7-6

某旅行社进行 SWOT 分析的结果显示，"与饭店及航空公司关系良好"是该公司的长处之一，而"不擅长低价团，无法与同业竞争"则是该公司的弱点之一。试问这些分析结论是否值得参考？

7.4.2 事业组合规划

SWOT 分析的内容倾向于主观与抽象，但并非所有的策略分析方法都是如此。将所有的事业单位纳入同一张图，分别根据其产业吸引力和相对强弱势来标示其位置，然后分别评估各事业单位应该采纳何种策略的事业组合规划（Business Portfolio Planning），就是一种相当明确而客观的分析方法。这种分析方法有许多不同的版本，但其中以 Boston Consulting Group 所提出的 BCG 模式（BCG model），以及 McKinsey 管理顾问公司为 General Electrics 所发展完成的 GE 模式（GE model）最为著名。

事业组合规划图的横轴都是相对强弱势（Relative Strength/Weakness），也就是相对于同业之下，该事业单位的实际表现究竟是强是弱，横轴则是市场吸引力（Market Attractiveness），也就是该事业单位所处的产业是否有利可图。在 BCG 模式中用相对市场占有率来衡量相对强弱势，计算方法是将该事业单位的市场占有率除以最大竞争者的市场占有率，其值大于 1 代表具有相对强势，反之则属相对弱势。市场吸引力则是用整个产业的销售量或营业收入的成长率来衡量，通常以年成长 10% 以上为富有吸引力，低于 10% 则属于不具吸引力的产业。

如图 7-12 所示，市场成长率和相对市场占有率都比较高的事业单位称为明星（Star），应该采用成长策略而持续投入资源，寻求进一步扩张市场占有率。相对市场占有率高但市场成长率有限的事业单位称为金牛（Cash Cow），意指能够为公司提供各项营运所需的资金，应该采用维持策略来确保资金的供应。相对市场占有率低但市场成长率高的事业单位

称为问号 （Question Mark），因为很难决定应该持续投入资源使之成为明星，或者应该采取观望的态度而维持甚至减少投入资源。最后，市场成长率和相对市场占有率都偏低的事业单位称为狗 （Dog），应该采用紧缩策略而减少投入资源，甚至撤资。

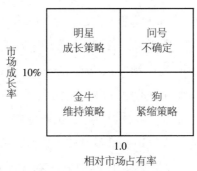

图 7–12　BCG 模式简图

当然，随着产业成长趋缓，原来的"明星"会变成"金牛"，而随着时间过去，"问号"会变成"明星"、"金牛"或"狗"也会日趋明朗。但无论如何，BCG 模式的基本精神就是了解各事业单位的现况与展望，借以决定适当的策略，并借由事业单位在公司内所扮演的角色，决定是否要积极寻求未来的明星与金牛。

相对的，GE 模式的内容比较复杂，其市场吸引力层面同时考虑了市场规模、竞争强度、成长、获利等因素，而相对强弱势则同时考虑了相对市场占有率、企业与品牌形象、事业单位的专长或能力等因素，针对每项因素分别给予 1~5 分的评价，再根据各项因素的相对重要性计算加权平均数。如图 7–13 所示，将各个事业单位分别纳入九个不同的区块内，然后根据各区块的特性来决定应该采用成长、维持或紧缩策略。

事业组合规划模式一度颇受业界欢迎，但实际应用上有许多限制，例如在国内有许多行业都欠缺完整的统计资料，无法取得企业规模与获利、成长等资料，从而无法进行事业组合规划分析。然而，就观念层面而言，这类模式最大的缺陷可能在于，大部分业者都属于市场成长率和相对市场占有率都偏低的"狗"，固然可以采取紧缩策略，但试问应该采取成长与维持策略的"明星"与"金牛"要从何而来？

图 7–13　GE 模式简图

7.4.3 价值链分析

相对于 SWOT 分析和事业组合规划模式的着眼于"全局"，价值链分析（Value Chain Analysis）则是将企业的经营管理活动"拆解"成许多彼此连接的价值创造活动，例如设计生产、营销等，然后在其中发掘出降低成本或提升差异化的方法。这种分析方式在生产/作业领域已有多年历史，借由省略、调整某些活动来降低生产成本，称之为价值分析（Value Analysis），并衍生出及时生产制度（Just-in-time，JIT）这种重大的改善，由供货商在指定时间将指定数量的原物料或零组件直接送到生产线上，省略了传统采购程序中必定会出现的收料、入库、领料流程，从而明显降低生产成本。

价值链分析与著名的再造工程（Reengineering）类似，都可以视为是将价值分析的应用从功能层次提升到事业部或公司层次，借以降低成本或提升差异化。图 7-14 为一般性的价值链分析架构。

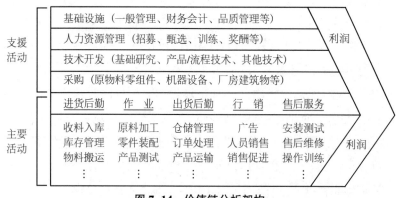

图 7-14 价值链分析架构

图 7-14 看起来相当复杂，但其基本流程可以简化为三个步骤：

第一步，针对事业单位及其竞争者，用价值链分析架构详细地列出各项管理活动。

第二步，分析各项活动之间的关联，并思考能否以其他方式进行连接。

第三步，比较彼此的价值链以了解目前的竞争态势，并尝试借由重组价值链来建立竞争优势。

在区分价值链活动之际可以运用下列三个原则：①该项活动可以产生独特的经济效益；②该项活动可能是重要的差异化来源；③该项活动属于重大或日渐重要的成本支出。在尝试重组价值链之际则必须思考该项调整对于效率、品质、创新与顾客响应等竞争优势来源有何影响，若无法在这些方面获得改善则应该寻找其他的重组方式。

课后练习

复习题

（1）何谓策略？企业的策略可能具有哪些功能？

（2）意图的、蓄意的、实现的、未实现的和突发的策略分别如何定义？彼此间有何关系？

（3）若根据所属组织层级来区分，企业有哪些不同层次的策略？

（4）若根据多角化程度来区分，企业有哪些可能的策略？

（5）若根据规模变化来区分，企业有哪些可能的策略？

（6）若根据如何与同业竞争来区分，企业有哪些可能的策略？

（7）企业的竞争策略与功能策略之间有何关联？

（8）委外、策略联盟、全面品质管理等措施的主要内容分别是什么？

（9）试说明策略配适度观点下的策略规划流程。

（10）试说明策略企图心观点下的策略规划流程。

（11）试说明SWOT分析的主要内容与用途。

（12）试说明事业组合规划的主要内容、用途及两种最著名的模式。

（13）试说明价值链分析下的主要内容与用途。

应用题

（1）以下三个案例中，业者分别采用何种成长策略：①国宾饭店在台北总公司之外另行增设了新竹与高雄分公司；②山富旅行社成立游览车部门；③王品餐饮集团在牛排店之外成立了"聚"和"原烧"，进攻火锅和烧肉版图。

（2）同属"澎湖3日游"，请根据下列两家业者的行程资料推断其可能的竞争策略：①灿星旅游网提供9种行程，团费3999~11500元；②凤凰旅行社提供7种行程，团费7300~11500元。

（3）根据您对台湾地区观光产业的了解，分别就可能的机会与潜在的威胁各列出两项因素，并推断业者可能应该如何因应。

（4）若您服务的公司在SWOT分析中认为，"员工向心力强"与"品牌形象佳"都是重要的长处，但您对这两点有所怀疑，试问可能应该使用哪些方法来进行确认？

（5）试运用价值分析与价值链分析解释下列两种管理措施：①亚都丽致饭店和Ritz-Carlton饭店一样，都要求与顾客接触的员工能够辨识出顾客的身份；②许多旅行业者都不定期聘用兼职的导游与领队来服务旅客，这些兼职导游与领队也可能被竞争对手所雇用。

85 度 C 的现代传奇

平价咖啡在中国台湾并不是新点子，"35 元一杯"的咖啡业已问世多年。咖啡店连锁经营也不是新业态，推出"35 元一杯"的咖啡业者都尝试运用连锁经营来产生规模经济。咖啡店卖西点蛋糕更毫无创意可言，任何提供咖啡的五星级饭店都有这项服务。在业者前仆后继，西雅图、伊是、星巴克、麦当劳等群雄环伺，"前有狼后有虎"的中国台湾咖啡店市场中，85 度 C 就靠着这些"前人的点子"，在短

85 度 C 已将触角延伸到海外市场，全球总店数超过 400 家，年营收超过 30 亿元新台币。（照片由联合报系提供）

短几年内打造出年营收数十亿元新台币的美好江山，称之为现代商场传奇应不为过。

85 度 C 创业构想的产生过程很平凡。创办人事实上曾在许多事业中铩羽，但某日与旗下干部在饭店喝咖啡喝下午茶之际，觉得该饭店所提供的蛋糕很好吃，但价格却不是一般人所能负担的，于是想到如果能够以一般人所能接受的价格吃到这么美味的蛋糕，那么对消费者应该很有吸引力，而业者在薄利多销之下也应该很有赚头。这类构想经常在许多人的脑海中闪过，但 85 度 C 创办人与众不同之处就在于能够马上付诸实行。

如果要用一句话来形容 85 度 C 的策略抉择，那么最合适的或许是"五星级的便利咖啡店"。由于强调便利，开店地点都选在马路边，没有幽雅宁静的空间，同时也不必太在意店面装潢是否豪华舒适，服务人员是否体面周到。但由于是五星级，在咖啡等饮料和西点蛋糕上就不能马虎，务求让顾客觉得物超所值。

事实上，该公司宣称其五星级的措施包括下列几点：

（1）五星级咖啡：精心挑选获得许多五星级饭店都采用的安提瓜火山咖啡。

（2）五星级蛋糕：礼聘五星级饭店主厨率领五星级团队负责蛋糕西点研发制作。

（3）五星级烘焙：礼聘五星级饭店主厨率领五星级团队制作面包。

（4）五星级服务：24 小时全天候服务。

显然，前三项都是比照五星级饭店，但最后一项则是比照 7-Eleven 等便利商店，并未强调 85 度 C 的设施与人员服务都可以让顾客享受到五星级的待遇。

"咖啡好喝，蛋糕好吃"是一回事，要让成本降下来是另外一回事，做不到后者的话，该公司"高品质商品、平价化价格"的经营模式也就破功，不可能带来利润。

除了不需要宽广的空间、豪华的装潢以及大量的现场服务人员之外，最重要的还是借由积极展店来"冲量"，让每一位顾客所分摊的研发与制作团队成本能够迅速下降到无关痛痒的水准。

为了迅速拓展营运据点，该公司在正式将品牌命名为 85 度 C 并开设第一家直营店之后，仅隔数个月就宣布开放加盟。虽然加盟商必须自备 300 万~400 万元的资金，但一年左右回本的诉求确实相当吸引人，而该公司的直营店也证明确实具有一年回本的实力。事实证明这个选择非常正确，两年后，85 度 C 台湾地区总店数超过 200 家，年营收逾 20 亿元新台币，并超越星巴克而成为全台最大的咖啡蛋糕连锁领导品牌。

目前 85 度 C 已将触角伸到国际，全球总店数已经超过 400 家，年营收超过 30 亿元新台币。很难想象，从第一家直营店到全球超过 400 家分店，前后还不到五年的时间，而背后的创业构想居然只是简单的"货真价实"加上"薄利多销"。

讨论问题

（1）这些年来 85 度 C 显然持续采用成长策略，您判断该公司选择的是哪种成长策略？

（2）以竞争策略分类而言，85 度 C 所采用的是哪种竞争策略？

（3）85 度 C 如何运用适当功能策略来配合其竞争策略？

（4）以个案资料而言，您觉得 85 度 C 所采用的是策略配适度还是策略企图心观点下的策略规划流程？

（5）根据您对中国台湾咖啡市场的了解，为 85 度 C 进行 SWOT 分析并提出可能的策略选择。

8 组织

反恐特警组

在电影《反恐特警组》(S. W. A. T.) 中，男主角所属的小队事实上可以说是"杂牌军"，小队长并不是在通过特警训练的新人当中挑选队员，而是根据当事人过去的经历，在既有队员以及曾经申请加入特警的一般警员当中挑选，希望每位队员既能独当一面又能团队合作，其中一位甚至只看过没有照片的书面资料，到现场才发现居然是一位能够在受到彪形大汉袭击时将之狠狠修理一顿的娇小悍妞。男主角本身因故遭到上级冷冻，因此在该小队长找上门时犹豫不决，担心那位上司作梗，结果该小队长大声咆哮着说：那个官僚交给我来对付，你只要决定想不想加入就成了！

组织是由许多人所共同组成，从个人到小团体再到部门与整个组织，必须有某些机制在其中发挥凝聚彼此并协调运作的功能，否则无异于一盘散沙。在小型而简单的组织中，这些让不同的人群策群力的机制有可能只是共同的目标，但是在职场生活常见的复杂组织当中，"一起打拼赚钱"这类的共同目标只能发挥些许功能，关键还是在于如何建立分工合作所需的分工与指挥协调机制，而在管理学中，这些分工与指挥协调机制也就是组织设计的基本原则。

本章将介绍管理程序中有关组织部分的重要观念与原则，包括组织的分化与整合、个别职务的设计以及组织结构的形成等。这些议题普遍枯燥乏味，并不受一般读者的欢迎，因此很少见诸报纸杂志，但企业或其他组织之所以不会变成一团散沙，就是因为有这些观念与原则所形成的机制存在。

8.1　组织设计原则

无论如何，组织设计都脱离不了分化（Differentiation）与整合（Integration）这两个层面，前者是指如何将整个组织区分为不同的单元，并逐层区分到个别员工为止，后者是指如何将组织内不同的单元加以连接，彼此协调配合以共同达成组织的目标。换言之，组织设计所要考虑的就是"如何分工合作"，这也正是本节所要讨论的议题。

8.1.1　专业分工

从人类决定群居开始，区分彼此的工作已经是生活常识，目前在某些非洲原始部落中，还保留着男性负责打猎，女性负责采集食用动植物的传统。然而，管理学中之所以会主张各种组织都应该采纳分工（Division of Work）原则，由不同的人负责不同的工作，主要还是受到亚当·斯密的《国富论》一书所影响。这本书以制作大头针为例，说明了分工可以大幅提高工作效率，让每位工人的平均产量提高到十倍甚至百倍以上。

目前较具规模的组织普遍都把分工原则从生产线扩充到整个组织，因此，即使是在同一个部门任职的员工，其工作内容也经常有所差别。如图 8-1 所示，整体而言组织内部的分工可以用下列五个类别来涵括[1]：

图 8-1　组织的基本成分

（1）营运核心（Operating Core）：直接负责将投入转化成产出并提供给顾客的员工，主要是指生产线的作业员与直接面对顾客的业务员。

（2）策略层峰（Strategic Apex）：决定组织方向并为成败负责的高级主管，其中也包括董事会成员。

（3）中间直线（Middle Line）：营运核心与策略层峰之间负责承上启下的中级干部。

（4）技术结构（Technostructure）：提供建议指导但不负责实际工作的专业人员，例如工业工程人员、策略规划人员等。

（5）支持幕僚（Support Staff）：从事某些专业活动以支持组织营运的员工，例如会计人员、法务人员等。

将组织成员区分为这五大类有助于了解分工的基本原则。整体而言，组织必须把投入转化成产出并提供给顾客这部分属于营运核心的职责，但产出与顾客群的选定则是策略层峰的权责范围，而在少数高层人员无法顾及每一位基层员工之下，中间直线也有存在的必要。因此，营运核心、策略层峰与中间直线这三个部分对任何组织都是不可或缺的，而在组织设计上统称为直线（Line）。技术结构与支持幕僚这两个部分统称为幕僚（Staff），可以视组织需要弹性调整，在强调人员精简的组织中其总人数可能相当有限，但是在经常忽视效率的政府机关中则可能膨胀到接近甚至超过营运核心的程度。

一般认为直线与幕僚的观念是来自于军队，但不论其来源为何，这两者已经是管理者必备的基本常识，而幕僚群的多寡也经常成为组织效率的指针，例如在《追求卓越》一书中就指出，卓越的企业通常都是人员精简，幕僚比重低的企业。

因此，虽然有人批评直线与幕僚的划分早已落伍，但这种评论并不符合现实状况，而且略具企业常识的人都想象得到，要会计人员兼任生产线作业员，或者要研发人员兼任第一线的业务员，结果将是什么样子。

更详细的专业分工将会显示在部门划分及职务设计等议题上，本章稍后会逐一探讨。

随堂思考 8-1

凤凰旅行社在总经理之下划分为下列几个单位：①旅游作业处，负责处理机位、订房、交通等旅游相关事项；②营业处，负责处理旅游业务的销售事项；③信息财务处，负责处理会计、信息、总务等事宜；④企划室，负责处理广告企划、文宣设计等事项。试指出哪些单位属于营运核心、策略层峰、中间直线、技术结构与支持幕僚。

8.1.2 职权与职责

专业分工意味着每位员工都必须负责处理某些特定的事务，这些应由同一位员工负责处理的各项事务统称为职务（Jobs），只不过一般习惯上经常称之为"工作"，例如我们通常是说"找工作"而不是"找职务"。负责特定职务的员工必须处理其职务范围内的各项事务，除非情况特殊，否则不能要求负责其他职务的员工代为处理，而即使由其他员工代为处理，该员工还是必须为其处理结果负责，这也就是所谓的职责（Duty）。相对的，为了让员工能够顺利处理其职务范围内的各项事务，也必须让员工拥有动用某些资源的权力，这些权力也就是该员工所拥有的职权（Authority）。

在组织设计上，"权责相符"是必要的原则之一。虽然确实有许多"缺乏管理概念"的高级主管会违反这项原则，但严格说来组织无权要求员工在缺乏必要资源的情况下顺利完成任务，套句俗话就是不能"又要马儿跑，又要马儿不吃草"。相反的，组织也不应该纵容任何员工享受"有权无责"的待遇，否则很可能陷入政治学上的名言：权力使人腐化，绝对的权力使人绝对的腐化。

实际上，职权与职责并不是一句"负责处理销售事宜"这类简单语句所能涵盖的。在职权方面，通常会涉及对部属的任免与奖惩、对机器设备的购买与使用、对信息的存取与创造以及对资金的规划与运用等层面。图 8-2 显示了职权所涉及的各种层面，以及可能的完整程度。当然，既然要求"权责相符"，在这些层面上也有相对的责任，例如在部属失职、设施损坏、资金运用不当等情况下应该担负何种责任等。

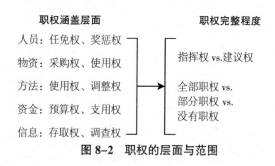

图 8-2　职权的层面与范围

图 8-2 右侧的职权完整程度包含两个议题。其一，直线与幕僚的职权通常有所不同，属于直线的管理者拥有指挥权（Commanding Authority），可以在职权范围内直接动用各项资源，而幕僚人员则拥有建议权（Advisory Authority），可以对直线人员提出参考性或强制性的建议。其中所谓的强制性建议属于功能性职权（Functional Authority），高级主管将相关事务的指挥权移交给幕僚单位，后者就其专业领域对直线人员提出必须服从的强制性建议，例如外场服务人员必须拥有高中职或以上的学历，促销活动预算必须于前一年度编列等。

其二，个别组织成员可能在特定层面上拥有全部职权或部分职权，但也可能没有职权。全部职权（Complete Authority）是指可以自行决定动用该项资源，无须向上级请示。部分职权（Limited Authority）是指可以自行决定动用该项资源，但必须于事后向上级报备。没有职权（No Authority）则是不能自行做主，必须向上级请示，获得核准后才可以动用该项资源[2]。举例而言，店经理可能有权决定雇用基层新进人员，只需要在事后向上呈报，但领班级人员必须先行获得区经理的同意，则此时店经理对于雇用基层新进人员拥有部分职权，但对于雇用领班级人员则没有职权。

职权的观念还衍生了授权、集权、分权等议题。首先，各级主管可以针对特定事务而将自己的职权转交给部属，让部属可以自行决定要如何处理。这种做法称为授权（Delegation），可以让主管拨出部分时间来处理其他重要的事务，因此是时间管理上经常采用的手段。但除了节省管理者的时间之外，授权也具有训练与激励部属的效果。一般而言，管理者愈倾向于事必躬亲，部属的能力愈不受管理者信任，该项事务的重要性愈高，则管理者愈不可能进行授权。

其次，若各级人员对于各项事务都没有职权，全部都必须由最高主管甚至更上层的董事会、理事会决定，则该组织的权力集中在高层，集权化（Centralization）程度高，属于集权式组织（Centralized Organization）。反之各级人员对于各项事务都拥有全部或部分职权，不需要事先请示最高主管甚至更上层的董事会、理事会，则该组织的权力分散在各阶层，分权化（Decentralization）的程度高，可以视为分权式组织（Decentralized Organization）。

最后，一般认为，集权式组织在公文往返等事项上耗费大量的时间，因此很可能效率不彰。另一个反对集权化的理由在于，集权可能让员工产生反感，从而比较不愿意尽心尽力地为组织效命。

8.1.3 部门化

采纳专业分工而形成许多不同的职务之际，还必须将性质比较接近的职务纳入某个群体或团队，并设置一位主管，以利指挥与协调，性质相近的团队再纳入较大的团队，逐级向上一直到纳入整个组织为止，这个过程称为部门化（Departmentalization）。部门化的结果是在组织内形成许多不同的单位，包括最基层的班、组、课，中层的部、室、处等。

一般而言，实务上最常见的部门化方式是根据该职务所属的功能领域来进行，例如负责直接向顾客销售产品/服务的职务全部纳入业务部或营业部，而所有负责账务处理工作的职务都划归会计室。然而，实务上也经常出现其他的部门化方式，例如用所负责的地区或产品/服务来划分。表 8-1 列示了常见的部门化方式及其说明与范例。当然，组织也可以交互运用这些部门化方式，例如先将负责相同产品/服务的职务视为一体，再按照所属功能领域划分。

表 8-1　常见的部门化方式

划分方式	说明与范例
功能	按照各职务所属的功能领域来进行划分，例如旅馆的业务、会计、总务等部门
产品	按照各职务所负责的产品/服务来进行划分，例如旅馆的房务、餐饮、礼品等部门
顾客	按照各职务所负责的顾客类型来进行划分，例如餐饮服务区分为一般餐饮与宴会餐饮两部门
地区	按照各职务所负责的地区来进行划分，例如旅行社的欧美线、亚洲线、国内线等部门
流程	按照各职务所负责的作业流程来进行划分，例如旅馆的客房清洁、洗衣等部门
时间	按照各职务所负责的时间范围来进行划分，例如旅馆服务人员的日班与夜班

部门化是职场生活的常态，除了部分高级主管之外，所有的职务都归属于某个部门，并且还可以划分层级，例如"高雄分馆房务部订房组"或"亚太线作业部领队组"等。然而，近年来有许多学者专家主张打破部门化的藩篱，以同时纳入多种职务的跨功能团队（Cross-functional Team）或多功能团队（Multi-functional Team）来取代，并泛称为工作团队（Work Teams）。这种主张背后的理由通常都是借以达成提高员工之间的凝聚力，弹性因应环境变迁等目的，但是在"命名"上显然违反了实务上的习惯，因为所有的业界人士都会同意，不论是否同时纳入多种职务，每个基层单位都是一个小工作团队，而整个组织则是一个涵盖所有员工的大工作团队。

整体而言，上述跨功能工作团队的观念只用于特定领域，例如将原先按照作业流程分工而划归不同部门的职务集中，成为许多个能够执行全部作业流程的小单位，如图8-3所示。任何人都可以发现，若整个组织都运用这种观念，则必定是群龙无首，每个小单位固然可以产生自己的领导者，但整个组织只是从"一盘散沙"变成"一堆石头"，只有单位内部的合作而没有单位之间的合作。事实上，实务界早就已经把跨功能工作团队的观念应用在特定领域，例如各种常设性、用以处理策略、预算等重大事项的委员会（Committee），以及临时针对特定问题而成立，达成目的后就解散的任务编组（Task Force）。因此，本书并未另辟章节来解释有关跨功能工作团队的各种观念与可能的措施。

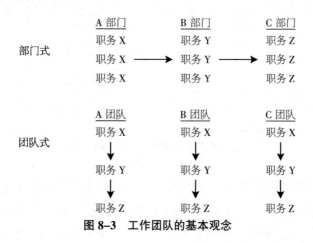

图8-3 工作团队的基本观念

8.1.4 垂直关系

划分职务与部门之后还必须用到垂直与水平关系来加以连接，一方面建立呈报与指挥体系，另一方面建构协调机制，否则无法达到分工合作的目标。在垂直关系中最明显而基本的事项是指挥链（Chain of Command），也就是各个职务之间的指挥与隶属的关系，更浅显的说法则是各个职务的直属上司与直接管辖的部属分别有哪些人，而直属上司的直属上司以及直接管辖的部属所直接管辖的部属又是哪些人，直到所有职务之间的关系都获得确认为止。

指挥链的观念衍生了两个组织设计原则。其一是指挥统一（Unity of Command）原则，意指每个职务都应该只有一个直属上司，否则难免会发生"多头马车"的无所适从局面。其二是层级原则（Scalar Principle）或层级链（Scalar Chain），意指从最高主管到每个基层职务之间，都必须有一道明确而连续的指挥链。虽然前述幕僚的功能职权与工作团队的观念让这两个原则受到一些质疑，但整体而言指挥统一和层级链也是职场生活的常态，每位新进人员都会在很短的期间内确认这些指挥与隶属关系。

指挥链存在的事实衍生了控制幅度（Span of Control）大小的问题，也就是一位主管应该直接指挥多少位部属。控制幅度的大小决定了组织的层级数目与管理者的多寡，在其他条件相同的条件下，控制幅度较大的组织所需的层级数目较少，形成扁平式组织（Flat Organization），而控制幅度较小的组织所需的层级数目较多，形成高耸式组织（Tall Organization），虽然同属基层人员最多而高级主管最少的金字塔组织（Pyramid Organization），但彼此间有明显的差异，如图 8-4 所示。

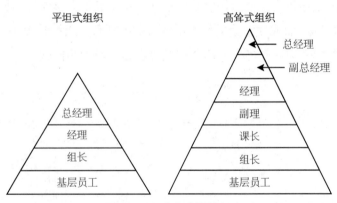

图 8-4　两种金字塔组织

控制幅度不宜过大是组织设计的原则之一，理由在于管理者必须处理自己与部属以及部属之间的关系，而这些关系的总数会随着管辖人数的扩充而呈现几何级数的增加，很快就超出正常人所能负荷的程度。如图 8-5 所示，实际上有许多因素都会影响控制幅度的大小，关系总数通常并不是最重要的考虑事项。

8.1.5　水平关系

在垂直关系之外，组织的整合也需要水平关系，也就是各部门之间如何彼此协调配合，共同朝着组织的目标迈进。协调（Coordination）一词泛指所有用以连接没有指挥隶属关系的组织成员与部门，借以达成部门与组织目标的各种机制。图 8-6 列出了部门间可能的关系形态、冲突成因以及常见的协调机制。

影响因素	大	理想的控制幅度	小
主管/部属能力	强		弱
部属工作地点	集中		分散
非督导工作	少		多
所需互动	少		多
作业流程规定	完备		松散
部属任务	简单或类似		复杂或分歧
意外状况	少		多
偏好	乐于授权		怠于授权
部属偏好	乐于承担权责		怠于承担权责
上下沟通	良好		不佳

图 8-5　影响控制幅度的因素

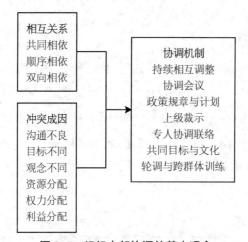

图 8-6　组织内部协调的基本观念

　　首先，组织中各个职务或部门之间的关系可以分成三大类[3]。若彼此之间大致上是独立运作，很少互动，则属于共同相依（Pooled Interdependence），除了都是组织的一分子而成为命运共同体之外，所需的协调沟通有限，例如连锁店的各分店之间就是如此。若某一职务或部门的产出就是另一个职务或部门的投入，则彼此之间属于顺序相依（Sequential Interdependence），所需要的沟通协调较多，例如旅行社的业务与作业部门或一般制造业的营销与制造部门都是如此。若彼此之间具有双向的顺序相依关系则属于双向相依（Reciprocal Interdependence），所需要的沟通协调最多，例如餐饮业的外场与内场服务人员就属于这种关系。其次，各职务或部门之间理应分工合作，共同达成组织的目标，但实务上因为相互冲突而影响到任务达成的情况多有发生。一般而言，各职务或部门之间的冲突主要来自于下列因素[4]：

　　（1）沟通不良：不熟悉彼此的任务与作业方式。

　　（2）目标不同：彼此所希望达成的理想状况有差异。

（3）观念不同：对于如何达成组织目标意见不一。

（4）资源分配：认为彼此所能掌握运用的资源不合理。

（5）权力分配：彼此都想要获得较大的权力。

（6）利益分配：对于达成目标后的利益分配方式有意见。

这些冲突固然有些是来自于个人利益的考量，但也有来自于个人学经历所累积、根深蒂固的价值判断，因此在许多情况下都无法论断谁是谁非，必须寻求妥协。

图 8-6 右侧所列示的是常见的协调配合机制[5]。实务上最常见的协调方式之一是持续进行相互调整（Mutual Adjustment），借由面对面讨论等简单直接的沟通方式，随时了解对方的状况并适度调整自己的作业，例如发现餐厅外场人员忙碌不堪之际，内场人员自然加快烹调的速度。同样常见的是召开协调会议，但比较适用于重大议题，让相关人员齐聚一堂共同讨论协商。另外，相关人员根据组织既有的政策、规章与计划来决定各自的行动，也是可行而常见的选择。

最后，若上述三种协调机制仍嫌不足，则可能必须在冲突发生之际，由冲突双方的共同上司来进行裁示。而为了避免因为沟通不足而产生冲突，也可以安排特定人员扮演第 1 章所述的"联络人"角色。最后，借由强化组织的共同目标与文化，进行轮调与跨群体训练等措施，可以让组织成员建立共识，而且比较可能将心比心地考虑对方的立场，从而达成协调的功能并减少冲突的发生[6]。

随堂思考 8-2

中国台湾麦当劳在创业初期规定，设立新分店的过程完全由总公司掌控，但其后划分为台北、北、中、南这四个营业区，由区经理决定是否要开设新店，不必先行呈报总公司。试问：

（1）区经理对于开设新店的职权属于没有、有限还是全部职权？

（2）由区经理决定是否要开设新店的措施让该公司走向集权化还是分权化？

（3）四个区经理之间的关系属于共同相依、顺序相依还是双向相依？

（4）何种状况会导致区经理之间出现明显的冲突？可能应如何防止或处理？

管理前线 8-1

气死老板也无妨……有时候啦！

美式足球电影《十全大补男》（The Replacements）中显示出许多组织垂直与水平关系的议题。因正式队员罢工，球队老板找来临时教练负责组成一支短期的替补球队，并招募了包括男主角在内的一群"过气球员"。意外地，这支由过气球员组成的球队却是战无不胜，获得争取冠军的机会。然而，在冠军赛当天，球队老板却强迫该临时教练以明星四分卫替换男主角上场，而这位明星四分卫的高傲与自私心态导致其他球员不愿也无法与之配合，结果被对手修理得很惨，所幸教练在下半场临时自作主张地让男主角替换该明星四分卫，最后才得以扭转乾坤，顺利赢得冠军。

"用人不疑，疑人不用"是老板的基本素养，但许多老板都会自以为是地直接干涉甚至主导部属的决定，剥夺其原有的职权。"上下一心，众志成城"是一个团队能够克敌制胜的关键，但并不是每一个团队能顺利地让所有成员齐心齐力，变成一盘散沙并非特例。所以，如果你确信老板的干预会让这个团队挂掉，而且你的办法可以建立奇功，让老板大有面子，那么不妨考虑来个阳奉阴违，先是"气死老板"而后是"乐死老板"，这样铁定没事。否则，即使顺应了老板的心意，你的团队挂掉了，你也不可能没事。

8.2 工作与职务设计

虽然日常用语中经常将职务称为工作，但是在管理学中，工作与职务这两者必须明确地加以区分，而且两者的设计是不同的议题。职务（Job）是指应由同一位员工负责处理的各项事务，而职务设计（Job Design）是指拥有该职务的员工必须负责处理哪些事务，必须具备何种资格以及与其他职务的垂直与水平关系等。相对的，工作（Work）则是指所需处理的个别事务本身而言，因此工作设计（Work Design）则是指针对该项事务找出最有效率而且能够达成既有目标的处理方式。因此，一个"职务"当中可能包含了许多不同的"工作"，而"职务设计"与"工作设计"的内容与原则都大相径庭。

8.2.1 工作设计

一般而言，工作设计通常是采用工业工程的观点，在达成既有目标的前提下尽可能提升效率。图8-7列出了工作设计所涉及的事项，包括设计过程中应予考虑的基本前提，以及用5W1H规划法呈现的工作设计内涵。

首先，在专业分工的情况下，个别工作只是整个制造/作业流程当中的一个小环节，因此必须配合前面与后面的制造/作业流程阶段来设计工作。其次，为了提升工作效率，也应该运用工业工程领域所发展出来的各种工具，其中最主要的是借由思考与实验来找出最有效率的工作方式的工作研究（Work Study），包括比较不同的工作方法以确定较佳的动作研究（Motion Study），以及用以确定特定工作方式所需标准时间的时间研究（Time Study）。最后，同属工业工程领域的人因工程（Human Factor Engineering or Ergonomics）也是必要的工具，借以配合员工的体型、体力、精神等层面来设计工作相关事宜。其他如政府法令与相关规范，组织内外的协调控制要求，以及社会、产业或组织内既有的习惯等，也都应该纳入考虑，否则工作设计结果只是"局部的最佳化"，未必有利于整个组织。

图 8-7 右侧以 5W1H 规划法来呈现工作设计的内涵，原因是不同的工作有不同的内涵，无法一概而论。为了避免流于空泛，本节选择了"开发票"这个被普遍视为相当简单的工作来说明工作设计的内涵。在国内企业的一般销售流程中，除非是属于"免用统一发票"的小型业者，否则都必须依法开立统一发票，而此原始凭证及其副本也是入账及收付款项的依据，属于协调控制所需。因此，就工作内容（What）而言，这项工作就是"开立统一发票"，而工作目标（Why）则是"开立正确的统一发票，交付给顾客及相关部门以供入账、报税或其他所需"。

图 8-7　工作设计的前提与内涵

然而，这项看似简单的工作还涉及许多复杂的事项。就工作地点（Where）与工作时间（When）而言，必须决定是在出货的同时开立，随货物一起交给顾客（例如一般零售业），还是等到顾客签收货物后再另行开立并交付，甚至等到月底结算当月交易总额（俗称"月结"）后再一并开立。这两者确定后就可以推断最适合的工作人选（Who）是谁，例如一般零售业是在顾客结账时一起开立发票，因此由收银员负责最合适，而采用月结的厂商必须先行确定当月销货金额，因此由会计部门负责比较理想。

即使已经确定由收银员负责开立发票，工作设计仍未完成。在工作方法（How）上，商品内容、数量、金额等事项的填写至少涉及了手写、键盘输入及光学扫描等可能的选择，其他如顾客的抬头与税籍统一编号的记载，发票内容错误的修改方式等，都必须纳入工作方法中。若采用键盘输入及光学扫描等方式开立发票，则必须运用人因工程来设计工作平台，否则工作人员会苦不堪言。

这个例子说明了工作设计通常都有一些复杂的前提，通常必须综合考量各项前提，然后在时间、地点、人选、方法等层面做出最适当的选择。当然，实务上并不需要对所有的工作从零开始进行设计，对于已经普遍存于业界的工作，直接了解同业如何设计，再斟酌自己的需要略予修改就成了，只有在新技术或其他因素产生了新工作之际，才有必要无中生有地进行完整的设计。

这个例子也显示出工作设计与职务设计的差异。以收银员而言，开立发票只是其职务上的一项工作，其他工作还包括点收货款、找零、将货物放入可供携带的购物袋以及答复顾客询问等。虽然都是看似简单的工作，但或多或少都有一些设计上的难题，例如要如何迅速而正确的辨识出伪钞，要如何避免货物"打包"工作耗费太多的时间等。然而，职务设计所探讨的并不是如何做好这些工作，而是为什么这些工作要由同一个人负责。

8.2.2　职务设计的观点

由于个别职务可能同时负责许多不同的工作，因此如何将各种工作划归到特定职务上，就成为值得探讨的议题，并衍生出许多不同的观点与主张。整体而言，这些主张分别反映了科学管理、行为和权变学派的观点，因此虽然都是职务设计上可能的选择，但彼此之间并没有交集，无法兼容并蓄。

图8-8是这些观点的大致内容，包括其所属的管理学派、主要的职务设计目标，以及具体的职务设计方案等。以科学管理学派而言，其职务设计的主要目标是借由专业分工来提升效率，而所提出的具体方案包括职务简单化与职务专业化。职务简单化（Job Simplification）是指同一个职务所负责的工作应尽可能减少，而且工作内容也应该尽可能简单，因此涉及多重步骤的复杂工作应该设法切割成几个简单的部分，交由不同的职务负责。职务专业化（Job Specialization）则是要求同一个职务所负责的工作应该性质相近，让担任该项职务的员工能够累积知识与经验，从而做得更快更好。

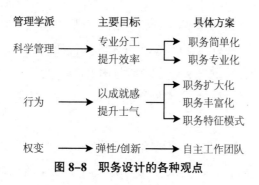

图8-8　职务设计的各种观点

职务简单化与职务专业化的主要缺点是工作单调乏味，员工日复一日地重复进行类似甚至完全相同的工作，难免会因为厌倦而有所懈怠。然而，即使时至今日，在劳工必须配合机器设备来操作的生产线上，职务简单化与职务专业化仍是主要的职务设计原则。另外，职务简单化与专业化的结果必定是"工作标准化"（Work Standardization），每一项工作的内容与方法都事先加以规定，员工必须按照这些规定来进行操作。组织的正式化（Formalization）程度可以反映在工作标准化与规章制度上，工作标准化的程度愈高，相关规章制度愈多，则组织的正式化程度愈高。

为了避免工作单调乏味可能衍生的不利后果，行为学派主张应该让负责各项职务的员工面对一定程度的挑战，并借由完成职务上的各项要求而获得满足与成就感，其具体主张包括职务扩大化、职务丰富化以及较复杂的职务特征模式。职务扩大化（Job Enlargement）与职务简单化正好相反，是指同一个职务所负责的工作应尽可能增加，而且工作内容也应该有一定程度的复杂性与挑战性，因此涉及多重步骤的复杂工作应该尽可能交由同一个职务来负责。职务丰富化（Job Enrichment）则是强调各项工作的自主性、复杂性与挑战性，借由独力完成具有挑战性的复杂工作而产生满足感与成就感。

职务扩大化与职务丰富化都只是提出基本方向，并没有具体的内涵，但职务特征模式（Job Characteristics Model）则明确指出应该如何评估特定职务能否让员工觉得满意且有成就感。该模式将个别职务区分为下列五个层面[7]：

（1）技能多样性（Skill Variety）：工作种类与所需技能的多寡。

（2）任务身份（Task Identity）：工作的完整性以及可辨识结果优劣的程度。

（3）任务重要性（Task Importance）：对于各项工作重要性的主观判断。

（4）自主性（Autonomy）：对时间、方法等工作设计层面的决策权限。

（5）回馈（Feedback）：是否能够获得关于职务上表现优劣的信息。这五个层面最后共同形成激励潜能分数（Motivating Potential Score，MPS），是该项职务能否让员工觉得满意且有成就感的整体指针，其计算方式如下：

$$MPS = \frac{（技能多元性 + 任务身份 + 任务重要性）}{3} \times 自主性 \times 回馈$$

有关职务扩大化与职务丰富化的实证研究相当有限，而且经常流于主观评价，因此不足以论断其成败。职务特征模式则有许多大样本的实证研究，一般结论相当正面，各个职务层面及MPS所获得的评价愈高，则员工对工作的满意度以及对组织的忠诚度就愈高。然而，这一系列的研究还需要澄清研究设计上的某些问题，因此目前对于职务特征模式的实用性仍未能有所定论。

权变学派的观点则是反对以个人为单位的职务设计，呼吁改成以团队为单位，并给予更大的工作权限，借以避免个人的本位主义，并及时因应环境的变迁。这种主张衍生许多名词术语，包括无上司企业（Business Without Boss）、灌能团队（Empowered Teams）以及图8-8中所述的自主工作团队（Self-directed Work Teams）等。不论其名称为何，基本主张都是由若干人共同形成一个团队，彼此间没有明确的职务划分，但必须共同完成团队的任务，而且在如何完成任务上拥有相当程度的自主权。

管理前线 8-2

真的管用吗？看你问的是菜鸟还是高手

职务特征模式问世已逾30年，实证研究显示整体而言相当正面，不论是个别的职务特征层面或整体的激励潜能分数，都和员工对工作的满意度以及对组织的忠诚度呈现正面关联。例如有人汇整既有研究之后显示，平均而言员工对工作的满意度差异中有40%可以用激励潜能分数来解释，而五个职务特征层面个别的解释能力也全部达到"统计显著水准"[8]。

不论学界资历深浅，学术研究上的"菜鸟"看到上述结果通常都会笃定地指出，这些证据显示职务特征模式是正确而有用的理论，管理者可以运用该模式来进行职务设计，从而让员工产生较高的满意度与忠诚度。然而，学术研究上的"高手"看到上述结果后，通常第一个反应是这些实证研究"太烂了"，很可能只是一堆学术八股所累积的伪科学，因为这些研究者忽略了统计资料全部来自于受访者的主观判断所可能产生的错误推论。例如，有高手进行研究并显示出，就统计分析的角度而言，可以将职务特征区分为五个层面，但也可以将之视为"一坨不知是啥的东西"，两者不相上下[9]。

目前这个研究设计上的问题已经成为博士班学生在研究方法课程中必定要了解的"基本常识"，只不过还是无法保证新科博士必定已有深入的了解。至于在学界许多资深与资浅的"研究菜鸟"方面，根本就不知道还有这个问题的存在，自然不会认为还有继续讨论验证的必要。因此，如果你想知道职务特征模式是否管用，那么有必要慎选你的询问对象，菜鸟给你的答案可能很肯定但不太科学，高手给你的答案可能很科学但不太肯定……有够累人吧！

自主工作团队受到许多专家学者的支持，同时也进行了不少的现场实验，但目前尚未得出确切而一致的结论。可以确定的是，一方面，自主工作团队所强调的是属于"营运核心"的员工，通常并未主张其他组织成员也应该建立起这种团队；另一方面，自主工作团队的效益可能受到许多因素所影响，例如员工的文化价值观及整个组织的集权化与正式化程度等[10]。

随堂思考 8-3

曾经有一家全球顶尖的饭店业者尝试推动自主工作团队，每个团队中都有一定数量的柜台人员、房间清洁人员、行李服务人员等，由这些团队自行排班并分配工作，

团队成员相互学习并彼此支持，以整个团队为奖励单位。将心比心，饭店员工会喜欢
这种工作形态并且力求表现吗？

8.2.3　职务设计的内涵

以上说明了三种不同的职务设计观点，但并未涉及职务设计的具体内涵，因此在本小
节将针对后者加以说明。如图 8-9 所示，职务设计应该包含职务身份、垂直与水平关系、
职责与职权以及所谓的职务规格。

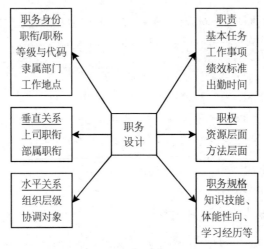

图 8-9　职务设计具体内涵

第一，职务身份（Job Identification）是指用来辨识个别职务的事项，包括如何称呼该
项职务的职衔或职称（Job Title），在组织内部所给予的职务等级（Job Class），所属的单位
或部门，以及工作地点等事项，完整的职务身份可能如"台北总公司企划部二等企划专
员"或"高雄分公司餐饮部四等一级领班"，但为了避免不必要的误会，职务等级通常只
在人力资源部门内部使用。

第二，垂直关系（Vertical Relationship）界定了该职务的指挥与隶属关系，水平关系
（Horizontal Relationship）则显示了该职务所属的组织层级以及跨部门协调时可能的对象。
职责（Duty）部分有可能只是一般性的概括描述，例如"负责大台北地区的业务拓展"，
但也可能具体地列出开发新顾客、维持顾客关系等比较具体的事项，部分组织甚至会订出
明确的绩效标准。另外，该职务的出勤时间也是职责的范围，包括适用于下班后就是自有时
间的时间制（Time Basis）或是组织有需要时必须随时报到的责任制（Responsibility Basis），
属于全职（Fulltime Job）或兼职（Part-time Job），出勤时间是类似于朝九晚五的固定工时、
每天只要累积一定时数即可的弹性工时或每周只要累积一定时数即可的变形工时等。

第三，职权涉及可以指挥运用哪些资源，因此也是职务设计的重点之一，但组织通常会在各项规章制度中建立一般性的规定，因此在制度完备的组织当中，只要确定职务，其职权也大致随之确定。在欠缺规定的事项方面，则通常是和制度不完备的组织一样，以"个案"的方式向上级争取或确定自己在该项事务上所拥有的职权。

第四，职务设计的最后阶段是订出职务规格（Job Specification），也就是该项职务应该由什么样的人来担任，包括拥有何种知识能力、曾经接受过哪些教育训练，需要多少相关的实务历练，以及体能状况与心理特征等事项。举例而言，饭店餐饮部的领班通常都会要求至少有一年以上的外场经验，而所有企业在招募业务员时都希望录用比较外向、有亲和力的应征者。

8.3 部门划分方式

如第 8.1 节所述，组织的"整合"就是部门化的过程，将个别职务纳入适当的群体或团队，并逐级向上一直到纳入整个组织为止。若将整个组织最主要的部门划分方式用图形表示，则得到实务上极其普遍的组织图（Organization Chart）。由于第 8.1 节所述的时间和流程的划分方式通常都是发生在生产/作业单位内部，因此本节只说明其他四种部门划分方式，并另行补充说明几个独特的组织形式，包括变形虫组织和虚拟组织等。

对许多中小企业而言，其员工人数极其有限，若进行部门划分，则许多部门都可能只有一位员工，因此这类组织并不区分部门，个别员工虽然各司其职，但职务调整很有弹性，而且全部都隶属于同一个上司。这种组织当中各个成员之间的关系相当简单，因此称为简单式结构（Simple Structure），图 8-10 呈现了简单式结构的示意图。

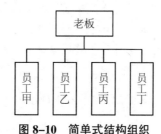

图 8-10　简单式结构组织

简单式结构的主要优点是层级少故决策快速，能够配合需要立刻调整因应，因此特别适合规模小、技术简单或环境变迁迅速的情况。但其主要缺点也是来自层级少，因为所有的信息与决策都集中在一人身上，随时可能因为个人因素而导致组织瓦解，而且受限于个人的知识能力，所做的决策也未必恰当。

在组织成长到一定程度时，通常都会把内涵相近或彼此高度相关的职务纳入同一个单位以便指挥协调，而属于同一个功能领域的职务显然符合这个要求，因此用营销、生产/作业等企业功能来划分部门是最常见的选项，这也就是所谓的功能式结构（Functional Structure）。如图 8-11 所示，在功能式结构当中，各功能部门都直接由最高主管统辖，彼此都位于同一个组织层级。

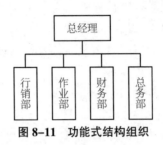

图 8-11　功能式结构组织

功能式结构可以实现专业分工以提升效率，同时也有助于培养功能层次的专才，但缺点在于最高主管协调工作负担可观，决策过程较为迟缓，而且容易产生功能本位主义，不但经常引发冲突，也不利于通才的培育。整体而言，功能式结构仍然是目前企业界最常见的部门划分方式，只不过很可能是和其他的部门划分方式一并使用。

组织规模扩大并多角化到不同的产品/服务领域之后，要求各功能部门同时处理多种产品/服务的相关事务，显然会折损专业分工的效率，因此将各种产品/服务的相关事务予以分开的事业部结构（Divisional Structure）是比较合理的选择。如图 8-12 所示，在事业部结构当中，各事业部都直接由最高主管统辖，彼此都位于同一个组织层级。

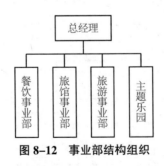

图 8-12　事业部结构组织

实际上，各事业部的内部通常还是根据功能领域来划分部门。但相对于功能式结构，各项产销事宜都由事业部主管负责，因此最高主管的决策负担较轻，而各事业部可以自行因应变局，彼此冲突较少，同时也有助于培养熟悉各个功能领域的通才。然而，由于各事业部的内部必须根据功能领域来划分部门，结果是人力设备可能出现重复浪费的现象，而在决策自主之下，最高主管也未必能够及时制止事业部主管的重大错误。

在某些情况下，组织并未多角化到不同的产品/服务领域，但因为拥有不同的顾客群，而且这些顾客群对产品/服务的要求不尽相同，因此有必要予以划分，由不同的部门来处理。此时组织所采用的还是事业部结构，只不过并非根据产品/服务来划分事业部，而是用顾客类型来划分。举例而言，餐饮业者可能将整个组织划分为一般餐饮、宴会餐饮和俱乐部等事业单位。

最后，若组织的营运活动扩展到其他地区，则至少有一部分的活动必须在当地处理，因此通常有必要以所属地区来划分部门。此时组织所采用的也是事业部结构，只不过并非根据产品/服务来划分事业部，而是用所处地区来划分。举例而言，餐饮业者可能将整个组织划分为北区、中区和南区等事业单位。

整体而言，功能式结构仍然是目前企业界最常见的部门划分方式，只不过很可能是和其他的部门划分方式一并使用。若组织同时采用两种或多种部门划分方式，则称为混合式结构（Hybrid Structure），通常是同时反映了实际需要与功能领域特征的结果，例如财务功能经常保留在总公司，但生产与营销则交给各事业单位。如图 8-13 所示，在混合式结构当中，总公司各功能部门和各事业部都直接由最高主管统辖，而且彼此都位于同一个组织层级。

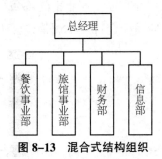

图 8-13　混合式结构组织

除了上述各种传统的部门划分方式之外，实务上还经常出现具有任务编组性质的矩阵式结构（Matrix Structure），其成员来自不同的部门，暂时归由该小组或项目的主管指挥，但原有的部门主管仍拥有某种程度的指挥权。图 8-14 显示了这种结构的一般状况，其中研发、营销与生产部门分别指派人员参与两个项目，而这些人员必须同时接受项目主管和原有主管的指挥。

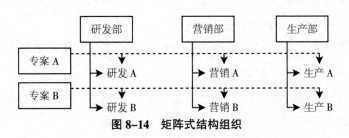

图 8-14　矩阵式结构组织

矩阵式结构通常是为了在获得功能性专业分工的利益时，减少功能部门之间的协调障碍，而且也不必和事业部结构一样重复配置人力。然而，双重指挥链的存在也为这种结构埋下冲突的种子，若小组或专案的主管与原有部门主管僵持不下，则成员将无所适从。这种安排在营运活动以不同的项目为核心的营建业，以及产品开发期间漫长的科技业当中很常见，但其他组织则较少采用，而且其"任务编组"的性质已经说明了并非组织固有的部门划分方式。

另一个只出现在少数产业的组织形态是虚拟组织（Virtual Organization），意指组织绝大部分的部门事实上都不存在，但还是可以继续运作，发挥各部门的功能并达成组织的目标。这种组织实际上是将各项活动委外，本身只维持少数的关键性功能，甚至只保留协调联络的功能。典型的范例发生在营建业，借由对营造业、房屋代销业的委外，业者不需要自己处理营造、销售等原属"作业核心"的事宜，只专注土地取得等关键事项。

最后，许多学者专家建议，在环境变迁迅速的现代社会中，任何固定形式的部门划分方式都可能无法通过时间的考验而变得不合时宜，因此有必要在职务与部门划分上维持弹性，视实际需要来进行调整。若组织具有配合当时状况大幅调整，职衔与权责经常变更，部门不断诞生与消失等特征，则称之为变形虫组织（Adhocracy）。然而，职务与部门的调整在业界很常见，而调整后的组织通常还是属于前述的各种结构，因此变形虫组织一词只是用来描述职务与部门划分方式应该配合环境来调整，而不是一种新的部门化选择。

8.4　组织结构

第8.3节多次使用了结构（Structure）一词，用以代表部门划分方式，但这点并不表示所谓的"组织结构"就是指组织的部门划分方式。正如前述工作与职务的差别，部门划分方式与组织结构的意义不尽相同，但许多管理门徒都将之混为一谈。

8.4.1　组织结构的意义与内涵

所谓的组织结构（Organizational Structure）是指组织当中的各个职务如何借由垂直与水平关系，整合成为不同的部门乃整个组织。因此，部门划分方式固然是组织结构的重要环节，但并不能与组织结构画上等号。

一般而言，组织结构涵盖了本章第8.1节所述的各项组织设计原则所产生的结果，其具体内涵至少包括了下列七个层面[11]：

（1）专业化（Specialization）：各项职务进行专业分工的程度，其程度愈高，则个别职务所负责的事项愈少。

（2）标准化（Standardization）：明确制定各项事务处理流程的程度。

（3）正式化（Formalization）：各种规章制度与手册等书面文件的多寡。

（4）集权化（Centralization）：决策权限集中在组织高层的程度。

（5）部门化（Departmentalization）：用何种方式划分各个单位与部门。

（6）水平联系（Horizontallinkage）：各部门之间沟通协调的密切程度。

（7）整体形状（Configuration）：包括控制幅度及其衍生的组织层级总数、高耸或平坦程度，以及各类人员占全体人员的比例。

虽然组织结构包含了许多层面，但这些层面之间通常都有相当程度的关联，例如专业化程度较高的组织经常明确制定了个别事务的作业流程，从而使其标准化与正式化程度也偏高。因此，组织结构大致上可以区分为两大类：其一是专业化、标准化与正式化程度等层面都偏高，层级总数多以致形状高耸，管理者与幕僚所占比例偏高的机械式组织（Mechanistic Organization）；其二是专业化、标准化与正式化程度等层面都偏低，层级总数少以致形状平坦，管理者与幕僚所占比例偏低的有机式组织（Organic Organization）。

表 8-2 显示了机械式与有机式组织在各个组织结构层面上的对照。虽然这两种组织结构之间并没有明确的界限，但任何组织都可以根据其各个组织结构层面的特征而将之视为比较倾向于机械式或有机式组织。

表 8-2 机械式与有机式组织的对照

结构层面	机械式组织	有机式组织
职务专业化程度	高	低
工作标准化程度	高	低
正式化程度	高	低
集权化程度	高	低
部门化	明确	不明确
水平联系	少	多
层级总数	多	少
主管与幕僚比例	高	低

8.4.2 组织结构的影响因素与重要性

在组织结构的决定方面，"结构追随策略"和交易成本经济学都是颇受欢迎的主张，前者认为组织多角化之后，各种产品/服务的管理重点不同，因此自然会采用事业部策略，后者则认为交易频率和交易对手投机的可能性决定了组织是否要自行处理特定活动。然而，结构追随策略只是说明为何采用事业部结构，交易成本经济学则只是说明为何要成立该部门，两者都很难解释其他组织结构层面。因此，本节引用理性情境（Rational Contingency）观点，主张管理者为了提升组织效能，因而配合内外环境因素选择最理想的组织结构。

图 8-15 显示了理性情境观点下足以影响组织结构的重要因素。环境不确定性是最早受到关注的事项之一，在环境稳定而可以预测的情况下，组织所需进行的活动也相当固定，组织高层可以大致掌握整个局面，同时也可以运用专业分工、正式规章等措施来提升效率，因此理应倾向于采纳机械式组织。相反地，在环境不确定性高，难以预测未来发展之际，组织高层无法掌握整个局面，而且专业分工、标准化、正式规章等措施也无法符合环境变迁后的需要，因此理应倾向于采纳集权化、专业化、标准化程度都比较低，能够配合环境需要随时进行调整的有机式组织。既有研究显示，这个推论不但适用于整个组织，也适用于个别的部门[12]。

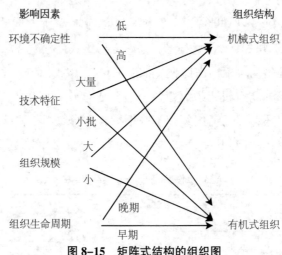

图 8-15　矩阵式结构的组织图

组织所使用的生产/作业技术也可能影响到组织结构，理由在于小批量生产的业者必须配合顾客要求弹性调整，因此在职务设计及其他组织结构层面必须维持较高的弹性，而大量与连续式生产的业者无此顾虑，可以运用专业分工与标准化等措施提升效率。研究显示采取小批量生产的业者确实普遍具有职务专业化程度低、幕僚比例低、偏好口头非正式沟通等有机式组织的特征，采取大量生产的业者也符合预期的具有机械式组织的特征，但采用连续式生产技术，各组织结构层面无须随时调整的业者在组织结构上却倾向于有机式组织[13]。

组织的规模显然与组织结构有关。按理，在规模有限之际，专业分工可能无法获得规模经济的效益，而且各部门人力有限，可能必须随时相互支持，因此没有必要强调专业化、标准化等措施，但随着规模的扩大，运用专业分工来提升效率是必然的选择，而且在个别职务内容稳定之际，其工作方式也可以寻求标准化，至于全体员工所应了解的各项规定也可以用规章制度的形式来传达。实证研究确实显示规模较大的组织比较倾向于机械式组织，而规模较小的业者则比较倾向于有机式组织，不过仍有学者专家对其研究结论的正确性提出质疑[14]。

组织所属的生命周期阶段是另一个可能影响组织结构的因素。在创业初期，各项经营活动由创办人及其主要干部掌控，没有繁复的规章制度与明确的职务划分，甚至也没有固定的垂直与水平关系，整个组织可以视为一个由"创业团队"所形成的有机式结构。随着组织的成长，创办人及其主要干部逐渐无法全面掌控，于是开始进行专业分工，而在员工人数渐增的同时，面对面沟通协调逐渐不可行，于是各种规章制度逐步成形，组织也逐渐朝向机械式结构调整[15]。

以上探讨的是组织结构可能的成因，但同样重要的是组织结构可能的影响，因此本章的最后一个议题在于，组织结构是否足以影响组织绩效，进而决定了组织的生存发展呢？

就组织结构的理性情境观点而言，组织结构本身并不足以影响组织绩效，必须在权衡内外环境因素而选择最适当的组织结构之下，才可以产生提升组织绩效的效果。这个推断业已在实证研究中得到确认，不论是对整体环境或技术环境层面，选择最适当组织结构的业者在经营绩效上明显地优于其他业者[16]。虽然目前对于如何衡量环境因素与组织结构之间的"配适度"仍有争议[17]，但对于应该配合环境因素而选择适当的组织结构此一规范性主张并没有绝对性的影响。

随堂思考 8-4

根据您的消费经验，比较一般小吃店与快餐餐厅的收费流程，并回答下列问题：

（1）两者的收银员在职务内容上有何区别？为何会有这些区别？

（2）相对而言哪个比较接近于有机式组织？为何该业者会选择有机式组织结构？

课后练习

复习题

（1）一般而言，组织可以区分为哪五个不同的部分？

（2）组织设计当中的"直线"与"幕僚"分别是什么意思？

（3）"职务"与"工作"两者在实际意义与通俗用语中有何异同？

（4）组织设计当中的"职权"、"授权"、"分权"分别是什么意思？

（5）组织设计当中有哪些常见的部门划分方式？

（6）团队式组织与传统的功能式组织有何差别？

（7）何谓控制幅度？其理想幅度可能受哪些因素影响？

(8) 组织成员或部门之间的相互关系可以分为哪三种？

(9) 组织成员或部门之间有哪些常见的协调机制？

(10) 工作设计的基本目标与可能的考虑事项分别是什么？

(11) 职务设计有哪些不同的观点？各个观点分别提出哪些选择？

(12) 何谓"职务特征模式"？在实务应用上可能有何困难？

(13) "组织结构"一词实际上包括了哪些层面？

(14) 组织结构的"理性权变观点"是什么意思？

(15) 机械式组织与有机式组织分别具有哪些特征？

(16) 哪些因素可能会影响到业者实际的组织结构？

(17) 组织结构与组织绩效可能有何关联？

应用题

(1) 基层员工通常被视为毫无权力的族群，以本章正文所述的职权范围与内涵而言，这种主张必须如何修正？

(2) 以餐饮业的外场与内场人员为对象，指出两者之间可能采用的协调机制。

(3) 分别针对饭店的客房清洁人员和餐饮业的外场服务人员，运用职务特征模式来评估其激励潜能分数并提出结论。

(4) 单一营业据点饭店业者和连锁饭店业者两者的组织图必然有差别，试指出两者分别可能采用哪种部门划分方式。

(5) 以旅行业而言，根据其环境不确定性及使用的作业技术，按理应该选择机械式还是有机式组织结构？业者的实际选择是否会符合推断？

(6) 有学者针对旅馆业从业人员进行调查，结果显示高级主管认为其组织结构并未明显地偏向机械式或有机式组织，但部门主管与基层员工固然不认为组织结构明显偏向机械式结构，但觉得符合有机式结构的程度很低（明显低于高级主管且基层员工最低）。试推断为何这三个族群对组织结构的看法迥异，并指出该研究对于机械式与有机式组织的界定与本章正文所述可能有何差异。

管理个案

亚都丽致饭店的组织结构

对台湾民众而言，亚都丽致饭店绝对是中国台湾的"标杆饭店"之一，原因倒不是经营绩效特别优异，而是其董事长严长寿独特的经历与魅力。该饭店只有209间客房，员工约300人，在中国台湾的国际观光饭店中只是中等规模，但因为主攻高价位市场，故年营业额相当可观，维持在5亿元新台币上下，其中九成来自于两相伯仲的住房与餐饮业务。然而，纯粹就获利能力而言，该饭店并没有缴出较好的成绩，从1999年上柜以来，每股盈余从未超过1元，甚至有两个年度呈现亏损。

1979年，亚都丽致饭店的前身亚都饭店开张以前，严长寿已经在美国运通中国台湾分公司服务了9年，并且因表现良好每年获得升迁，第5年就以28岁的年龄坐上了总经理的宝座。几年后，亚都饭店筹建期间，因房东与房客关系而熟识严长寿的业主，邀请他去协助主持该饭店的开办事宜，不久他就以32岁的年龄成为这家国际观光饭店的总裁。虽然严长寿并未明言，但是就变更饭店名称和若干国内同业罕见的管理措施来推断，应该是期待亚都丽致能够与全球顶尖饭店之一的Ritz-Carlton并驾齐驱。

目前亚都丽致的组织图如下。后勤部副总经理掌管采购、人力资源、工程、保全等事宜，财务长则负责现金收支、财务报表编制与成本控制等事项。日常营运事项由作业副总经理指挥，其下设有资深协理辅佐中餐部与西餐部的营运。

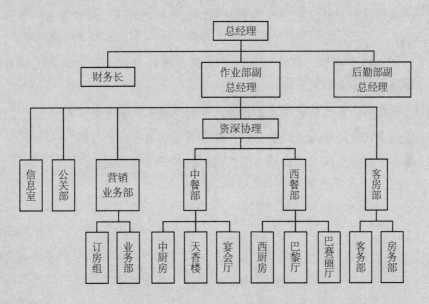

组织图是一回事，没有在组织图中显示的组织结构层面同样重要。为了能让顾客"宾至如归且倍感尊荣"，亚都丽致要求每位与顾客直接接触的员工都能叫出每位顾客的姓名，而为了达成此目标，该饭店领先国内同业，率先派遣专车到机场迎接顾客。在机场代表把顾客送上专车后，要立刻打电话通知柜台，并转告门房及大厅副理，让他们能在顾客到达后立刻辨识出来。当然，这个要求不适用于顾客熙来攘往的餐厅部门。

亚都丽致饭店的另一项组织结构特征表现在第一个服务信条中——每个员工都是主人。这个信条是指每位员工都是代表亚都丽致接待顾客的主人，必须负起做主人的责任，也应该享有做主人的决定权。因此，该饭店的第一线员工面对顾客抱怨之际，有权立刻决定应该如何处理并事后向上呈报，甚至可以自行为客人换掉反映不佳的菜色饮料，并将相关费用直接转列到总经理办公室。这项规定让基层员工享有一定程度的决策权，而实施结果显示员工并不会滥用这些权力。

即使财务数字不如预期的好，名列"全球最佳旅馆"的殊荣与员工平均年资达9年的事实，证明顾客、同业、员工都为亚都丽致饭店叫好。事实上该饭店早已转投资成立旅馆管理顾问公司，并以管理契约的形式介入中国台湾多家旅馆的经营。近期虽然在中国大陆与当地业者解约而有"败走上海滩"之说，但无损亚都丽致在中国台湾的盛名。以顾客、员工与股东共同形成的"服务金三角"而言，目前的亚都丽致饭店似乎只有股东的部分还不足以令人忘情喝彩。

讨论问题

（1）在亚都丽致饭店的组织图中，哪些部门属于直线？哪些部门属于幕僚？

（2）以该饭店的营销业务部与客房部而言，两者之间属于何种关系？平时可以如何进行协调？

（3）该饭店的基层餐饮服务人员对于顾客诉愿的处理是没有职权、拥有部分职权，还是拥有全部职权？

（4）从该饭店的基层餐饮与客房服务人员到总经理之间可能有几个组织层级？

（5）该饭店以何种方式划分各部门？是否有其他更合理的选择？

（6）整体而言，该饭店比较倾向于机械式组织还是有机式组织？

9 人力资源管理

本章学习目标

1. 了解人力资源管理的主要活动
2. 了解人力资源规划、招募与遣退活动的基本内容
3. 了解甄选、训练、考核等事项的一般性概念
4. 了解薪资与福利制度的主要内容与选择
5. 了解劳资关系与员工生涯发展的基本概念

明日帝国

看过 007 系列电影的人可能会想到一个煞风景的问题：为什么坏蛋都可以找到这么多既能干又忠心耿耿的部下，而好人却那么孤单无助呢？例如在《明日帝国》（Tomorrow Never Dies）中，从头到尾都只看到皮尔斯·布洛南和杨紫琼在冒险犯难，两个人除了要逃避坏蛋的追杀之外，更要在数百公里的海岸线上找到隐形水翼船的基地，然后还要亲自上船进行破坏，根本看不到所属情报组织直接提供的支持。相反的，坏蛋不但人多势众设备精良，其中还有精通火箭科技的专家和战斗经验丰富的佣兵，而且似乎每个人都完全不把性命安危当一回事，不符合"用钱收买"的简单逻辑。最后虽然是英国海军舰艇的炮击让水翼船停了下来，但还是要归功于皮尔斯·布洛南爆破船舱和杨紫琼破坏引擎，才让水翼船暴露行踪且无法高速脱逃。

电影终究只是电影，坏蛋如何聚集一群能干又忠心耿耿的部下并不是吸引观众掏腰包的卖点，孤单无助的好人如何历尽艰险成为英雄才是关键。然而，企业或其他组织想要达成目标的话，一群能干又忠心耿耿的员工是不可或缺的先决条件。因此，从需要什么样的员工与如何招募这些员工，到如何评估员工表现并给予适当的奖惩，都是管理者必须熟悉的议题，而这些议题也就是本章所要探讨的事项。

第 8 章探讨了工作、职务、部门化等组织议题，本章则转移到实际负责各项工作与职务并构成部门的员工。这些议题过去偏重于作业流程，因此称为人事管理（Personnel Management）或人事行政（Personnel Administration），但目前已经普遍改称为人力资源管理（Human Resource Management），泛指从决定是否要招募员工到员工离开组织的全部过程中所涉及的各项管理活动。

9.1 人力资源管理的内涵

不论名称是什么，人力资源管理都脱离不了图 9-1 所示的各项活动，差别只在于所强调的是各项活动的具体内容还是预期效益。虽然组织通常都会设立人力资源部门来协助处理各项与员工有关的事宜，但人力资源仍是每一位管理者必须直接处理的事项，因此本章还是会分别说明各项人力资源管理活动的主要议题。

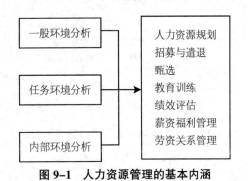

图 9-1　人力资源管理的基本内涵

和其他经营管理层面一样，人力资源管理也必须顾及外界与内部的环境因素。

就图 9-1 右侧的人力资源管理活动内涵而言，其具体内容将在本章后文逐一探讨，本小节只扼要说明其意义：

（1）人力资源规划（Human Resource Planning）：配合组织目标预测未来所需人力资源的数量与专长并拟订确使人力供需平衡的计划。

（2）招募与遣退（Recruitment and Termination）：招募是指吸引求职者前来应征组织的职缺，遣退是指员工自愿与非自愿离开组织所必须处理的各项事宜。

（3）甄选（Selection）：在招募过程所吸引的应征者中录用适当的人选。

（4）教育训练（Education and Training）：给各级员工提供一般性的教育课程和配合特定职务所需的训练课程。

（5）绩效评估（Performance Appraisal）：评估员工在其职务上的表现。

（6）薪资福利管理（Compensation Management）：处理有关员工报酬的各项事宜，包括属于直接报酬的薪资（Wage and Salary），以及视为间接报酬的福利（Fringe Benefits）。

（7）劳资关系管理（Employee Relation Management）：有关劳资争议、员工申诉、生涯管理等可能影响员工与组织关系的各项活动。

虽然人力资源管理涉及许多不同的活动，但管理者通常不必亲自处理这些事宜，只需要和人力资源同仁密切配合即可。一般而言，只要集中办理比较符合经济效益，则交给人力资源幕僚处理，反之若必须反映个别单位的状况与需要，则必须由各级主管亲自处理，人力资源幕僚只能提供必要的协调、支持与整合服务。举例而言，员工出勤状况的考核通常交给人力资源幕僚，因为要求各级主管记录并统计部属出勤状况并不符合经济效益，但员工在实际工作上的表现必定是由直属上司负责考核，因为直属上司最清楚该员工实际的工作状况。图9-2以部分人力资源管理活动为范例，显示了管理者和人力资源幕僚的协调配合情形。

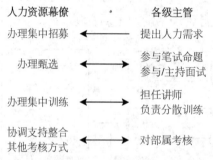

图9-2 各级主管与人力资源幕僚的协调配合

换言之，虽然人力资源管理活动相当繁复，但其中有许多活动是由人力资源幕僚直接处理，而其他活动也经常由人力资源幕僚提供支持，因此管理者在人力资源管理层面的工作负担不至于太过沉重。一般而言，人力资源幕僚的主要任务包含下列几点：①制订并执行人力资源相关政策与作业程序；②主持招募、甄选、训练、薪资福利等事宜，集中处理原属各级主管职务范围的人力资源活动；③针对人力资源相关议题对各级主管提供咨询与建议；④听取员工申诉并酌情转达给各级主管，扮演劳资关系桥梁的角色[1]。

随堂思考9-1

以下哪项人力资源管理活动应该由各级主管或人力资源幕僚直接负责？①招募刚从大专院校毕业的社会新鲜人；②向新进人员介绍公司历史、组织结构、企业文化等事项；③向新进人员介绍工作伙伴和实际工作内容；④核准个别员工的请假或轮休。

管理前线 9-1

从边陲到中枢的艰难旅程

组织是由员工所组成，因此负责处理员工事宜的人力资源部门，按理应该是位居中枢要津，但现实中却经常是处于边陲地带，对组织的重大决策无从置喙。过去半个世纪以来，人力资源领域的学者专家至少进行了三波的努力，试图提升业者对于人力资源管理的重视，使之从边陲转进到中枢，但直到目前还是"革命尚未成功"，而展望未来也不容乐观。

第一波称为人力资源会计（Human Resource Accounting），尝试将员工视为组织的资产，然后比照其他资产评定其价值并列示在资产负债表中。这个构想不但与会计领域至高无上的稳健原则有所冲突，在如何评定员工的"身价"上也多有争议。第二波称为效用分析（Utility Analysis），尝试用经济学与应用数学的观念来彰显各项人力资源活动所能衍生的经济效益。这个构想不但在经济效益的估计方法上衍生争议，更受到涉嫌吹嘘的质疑。第三波目前仍在进行中，称为策略性人力资源管理（Strategic Human Resource Management），避免了价值或效益计算方式的困扰，尝试直接证明人力资源管理有助于提升经营绩效。就现有证据而言，人力资源措施确实与经营绩效具有正面关联，但究竟是"鸡生蛋"还是"蛋生鸡"仍有疑义。

事实上，从高喊"员工第一"的 Marriott 旅馆集团和宣示"绝不裁员"的 IBM 都曾经大幅裁员，以及国内许多形象良好的业者也在不景气时竞相提出"无薪假"和裁员等措施，不论企业在口头上与实质上如何彰显其对员工的重视，在大难临头之际，牺牲中基层员工以保全高级主管和股东仍是不变的定律。在大部分员工都随时可以牺牲的心态下，企业界对人力资源管理的重视大致上也只是口角春风（Lip Services），说说罢了。

9.2 人力资源规划

管理活动都涉及规划，人力资源管理自然也不例外，但人力资源规划（Human Resource Planning）一词并不是泛指各种人力资源管理活动的规划阶段，而是专指配合组织目标预测未来所需人力资源的数量与专长，并拟订确使人力供需平衡的计划。因此，人力资源规划可以视为由人力资源幕僚负责，各级主管予以配合的活动。图 9-3 显示了这项人力资源活动的基本内涵，其中大部分都可以望文生义，但有关人力现况与未来需求的部分

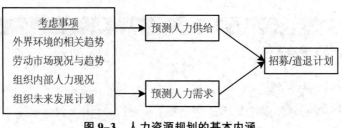

图 9-3 人力资源规划的基本内涵

需要另行说明。

在组织内部人力现况方面，第一步是建立人员编制表（Staffing Table），确定各单位有哪些职务以及每项职务预定的人数，并汇总成为整个组织的人员编制。第二步是清点组织现有人力状况，包括各单位人数、职缺数目、超编人数等，并汇总成为整个组织的人力现况。对人力资源幕僚而言，借由这两个步骤随时掌握组织内部的人力现况，堪称是最基本的职责之一。另外，人力资源幕僚也可能必须以组织内部的人力现况为基础建立起人才库（Talent Inventory），将个别员工的资料建文件，除了姓名、性别、年龄、学习经历等基本资料外，也涵盖了语言能力、特殊专长等事项，据以进行职务调派、教育训练等生涯发展活动。

一方面，组织现有人力状况可能已经显示出有必要进行某种程度的招募或遣退活动，借以填补现有的职缺或消除过剩的人力。另一方面，人力资源幕僚也必须配合组织未来发展计划，预测组织未来的人力需求，包括既有职务预计的编制扩充，预计新增职务及其编制等，对于需要特殊专长与能力的领域尤其需要长期规划。举例而言，顶新集团曾经公开宣布，为了配合该集团未来发展的需要，预计必须在未来十年培养出十余位足以担任总经理的人才。

为了进行招募活动，人力资源幕僚必须了解各项职务的权责和必要的教育训练与能力。在规模较小或强调弹性的组织中，这方面的资料可以请用人单位的主管提供，但较具规模或强调制度的业者则可能在职务设计的同时就完成了相关事项，包括陈述特定职务的职衔、上下关系、负责事项（职掌）、考核方式等事宜的职务说明书（Job Description），以及说明担任该项职务的人必须具备何种学习经历与能力的职务规格书（Job Specification）。如果组织内部并没有这些文件且用人单位主管也无法提供相关资料，则人力资源幕僚必须进行职务分析（Job Analysis），确认特定职务所负责的事项以及所需要的学习经历与能力，否则无法进行招募活动。

9.3 招募与遣退

在人力供需不平衡之际，组织必须进行招募或遣退活动，借以填补现有的职缺或消除过剩的人力，甚至为将来的人力供需预作准备。其中，招募（Recruitment）是指吸引求职者前来应征组织的职缺，遣退（Termination）是指员工自愿与非自愿离开组织之际所必须处理的各项事宜。这两者也是由人力资源幕僚直接负责，各级主管协调配合的活动。

图 9-4 说明了招募与遣退活动中各种可能的选择。在人力不足之际必须进行招募，此时可以采取内部或外部途径，内部招募（Internal Recruitment）是指在既有的员工中寻找适当的人选以填补职缺，通常是由用人单位主管主动搜寻，但也可以由人力资源幕僚负责在人才库中搜寻，或者采用职缺公告（Job Posting）的形式，在组织内部公布职缺，有兴趣的员工自行向人力资源幕僚询问相关事宜。这其中，职缺公告原来是属于内部招募可能采取的方法，但是在网络科技普及之下，许多业者直接在自己的网页上公布职缺，因此，组织外界人士也可以获得求才信息并主动与人力资源幕僚接洽，从而兼具外部招募的性质。

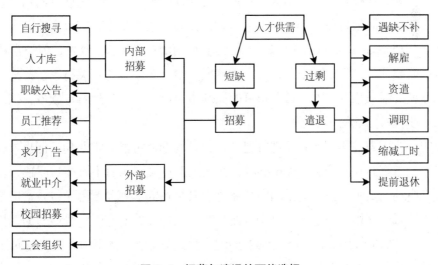

图 9-4　招募与遣退的可能选择

内部招募具有成本低而时效高的优点，但未必能够找到恰当的人选，而且在显然不适用于大量人力短缺的情形下，仍然必须适时运用外部招募（External Recruitment），吸引组织外界的人士来填补各项职缺。事实上，许多较具规模的业者都会维持某些外部招募机制，尤其是在每年农历新年后的转职潮与每年 6 月的毕业季节期间，除了在必要时填补各项职缺之外，也借着持续录用新进人员来避免组织的人力资源出现僵固、老化等弊病。

对某些知名企业而言，网页上的职缺公告已经足以吸引大量的应征者，因此未必需要其他的外部招募机制。然而，若企业的知名度不足或职缺吸引力不高，则必须适时运用其他各种外部招募机制，否则无法填补职缺。这其中，员工推荐（Employee Referrals）可以视为常设机制，不论组织是否拟订了正式的规定，通常都会接受既有员工引荐其亲友到组织内任职。这种机制无须耗费大量的人力、物力，推荐的人选也可能比较符合组织的需要，因此部分缺工严重的企业甚至用奖金或其他机制来鼓励员工推荐。

若组织想要让较多的可能应征者获得求才信息，则在大众传播媒体或人力资源网站上刊登职缺讯息的求才广告（Want Advertisement）是最合理的选择。虽然必须支付一定的费用，但应征者的数量与素质都可能比较理想，大型企业每年 2 月与 6 月的例行性招募活动中通常都会使用这个渠道。相对于求才广告的直接付费，扮演求才与求职之间桥梁角色的各种就业中介机构（Employment Intermediary）通常采用按件计酬的方式，根据实际推荐人数来收取费用，公营的就业中介机构甚至是免费服务。这类机构包含民营的管理顾问公司与职业介绍所、公营的就业服务站与行政机构的青辅会，以及各地方政府不定期举办的"就业博览会"等。

求才广告和就业中介机构的招募对象是社会大众，因此对于特定族群的招募效果可能不够理想。若招募对象是即将毕业的学生，则直接到学校向学生介绍该企业以吸引毕业生的校园招募（Campus Recruitment）是常见的选择，虽然其成本比较高，但通常都可以吸引一定数量的应征者。当然，企业也可以直接发函给各级学校的相关科系，请其公布求才信息，从而大幅降低招募成本。校园招募的原则也可以推广到其他特定族群，例如针对即将退伍的军职人员办理的军中招募。

相反的，在人力过剩之际必须进行遣退，此时的选择可能非常温和，但也可能非常激烈。最温和的选择是遇缺不补（Attrition），在员工退休或离职后不填补其职缺，若其职务不得省略则由其他员工分担。这是国内企业过去最常用的人力过剩因应方式，但是在无法迅速而大幅的减少雇用人力之下，对景气波动较大的产业助益有限。最激烈的选择是解雇（Firing），在劳动相关法规允许的范围内，根据考绩或其他具体事项终止部分员工的雇佣关系。这种选择可以立刻而且大幅的减少雇用人力，但对于员工的影响太大，社会观感亦不佳，因此较具规模的国内业者过去很少采用。

其他比较温和的选择包括提前退休和缩减工时。提前退休（Early Retirement）是指员工虽然尚未达到强制退休的年龄，但组织以各种方式鼓励已达自愿退休年龄的员工申请退休，从而让组织所雇用的人力减少，而员工也因为可以领取退休金而不至于生活困难。缩减工时（Working Hours Reduction）则是在不减少雇用人力的前提下降低组织所负担的人力成本，员工实际工作时数与收入都减少，但还不至于生活困难。

资遣（Layoff）是指按照劳动法令规定给予资遣费并终止雇佣关系，属于对员工影响较大的选择，社会观感亦不佳，而且资遣费总额也可能相当庞大，因此国内企业过去较少采纳。然而，在经营绩效长期不理想而公司仍有意继续经营的情况下，缩减营运规模并削减人事费用就成为必要的选择，因此近年来知名企业已经普遍接受资遣员工的做法。

另外，若个别部门的人力供需失衡状况不一致，则让部分员工转换其所属部门及负责职务的调职（Job Transfer）可能是最理想的选择。当然，调职还具有其他正面与负面的功能，例如，增进员工的历练或逼迫特定员工自动请辞等，但纯粹就调整人力供需而言，将人力过剩部门的部分员工调动到人力短缺的部门，确实是应该优先考虑的选择。

随堂思考 9–2

近年来某些业者推出称为"无薪假"的人力资源措施，由公司指定若干员工从指定日期开始"放假"，直到公司发出通知请其回来上班为止。这些员工与公司的雇佣关系并未终止，但休假期间无须向公司报到，公司也不发放任何报酬。以图9–4所示的选择而言，无薪假比较接近哪个？对员工的影响程度可能是什么？

9.4 甄选

招募活动只是吸引或寻找可能的人选，如何在可能的人选中进行节选，从而聘用最适当的人选，则是属于甄选（Selection）的范畴。个别组织所使用的甄选过程可能有很大的差距，主要取决于招募阶段所吸引的应征人数多寡，应征者愈多，则过程愈繁复。图9–5显示了甄选新进员工之际比较繁复而完整的流程，其中部分阶段可以斟酌实际需要而合并或省略。

在首次接触应征人员之际，人力资源幕僚第一步通常会要求应征者填写一份应征人员资料表（Application Form），其中包括姓名、性别、年龄、学习经历等个人资料，必要时也可以要求应征者另行附上可供佐证的各种证件。各文具店通常都会出售标准格式的应征人员资料表，但组织可以配合需要自行设计。当然，招募流程中通常可以要求应征者送交

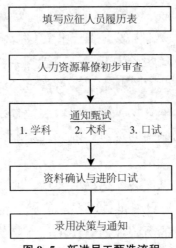

图 9-5　新进员工甄选流程

特定格式的个人资料表及相关证件，从而可以省略这个步骤。第二步是由人力资源幕僚进行初步审查，其主要审查事项在于应征者的条件是否符合要求，例如学习经历是否符合既有规定等。广义而言，这个步骤也可以视为招募活动的一环。

从完成初步审查开始就正式进入甄选过程。人力资源幕僚必须与各个用人单位协调，安排考试方式与地点、考试科目与试题、出题人与主考官、监考人及其他考场服务人员等事项，然后对通过初步审查的应征者发出甄试通知。一般而言，考试方式不外乎学科、术科与口试这三者。学科考试（Academic Test）通常是用来确定应征者是否具备足够的基本常识与专业知识，以笔试为主，考试科目与试题内容视应征职务而定，无法一概而论。术科考试（Practice Test）则是用来确定应征者是否具备特定职务所需的实际操作能力，通常采用职务样本测验（Job Sample Test）来处理，要求应征者实际进行某种或多种应征职务上可能出现的工作，例如，要求厨师一职的应征者在规定时间内完成指定的菜色。

口试（Interview）也称为"面试"或"面谈"，意指通过面对面问答的形式来评估应征者，其主要评估事项通常不再是专业知识与能力，而是包括沟通能力、临场反应、个人价值观等比较抽象的议题。口试成绩可能和学科及术科考试成绩一起计算总成绩，但也可能是在运用学科及术科考试成绩来进一步筛选之后，以口试成绩来决定最后的录取对象。另外，许多组织会安排用人单位主管来对学科及术科考试合格者进行口试，据以决定是否录用该应征者。因此，不论是在进行学科及术科考试的同时进行口试，还是用学科及术科考试成绩来决定口试人选，口试成绩都普遍被视为决定录取与否的关键。

就实务层面而言，若属人力资源幕僚负责主持口试，则通常会使用结构化面谈（Structured Interview）的形式，事先决定口试过程中所提出的问题及其顺序，从而可以根据各个应征者的答复来研判优劣。然而，其他形式的口试过程也分别有其优点，例如不预设问题与顺序，尽可能由应征者自由发挥的非结构化面谈（Unstructured Interview）可以了解应征者是否事先"做好功课"，以及其组织与表达能力是否良好等。以虚构的事件或状况来询问应征者会如何处理的情境式面谈（Situational Interview），则有助于了解应征者对相关知识的掌握以及临场反应能力。而要求应征者针对自己实际经历的状况说明当时处理方式的行为描述面谈（Behavior Description Interview），则可以了解应征者面对问题时的思考方式。

总之，口试过程中可能的选择很多，虽然有部分研究主张结构化面谈比较可能找出最适当的人选[2]，但整体而言，目前对其相对优劣仍无定论。另外，甄试可以视为组织在应征者中挑选未来员工的过程，但反过来也可以视为应征者在众多组织中挑选未来雇主的过程，因此口试过程中理应对应征者提供真实而具有参考价值的相关信息，包括组织的人力资源措施与应征职务的实际状况等，这种做法称为切实的职务简介（Realistic Job Preview），研究显示此举有助于提升录用员工的满意度并降低其流动率[3]。

从甄试结束到寄发录用通知之间，人力资源幕僚通常还必须处理下列两件事：①进行应征者背景调查，确定应征人员资料表中各种事项都正确无误，甚至可能包括有无使用毒品或其他犯罪前科等记录；②按照内部惯例或规定，安排用人单位主管或高级主管进行进阶口试，完成最后的录用确认。当然，如果在这个阶段出现疑虑，即使甄试成绩名列前茅，最后还是可能不予录用。

随堂思考 9-3

一位商界名人指出，他在应征某项业务工作之际，口试主持人提出的问题是"派你到阿拉斯加向爱斯基摩人推销冰箱，你会怎么办？"试问这属于何种形式的口试？其主要目的是什么？

9.5　教育训练

接到录用通知而按时报到的新进人员先由人力资源部门处理相关手续，然后就进入"新进人员教育训练"的阶段。一般而言，企业或其他组织都会安排正式或非正式的环境认识（Orientation）活动，包括介绍组织的背景与目前的营运状况，邀请高级主管致辞勉励，以及说明员工应该遵守的规定与实际享有的权益等，最后可能还会安排到预定任职的单位认识未来的上司与同事。

环境认识及后续的正式或非正式教育训练是新进人员社会化（Socialization）过程的主

体，借以让员工熟悉工作环境中的各个层面，从而可以顺利地融合到组织这个小社会中。研究显示，组织积极介入新进人员的社会化过程，确实可以衍生许多有形与无形的效益，包括提升工作满意度与绩效、降低工作压力与离职意愿等等[4]。

严格说来，教育和训练是表面上相似但实质上有差异的两种活动。虽然两者都是进行学习，在过程上极其相似而难以区分，但使用训练（Training）一词，通常是指学习现有职务上需要的知识技能，而教育（Education）一词则通常是指学习未来可能的职务上需要的知识技能。因此，基层业务人员研习销售技能属于训练，而研习销售管理课程则应该视为教育。同理，学校所提供的课程通常比较倾向于教育，而管理顾问公司提供的课程则倾向于训练。

图 9-6 呈现了教育训练活动所涵盖的四个阶段。首先，要评估教育训练需求，确定教育训练的对象是哪些人以及需要哪些教育训练。其次，则是根据教育训练需求评估结果拟订计划，包括所要达成的目标和有关人、事、时、地、物等事项的详细行动计划。最后两个阶段则是执行计划并评估成果。

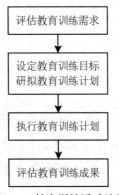

图 9-6 教育训练活动流程

这四个阶段有许多应予考虑的细节，但这些细节中有许多属于人力资源幕僚的专业，因此本节只作扼要的说明。首先，在评估教育训练需求时，必须确定教育训练的对象是哪些人以及需要哪些教育训练，前者通常以员工所属层级来分类，包括新进人员、基层员工、储备干部与基层主管和中高级主管等，后者则可以用管理者所需要的能力来区分，新进人员和基层员工通常偏重于技术能力，储备干部与基层主管经常强调人际能力和跨功能的概念能力，而中高级主管则可能比较重视环境变迁、国际观等概念能力。

在教育训练目标方面，基本原则与一般管理决策中的目标设定相同，都应该符合SMART 的准则，因此不应该选择"提升销售能力"这类不够具体且难以衡量的目标，而"了解基本销售流程"和"熟悉常用的拒绝处理话术"则是比较理想的选择。

在实际的教育训练计划方面，必须考虑的事项以及个别事项可能的选择都相当繁多，足以填满一本数百页的教科书，图 9–7 列出其中比较基本而常见的部分，其中的学员（Trainees）是指接受教育训练课程的员工，内容则是指提供何种教育训练，两者的分类已如前述，因此后文只对其他事项略作说明。

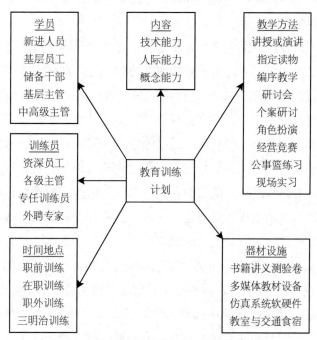

学员
新进人员
基层员工
储备干部
基层主管
中高级主管

内容
技术能力
人际能力
概念能力

教学方法
讲授或演讲
指定读物
编序教学
研讨会
个案研讨
角色扮演
经营竞赛
公事篮练习
现场实习

训练员
资深员工
各级主管
专任训练员
外聘专家

教育训练
计划

时间地点
职前训练
在职训练
职外训练
三明治训练

器材设施
书籍讲义测验卷
多媒体教材设备
仿真系统软硬件
教室与交通食宿

图 9–7　教育训练计划涵盖事项与替代方案

首先，教育训练都涉及学习，一头有人"学"，另一头就必须有人"教"，这些负责指导学员学习的人统称为训练员（Trainers），又因为教育训练课程最常见的是课堂讲授的形式，因此实务上通常都泛称为"讲师"。这些讲师可能直接由组织内的资深员工或各级主管兼任，但是在必须重复提供相同的教育训练内容之际，也可能聘用专任的训练员来负责指导，而在组织内部缺乏适当的训练员人选之际，则可能以外聘的方式处理，甚至让员工参与外界举办的教育训练课程。

其次，在时间与地点的安排上，若将新进人员集中以便提供相同的教育训练，则因这些员工尚未正式上任，因此称为职前训练（Pre-job Training），其内容偏重于环境认识与组织的一般性规定等共同事项，当然也可能安排一些特定行业所需的基本专业训练。相对的，若将新进人员分派到各个单位，以"边做边学"的方式接受教育训练，则因为这些员工已经正式上任，因此称为在职训练（On-the-job Training），其内容偏重于特定职务上必须熟悉的方法与流程。

此外，若出于讲师专业或时间冲突等考量，必须让员工暂时离开工作岗位方可进行训练，则称之为职外训练（Off-the-job Training），这类训练的内容可能跟员工既有职务没有直接关联，例如接受储备干部集中训练，也可能纯粹只是因为有必要专心学习，例如业务员集中学习进阶的销售技巧。同一个教育训练计划中也可以兼有在职与职外训练，让员工一方面可以集中学习特定知识技能，另一方面也可以在学习之后立刻应用在工作上，这类安排俗称为三明治训练（Sandwich Training），在旅馆业的储备干部培训上相当常见，部分教育机构也以这种训练方式来吸引学生。

教学方法上可能的选择相当多，但最常用的还是类似于各级学校上课方式的讲授（Lecture），由训练员对学员说明乃至示范特定的知识技能。同样由训练员扮演主角的还有针对各种议题所进行的演讲（Speech），只不过演讲者通常是外界的知名人士，而且主题往往是配合演讲者的背景设定的，无法针对学员的需要弹性调整。

相对的，若所要学习的知识技能业已书面化，则可以要求学员阅读指定读物（Readings），随后借由提出学习心得来确认业已接受指定的教育训练。更完整缜密的方式则是编序教学（Programmed Instruction），以书面形式（含计算机教学软件）系统地呈现各项知识技能，让学员以自己的步调由浅入深地逐步学习。这两种教育训练方式都是由学员扮演主角，但也因而比较难以管控学习进度与成效。

研讨会（Seminar）是由专家简报某个特定议题，与会人士在听取简报之余还可以询问讨论，由于其主题经常是新的产品/制程技术或经营管理方法，因此组织很可能愿意支付费用让特定人员与会，然后将所见所闻传达给其他员工。个案研讨（Case Study）是将实际发生的案例书面化，学员先阅读内容，然后各自提出解决之道并进行群体讨论，其目的在于让学员贴近真实的事件并培养其思考与辩论的能力。

角色扮演（Role Playing）是另一种让学员贴近职场实际生活的训练方式，由若干位学员分别扮演不同的角色，例如餐厅经理、服务生与顾客，然后在事先设定的情境下各自决定如何反应，结束后再由训练员带领全体学员进行讨论。经营竞赛（Management Game）也可以视为角色扮演，通常以小组为单位，彼此视为竞争者，每个小组都要决定产品价格、生产数量、营销与研发支出等事项，将各组的决策输入计算机并由特定软件进行运算后，就产生了营业额、利润、市场占有率等资料，持续若干期之后再由训练员带领全体学员进行讨论。

公事篮练习（In-basket Exercise）通常用于甄选管理职应征者，但也可以作为教育训练方法，基本上只是安排一个类似于管理者办公桌的场合，准备若干需要处理的事务，让学员亲自处理这些与实际工作内容大致相同的虚构事务。相对的，现场实习（Field Exercise）则是让学员到实际的工作场所，面对实际的各项事务，由学员决定如何处理，训练员提供指导协助，必要时修正学员的决定。许多组织都让新进人员借由现场实习来边做边学，由资深人员担任非正式的训练员从旁协助，此时，新进人员扮演着俗称为"菜鸟"的徒弟（Protégé），而资深人员则扮演着俗称为"老鸟"的师父（Mentor），研究显示不论是在学术界还是企业界，良好的师徒关系对于徒弟的态度、行为乃至事业成就都有正面的影响[5]。

最后，无论采用何种教学方式，都必须考虑到需要哪些教学设施。举例而言，传统的讲授法必须提供黑板、麦克风、计算机与投影机等设施，若使用影音教材则可能还需要其他的多媒体设备，经营竞赛需要使用计算机和特定的软件，而公事篮练习则必须提供一个近似于办公室的场所，包括桌椅等硬件和视为待处理事项的窗体文件等软件。

完成教育训练计划并获得上级核准之后，剩下的就是按照计划执行并且评估训练成效。执行阶段自然少不了许多协调联络与紧急事项处理等工作，但大致上只要按照计划逐步实施即可。比较困难的在于最后一个步骤的教育训练成果评估，原因在于学习成效通常无法立刻而直接的进行观测。

虽然难免有争议，但目前比较完整的教育训练评估模式是将成效区分为四个层次，如图9-8所示[6]。

第一个层次是反应（Reaction），意指学员对于该项教育训练的评价或满意程度，通常将之区分为讲师、教材、教学方法等事项，以问卷调查的形式要求学员表达其评价或满意水准。这种评估方式最简单而普遍，目前各大专院校的"学生评鉴教师教学"也是针对这个层次，但不难预料这种主观的评估方式未必能反映出实际的学习成效。

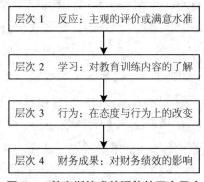

图 9-8　教育训练成效评估的四个层次

第二个层次是学习（Learning），意指学员对教育训练内容的了解、吸收与掌握程度，通常以某种形式的测验来进行，包括笔试与实作，各级学校的期中、期末考也属于这个层次。

第三个层次是行为（Behavior），探讨教育训练内容是否反映在学员的态度与行为上，也就是有无发生训练移转（Transfer of Training）的现象，让教育训练的效果具体反映在工作上。

第四个层次是财务成果（Bottom-linc Result），也就是借由生产力提升或成本下降的程度等事项，以财务数字显示教育训练的效益。

由于行为与财务成果层次的评估较为困难，而且员工态度与行为和组织绩效的改变还可能受到许多其他因素所影响，因此，大部分教育训练的评估都停留在反应与学习层次。然而，虽然证据仍不充分，但确实有部分研究显示，教育训练对于个人的工作表现和组织的财务绩效都有正面的影响[7]。

随堂思考 9-4

中国台湾某大学教师曾在课堂上询问一般硕士生与企业家班硕士生对于教学方法的意见，结果前者普遍偏爱讲授，并主张教科书是不可或缺的教材，而后者则偏爱个案研讨，并且认为教科书过于理论化。试问这种差异的可能原因是什么？配合学生偏好来选择教学方式是否有助于学生的学习？

9.6 绩效评估

员工进入组织之后，就开始接受各种正式与非正式的考核。所谓的考核也称为打考绩，英文名称是绩效评估（Performance Appraisal），意指评估员工在某段期间的工作表现。良好的考核制度有助于发掘员工的优缺点，从而让管理者知道如何提供协助，借由改善员工的工作绩效来提升组织的经营绩效。另外，许多组织也将考绩视为薪资与职务调整时主要的考虑事项之一，或者直接反映在年终奖金的多少上。

实际的考核工作相当繁复，需要人力资源幕僚与管理者密切配合。图9-9列出了考核的一般作业流程，第一阶段是由人力资源部门提出完整的计划，决定由谁考核、如何考核及预定时程等，其中包括考核过程所必须使用的窗体及相关人员必须了解的各种注意事项。

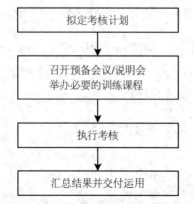

图9-9 考核（绩效评估）的一般作业流程

　　第二阶段是在上级核准考核计划之后，由人力资源部门召开预备会议或说明会，让相关人员完全了解考核的用意、方法及可能的问题与缺失等，必要时还可能举办训练课程，确使相关人员能够完全了解。接下来是由相关人员执行各项考核活动，并将考核结果交给人力资源部门，搭配人力资源部门直接负责的考核事项（如出勤状况）汇总后呈请上级核实，若无疑问则将考核结果通知个别员工并接受员工的申诉。

　　在拟定考核计划时有许多可能的替代方案，图9-10针对考核时间、人选、方法与运用列出部分可能的选择。在时间方面，典型的划分是每三个月（季）考核一次、每半年考核一次以及每年考核一次。当然，这是指整个组织共同进行，必须让每位员工都有一个考绩分数的全面性考核，人力资源部门负责的出勤状况考核必须每天进行，管理者对部属工作表现的主观评价也是随时随地都在调整，而业务单位即使是三个月或半年才考核一次，每个月还是会针对其实际业绩进行检讨。

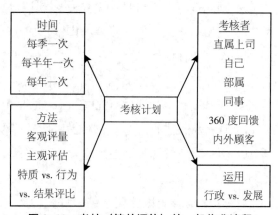

图9-10　考核（绩效评估）的一般作业流程

　　在负责对特定员工进行考核的人选方面，最常见的是由该员工的直属上司来进行考核，原因在于直属上司与部属终日相处，随时都会注意到部属的工作状况，理应比人力资源幕僚或其他人员更能够提供正确的考核。然而，个别上司的主观评价难免存在偏见与疏失，因此产学两界都有人主张可以由员工自己打考绩，再由直属上司审核，若还是维持由直属上司进行考核，则至少要对个别员工进行考核面谈（Appraisal Interview）或绩效面谈（Performance Interview），由直属上司与部属面对面讨论，让部属知道自己的考绩为何，以及为何会得到该项考绩，若对于考绩有意见则可以立即申诉辩驳，必要时还可以共同商讨如何改善工作绩效。

　　管理者本身也是考核的对象，因此对管理者的考核同样可以采取直属上司考核或自我考核。然而，管理者经常与其他单位的主管协调联络，而且其职责之一是有效的领导部属，因此由部属或同事来进行考核也是可行的。部分学者专家甚至主张，最理想的考核方式是360度回馈（360° Feedback），也就是同时由直属上司、部属和同事来进行考核。

另一种论点在于组织必须满足顾客的需要才可以生存发展，因此由顾客来进行考核是最合理的选择。然而，组织内部的许多员工都没有直接和外界的顾客接触，显然不可能由顾客进行考核。针对这个问题，学者专家发展出内部顾客（Internal Customer）的观念[8]，认为组织内大部分的部门都是对其他部门提供服务，作业流程有先后顺序的直线部门如此，没有先后顺序的幕僚部门亦然，因此所有的部门主管都可以由内部或外界的顾客来进行考核。

另外，图9-9中并未列出团队考核（Team Performance Appraisal）的选择，原因是这种考核不再以个人为对象，而是将整个工作团队视为一体，针对整个团队来进行考核，同一个团队内的员工不再有考绩差异。在员工必须互助合作的工作环境中，团队考核是比较合理的选择，只不过难免会出现"搭便车"之类的不公平现象，至于在考核时间、人选、方法与运用等方面则与个别员工的考核无异。

在考核方式上也有许多不同的选择。最合理的做法是客观评量（Objective Measures），也就是取得客观的绩效数字，例如生产或销售数量等，借以形成比较基准一致且客观正确的考绩。一般而言，除了业务人员和计件制的生产线员工之外，通常都因为记录成本过高而无法取得客观的绩效数字，因此客观评量的适用范围受到限制。对于缺乏客观绩效数字的员工而言，其考核方式通常都是采用主观评估（Subjective Evaluation），也就是由负责考核的人根据自己对该员工的主观看法来进行评分。这种做法比较简便而经济，但显然可能因为考核者的亲疏好恶等因素而影响考核的公平性。

考核方式的另一个面向是究竟要考虑哪些事项。一般而言，若可以取得客观的绩效数字，自然是根据实际的绩效数字来考核，因此属于结果评比（Outcomes Rating），但是在无法取得客观的绩效数字时，则可能针对员工的个性、学经历等个人特征或出勤状况、努力程度等行为倾向来考核，分别称为特质评比（Trait Rating）和行为评比（Behavior Rating）。这两种方式的基本假定是员工的特质或行为会反映在工作表现上，但实证研究显示其间的关联相当有限[9]，因此虽然在实务上相当普遍，但严格说来并不是理想的选择。

另外，考绩资料通常至少有两种主要的用途，其一是作为奖惩、薪资与职务调整等人事行政决策的重要依据，因此称为行政目的（Administrative Purpose），其二则是作为教育训练与生涯发展等事项的参考，因此称为发展目的（Developmental Purpose）。研究显示亚洲国家与美国相比较少将考绩资料运用于薪资与升迁等行政目的，而在考绩资料运用在行政目的之际，员工所获得的考绩通常只是运用在发展目的[10]。

考绩资料的用途会影响考绩的水准，显示资料用途会影响考核能否正确可靠地反映出员工在工作上的表现。除此之外，其他许多制度面因素与考核者个人因素都可能影响考核的结果，如表9-1所示。前述在考核过程中可能必须举办说明会或训练课程，主要用意之一在于减少考核者个人因素所衍生的偏差，至于在考核事项含糊、考绩资料用途与政治考量等制度性因素方面，则需要在高级主管的支持下调整组织的考核制度。

表9-1　考核过程常见的偏差

来源	偏差类型	说　明
制度面	资料用途	考绩运用在薪资与升迁决策时评定的分数比较高
	政治考量	基于某些个人利益考量而给予不符事实的评分
	考核事项含糊	考核者无法针对考核事项提出合理正确的评分
	考绩配额	受制于规定的考绩分布状况而必须修改部分评分
个人因素	晕轮效应	根据自己对受考核者的整体印象而非个别事项来评分
	近期效应	只考虑到受考核者最近期间的工作表现
	集中趋势	对各个考核事项都给予接近中性的评分
	宽容/严苛	对各个考核事项都给予偏高或偏低的评分
	歧视/偏见	因为性别、年龄、族群等因素而给予偏高或偏低的评分

随堂思考 9-5

以下列三种职务而言，您认为在考核者与方法上应该如何选择？为什么？①饭店外场服务人员；②旅行社业务人员；③旅行社作业人员（OP）。

9.7　薪资福利管理

对员工而言，为组织付出时间、精力与知识智慧的同时，想要获得的物质回报主要在于薪资福利，因此任何组织都不应该对其薪资福利制度掉以轻心。本节将对薪资福利的相关议题略作探讨，虽然不足以让读者成为"专家"，但就一般管理职务而言已经足够。

9.7.1　薪资

首先，中文的薪资一词在英文中经常以补偿（Compensation）或报酬（Reward）等形式出现，泛指员工在工作上所获得的直接金钱报酬，当中其实包括三种不同的报酬，其一是按照工作时间或工作量来计算的工资（Wage），其二是对于员工在特定期间的全部贡献以特定金额给付的薪水（Salary），其三则是基于工作表现良好或体念工作辛劳等考虑而临时给予的报酬，通常称之为奖金（Bonus）。因此，餐饮业兼职服务人员可能每小时获取100元的工资，而专职的领班则可能每个月领取3万元的薪水，年底可能因获利良好而分别获得数千元与数万元的奖金，这三者性质不同，但都可以称为薪资，其中，工资与薪水大致上相当稳定，因此也称为"经常性薪资"（Regular Compensation）。

其次，虽然经济学教科书指出薪资取决于劳动的边际生产力，但薪资制度的设计通常都必须兼顾许多层面，而且薪资本身也可能包含不同的成分。图 9-11 尝试呈现出薪资制度的影响因素与设计要点，虽然不可能完整无缺，但有助于掌握薪资制度的全貌。如图所示，薪资制度的特征可以分为三个层次，其一是薪资水准（Compensation Level），意指一般而言（尤其是相同的职务比较下）其薪资是高于、相当于或低于同业一般水准，其中也包括高出或低于同业的程度。其二是薪资结构（Compensation Structure），意指不同层级的职务在薪资上所呈现的差异，例如总经理与厨房洗碗工的薪资可能只差五六倍，但也可能呈现百倍或千倍差距。最后则是薪资组成（Compensation Component），也就是选择用一个名目来涵盖所有薪资"单一薪俸制度"（Lump-sum Payment System），还是采用"多重加给制度"（Multiple Payment System），将薪资区分为特定职务上彼此相同且每期固定不变本薪/底薪（Base Wage and Salary）、交通食宿职务津贴等加给（Add-ons），以及金额不固定而属于非经常性薪资的各种奖金。

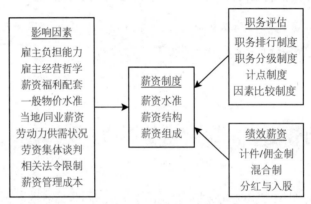

图 9-11　薪资制度的影响因素与设计要点

最后，由于组织至少必须收支平衡方可长期生存，因此雇主的负担能力是影响薪资制度的重要考虑事项，因此，业界通常会出现获利能力愈高则薪资水准愈高的现象。此外，雇主在人力资源管理上的经营哲学也是重要的考量，视员工为"奴仆"的雇主会尽可能压低薪资水准，而视员工为"伙伴"的雇主会尽可能让薪资水准高于同业。当然，薪资水准至少要让员工生活无虞，因此也必须将一般物价水准纳入考虑，物价水准偏高的地区自然有必要提供较高的薪资。

另外，薪资也是吸引人才的主要工具之一，在求职者通常有许多可能的选择之下，薪资水准必须不低于当地一般状况，尤其不能远低于当地的同业，否则很难吸引当地人士前来任职。由于一般薪资水准大致取决于当地的劳动力供需状况，因此，后者也是决定薪资水准的考虑因素之一。相关法令限制则主要是影响薪资水准偏低的职务，业者必须遵照最低工资法规支付某个金额以上的薪资。若工会力量庞大，则可能通过劳资集体谈判来抬高薪资，其结果通常会让雇主做出若干让步。最后，薪资福利配套也会影响到薪资水准，原因是福利可以视为非薪资的给付，完备的员工福利可以抵消一部分薪资水准不理想的负面影响。

薪资管理成本则主要是影响薪资组成，由于多重加给制度经常出现个别加给金额可能不敷实际所需（如住宿津贴与业务人员的交通津贴），而采用"实报实销"的方式又可能衍生浮报作假的弊端，在薪资管理上增加许多问题，而且法令上也将这些固定加给视为经常性薪资，因此就减少劳资双方的困扰而言，采用单一薪俸制度是比较合理的选择。然而，若实际薪资管理成本有限，实务上还是可能根据实际需要，按照各项职务的特性而提供不同的加给，例如"主管加给"就是实务上通常会保留的加给项目。

对于没有客观绩效数字的职务而言，其实际薪资主要取决于图 9-11 右上方所示的职务评估结果。所谓的职务评估（Job Evaluation），是指运用某种有系统的方法来评断各项职务对组织的相对贡献或价值，从而可以决定其应有的薪资水准。常见的职务评估方法包括排行、分级、计点和因素比较四种。

职务排行制度（Job Ranking System）古老而简单，只要根据其相对重要性依序排列即可，其结果通常会符合各项职务在组织当中的相对地位。职务分级制度（Job Classification System）在国内译为"职务分类制度"，被大型企业和政府机关广泛采用，基本上是依据各项职务所负担的责任和所需要的知识能力等因素，将之区分为若干个等级（如公务人员分为 14 个等级，国营事业员工则分为 16 个等级），然后对每一个职务等级给予一个相应的薪资范围。

记点制度（Point System）比职务分级制度更进一步，同样是将各项职务区分为若干个等级，但区分过程有明确的规范，必须列出责任、工作环境、知识技能等理应反映在薪资差异上的因素，然后分别在这些因素中划分若干个等级，每个等级赋予特定的点数，最后将个别职务在各项因素上的点数加总，即为该职务的薪资等级基准。因素比较制度（Factor Comparison System）与计点制度类似，同样必须考虑责任与知识技能等因素，但是并不需要详细列出各项因素的等级与点数，改为选择若干个职务作为比较的基准，借由各项职务之间的相互比较来决定其相应的薪资水准。相对于前述的职务分级制度，这两种职务评估方式并不常见。

不论采用何种职务评估方式，最后都会建立起能够涵盖组织中所有职务的薪资等级（Pay Grade），也就是特定职务所适用的薪资范围。图 9-12 以十个职务等级搭配五个薪资等级作为范例。组织中的每个职务都会落在特定的职务等级上，新上任者通常适用于该职务等级中的最低薪资等级，其后，随着年资的积累和考绩的良窳逐期调升，直到该职的最高薪资等级为止。举例而言，新上任的外场领班可能属于五职等，以该职的最低薪资等级聘用，因此其薪资为"五等一级"，一年后因考绩获得优等而连升两级，因此其薪资调整为"五等三级"，依此类推。

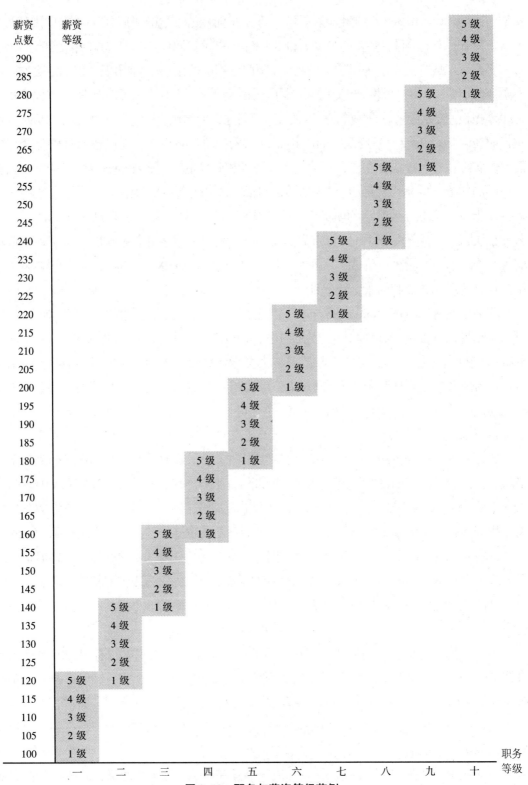

图9-12 职务与薪资等级范例

图 9-12 最左边的一栏称为"薪资点数"，在政府机关与公营事业中称为"本俸"，原因是实际薪资水准会随着法令规定、物价水准等事项而变化，在薪资等级表中纳入实际金额必定面临着必须经常重新修订的困扰。因此，变通之道是用薪资点数或本俸订出各职务薪资等级相对水准，实际支付薪资时将之乘以特定数字即可，从而在薪资水准变动时只需调整相乘的特定数字。

相对的，若该项职务可以取得客观的绩效数字，则组织必须考虑是否要把绩效反映在每期的薪资当中。若决定不予反映，则其薪资的决定与无法取得客观绩效数字的职务相同。然而，若决定将绩效反映在每期薪资中，则统称为绩效薪资（Pay for Performance），图 9-11 右下方列出了几种常见的选择。

首先，组织可以让每期薪资都完全取决于实际的工作绩效，实务上常见的包括工厂作业员的计件制（Piecework）以及基层业务人员的佣金制（Commission Plan），按照实际完成的件数或达成的销售金额核发薪资。这种薪资制度可以将工作表现与工作报酬密切连接，对于提升工作绩效理应有所助益，但员工可能因为景气不佳、生产线停工等不可抗力因素而出现收入锐减难以生活的困境。

其次，基于保障生活的考量，即使可以取得客观的绩效数字，大部分组织还是倾向于提供一定水准的薪资报酬，而后再考虑工作表现而发给部分奖金。在这种混合制（Combination Plan）之下，员工每期可以领取固定的底薪，足以维持日常生活所需，而工作表现愈好则额外获得的奖金愈多，因此，仍然具有激励员工努力提升工作绩效的效果。实务上对于这类奖金有许多不同的称呼，包括"绩效奖金"、"工作奖金"、"业绩奖金"等。

最后，虽然许多企业员工无法取得客观的个人绩效数字，但整个企业的经营绩效可以用会计数字来衡量，而此绩效又是全体员工分工合作的成果，因此让员工分享经营成果也是激励员工的方法之一。比较传统的做法是分红（Profit Sharing），意指提取一部分利润当作奖金发给员工，其提取比例可能纳入公司的规章制度，但也可能是由经营阶层酌情决定。近年来较热门的是员工入股制度（Employee Stock Ownership Plan，ESOP），意指让员工以特定价格（通常远低于市价）购买公司的股票而成为股东，因此，公司获利愈高则员工所能获得的股利或涨价利益愈多。至于国内科技产业中常见的"分红入股"，则是分红与入股这两者的结合，在提取一部分利润当作奖金之际，以公司股票而非现金的形式发放给股东。

显然，在分红制度下，只要公司获利能力良好，员工就可以享受分红的利益，但是入股制度的激励效果则有一部分取决于公司的股票是否上市以及实际股价高低。在股票未上市或股票价格偏低的情况下，员工或许可以因为获利能力提高而领取较高的股利，但金额通常相当有限，无法享受到相对而言可能比较重要的股价上涨利益。

另外，股票选择权（Stock Option）也是一种员工入股方式，通常只有高级主管享有这项权利，而且其主要着眼点在于提高股票价格而非获利能力。这类选择权契约中明订该主管可以用特定价格购买特定数量的公司股票，若股价始终低于契约所定价格，则该主管不会执行契约，任由该契约到期作废；反之，只要股价高于契约所定价格，该主管就可以执行契约向公司买进股票，然后到市场上卖出而赚取价差。这种制度让高级主管的个人利益与股东的利益连接，按理可以激励高级主管努力提升营运绩效，但因为这类选择权契约经常涉及庞大的金额（可能高达百万或千万美元），而且股价可能因为景气与市场状况而自然上涨，让高级主管不劳而获，因此其正当性仍有争议。

随堂思考 9-6

根据行政主管单位劳工委员会的调查，航空公司的机师（飞机驾驶）是中国台湾地区薪资最高的行业，而厨师以外的厨房工作人员则是薪资最低的行业之一，试根据图 9-11 的架构，指出这两者薪资最高或最低的可能原因。

管理前线 9-2

会不会"入错行"啊？

虽然"男怕入错行"的俗语应该改成"男女都怕入错行"，但古今中外，薪资高低都绝对符合是否"入错行"的定义。根据中国台湾行政主管部门劳工委员会公布的 1998 年各职类薪资调查结果，制造业及服务业平均每人每月经常性薪资为 35895 元，其中以航空公司的飞机驾驶员最高，平均达到 16.41 万元，其后依序为精算师 16.04 万元、职业运动员 11.73 万元和受雇医师 9.99 万元。相对的，薪资最低的前 5 项职类则依

"阿基师"是闻名的五星级厨师。
（照片由联合报系提供）

序为平均只有 1.50 万元的餐饮服务员、1.66 万元的加油站服务人员、1.76 万元的厨师以外的厨房工作人员、1.79 万元的游乐场所服务员和 1.84 万元的饮料调配及调酒员。这其中，观光相关产业中兼有薪资最高（飞机驾驶员）和最低（餐饮服务员）的职类，而薪资最低的 5 个职类中有 4 个是在观光相关产业中。

就薪资最低的部分而言，餐饮业薪资偏低似乎是全世界共同的现象，例如，Forbes 杂志在 2010 年所发布的调查薪资显示，年薪最低的 5 个职类中有 4 个属于餐饮业，分别为兼顾内外场的餐厅服务人员、快餐业烹调人员、洗碗工、餐饮业服务生

与吧台，平均年薪都低于 19000 美元，和美容院洗头小妹的薪资相近。这个现象也不难理解，毕竟餐饮业是观光相关产业当中最接近完全竞争的产业，生存已属不易，想要获得良好的利润可说是难上加难，员工的薪资水准自然也难以提高，何况除了厨师之外，大部分内外场服务人员所需的专业知识与能力都相当有限，只需要短期训练即可上阵。

显然，如果不想因为薪资偏低而发出"入错行"之叹，就应该选择需要专业知识与能力的职类，例如"厨师"的平均月薪接近 3.5 万元，远高于专业程度偏低的"厨师以外的厨房工作人员"。虽然想要成为像"阿基师"那样闻名的厨师可能有困难，但至少不至于在成为资深人员之后仍然苦叹薪资微薄、难以糊口。

9.7.2　福利

除了薪资以外，组织还对员工提供许多具有经济价值的事项，例如提供免费或廉价的食宿等，这类同样是用在员工身上，但并非以薪资或奖金名义支付给员工的事项统称为员工福利（Employee Benefits）。由于种类繁多且不像薪资那样直接明显，因此许多管理者可能误以为其金额相当有限。事实上美国平均的员工福利支出大致相当于薪资的 40%，在就业条件规范较多的国家经常达到 50% 以上。

员工福利的可能项目很多，不可能逐一列举，目前也缺乏完整合理的分类体系，表 9–2 列出常见的员工福利项目，先以法令是否有所规范来分类，法令未曾规范的部分进一步以食衣住行来分类。其中，由于以现金形式逐期给付的交通、房租等津贴依法视为经常性薪资的一部分，因此表中不予列示，但显然组织可以针对食衣住行等事项选择性地提供各项津贴。

表 9–2　常见的员工福利项目

法定项目	自选项目
劳工保险或公教保险等 各种不扣薪的休假 退休金与资遣费 职业灾害补偿 健康检查 职工福利金	食：员工餐厅、特约餐厅、餐券 衣：制服 住：员工宿舍、房屋贷款补助 行：交通车、购车贷款补助 育：教育训练、进修补助、子女教育补助 乐：团体旅游、海外旅游补助 医：团体保险、医疗补助 其他：生日/节庆/婚丧吊赠、社团活动急难救助、心理咨询

如表 9–2 的左侧所示，法定的员工福利项目中的第一项是受雇员工依法应该投保的保险，对一般企业员工而言是"劳工保险"，对公职人员和学校教师则是公教人员保险。这

类保险都属于"全方位"的保险，在疾病、身故、退休等情况下都可以根据规定领取保险给付。退休金也是法定的福利项目，而且和上述的劳工与公教保险类似，都是逐期在员工薪资中扣缴部分费用，但组织相对提取更高的费用，然后汇总缴纳到主管机关，记录到个别员工的名下。休假制度也是员工福利重要的一环，雇主不得因为星期例假、法定假日及其他法令规定的休假而扣减员工的薪资。

一方面，雇主可以自行选择的员工福利项目多不胜数，如表 9-2 的右侧所示，即使详细区分为食衣住行等类别，仍然会出现若干难以归类的项目。这点也显示雇主必须在其中加以选择，配合大部分员工的需要来提供适当的福利项目。另一方面，由于员工福利的成本相当可观，而员工也未必迫切需要雇主所提供的福利项目，因此学者专家提出弹性福利制度（Variable Benefits System）或自选式福利（Cafeteria Benefits）的措施，按照成本对每个福利项目赋予点数，员工可以在其职级所对应的点数范围内，自行选择自己所需要的福利项目。

9.8 其他人力资源议题

除了上述各项议题之外，人力资源管理领域还有许多与员工关系密切的事项，本节将针对劳资关系和生涯发展略作探讨。

9.8.1 劳资关系

不论是称为工业关系（Industrial Relations）、劳工关系（Labor Relations）或劳资关系（Management-employees Relations），基本上都是指借由各种方法来维持甚至提升员工对组织的向心力，其积极的一面是促使员工努力提升组织绩效，消极的一面则是避免出现员工抗争等事情而影响组织的营运。

劳资关系受到雇主关注的部分原因在于，许多国家都通过了工会法及其相关法规，允许劳工集结成立属于社团法人的工会（Labor Unions），借由团体的力量来维护或争取自己身为劳工的权益。通过工会来争取劳工权益的结果，通常是雇主必须做出某种程度的让步，而人工成本也随之上升[11]。在这种情况下，如何处理工会及其衍生的问题，自然成为雇主所关切的事项，而这也是为何美式人力资源管理教科书的劳资关系议题都以工会为核心。

图 9-13 列示了管理者对于工会及其相关议题所需的基本认识。首先，劳工可以根据法令成立工会，最常见的是同一个组织的劳工共同组成的产业工会（Industrial Unions），以及由特定行业的劳工所组成的职业工会（Craft Unions），前者如积极参与劳工运动的"中华电信工会"，后者如台北市旅馆业职业工会、台北市导游业职业工会等。另外，全台

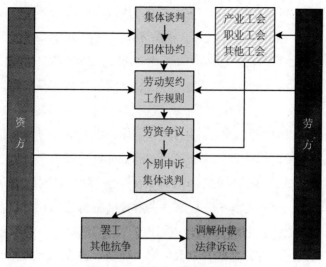

图 9-13　劳资关系的基本议题

还出现了跨行业的全台产业总工会以及各县市的产业总工会，其会员涵盖各行各业的产业工会，已经超出了前述产业工会与职业工会的范围，属于完全开放的劳工团体，不过并不接受个别劳工申请入会。

其次，工会的主要功能是协助会员维护或争取权益，其基本手段之一是集体谈判（Collective Bargaining），由工会人员代表劳工与资方的代表直接进行谈判，提出劳方的要求希望资方能够接受。若谈判顺利则双方会签订团体协约，然后由资方将协约的内容反映在劳动契约和工作规则上。劳动契约（Labor Contracts）的主要内容是工作期限与终止雇佣关系的权利及其限制，例如预告期、资遣费等，工作规则（Work Regulations）则包括工作时间、薪资福利、出勤与奖惩规定等事项。

最后，并不是每位劳工都加入工会，因此未必需要经由集体谈判来决定劳动契约和工作规则。典型的运作方式可称为"合则留，不合则去"：资方拟定劳动契约和工作规则，劳方觉得可以接受这些规定则继续留任，觉得无法接受则另谋高就。由于劳动契约和工作规则必须公开，因此谨慎的求职者可以在应征或面试阶段获得相关信息，从而可能一开始就不考虑到该组织任职。

另外，若劳方认为资方违反劳动契约或工作规则，则可以对组织提出抗议并要求予以改变，这也就是所谓的申诉（Grievance），其第一步通常是向直属上司反映，若得不到满意的结果再选择其他途径。许多组织订有申诉程序（Grievance Procedure），规定各级主管应该如何处理员工的申诉，员工在直属上司未能响应时可以采取何种行动，有时候也规定各项申诉应该由劳资双方所共同组成的申诉委员会（Grievance Committee）来进行最后裁决。

若员工对于个别申诉结果不满意，则可以向工会申请支持，同时有许多员工有意进行类似申诉时更可能直接由公会出面，与资方进行集体谈判。若资方不让步，则可能由工会发起各种形式的抗争，包括号召会员在某一段时间暂时不上班的罢工（Strike），通过媒体呼吁消费者拒绝购买该组织产品/服务的杯葛（Boycott），乃至于向司法机关控告该组织违反法令等。当然，个别员工也可以进行这类的抗争，但相对而言其影响力及可能的效果毕竟不如工会。

一般而言，诉诸法律被视为迫不得已的最后手段，因为诉讼过程旷日废时，因此常见的选择是向主管机关申请调解或仲裁。调解（Mediation）是指由第三者出面主持协商，设法获得双方都可以接受的方案，仲裁（Arbitration）则是双方共同向第三者表达立场，由第三者裁定谁是谁非及应该如何解决。显然，调解或仲裁都必须存在着客观公正而受到双方认可的第三者，就这点而言主管机关确实是比较可能的选择。

整体而言，台湾地区的劳资关系并不算恶劣，劳方很少发动大规模的罢工，但每年仍发生数千件的劳资争议，主要原因在于双方对劳动契约和工作规则的解释不同，其次则在于薪资福利事项。另外，近年随着经济成长趋缓和产业外移等现象，资方未能按照法令先行预告而歇业，以及歇业时未能发给资遣费甚至薪资的事件屡见不鲜，对于兢兢业业的劳方而言确实非常不公平。

9.8.2 生涯发展

一般而言，大部分劳工在进入职场求职之际，都不是只求获得一个职位来换取生活所需，而是希望自己在工作上能够不断进展，最后获得自己理想的职位，甚至也可能是希望最后能够自立门户"当老板"。生涯（Career）一词就是指个人从踏入职场开始到退出职场为止所有职务的总和，也就是日常对话中经常出现的"事业"，若专注于未来可能的所有职务则等同于"前途"。

虽然大部分新进员工都不认为自己这辈子都会留在这个组织中，但无疑每位员工都希望组织能够对自己的生涯、事业或前途有所助益，因此，员工的生涯发展也是管理者和人力资源幕僚必须重视的事项。简言之，若员工在组织中可以看到"自己的前途"，那么自然可能死心塌地的为组织牺牲奉献，从而产生较好的个人工作绩效，进而衍生较佳的组织绩效。

图 9-14 呈现了员工生涯发展的几个核心观念。首先，个人的生涯大致上可以区分为四个阶段，依序为探索、确立、维持与衰退[12]。第一个阶段是探索期（Exploration Stage），大致涵盖了从出生到初入职场的前几年，这段时间主要是发掘或培养自己的兴趣与能力，从而为将来的就业选择打好基础。在打定主意要在哪个行业或职业中持续寻求发展之后，就进入了第二个阶段确立期（Establishment Stage），一方面持续不断地提升自己在这个领域中的知识能力与经验，另一方面也因为对组织甚至社会的贡献不断提高而持续获得升迁。

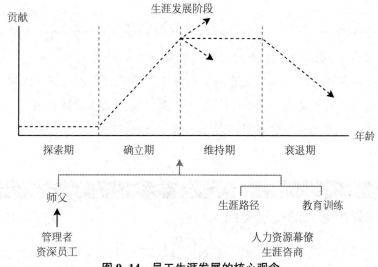

图 9-14 员工生涯发展的核心观念

第三个阶段是维持期 (Maintenance Stage)，通常是在 50 岁左右开始，许多人因为在能力与贡献上已经达到个人的极限，从而只能"原地踏步"，陷入所谓的生涯高原期 (Career Plateau)。当然，有不少人突破了生涯高原期现象，持续地在能力与职位上有所进展，但也有许多人无法适应环境的变迁而江河日下，沦为俗称的"米虫"或日本俗称的"窗边族"。最后，进入第四个阶段，60 岁出头则进入了衰退期 (Decline Stage)，关注焦点逐渐转移到退休后的生活，对组织所付出的心力与达成的贡献都有减无增。

针对员工个人生涯发展的问题，组织通常至少可以提供两种协助。如图 9-14 下方所示，其一是由管理者或资深员工扮演"师父"的角色，对部属或后进给予适当的支持、指导、保护与磨炼，甚至以身作则使之有可以效仿的表率。其二是由人力资源幕僚提供生涯咨商 (Career Counseling)，协助员工解决各种与个人生涯有关的问题。当然，管理者或资深员工所扮演的"师父"角色中，必定包含了对部属或后进提供有关生涯发展上的建议。

生涯咨商中最基本的事项是根据组织内各项职务的性质与要求，列出可能的升迁路线，也就是所谓的生涯路径 (Career Path)，必要时可能必须规划出主管与非主管这两种不同的升迁路线，形成双轨式升迁制度 (Dual Ladder System)，让员工可以配合自己的兴趣与能力来加以选择。必须与生涯路径形成配套而相辅相成的则是教育训练，因为不同的职务可能需要不同的知识能力，有必要通过适当的教育训练来让员工足以胜任下一个职务。

随堂思考 9-7

包括迪士尼公司在内，许多大型企业都对外宣称严格执行内升（Promotion from Within）政策，各级主管都是从既有员工中擢升，另外，也有许多企业实施双轨式升迁制度，让表现良好的厨师、工程师、业务员等享有高级主管的礼遇但无须担任主管职。就生涯发展观点而言，这两种制度各具有什么功能？

管理前线 9-3

无形无影但影响重大的心理契约

员工对于各项人力资源管理措施的反应，经常足以决定员工是否会和组织"说再见"，留任员工的努力意愿也会受其影响，因此，国外有学者提出"人力资源计分卡"（HR scorecard），尝试对组织的人力资源管理措施"打分数"[13]。然而，漫无目的尝试全面改善人力资源管理措施可能并不是明智的选择，因为有证据显示必须考虑员工对各项人力资源管理措施的期待。

这种期待称为心理契约（Psychological Contract），没有任何书面文字，纯粹是员工进入组织前后，在组织对员工应尽的义务上所积累的看法，通常会因人而异。研究显示，员工的心理契约大致可以区分为"交易性"与"关系性"这两个层面，交易性层面是指薪资、升迁、工作保障等事项，关系性层面则是指教育训练、生涯发展等事项，而员工觉得组织违反心理契约之际，通常会导致较低的工作满意度与组织忠诚度，以及较高的离职意愿[14]。

心理契约的存在及其可能的影响意味着组织必须了解个别员工的心理契约状态，然后才可以提供"量身定做"的人力资源管理措施，但这种选择会衍生庞大的人力资源管理成本，显然并不可行。然而，用全部员工心理契约的一般状态来决定人力资源管理措施确实是可行之举，而且心理契约的观念或许也可以应用在部属对上司、顾客对组织等层面，从而有助于发掘领导或营销上潜在的问题。

课后练习

复习题

（1）说明人力资源管理活动的主要内容。

（2）以招募新进员工为例，说明管理者和人力资源幕僚如何协调配合。

（3）人力资源规划活动的主要内涵是什么？

(4) 分别列出招募与遣退员工时常见的可能选择。

(5) 说明典型的新进员工甄选流程。

(6) 说明典型的教育训练活动流程。

(7) 教育训练计划通常应该涵盖哪些事项？

(8) 教育训练成效评估可以区分为哪四个层次？

(9) 说明考核（绩效评估）的一般作业流程。

(10) 为何组织通常会同时使用客观评量与主观评估的考核方式？

(11) 考绩资料常见的两种主要用途是什么？用途对考核结果可能有何影响？

(12) 试列举 5 种考核过程中常见的偏差。

(13) 行业因素对于组织的薪资水准与结构可能有何影响？

(14) 职务评估对于薪资制度有何重要性？

(15) 何谓绩效薪资？其常见的形式有哪些？

(16) 分别列出 5 种法定与法律未规定的员工福利项目。

(17) 何谓弹性福利制度？其主要的优缺点是什么？

(18) 何谓工会？产业工会与职业工会有何不同？

(19) 何谓组织与工会的集体谈判？列出两种可能进行集体谈判的情况。

(20) 何谓生涯？个人的生涯可以区分为哪四个阶段？各阶段分别有何特征？

(21) 组织对员工的生涯发展可以提供哪些帮助？

应用题

(1) 中国台湾地区某杂志的调查显示，企业在招募新进员工时最重视的条件中，品行操守、积极态度与专业知识依序分居前三名。若甄选过程必须反映这三个条件，则应该运用何种甄选方式？

(2) 日本著名的管理者养成学校以"地狱训练"闻名，学员不但必须进行相当困难的体能活动，还必须"练习"相互辱骂。北美著名的 Pecos 河学习中心则以模拟跳伞训练为主，学员从数十尺高的跳台跳下，由训练员及部分学员控制安全索，其他学员则在地面上拥抱欢迎勇敢跳下的学员。以管理者所需的三种能力而言，这两种训练的主要目的是什么？

(3) 某杂志的调查显示，人力资源主管最想开办的 5 种课程依序为领导统御能力、主管管理能力、人际沟通、目标管理与绩效考核、计算机操作，最希望采用的三种上课方式依序为个案研讨、分组讨论和讲授或演讲，而最希望采用的三种教材依序为讲义、投影片和影音光盘。以管理者所需的三种能力而言，人力资源主管最想开办的课程分别是培养何种能力？在教材和教法上有何矛盾之处？

(4) 某大企业的考核制度包括下列 5 点：①员工的工作表现占 80%，出勤状况占 20%；②年终由主管打考绩，区分为优、良、甲、乙、丙五个等级，甲代表普通，乙代表差，丙代表很差；③考绩是调薪与晋升的依据，考绩不佳者必须接受辅导或调整职务；④同部门同层级的员工中，考绩优等者不能超过 10%，良等不得超过 20%，其他等级无限制；⑤若员工有特殊表现则可以举证，不受名额分配限制。以考核制度的设计而言，这 5 点分别着眼于哪些考虑事项？

（5）员工"分红"与"入股"都是国际上行之有年的人力资源管理措施，但"分红入股"则是较罕见而台湾地区的上市公司视为竞争利器的措施，半导体业大佬曹兴诚甚至主张分红入股是科技业得以独步全球的主要原因之一，试推断为何分红入股比分红或入股更能够激励员工。

（6）"学非所用"或"高成低就"是职场上常见的现象，试分别提出一套制度来解决这两种员工生涯发展上的问题。

管理个案

王品——餐饮业中的异数

相对于其他行业，餐饮业具有员工薪资偏低而流动率偏高的特征，但王品集团却是这个行业中的异数。这个打着王品牛排、西堤牛排、陶板屋等多重品牌的餐饮集团，年营业额超过 60 亿元新台币，却以"待遇直逼科技新贵"与"员工想待一辈子"闻名，完全没有餐饮业常见的薪资低而流动率高等弊端。

进入王品牛排的网站，有关员工薪资福利的部分只是简单的列出 5 点：①连锁企业升迁渠道畅通；②完整的教育训练制度；③月休九天、绩效分红、劳健保、退休金；④每年享国外旅游；⑤待遇从优。乍看之下，与一般业者员工招募广告中的诉求并没有明显的差别，也并不足以强烈地吸引求职者。

然而，"升迁渠道畅通"并不是王品集团自吹自擂。该集团董事长戴胜益认为，如果不想办法让人才持续向上流动，总有一天一定会有同仁出去自己打天

王品集团董事长戴胜益认为，人才持续向上流动，公司才不会丧失优秀人才。而采用多重品牌扩张的方式，可使员工升迁的道路畅通无碍。新事业体"石二锅"，是 2010 年王品集团跨足 198 元平价火锅的新事业。（照片由联合报系提供）

下，公司不但因此丧失优秀人才，还增加了强有力的竞争者。因此，在王品台塑牛排的市场渐趋饱和之下，该集团采用多重品牌扩张的方式，预计 30 年创造 30 个品牌，确使员工升迁的道路畅通无碍。

同样的，完整的教育训练制度也并不是老王卖瓜，该集团确实把教育训练视为厚

植集团市场竞争力的武器。以管理阶层为例，该集团招募干部的活动统称为"人力池计划"，每个月公开招募一次，每期名额 30 位。招募的储备主管除了接受两天的基本动作训练外，接着还要接受为期两个月、针对餐厅各种营运事项的密集训练，通过考核的即可担任主任级或以上的职位。

当然，王品集团最受瞩目的人力资源管理措施并不在于升迁渠道或教育训练，而在于餐饮业罕见的员工分红，或者说是业界罕见的立即分红加上高分红比例。"立即分红"是指每个月结算出损益数字后立刻据以发放奖金，高分红比例则是指即使在高科技产业都相当少见的 20% 以上。换言之，只要当月份业绩良好，整个集团从上到下都可以领到奖金，绩效愈好则领到的奖金愈多，员工的收入与公司的经营绩效密切挂钩。虽然王品集团并未公开宣布该集团员工的薪资水准，但一般估计，薪水加上分红奖金，店经理月领 15 万元在该集团内部并不是新闻，而个别品牌总经理的年薪则可能上千万元。

此外，店长及主厨以上的干部还有"入股"的权利与义务。每开设一家新店时，店长与主厨以上的干部都按照规定的比例认股，只要这家店赚钱，每个月所有出资者都能按比例分红。由于该集团的分店普遍绩效良好，因此认购股票几乎可以视为稳赚不赔。

这类的人力资源管理措施让王品集团的员工流动率降到业界罕见的低水准，但其代价则是人事费用占全部成本的比例比同业高出许多，而且员工分红必定有损股东的权益。就人事费用比例而言，给予员工更高的待遇福利，已经证明可以在提升经营绩效上得到回收，就股东权益而言，至少该集团董事长戴胜益并不在乎，因为他已经公开表示退休后要把 80% 的财富捐献出去，只留下 20% 给自己和子女。

讨论问题

（1）以王品集团的多重品牌扩张方式而言，人力资源规划活动在其中可能扮演何种角色？

（2）以该集团的"人力池计划"而言，在甄试方法与教育训练内容上应该如何抉择？

（3）其他餐饮业者是否可以借由模仿王品集团对员工提供的升迁渠道与分红入股措施来提升经营绩效？为什么？

（4）个案中所述的"员工的收入与公司的经营绩效密切挂钩"有何重要性？

10 领导

重装任务

　　以武打动作包装的剧情片《重装任务》（Equilbrium）并不是一部卖座的电影，但却反映出中国几千年来在领导方法上的基本思维。电影的场景是一个警察国家，严格规定人民必须每天注射药物，确使自己只会"思考"而不会出现喜怒哀乐等"感觉"，违反规定的"感觉犯"一律处以死刑，而这个国家的领导者称为"真理之父"，每天都出现在公共场所和家庭电视的屏幕上，容貌英挺而声音威严地向人民讲话。

　　然而，负责搜捕感觉犯的男主角意外体验到情感所带来的身心冲击之后，开始与地下组织联系，打算推翻现行体制。最后双方同意以逮捕地下组织领袖为代价，让男主角获得真理之父接见，再伺机加以刺杀。意外的，男主角最后所见到的并不是屏幕上的真理之父，而是平时直接指挥搜捕感觉犯的副议长。背后的真相是，真理之父早已过世，高级官员决议由副议长实际负责治理，但表面上仍然是由真理之父领导这个国家。

　　真理之父堪称是中国式领导思维的典型，以电影内容而言，简单地说只有"三把斧头"。首先必须有相当不错的外表，也就是"望之似人君"，当然其中也包括谈吐。其次，必须无所不在但高高在上，民众随时感受到君王的存在，但不会产生"狎近亵玩"的副作用。最后也是最重要的，严刑峻法以立威，不是儒家主张的以德服人，而是法家所强调的"法"与"势"两者。

　　虽然君主专制并不适用于现代职场，但上述中国式领导思维仍然隐藏在许多主管与员工的心中。然而，认同这种领导方式的同时，也显示出自己低估了领导的复杂性。通过本章的叙述，读者将发现上述领导思维确实是领导者必须考量的层面，但实际领导过程中还有许多必须兼顾的其他事项。

　　管理者是其部属的直属上司，有责任领导部属共同完成组织所赋予的任务，因此如何做好领导工作，自然是管理者必须掌握的议题。本章将先行说明各种主要的领导理论，然后讨论与领导关系密切的权力与组织政治等议题。

10.1　传统领导理论

　　如第 1 章所述，领导是管理程序中的重要阶段。实际上，管理程序中的领导泛指各项与部属有关的议题，其中也包括沟通与激励，但本章无法将这些议题全部纳入，因此，只是针对部分领导议题进行讨论。

10.1.1　特质理论

　　一般而言，领导（Leadership）是指影响某个群体的成员，使之愿意努力达成群体目标的过程。因此，优秀的领导者可以让群体成员同心协力，为了达成共同的目标而努力奋斗，拙劣的领导者则可能导致群体成员各自为政，形同一盘散沙，其间的差异不言而喻。那么，如何才能够成为优秀的领导者呢？各种领导理论分别有其主张，正如同瞎子摸象的寓言，个别而言各种领导理论大致上皆属正确，但若是想要获得完整的结论，就必须对各种理论加以取舍整合。

　　早期的领导研究者认为，杰出的领导者可能在生理和心理等个人特征上迥异于常人，因此其研究方向是针对杰出的领导者来归纳出共同的特征，这类研究所衍生的各种主张统称为特质理论（Trait Theory）或伟人理论（Great Man Theory）。根据学者专家的整理归纳，这类研究共发现了 40 种与领导能力有关的个人特征，包括外貌出众、身高超过常人等 5 项生理特征，绝顶聪明等 4 项能力特征，积极主动与自信十足等 16 项人格特征，成就动机强烈、坚忍不拔等 6 种与达成任务有关的特质，以及合作性高、人际互动能力优异等 9 项社会性特征[1]。

　　这些研究对于发掘有潜力的领导者或许有所助益，但是对于提升领导能力的助益则相当有限。基本问题在于，这些研究所归纳出来的都是我们踏入职场时大致已经定型的特征，因此根据该理论，遗传与早期环境已经决定了我们能否成为杰出的领导者，无论如何努力都无法克服这些障碍。在这种情况下，若某位员工并不具备杰出领导者的特征，则注定无法成为杰出的领导者，组织不应该提供管理职务的教育训练，应该让这位员工一辈子担任非主管职位。

　　即使是在评估领导潜力方面，这些研究的发现仍具有重大瑕疵，一方面，许多杰出的领导者并不具备某些被认为与领导能力有关的个人特征，许多平凡甚至拙劣的领导者却具备某些被认为与领导能力有关的个人特征，换言之，这些特征无法相当正确地反映出实际的领导潜力或领导成效。另一方面，各种特征的强度也是问题，这些研究大都无法明确指出杰出领导者与其他人之间的界限，以至于在实际应用上并没有客观的标准，例如，即使接受必须绝顶聪明才能够成为杰出领导者的主张，但我们在筛选领导者时应该把智商订在哪个水准呢？

虽然有这些缺陷，但特质理论在产学两界还是很受欢迎的。举例而言，一位出版过多本管理教科书和通俗商业书籍的学者就指出，想要成为有效的领导者，就必须培养自信、诚实正直、果决、冷静、幽默感和认知能力（智力）等领导特质。这种现象持续存在的部分原因可能在于，必须具备某些特征才能够成为杰出领导者是相当符合逻辑的推论，例如我们很难想象一位词不达意、优柔寡断、反复无常、自私自利的人能够成为杰出的领导者，而且近期的领导理论也再度把部分个人特征纳入，并在实证上获得支持。当然，另一种可能是大部分人都偏爱比较简单的答案，而特质理论确实是观念上最简单的领导理论。

10.1.2　行为理论

有鉴于特质理论无法相当正确地解释领导成效，许多学者专家把研究焦点转移到领导者的行为层面，尝试运用领导者的行为特征来解释领导的优劣成败。这个研究方向背后的逻辑是，杰出的领导者可能在某些行为层面迥异于常人，因此只要找出关键性的行为特征，就可以解释领导成效并提供改善领导能力的线索。这类研究经常对领导者行为特征归纳出若干个类别，每个类别赋予特定名称，而这些归类结果统称为领导风格（Leadership Style）或领导形态（Leadership Type）。

10.1.2.1　Lowa 大学的研究

针对领导者的行为对领导成效的可能影响，Iowa 大学的研究团队将领导行为分为下列三个类型：①独裁式领导（Autocratic Leadership），领导者指挥命令，要求部属服从，并以各种奖惩手段来贯彻命令；②民主式领导（Democratic Leadership），领导者在下达命令之前，先行以某些方式征询部属的意见，甚至先行取得部属的同意；③放任式领导（Laissez-faire Leadership），领导者大致上不作指示，由部属自行决定应该如何处理各种事项[2]。

民主式领导在后续研究中经常称为参与式领导（Participative Leadership）。按理，让部属参与决策应该可以汇集较多的知识与信息，而且部属应该比较愿意接受并全力以赴，因此民主式领导可以获得比较好的成效，Iowa 大学的研究也确实显示民主式领导下的部属工作表现比较理想。然而，后续研究显示结论并不一致，只有在部属的工作满意度方面确认民主式领导的成效，可能的原因之一在于部属通常比较偏好民主或参与式的领导[3]。

10.1.2.2　Ohio 大学的研究

独裁、民主和放任的区分主要着眼于决策的方式，无法反映出一般领导行为的特征。Ohio 大学的研究团队提出了另一个探讨方向，主张领导行为可以分为体恤与体制这两个相互独立的层面。体恤（Consideration）是指关心部属及彼此关系的程度，包括对部属是否友善亲切，是否协助部属解决个人问题，甚至是否会全力支持部属乃至为部属"挡子弹"等。体制（Initiating Structure）代表强调组织目标与团队任务的程度，包括是否主动指派任务、排定部属工作时程、要求达到特定绩效水准等。简单的说，体恤可以视为是否强调"人"的层面，而体制则可以视为是否强调"事"的层面。

图 10–1 显示了根据体恤与体制这两个层面所产生的领导形态。若两个层面都偏低则在人与事这两方面都漠不关心，任由部属自生自灭，属于放任式领导（Laissez–faire Leadership）。反之，若两个层面都偏高则属上下关系与团队任务并重，属于参与式领导（Participative Leadership）。在高体恤而低体制之下，则是注重人际关系的维护而轻忽团队任务的达成，故称为人际关系式领导（Human Relations Leadership）。在低体恤而高体制之下，则注重团队任务的达成，而轻忽人际关系的维护，称之为威权式领导（Authoritative Leadership）。

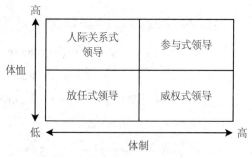

图 10–1　Ohio 大学的领导形态区分

Ohio 大学的研究团队原先认为高体恤或高体制的领导者可能有所表现，结果也确实如此，但高体制的领导者会衍生员工抱怨、辞职、工作满意度偏低等问题。后续研究显示，虽然有部分研究显示高体恤与高体制的领导形态未必可以获得最理想的成效，但整体而言，体制与体恤这两个层面都有助于提升部属的工作绩效、工作满意度以及对上司的满意度与评价[4]。

10.1.2.3　Michigan 大学的研究

Michigan 大学的研究团队也尝试根据领导者的行为特征来探讨理想的领导方式，其结论是领导者的行为可以分为员工导向（Employee Orientation）和生产导向（Production Orientation）或任务导向（Task Orientation）这两个相互独立的层面，前者与 Ohio 大学研究团队所述的体恤相似，后者则与体制雷同。然而，该研究主张这两个层面并非相互独立，而是位于一条连续带的两个极端，并将此连续带区分为 4 种领导形态，并分别赋予系统 1 到系统 4 的简称，如图 10-2 所示。

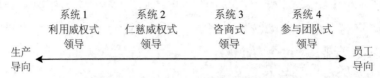

图 10-2　Michigan 大学的领导形态区分

在极度强调生产导向的系统 1 中，领导者显现出来的行为是运用各种奖惩手段来促使员工服从命令并完成任务，因此称之为利用威权式领导（Exploitative-authoritative Leadership），系统 2 中纳入了关怀员工的成分，但仍然强调服从命令并完成任务，因此称之为仁慈威权式领导（Benevolent-authoritative Leadership）。到了系统 3 则开始考虑员工的意见与态度，不再是单方下达命令，因此称为咨商式领导（Consultative Leadership），更进一步提高整个工作团队的参与后则成为系统 4 的参与团队式领导（Participative-group Leadership）。整体而言，该研究结论是高员工导向的系统 4 可以产生较理想的工作绩效与满意度 [5]。

10.1.2.4　管理方格理论

20 世纪 60 年代初期，有两位领导研究者根据领导行为区分为两个相互独立层面的研究提出管理方格（Managerial Grid）理论，以关心员工（Concern for People）和关心生产（Concern for Production）这两个层面的高低，将领导行为区分为 5 种典型，如图 10-3 所示。其中，对员工和生产都漠不关心的领导形态称为贫乏式管理（Impoverished Management），两者都高度重视者称为团队式管理（Team Management），关心员工层面但不重视生产层面者称为乡村俱乐部式管理（Country Club Management），而强调生产层面但不关心员工层面者则为威权—服从式管理（Authority-compliance Management），至于在员工与生产层面的关心程度都居于中间程度者则称为半途式管理（Middle of the Road Management）[6]。

管理方格理论的基本主张是必须兼顾员工和生产层面，因此团队式管理是最理想的管理形态，相对的，贫乏式管理则是只想"保住饭碗"、毫无企图心之下的选择。然而，相对于前述的各项领导研究，管理方格理论并未提出有关领导行为的衡量工具以及领导成效的实证依据，因此虽然各项主张均有其特色，在课堂上讲授颇有趣味，但后续学术研究中较少引用。

整体而言，行为理论大都把探讨焦点放在领导者的行为特征上，并且希望能够找出最理想的领导方式。然而，在领导者的实际行为难以完整界定的情况下，这类研究都难免不够周全，例如，后续的研究者指出领导者是否致力于推动各项变革，以及是否以激烈的言词辱骂部属，都可能是应予独立出来的行为特征 [7]。除此以外，这些研究在领导形态与

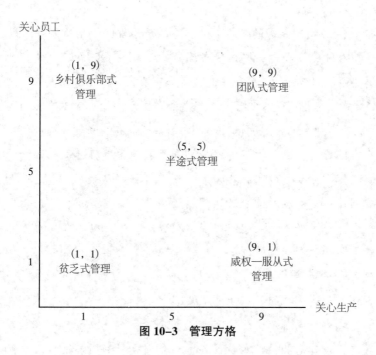

图 10-3　管理方格

领导成效的关系上也未能得到一致的结论，导致部分研究者开始发展权变理论，也就是主张最理想的领导方式并非放诸四海而皆准，而是必须视当时的情况而定。

随堂思考 10-1

　　中国台湾集成电路公司董事长张忠谋曾经公开表示，他比较偏爱"强势管理"，而杰出的领导者也普遍采用强势管理。虽然他并未解释何谓强势管理，但不论是指强悍（Tough）或强人（Strong Man）当中的"强"，本质上都是运用各种手段来积极贯彻自己的意志。就这点而言，强势领导比较倾向于哪一种领导形态？

管理前线 10-1

领导者不是管理者？[8]

　　如第 1 章所述，管理者必须扮演领导者的角色，带领部属完成组织赋予的任务，因此管理者必定也是领导者。然而，有不少著名学者指出"领导者不同于管理者"，迫使部分管理教科书必须拨出部分篇幅来加以澄清。常见的合理主张之一是，管理者来自上级的任命，而领导者也可能是自然产生，因此管理者必定也是领导者，但领导者却未必是管理者。

　　哈佛大学的许多教授倾向于将领导者和管理者视为两种人。在一篇较早期的论述中，执笔教授以通用汽车公司的 Alfred P. Sloan 等人为例，指出领导者与管理者在目标、工作态度、人际关系和自我概念等方面都有明显差异。管理者的目标来自于客观的现实，运用协商谈判与奖惩等手段来完成工作，喜欢与人共事而逃避孤独，以维持现状为己任；领导者的目标则是来自于个人意愿，经常使用全新的观点来处理老问题，经常让群体成员产生两极化的强烈爱恨，而且以打破现状建立新秩序为己任。

近期，有哈佛教授指出，管理者以规划和预算来设定目标并分配资源，综合运用组织、用人、指挥、控制等过程的各种方法来维持稳定与秩序，并迎合利害关系人的期待；领导者则着重于发展愿景以及实现愿景所需的策略兴革，进而以言行鼓舞群体成员接纳其愿景并积极兴革，致使组织经常出现戏剧化但极其有利的变化。

显然，在缺乏管理者职位的群体中，确实可能自然诞生出领导者，但哈佛名教授对于领导者有别于管理者的主张，大致上来自于是否致力于推动各项变革。换言之，不论我们在带领部属达成组织目标上的表现多么杰出，为组织及其利害关系人带来多少利益，这些哈佛名教授都不会承认我们是领导者，只有推动变革的管理者才是他们所认定的领导者。很莫名其妙吧？现实在于他们都是蜚声世界的管理大师，而我们都只是管理的学徒！

10.1.3 权变理论

领导者必须面对千奇百怪的部属与纷乱繁杂的事务，显然有必要在人与事的处理上保持一定的弹性，不太可能借由"一招半式闯江湖"而获得杰出成效，因此以权变观点来探讨理想的领导方式确实有其逻辑依据。本小节将对几种著名的权变领导理论略作介绍。

10.1.3.1 领导连续带理论

在各种权变领导理论当中，领导连续带理论（Theory of Leadership Continuum）是较早出现的主张，其内容是把独裁式与参与式领导视为两个极端，其间有参与程度高低不等的各种领导形态，而最理想的领导形态必须视领导者本身、部属特征以及当时的情境来决定[9]，见图 10-4。

根据该理论，管理者实际的领导形态是由下列三组因素共同决定：①领导者因素，包括管理者本身的价值观、对部属的信任程度、对特定领导形态的偏好、对不确定性的容忍等；②部属因素，包括部属承担责任的意愿、专业知识与相关经验、对模棱两可状况的容忍适应程度等；③情境因素，包括组织文化、问题或工作的特性、时效压力等。

虽然在领导形态的划分以及各种影响因素的内涵上难免有若干争议，但这个模式确实对实际领导行为提供了相当完整的解释。简言之，管理者并不是在采取或寻求最理想的领导形态，而是在考虑本身、部属和当时情境等因素之后分别表现出不同的领导形态。然

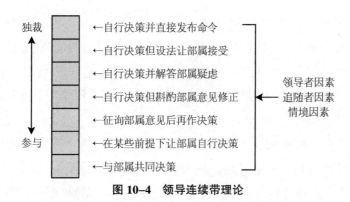

图10-4 领导连续带理论

而，这个模式在讨论"何种状况下应该采取何种领导形态"之际，基本上把各项可能的影响因素分开处理，而不是同时纳入考虑，就理论发展而言还有明显的瑕疵，因此，其后仍有许多学者专家提出其他形式的权变领导理论。

10.1.3.2 Fiedler 的权变领导理论

伊利诺大学教授 Fred E. Fiedler 所带领的研究团队正式将"权变"一词引进领导理论中，并主张领导形态必须搭配三项特定因素来进行调整，才可以获得良好的成效[10]。图10-5 扼要列出该理论的重点，从左侧开始分别是三种考虑因素所构成的情境，最右侧则是该情境下比较有效的领导形态。

上下关系	+	任务结构	+	职位权力	→	领导形态
良好		高		强		
良好		高		弱		任务导向
良好		低		强		
良好		低		弱		
不佳		高		强		关系导向
不佳		高		弱		
不佳		低		强		
不佳		低		弱		任务导向

图10-5 Fiedler 的权变领导理论

首先，该理论在领导形态的划分上使用"最不喜欢的同事量表"（Least-Preferred Coworker Scale，LPC Scale）来测定，其中包含16组意义相反的形容词，例如无聊的对有趣的（Boring vs. Interesting）、紧张的对放松的（Tense vs. Relaxed）等。该量表得分愈高则愈倾向于运用正面的形容词来描述最不喜欢的同事，因此视为注重人际关系的关系导向（Relationship-oriented）领导形态；反之，得分愈低则愈倾向于运用负面的形容词来描述最不喜欢的同事，因此视为注重工作本身的任务导向（Taskoriented）领导形态。

其次，该理论考虑了三个情境因素：其一是领导者与团队成员之间的上下关系（Leader-member Relations），意指团队成员真心接纳并信任领导者的程度；其二是任务结构（Task Structure），意指职务上各项工作的例行性程度；其三是职位权力（Position Power），意指组织赋予该领导者的奖惩权力的多寡。这三个因素都采用二分法，因此合计有 8 种可能的情境。

最后，根据原有的研究结果，在上下关系良好之际，领导者可以专注于任务导向的行为，唯一例外是任务结构偏低且地位权力微弱时，仍然需要关系导向的行为来让部属接纳。反之，在上下关系不佳之际，领导者应该专注于关系导向的行为，但是在任务结构偏低之际，需要领导者指出实际作业方式，因此仍然必须强调任务导向的行为。于是，8 个情境中有 5 个应该采用任务导向的领导形态，其他 3 种情境则应该选择关系导向的领导形态。

由于该理论涉及 8 种情境，而每一种情境都需要相当多的领导者及其团队方可获得比较确切的结论，耗费的人力、物力相当可观，因此除了原创者的实验之外，后续研究普遍未能针对该理论进行完整的验证，而且整体而言，实证结果并未一致支持该理论的主张[11]。除此之外，该理论在实际应用上还有个致命的弱点，原创者主张 LPC 量表的得分可以反映出领导者的领导形态，而且个别领导者的领导形态大致不变，因此在实际领导形态并不符合当时情境下比较理想的领导形态之际，只有设法改变情境因素或撤换领导者，但这两者在现实上都有明显的困难。

10.1.3.3 路径—目标理论

相对的，路径—目标理论（Path-goal Theory）并不是从实际领导形态与理想领导形态是否搭配来着手，而是主张领导者的主要任务在于设定或澄清群体的目标，并选择适当的领导形态让团队成员了解达成目标的途径。该理论将领导形态分为 4 种，考虑的情境因素则分为群体成员特征与环境特征这两方面，如图 10-6 所示[12]。

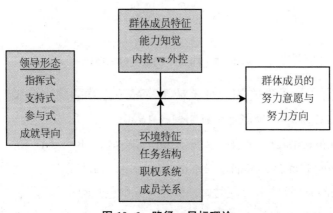

图 10-6 路径—目标理论

路径—目标理论将领导形态分为 4 种，指挥式领导（Directive Leadership）是直接下达指示，支持式领导（Supportive Leadership）是关怀团队成员并注重和谐相处，参与式领导（Participative Leadership）是在决策过程中让团队成员参与，而成就导向领导（Achievement-oriented Leadership）则是借由富有挑战性的目标来让部属自行发挥。至于何种领导形态可以获得比较理想的成效，则必须视群体成员和环境这两方面的特征而定。

就群体成员的特征而言，路径—目标理论主张团队成员对自身能力的知觉是重要的考量，成员对于达成任务愈有自信，则愈适合采纳成就导向领导；反之，若成员对于达成任务极度缺乏自信，则比较适合采纳指挥式领导。同理，若团队成员的人格倾向属于"我命由我不由天"的内控（Internal Locus of Control），则比较适合采纳参与式或成就导向领导；反之，若团队成员的人格倾向属于"成败皆天定，半点不由人"的外控（External Locus of Control），则比较适合采纳指挥式领导。

在环境特征方面，路径—目标理论主张应该考虑任务结构、职权系统和成员关系等因素。若工作的例行性程度很高，则指挥式领导显然并不理想，应该斟酌采纳其他领导形态；反之，若工作的例行性程度很低，则某种程度的指挥式领导是理所当然的。若职权系统高度正式化，则各项工作普遍已经标准化、书面化，则显然不太需要指挥式领导；反之，若正式化程度很低，则必须以指挥式领导来提供指引。另外，若团队成员之间关系良好，则显然不太需要领导者另行提供心理面的支持，因此可以忽略支持式领导，专注于其他适当的领导形态。

实际上，图 10-6 只是一个初步的架构，路径—目标理论主要只是提出应该考虑的方向，并未主张只需要考虑上述这几个因素。因此，后续研究一方面在验证上述的初步架构；另一方面也积极的发掘其他可能的考虑因素，例如群体成员的能力与经验、组织文化等。整体而言，大部分后续研究都显示路径—目标理论相当具有参考价值，可望持续发展成为完整的领导理论[13]。

10.1.3.4　Hersey 和 Blanchard 的情境领导理论

另一个考虑群体成员特征的权变领导理论是 Paul Hersey 和 Kenneth H. Blanchard 提出的情境领导理论（Situational Leadership Theory），但所考虑的特征仅限于群体成员的成熟度（Maturity），意指工作能力和努力的意愿，并主张群体成员的成熟度决定了最理想的领导形态为何，如图 10-7 所示[14]。

在群体成员成熟度方面，该理论根据群体成员的工作能力和努力意愿的高低区分为由低而高的四种情境，如图 10-7 下半部所示。在领导形态方面，该理论和典型的行为领导理论相似，将领导者的行为区分为任务和关系这两个层面，但进一步主张应该采纳的领导形态只有下列四种：①授权式（Delegating），关系与任务行为都偏低；②参与式（Partici-pating），关系行为高而任务行为中间偏低；③销售式（Selling），关系行为高而任务行为中

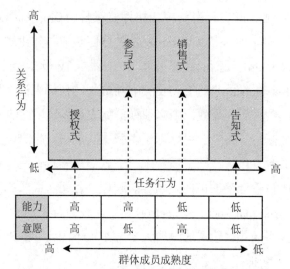

图 10-7　Hersey 和 Blanchard 的情境领导理论

间偏高；④告知式（Telling），关系行为低而任务行为高。图 10-7 上半部以灰色背景标示出这四种领导形态。

连接图 10-7 上、下半部的四条虚线是该理论的核心主张。在群体成员的工作能力和努力意愿都很高之际，并不需要领导者运用任务或关系行为来引导，因此理应采用授权式领导；反之，若群体成员的工作能力和努力意愿都很低，则关系行为助益有限，理应采用强调任务行为的告知式领导，而在工作能力和努力意愿不相称之际，则视其能力高低而分别采用参与式或销售式领导。

虽然该理论似乎言之成理，但是在后续的实证研究中却普遍未能获得充分的支持[15]，致使相关研究日渐减少。理论逻辑与实证发现不一致的可能原因之一在于，有关群体成员工作能力和努力意愿的资料往往未尽正确，例如不论是由群体成员自行评估或交由主管评估，都难免受制于主观偏见等。

10.1.3.5　领导者—参与模式

权变领导理论的另一个重要发展是由 Victor H. Vroom 和 Phillip Yetton 所提出的领导者—参与模式（Leader-participation Model），其特色是主张应该按照顺序先后考虑若干个可能的影响因素，然后再决定应该采纳何种领导形态。在可能的影响因素与领导形态的界定上，其早期与较近期的版本并不相同，反映出该理论根据观念与实证上的进展所进行的修正[16]。

图 10-8 以决策树的形式呈现该模式近期的版本，最上方是依序考虑的七个因素，故分隔成七栏，最右侧是各种领导形态，从左到右根据各项因素的高低循序推导，直到最后能够决定适当的领导形态为止。举例而言，若目前面对的问题是决定是否要在暑假期间主打某个新开发的欧洲游程，则因为事关重大，在第一个因素"决策的重要性"中获得

"高"的结论，于是选择图 10-8 第一栏中"高"的字段，然后在抵达第二个因素"群体成员认同决策的重要性"时，因为需要全体成员努力推广该游程，于是也获得"高"的结论并选择第二栏中"高"的字段，再进到图中第三个因素并进行评估选择，如此反复直到抵达最右侧的理想领导形态为止。途中若遇到标示为"—"的栏位，代表不必考虑该项因素，直接向右方移到标有"高"或"低"的字段，然后继续进行评估选择。

决策的重要性	认同决策的重要性	领导者识知素养	认同决策的可能性	支持目标的程度	群体成员知识素养	群体成员的能力	
高	高	高	高	—	—	—	自行决策
			低	高	高	高	授权
						低	群体咨商
					低	—	
				低	—	—	
		低	高	高	高	高	协助
						低	个别咨商
					低	—	
				低	—	—	
			低	高	高	高	协助
						低	群体咨商
					低	—	
				低	—	—	
	低	高	—	—	—	—	自行决策
		低	低	高	高	高	协助
						低	个别咨商
					低	—	
				低	—	—	
低	高	—	高	—	—	—	自行决策
			低	—	—	高	授权
						低	协助
	低	—	—	—	—	—	自行决策

图 10-8　领导者—参与模式

如图 10-8 上方所示，这个模式所考虑的因素包括七种，按照应予考虑的先后顺序分别是决策的重要性、群体成员认同决策的重要性、领导者对该问题的知识或素养、群体成员未参与但认同决策的可能性、群体成员支持群体目标的程度、群体成员对该问题的知识或素养，以及群体成员合作解决问题的能力。

图 10-8 右侧则显示，这个模式将领导形态分为下列五种：①自行决策（Decide），领导者自己做出决策然后发布；②个别咨商（Consult-individual），征询个别群体成员的意见；③群体咨商（Consult-group），同时向全部的群体成员说明问题并听取意见；④协助（Facilitate），向全部群体成员说明问题后协助成员做出决策；⑤授权（Delegate），在既定

范围内由群体成员自行做出决策。显然，这个区分方式比前述的领导连续带理论更进一步，在参与之外还考虑了群体成员自行决策的领导形态。

虽然难免有批评，也难免出现实证结果未获支持的情况，但整体而言，该模式在后续实证研究中褒多于贬，甚至被视为是获得最多实证资料支持的领导理论之一[17]。当然，该模式的复杂性导致实际应用上可能有所困难，但对于领导这个错综复杂的议题而言，期待一个简单明了而且万试万灵的答案也未免太不切实际了。

10.1.3.6　领导者—成员交换模式

上述各种权变领导理论都倾向于"规范性"，尝试对"在何种状况下应该采取何种领导形态"提供完整的解答，但领导者—成员交换模式则倾向于"叙述性"，试图解释领导者对于不同的团队成员分别采用不同的领导方式。该模式在发展初期称为垂直对偶连接（Vertical Dyad Linkage）模式，明确地指出其研究标的是领导者与个别团队成员之间的关系。

领导者—成员交换（Leader-member Exchange，LMX）模式的基本主张是领导者会和个别团队成员建立起不同的关系，其中与领导者关系良好而密切的成员统称为内群体（In-group），不属于内群体的成员则统称为外群体（Out-group），整体而言，领导者会对内群体给予较多的资源、关怀与协助，对于外群体则比较倾向于"按照规定，公事公办"[18]。以中国的职场传统而言，内群体也就是"自己人"，外群体则是"外人"，对待"自己人"和"外人"的方式自然会有所差异，这也就是国内学术文献上所述的"差序格局"。

图 10-9 呈现了领导者—成员交换模式的几个基本观念。其中，对偶关系强调领导与团队成员的关系是因人而异，关系品质反映出双方关系的良窳，而预期结果则着眼于团队成员的工作态度与行为，其中也包括对领导者的态度与评价。实证研究显示，与领导者关系良好的内群体成员在满意度与绩效等层面上确实优于外群体成员[19]。

目前领导者—成员交换模式仍在持续发展中，探讨焦点包括如何定义并衡量领导者与团队成员的交换关系，为何领导者会对团队成员发展出不同的关系而非强调公平的一视同仁等，例如，既有文献通常主张领导者在资源限制之下，把注意焦点与其他资源放在少数特定的团队成员身上，但有研究采取相反的观点，提出部属的工作价值观会影响到交换关系品质的证据[20]。

以上所述，权变领导理论的版本很多，除了领导者—成员交换模式之外，其他理论都认为应该斟酌当时情境来选择适当的领导形态，但对于领导形态的分类方式和应予考虑的因素等方面则有不同的主张，而在实证研究上也未获得充分的支持。可能的考虑因素多不胜数，而验证权变领导理论的方法又受到许多限制，这样，其他的领导理论逐渐吸引学者专家的注意力，而权变领导理论也就逐渐从研究主流中淡出。

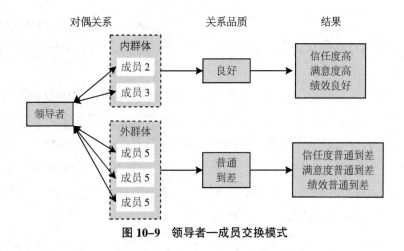

图 10-9　领导者—成员交换模式

随堂思考 10-2

　　相对于民营企业，公家机关通常具有高度正式化、主管权力受制于众多法规、员工素质高而整齐以及"大家都是混口饭吃"的心态。以权变领导理论而言，这些特征显示在民营企业与公家机关中，其理想的领导方式可能有何差异？

10.2　较近期的领导理论

　　在权变领导理论不再出新之后，许多有关领导的新主张相继现身，其中有些理论的实际诞生期间和权变领导理论相当，只不过到了后续研究才持续引发关注。这其中，最有趣的探讨方向或许是领导者的"替代品"，而最热门的则或许是转型式领导。

10.2.1　领导替代品模式

　　大部分领导理论的基本前提是领导者足以影响团队成员的工作态度与行为，但领导替代品（Substitutes for Leadership）模式则主张在某些情境下，领导者对团队成员的影响力会明显下降，甚至降到不需要领导者就可以维持良好的团队士气与绩效的程度，因此，这些情境因素可以"替代"领导者，或至少让领导者的重要性大幅降低 [21]。

　　实际上该模式并非主张"不需要领导者"，图 10-10 呈现了比较具体而完整的面貌。可能的领导替代品包括团队成员拥有丰富的知识、能力、经验、训练，内容明确而例行性程度高的任务，完成令人满意的任务，高度的组织正式化，高凝聚力的工作团队，幕僚或其他专业人士的密切支持等。这些事项本身就足以影响团队成员的工作态度与行为，若这些事项不存在或其程度偏低，则领导者对于团队成员的工作态度与行为会有直接而重大的影响，但是在这些事项存在时，领导者对于团队成员工作态度与行为的影响力就会明显下降。

实证研究显示，一方面，整体而言领导替代品对于团队成员工作态度与行为的影响力大于领导者的行为，因此，该模式确实有其参考价值，但可能是基于研究方法的限制，领导替代品可以让领导者对团队成员的影响力明显下降的主张未能获得支持[22]；另一方面，原创者在提出领导替代品的观念之际，实际上还指出也有"抵消品"（Neutralizers）和"提振品"（Enhancers），前者会抵消领导者行为的影响力，后者则会提高其影响力，但后续研究中很少对这两者进行探讨。

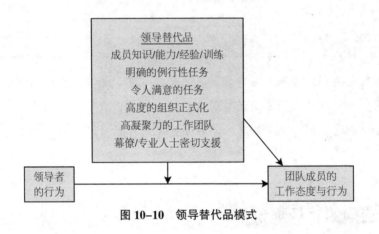

图 10-10　领导替代品模式

10.2.2　魅力领导理论

"魅力"（Charisma）一词在人际关系上经常出现，通常是指个人能够吸引其他人并获得其他人接纳的程度。将这个观念应用在领导上，若领导者对团队成员很有吸引力，能够让团队成员心甘情愿的接纳其领导，则其领导形态就称为魅力领导（Charismatic Leadership）。

乍看之下，魅力领导理论的广受瞩目似乎意味着特质理论卷土重来，但事实上该理论比较偏向于行为理论。虽然早期的文献指出魅力型的领导者倾向于拥有高度自信，对自己的理想深具信心，而且渴望影响别人，但同时也指出他们会对群体成员传达出有关绩效的高度期待与达成该项期待的信心，而较近期的文献则侧重于下列几个行为层面：①打造并传达一个富有吸引力的愿景；②传达出对群体成员绩效的高度期待；③表现出对于群体成员完成愿景的信心；④誓言愿意冒险推翻现状进行改革[23]。显然，这些特征不但都属于行为层面，而且大部分需要通过与群体成员的沟通才有可能表现出来，因此，外表吸引力和幽默风趣的谈吐虽非绝对必要，但绝对有某种程度的助益。

实证研究显示，整体而言领导者愈有魅力则群体绩效愈好，但考虑研究方法的限制之后其间的关系明显减弱，而且领导者有魅力与群体绩效的关联高于个人绩效[24]。因此，虽然既有文献对于魅力领导理论的评价相当正面，但还是有必要进一步确认其影响力，包括是否因为领导者的外表吸引力及言行谈吐等特征而在评价上出现月晕效应（Halo Effect），以及为什么有些群体成员就是"不吃这一套"等。

10.2.3　转型式与交易式领导理论

在全球商业竞争加剧之下，在既有的领导理论中似乎无法找出适当的对策，于是转型式领导（Transformational Leadership）就跃居台面焦点，原因是该理论主张"寻常的领导只能获得寻常的绩效，只有不寻常的领导才可以获得不寻常的绩效"，并强调以超乎寻常的期待加诸团队成员，鼓励他们努力学习思考，从而衍生超乎期待的工作表现，相对的，传统上运用各种奖惩手段来领导的方式则称为交易式领导（Transactional Leadership）[25]。

目前对转型式领导的界定经常以多因素领导问卷（Multifactor Leadership Questionnaire，MLQ）为蓝本，其中转型式领导分为下列五个层面[26]：

（1）鼓舞性激励（Inspirational Motivation）：打造与传达愿景，并呈现出领导者对于达成愿景的乐观与热情。

（2）理想化影响归因（Idealized Influence Attributed）：让团队成员为领导者感到骄傲，敬重并认同领导者。

（3）理想化影响行为（Idealized Influence Behavior）：为团队成员提供一个值得信任且精力充沛的角色典范。

（4）智能启发（Intellectual Stimulation）：鼓励团队成员考虑用不同的方法来解决持续发生的老问题。

（5）个别化关怀（Individualized Consideration）：掌握个别团队成员的需求与能力，并持续在工作上予以栽培。

相对的，多因素领导问卷对于交易式领导区则分为下列三个层面：

（1）权变奖赏（Contingent Reward）：让团队成员了解交易关系，包括组织对于团队成员的期待和团队成员达成期待后可以获得的报酬。

（2）积极例外管理（Active Management-by-exception）：借由持续发掘问题并谋求改善来维持既有的绩效水准。

（3）消极例外管理（Passive Management-by-exception）：只处理重大问题。

实证研究显示，整体而言转型式和交易式领导倾向愈高，则员工的工作态度与行为愈理想，对领导者的评价也愈高，但以组织或团队的绩效而言，其关系就比较微弱。另外，研究结果也显示转型式领导的各个层面之间，以及转型式领导和前述的魅力领导之间都高度重叠（事实上，多因素领导问卷中的理想化影响归因与行为两者过去就合称为"魅力"）[27]。这些研究显示有关转型式和交易式领导的各项主张并不能就此盖棺定论，仍需要后续研究进一步确认。

10.2.4 仆从式领导理论

就正式组织而言，传统观点的领导者通常是指各级主管，而所谓的团队成员则是其部属，在职务上有明确的上下关系，因此，主管有权力甚至义务指挥领导团队成员以达成任务或目标，而团队成员则有义务服从上级的领导。然而，按理只要每位员工都做好自己的工作，自然就可以达成团队的任务或目标，那么为什么上司一定要指挥领导部属，而不是协助部属做好他们的工作呢？这个问题可以视为仆从式领导观念能够诞生的关键。

所谓的仆从式领导（Servant Leadership），其实只是强调领导者的任务并不是领导而是服务，应该扮演仆人（Servant）或服务员（Steward）的角色来协助团队成员完成其工作，并以《圣经》中的耶稣基督来强调服务的重要性。然而，究竟如何才算是"服务团队成员"，学者专家目前尚未建立共识，例如，在是否需要打造愿景或服务组织外部的人士等层面上，既有的两种仆从式领导问卷并不一致，只不过在建立良好关系和领导者品行等层面则相当一致[28]。

目前尚属有限的实证研究显示，仆从式领导确实足以影响团队成员的工作态度与行为[29]。然而，由于其定义与衡量方式尚无共识，而且转型式领导中的鼓舞性激励、智能启发、个别化关怀等层面似乎也可以视为"服务团队成员"，因此仆从式领导能否持续发展成为具体完整的领导理论仍有待观察。

10.2.5 德行领导理论

仆从式领导相当强调领导者的品行，而这个行为层面确实很少在既有的领导理论中出现，再加上许多研究社会责任与企业伦理的学者专家也主张领导者品行的重要性，因此，自然而然的产生了所谓的德行领导（Ethical Leadership），主张领导者应该表现出诚实、可信赖等特质，在决策上应该合乎伦理要求，并以此来要求部属[30]。

根据既有文献，德行领导包含下列几个层面：①利他主义（Altruism）：随时随地都为其他人的利益着想；②伦理决策（Ethical Decision-making）：各种决策都必须符合道德伦理上的规范；③诚实正直（Integrity）：始终如一的贯彻自己的道德原则；④角色楷模（Role Modeling）：在道德伦理层面作为团队成员的典范；⑤道德管理（Moral Management）：以奖惩手段要求团队成员遵守道德伦理规范[31]。

研究显示，不论是在哪一个国家或地区，受访的管理者都普遍认为利他主义和诚实正直等特质对于领导成效相当重要，另外也有研究发现，德行领导确实足以影响团队成员的

工作态度与行为 [32]。然而，实际上有关德行领导的研究可以说还处在婴儿期，需要许多理论发展与资料实证的工作来使之发展成为具有参考价值的领导理论。

10.2.6 中国式领导理论

在"移植式"的领导理论未必适合国情的思维下，国内学者组成的研究团队也相继提出若干领导理论，其中有些只是直接从历代经典中撷取出若干有关领导的主张，但也有些是借由实证观察的辅佐来建立理论。由于相关文献众多，本小节只介绍两种来源互异的论点。

在偏重历代经典的理论中，有学者将领导者视为集"君、亲、师"于一身的角色，见图 10-11 [33]。为了"作之君"而采纳了法家主张的法、术、势三者，其中的"法"是指建立完备的规章制度并贯彻执行；"术"是指运用各种管理原则与技巧，例如适才适所、因材施教、量才器使等；"势"则是强调领导者的权威，运用各种奖励与惩罚的手段来达成任务。为了"作之亲"而采纳了儒家主张的"仁"，强调领导者应该"以和为贵"，与团队成员建立良好的关系，应该真诚的关怀各个团队成员，并给予适当的尊重，应该将心比心，以宽恕的精神对待各个团队成员。为了"作之师"而采纳了各种经典中的相关主张，强调领导者应该在能力操守等方面都足以作为团队成员的典范，应该能够激发团队成员的智能与潜力，以及应该让团队成员分享领导者的经验并参与决策过程等。

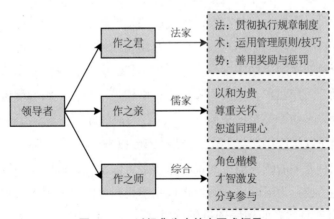

图 10-11 以经典为本的中国式领导

一方面，该模式属于"规范性"，直接指出领导者应该努力的方向，实证研究也显示君、亲、师这三个层面对领导成效的解释能力很高。然而，和转型式领导的五个层面一样，由于分析显示君、亲、师这三个层面高度重叠，甚至可能导致其中一个层面对领导成效出现负面的影响，因此其内涵与衡量方式都还有待修正 [34]。

另一方面，以实证观察来辅佐的国内领导模式中，家长式领导可能是最著称的。所谓的家长式领导（Paternalistic Leadership）其实就是主张领导者的角色类似于团队成员的家长，同时兼有严父慈母的性质，并且还要教导子女明辨是非善恶。因此，该模式中包含下列三个层面：①威权领导（Authoritarianism）：类似于"严父"的角色，强调领导者的威信与对团队成员的奖惩；②仁慈领导（Benevolent Leadership）：类似于"慈母"的角色，强调领导者对团队成员的关怀照顾；③德行领导（Moral Leadership）：强调领导者在道德操守上以身作则，让团队成员有可以效仿的典范[35]。

实证研究显示，家长式领导的三个层面还是有所重叠的，但并不像前述的中国式领导那么严重，而且家长式领导确实与部属的工作态度与行为有关，其中仁慈领导与德行领导都具有正面的影响，但理应具有负面影响的威权领导则出现结论不一致的情形，需要进一步确立其影响机制与方向[36]。

10.2.7　欺凌式领导

正如学生在学校可能会受到其他学生各种方式的戏弄欺负，也就是所谓的霸凌（Bullying），成人在职场上也可能会受到上司、同事乃至部属以各种方式来戏弄欺负。这其中，若上司持续展现出具有敌意的语言或非语言行为，则称之为欺凌式领导（Abusive Leadership）或欺凌式督导（Abusive Supervision），常见的欺凌行为包括辱骂、鄙视、公报私仇等。

欺凌式领导并不是一个具体而完整的领导理论，而是针对既有文献较少触及的"领导的黑暗面"进行探讨，正如大部分观念诞生之后的发展历程，一开始的研究方向都专注于形成的原因（前因）和可能的影响（后果）等方面。在可能的影响等方面，目前已经相当确定欺凌式领导会对部属的工作态度与行为产生不利的影响，例如有学者专家指出，欺凌式领导衍生的缺勤、医疗成本、生产力降低等代价相当可观，但影响程度还会受到上司与部属的特征与行为以及组织特征的影响[37]。而在形成的原因方面，虽然目前尚未出现明确具体的进展，但可以推断仍然与上司、部属与组织方面的因素有关。

以上介绍了七种近期的领导理论或议题，读者可以发现，这些理论或议题大部分专注于特定的领导者特质或行为层面，而领导替代品模式则可以视为另一种观点的权变领导模式。因此，整体而言，既有的领导理论仍然是在特质、行为和权变这三个观点中持续发展，虽然不断地推陈出新，但并未出现"革命性"或"整合性"的新主张。在这种情况下，研究者通常只能着眼于其中一小部分的主张，而学习者则只能借由类似于"瞎子摸象"的途径尝试从片段中拼凑出整体。这种现象可能是导致领导议题虽然深受学界瞩目，但研究成果却无法普及到业界的主因之一。

随堂思考 10-3

试针对本节所述的转型式领导与中国式领导进行比较，指出其中可能有哪些主张彼此相似而哪些主张彼此相异，然后尝试将这两者纳入第 10.1 节所述的体恤与体制行为层面中，并提出你的结论。

管理前线 10-2

到底要如何培养杰出的领导者？

大部分人都同意领导者足以影响组织的成败兴亡，也同意组织理应尽其所能地努力培育出杰出的领导者，但问题就在于，到底要怎么做才可以培养出杰出的领导者呢？死记硬背各种领导理论显然不是办法，到学术殿堂去向那些缺乏实际领导经验的名教授请益也显然徒劳无功，去听商场名人的经验之谈所得到的又往往只是零星片段的主观诠释。怎么办呢？

管理顾问业者所提供的领导发展课程是常见的选择。想要略窥全貌的话，不妨到成功岭基地去探访军方的领导统御课程。简单地说，该课程以小组为单位，要求在指定的时间内运用既有的资源解决各种问题，例如以长度不足的木板跨越断桥，以木柱和绳索攀越受到辐射污染的高墙等。其课程设计是为了让参与者体验群体决策的过程，了解临机应变与团队精神的重要性，甚至也提供了领导者如何自然形成的体验。然而，该项训练是处在团队目标明确而且获得高度认同，时间有限而无从质疑决策品质等情境下，与职场实际状况未尽相符，而且严格说来，参与者并没有学到任何关于领导的具体内容。

成功岭基地的领导统御训练是取法自北美，一位加拿大的学者在观察过若干个北美洲著名的领导训练课程之后，坦承目前的领导训练还处在"婴儿期"，各项课程普遍偏重单一层面，例如积累个人成长经验，学习领导观念，了解自己的优缺点等。以全球知名的 Pecos River 学习中心为例，其课程内容主要只是运用团体活动来获得各种体验，但这些体验所衍生的个人成长未必能够移植到职场中，而追踪研究也无法证实领导能力有所提升[38]。

领导训练的难题在于，杰出的领导者必须具备良好的技术、人际与概念能力，但任何短期训练都无法在这些方面全面改善。因此，循序渐进的在职训练或许是最好的领导者培育方式，任何个人或组织所提供的短期领导训练课程都不可能是一服灵丹妙药。

10.3 权利与政治行为

除了前述的各种领导理论中斟酌取舍甚至尝试"集百家之长"以外，管理者也必须熟悉其他领导相关议题，其中又以权力和政治这两个层面最为常见和重要，因此本节将针对这两个议题进行说明。

10.3.1 权力的来源与运用

在管理学的专业词汇中，权力（Power）一词是指影响他人行为举止的能力，因此可以视为影响力（Influence）的同义词。虽然日常言谈中的权力是指"做某件事情或采取某项行动的能力"，与管理学上的定义并不一致，但或许是因为探讨权力时通常是要其他人去做某件事情或采取某项行动，导致多年来学者专家普遍忽视这个定义上的问题。

领导者必须借由团队成员做某些事情来达成目标，没有权力就意味着无法让团队成员去做这些事情，而领导者也必定失败。因此，领导的成败完全取决于领导者是否拥有足够的权力。那么，领导者为何会拥有权力呢？或者说，领导者权力的来源是什么？直到目前为止，被称为"社会权力基础"（Bases of Social Power）的五种权力，仍然是最常被引述的权力来源。这五种权力分述如下：

（1）法定权力（Legitimate Power）：因为个人职位而得以要求其他人服从。

（2）奖赏权力（Reward Power）：让其他人获得有形或无形奖赏的能力。

（3）强制权力（Coercive Power）：让其他人受到实质或心理处罚的能力。

（4）专家权力（Expert Power）：因为拥有知识能力而得以让其他人服从。

（5）参考权力（Referent Power）：因为受到仰慕热爱而得以让其他人服从 [39]。

图 10-12 对权力的来源做了若干澄清。第一，虽然有些文献直接将这五种社会权力基础称为权力的来源，但实际上应该视为不同的权力种类，五种权力的总和就是领导者所拥有的权力，这点在其五个名称上已经表示得很清楚。

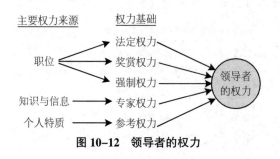

图 10-12 领导者的权力

第二，由于组织通常都会让各级主管拥有若干对于部属的奖赏权与惩罚权，因此，这两者和法定权都主要是随着职位而来的，换言之，其实际权力来源都是职位。至于在专家权和参考权方面，前者的来源是领导者拥有的知识、能力、信息，后者的来源则是魅力、人格等个人特质。

第三，这五种权力的相对重要性不一致，运用的时机也不尽相同。在日常事务的处理上，团队成员通常不会刻意与组织作对，因此只需要法定权力就可以顺利运作。然而，对于某些攸关团队成员个人利益的事项，领导者可能必须搬出某些奖惩手段来让团队成员服从，甚至可能必须进一步借助专家权与参考权。举例而言，不景气之际要求大家"共体时艰"，就必须有适度的参考权配合，否则很可能反而激化抗争的情绪。

第四，权力的来源主要来自于职位、知识与信息以及个人特质，而这三个来源对个别领导者权力的影响因人而异。即使是担任相同的职位，有些领导者可能因为积极运用来自于职位的权力，而且又有知识与信息以及个人特质辅佐，导致其权力很大，而有些领导者则可能不愿意或不会妥善运用来自于职位的权力，甚至在知识与信息以及个人特质方面出现负面结果，导致其权力相当有限。当然，若权力主要是来自于知识与信息以及个人特质，则团队成员对领导者的印象决定了领导者权力的高低，实际上如何并非关键，这也是民选总统时通常是较有魅力的候选人胜出的原因。

第五，运用各种权力基础时，有必要考虑其可能的副作用。观念上，使用法定权力理所当然，应该不会有负面影响，但使用强制权力则可能让团队成员心生不服，衍生负面的态度与行为，而运用其他三种权力理应产生正面的影响。就实证结果而言，使用强制权力的负面影响业已获得确认，但使用其他权力基础的影响则未能产生一致的结论[40]。

随堂思考 10-4

以下是三个普遍受到认同的评断，试分别根据权力基础来说明其原因：

（1）美国总统是全世界最有权力的人。

（2）政府政策经常受到被称为"技术官僚"的常任文官所操纵，民选或空降的主官经常无能为力。

（3）大众传播媒体拥有很大的权力。

管理前线 10-3

权力使人疯狂！

政治学上的名言之一是"权力导致腐化，绝对的权力导致绝对的腐化"，但贪污腐化只是权力可能的负面结果之一，因此上述名言其实有点像烟幕弹，掩饰了其他更骇人听闻的负面结果。畅销漫画《海贼王》中揭示了此可能性，书中的"天龙人"是被世界政府奉为上宾的"世界贵族"，但根本就已经把其他人当作家畜和数量过多的野生动物来看待，要打要杀毫无忌惮，出门时甚至还要佩戴密闭式的头盔和呼吸器，不想闻到其他人的味道。

作者尾田荣一郎是不是太过夸张了，人性应该没有这么丑恶吧！可能并不夸张，心理学家的监狱实验显示权力确实会使人疯狂，即使是微不足道且纯属虚构的权力，拥有权力与缺乏权力的双方都很快就陷入疯狂状态。该实验招募了一群身心健全的大学生来参与，分别扮演狱卒和囚犯的角色，事先要求双方必须遵守某些规定，例如，狱卒必须维持秩序但禁止体罚，然后就开始进行实验。一开始双方并没有出现明显异常的行为，但第二天狱卒"弥平"一场反抗行动后，扮演狱卒的学生就开始展现出攻击性，而扮演囚犯的学生则变得极度的退缩怕事。

很快的，狱卒开始进行变相的体罚，例如强迫囚犯徒手擦洗马桶、命令囚犯彼此拧耳朵等，而囚犯虽然心知肚明自己和狱卒都是同一所学校的同学，却普遍是逆来顺受不敢吭声。在无法直接观察的心态方面，事后对狱卒的深度访谈显示，他们普遍都觉得扮演囚犯的那些同学很讨厌，尤其是气味就像牲畜一样令人无法忍受。实验进行到第六天就被迫中止，因为学生普遍已经出现身心异常的病征。短短六天的时间，就把一群身心健全的大学生变成一群濒于精神异常的猛兽与羔羊[41]。

有人用学生对狱卒和囚犯的刻板印象来解释这一实验结果，但此举并不能解释扮演狱卒的学生为何会刻意虐待自己的同学，而扮演囚犯的学生明知只是实验却为何不反抗。而且按照刻板印象的解释，一开始狱卒和囚犯就应该会出现应有的攻击与退缩行为，而不是等到第二天狱卒展现其运用必要手段来维持秩序的权力之后。

比较可能的解释是，我们通常都不敢反抗当权者，但自己掌权时也经常会蔑视无权无势者并任意妄为。专制时代不断重复这样的历史——推翻前朝之后掌权的新皇帝往往同样暴虐无道，而民主政治对人类最大的贡献可能也在于此——太过分的当权者在下一次选举中自然会落选，不需要民众在忍无可忍之际杀到中枢去砍下当权者的人头。

10.3.2 权力赋予

由于职位是权力的主要来源之一，因此除非在知识信息或个人特质上有所弥补，否则职位较低的领导者通常没有多少权力，而基层员工则接近毫无权力可言的地步。缺乏权力衍生的无力感可能足以影响工作态度与行为，因此，有时候领导者只要让团队成员拥有较大的权力，自然就可以改善其工作态度与行为。

让团队成员拥有较大的权力的举动称为权力赋予（Empowerment），其具体措施在于职权的扩大，其中包含对于职务内容与职务情境的决定权。职务内容（Job Content）是指特定职务所必须达成的任务与必须遵守的程序，而职务情境（Job Context）则涵盖了该职务在使命与目标及组织结构中的角色，甚至也包括与该职务有关的奖惩。图 10-13 的权力赋予方格（Empowerment Grid）以职务内容与职务情境的决定权呈现出可能的各种选择[42]。

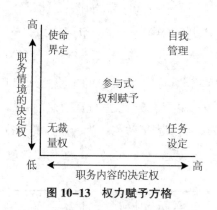

图 10-13　权力赋予方格

在权力赋予方格中，随着职务内容与情境决定权的高低而呈现出不同的组合，并且可以分别给予不同的名称。然而，图 10-13 实际的重点在于，领导者应该配合实际需要，选择适当的权力赋予形态，例如，除非基于员工身心健康的考虑，否则要求生产线员工根据工业工程方法所设定的作业流程来操作是最有效率的选择，并不需要给这些员工赋予权力。

然而，职权的扩大涉及制度上的调整，在执行上可能有所困难，而且有时候重点在于员工的感受而非实际的职权扩大，因此，有必要衡量员工对权力赋予的感受，也就是员工的心理权力赋予（Psychological Empowerment）。目前最著名的心理权力赋予衡量工具中将之分为下列几个层面：①意义（Meaning），意指个人对于工作目标所具有的价值的主观评估；②能力（Competence），意指个人对于有能力做好工作的自信；③自我决定（Self-determination），意指个人对于是否可以自行决定工作相关事项的评估；④冲击（Impact），意指个人对于其工作能否影响组织经营成果的评估[43]。因此，若员工觉得自己的工作目标很有价值，有自信做好工作，觉得可以自行决定如何工作，或觉得其工作足以影响组织的经营成果，则其心理权力赋予就比较高。

目前在各国持续推动的全面品质管理制度都已经把员工的权力赋予视为不可忽略的关键，实证研究也普遍显示员工的心理权力赋予对于个人的工作态度与行为以及组织的绩效都有正面的影响[44]。然而，就心理权力赋予内涵而言，似乎与工作特征层面中的自主性、任务重要性等相似，因此，其参考价值仍有待后续研究进一步确认。

10.3.3　政治行为

为了有效达成任务，领导者必须设法提高自己的权力或者以权力赋予提高部属的权力，但领导者也可能纯粹是为了让自己获得更大的利益而争取权力。这种为了自身利益而争取权力的行为统称为政治行为（Political Behavior），而组织内部政治行为的严重程度则称组织政治（Organizational Politics）。有调查显示，大部分的管理者都认为组织内部充满着各种政治行为，但以高阶层最为严重，而且这类行为对组织弊多于利[45]。

图10-14呈现了管理者对于政治行为应有的几个基本认识。首先，虽然政治行为可说是无所不在，但通常集中在某些领域中，例如，组织结构调整、部门间协调、主管级人员异动以及各类资源的分配等[46]。其次，运用政治行为来增加自己的权力或削减他人权力的过程称为政治斗争（Political Struggle），常见的手段包括争功透过、逢迎上级、密告或诋毁对手、建立利益交换联盟乃至于设法通过对自己有利的规章制度等。最后，至少就中、基层主管和员工而言，他们对于组织内部政治行为严重程度的看法足以影响其工作态度与行为，觉得政治行为愈严重则压力愈大，满意度愈低，工作绩效愈差，离职意愿愈高[47]。

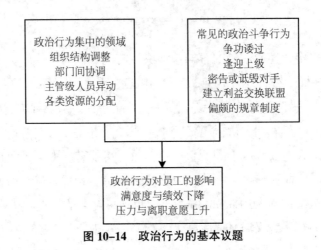

图10-14　政治行为的基本议题

虽然有部分学者专家用比较宽容的态度来看待政治行为，主张至少有一部分的政治行为是为了达成组织的目标，但不论现实是否确实如此，职场上显然有些人对于政治行为乐此不疲且善于此道，同时也有一些人对政治行为敬谢不敏且拙于此道。因此，善用各种政治行为来达成个人或组织目标的能力就称为政治能力（Political Skill），其中包含下列四个层面：①社会敏锐性（Social Astuteness），意指能够在各种场合中精准地观察了解其他人的意向；②人际影响力（Interpersonal Influence），意指能够配合当时情境调整自己的言行以影响其他人；③人脉能力（Networking Ability），意指能够广结善缘而和许多人建立起可以互助合作的关系；④貌似真诚（Apparent Sincerity），意指能够让其他人觉得其言行主张都不是为了追求自身的利益[48]。

虽然尚在起步阶段，但有关政治能力的研究业已显示，该能力与个人的某些人格特质有关，与智力高低无关，对个人与团队绩效有正面影响，对部属的工作态度与行为有正面影响，而且有助于舒解工作压力对工作绩效的不利影响[49]。显然，政治能力确实是值得探讨的领导或管理能力议题。

10.3.4　影响战术

最后，前述的权力基础、权力赋予和政治能力等固然有助于提升权力，但针对个别领导者甚至团队成员来说，这些事项或业已定型，或很难在短期内有所改变，那么是否意味着缺乏权力者注定无法影响其他人呢？事实上未必，因为影响其他人的过程中还涉及影响的方式，而当事人在影响方式的选择上拥有相当程度的自主权。

在学术文献中，影响其他人的方式称为影响战术（Influence Tactics），同时适用于上司对部属、部属对上司，以及对职位相当的同事等。目前最常被引用的影响战术分述于下[50]：

（1）理性说服（Rational Persuasion）：用逻辑和事实来获得对方接受，换言之，跟对方"讲道理"。

（2）精神诉求（Inspirational Appeal）：从价值观和理想等方面着手激发对方的热情，也就是俗话中的"打高空"。

（3）个人诉求（Personal Appeal）：请对方顾及彼此的友谊或其他关系而接受，换言之，请对方"卖个面子"。

（4）咨商（Consultation）：商请对方参与讨论并提供其个人看法与建议。

（5）逢迎（Ingratiation）：先用适当的言词和行为取悦对方然后再提出要求，换言之，"拍马屁"。

（6）交换（Exchange）：要求对方现在施予恩惠并保证在未来将有所回报。

（7）施压（Pressure）：指出对方若是不配合则可能遭致某些不利的后果，换言之，"威胁"。

（8）结盟（Coalition）：找第三者出面一起说服对方。

（9）正当化（Legitimating）：向对方强调该项要求符合组织既有的目标、政策、规定或传统。

基于研究设计上的某些困难，目前各种影响战术的相对优劣并不能盖棺定论，但整体而言被视为最常用也最有效的影响战术是理性说服，其他影响战术的使用情形和有效程度则似乎会随着影响对象和所处国家等情境因素而有所变化。另外，有效与否是指上司在对部属评价时，既有研究显示理性说服和逢迎这两者最可能产生正面的结果[51]。

随堂思考 10-5

以下是三个普遍得到认同的评断，试分别推测其可能的逻辑依据：

（1）服务业的现场员工远比制造业的作业员更需要权力赋予。

（2）政府及其他非营利机构内部的权力斗争往往比企业更严重。

（3）只要不是明目张胆地进行，拍上级的马屁绝对有利无弊。

课后练习

复习题

（1）领导特质理论（或伟人理论）主要的探讨方向是什么？

（2）Iowa 大学的领导研究获得什么结论？

（3）Ohio 大学的领导研究获得什么结论？

（4）Michigan 大学的领导研究获得什么结论？

（5）何谓管理方格？

（6）领导连续带理论的主要内容是什么？

（7）Fiedler 的权变领导理论中考虑了哪些情境因素？

（8）路径—目标理论的基本主张是什么？

（9）Hersey 和 Blanchard 的情境领导理论有哪些特色？

（10）为何领导者—参与模式会被批评太过复杂？

（11）领导者—成员交换模式有哪些重要的主张？

（12）何谓"领导替代品"？有何重要性？

（13）何谓魅力领导？其本质是属于特质理论、行为理论或权变理论？

（14）转型式与交易式领导分别包含哪些层面？其本质是属于特质理论、行为理论或权变理论？

（15）仆从式领导的基本主张是什么？

（16）德行领导的基本主张与行为特征是什么？

（17）中国式领导理论中的家长式领导包含哪些行为层面？

(18) 欺凌式领导的意义与重要性是什么？

(19) 领导者的权力可以分为哪几种？其主要来源分别是什么？

(20) 何谓权力赋予？心理权力赋予包括哪几个层面？

(21) 政治行为、组织政治与权力斗争的意义与重要性分别是什么？

(22) 若想要影响其他人的决定，则有哪些影响战术可供运用？

应用题

(1) 早期的几种领导行为理论中，对于领导形态的主张有哪些共同点与差异点？这些理论是否因为"过时"而缺乏参考价值？

(2) 一位学者宣称，台塑集团在领导上的特色是注重各种管理制度，事必躬亲，和信集团的领导特色则是充分授权，高层只作长期规划，不干预日常营运细节，而奇美集团则强调所有的员工都如同一家人。假定该学者所言属实，试运用适当的行为理论来解释这三个企业集团的领导形态。

(3) 在电影《魔鬼士官长》中，克林伊斯威特在战事顺利时，不理会上级"待命"的指示，直接攻下敌军的指挥所，下令的直属长官气得打算把他送军法审判，但被前来视察的高层将领以"作战部队"的理由驳回。试指出为何在第一线冲锋陷阵的"作战部队"有时候可以不理会后方长官的命令。

(4) 以餐厅的外场与内场人员为对象，试运用适当的权变理论来解释这两种团队所适用的领导形态可能并不相同。

(5) 以大型企业的高级主管和第一线主管而言，魅力领导和转型式领导的适用性可能有何差异？

(6) 试比较中国式领导理论中的家长式领导与 Ohio 大学的领导研究结论，指出其间的异同，并提出你对何者比较适用于台湾地区企业界的看法。

(7) 实务上，许多渴求升迁的人会走"夫人路线"，希望借由上司配偶的"枕边细语"来影响其决定，试运用权力基础解释何以"夫人路线"可能很有效。

(8) 相对而言，旅行社的导游需要与确实获得相当程度的权力赋予，而同属旅行社员工的票务人员在权力赋予的程度上则比较低，为何会有这种差别待遇？

管理个案

四季饭店的领导转型之路

或许是因为并未进军中国台湾，四季（Four Seasons）饭店集团在中国台湾的知名度相当有限，但该集团在全球观光产业中却是赫赫有名，在 35 个国家和地区建立了 83 间饭店的实绩，绝对是全球观光产业中的巨头。然而，管理学生最有兴趣的，或许是这间从加拿大起家，原先毫无特色可言的小饭店，如何经由领导方式的转型而跻身全球知名饭店之林。

传统上，饭店各级主管领导部属的方式跟工厂生产线没有两样，基层员工被视为随时可以用其他人取代的消耗品，而且本性被动而怠惰，不会付出必要程度以上的努力。因此，为了让基层员工做好工作，一方面要制定各种规定并严密监督，另一方面要运用各种奖励与惩罚，双管齐下以确使员工服从。不论是在教育训练课程或经营管理实务中，这种情形都已经被视为理所当然。

20世纪70年代中期，四季饭店集团创办人夏普（Isadore Sharp）决定要打造出一个全世界最好的饭店集团，并延续他们在伦敦所获得的经验，选择优于同业的服务品质来取胜。然而，夏普很快发现，传统的领导方式无法达成这个目标，因为每位顾客的期待都不尽相同，制式化的服务无法满足每一位顾客的期待，于是不论管理阶层设计出来的服务有多么好，总是会有一部分顾客觉得不理想。

夏普的结论是《圣经》中的黄金律（Golden Rule）——用你想要获得的对待方式来对待别人，或是"己所欲，施于人"——因此必须为顾客提供"个人化的服务"，否则无法达到以品质取胜的目标。不幸的是，各级主管习惯于监督控制部属，而基层人员则习惯于遵照规定或命令行事，结果所能提供的当然只有制式化的服务，无法在第一时间配合顾客的要求弹性调整。

为了解决这个问题，夏普首先想到的是找各分馆的总经理沟通，希望他们认同那些薪资偏低、普遍被视为"难管"的基层员工，实际上却是创造或毁灭一家五星级饭店服务声誉的关键人物。理由很明显，若第一线员工能够记得顾客，了解顾客的个别偏好，则自然可以提供更贴心的服务，而顾客对于饭店服务的评价自然会提高，进而愿意一再光临并且向亲朋好友推荐。因此，各级主管应该做的是有效地支持第一线员工，而第一线员工所要做的则是愿意并且能够配合现场状况和自身的判断来决定如何尽可能地取悦顾客。

然而，后续观察显示沟通效果不彰，于是夏普进一步把黄金律纳入公司的使命宣言，并开始大刀阔斧的整顿，不能接受新观念或阳奉阴违、因循守旧的主管相继被请出门，取而代之的是精挑细选且认同该理念的人选。事后夏普坦承，想要改变业已传承多年的管理思维，可能是其一生中最艰难的工作。

虽然改革的过程渐进而迟缓，但确实有所进展，在大部分的分馆中，即使是所处组织层级最低的计时兼职员工，也可以根据当时状况和自己的判断，做出他们认为能够让顾客满意的大部分决策。当然，在第一线员工的甄选方面也有所改变，学习经历与专业能力不再是关键，重点在于个性与态度，因为公司可以提供专业能力训练，却很难改变业已根深蒂固的个性与态度。

痛苦的另一面是丰富的收获，四季饭店逐渐成为能够与 Ritz-Carlton 等顶级饭店分庭抗礼的品牌，虽然尚未达成"全世界最好的饭店集团"这个目标，但目标已经不再是遥不可及。最明显的收获之一在于，自行找上门的合作案日渐增加，意味着该集团已经建立了良好的声誉，也奠定了成为大型跨国企业的基础。

抚今论昔，任何管理学生都可以从策略或营销等层面切入，点出四季饭店集团能够获得成功的原因，但真正的行家必定会发现，领导方式的变革才是其各项策略或营销作为能够发挥作用的关键。

讨论问题

(1) 就本个案内容而言，领导的特质理论是否仍有其重要性？

(2) 根据 Ohio 大学的领导理论，饭店业主管传统的领导方式属于何种领导形态？

(3) 将权变领导理论的基本主张套用在本个案上，然后提出你的结论。

(4) 将四季饭店集团的新领导形态与转型式领导对照，然后提出你的结论。

(5) 整体而言，四季饭店集团的新领导形态比较符合本章所述的何种领导理论？

(6) 以权力赋予的观点解释四季饭店集团的新领导形态。

11 沟通

本章学习目标

1. 了解沟通流程、类型、网络等基本概念

2. 了解沟通过程中常见的障碍与有效沟通的基本原则

3. 了解有关倾听、表达与说服的基本原则

4. 了解协商谈判与冲突管理所涉及的基本概念

水世界

电影《水世界》（Waterworld）中有一个桥段显示出沟通可能展现的惊人成效。该电影中的坏蛋是占据一艘发生故障超级油轮的匪徒，但因为环境恶劣而怨声载道，其领导者在"民怨沸腾"之际抱着抓来的小女孩，宣称可以根据其背后的地图刺青找到陆地，然后就是一场文情并茂的演说，其中一句"陆地不是我们的目的地，而是我们的命运"（Dryland is not our destination, it is our destiny.）更凸显其沟通功力。在其鼓舞之下，那群原本满腹怨气的匪徒全部乖乖的跳进船舱，拿起长桨用力滑动。贴身护卫私下询问领导者要航向哪里，领导者的回答是："无所谓，他们要好几个月之后才会想到这问题。"

畅销漫画《海贼王》中也有类似的桥段。逃出海底监狱的一群囚犯听说船的航向竟然是海军总部，群情哗然而有意抢夺指挥权，主角和其他几位作战能力高强的伙伴原先打算武力镇压，结果冒出一个作战能力有限的小丑巴基，一席话让数百位凶狠的海贼俯首帖耳，关键的言词是"是男人的话……要不要和我一起去寻梦啊……现在我要把世界收入囊中了"。掌控船舵、作战能力高强的鱼人大海贼在一旁忍不住叹服地说："这也是一种才能啊！"

"沟通不良"通常是冲突的主因，"沟通良好"只是应有的结局，真正的沟通高手能够改变对方的态度与行为，甚至一席会谈就能够让对方陷入爱河或誓死效忠。借由本章所述的沟通及其相关议题，读者将可以理解为何杰出的管理者需要超乎正常水平的沟通能力。

本章将探讨"沟通"这个占据管理者最多时间的活动，但重点放在领导过程所涉及的沟通议题上，而不是"培养沟通能力"这个需要长期训练方可略有小成的目标。因此，本章不会出现"如何作演示文稿"或"如何写企划案"这类重要而广受欢迎的议题，只有一些管理者在沟通方面必须知道的基本原则。

11.1 沟通的基本概念

管理学中所说的沟通（Communication）相当于工程领域的"通信"和社会人文领域的"传播"，都是指传送信息给其他人并且让后者了解该项信息。因此，只要正确的把信息传送出去，而预定的传送对象也正确地接收到并了解该信息的意义，那么就是良好的沟通。至于对方收到并了解信息后是否重视、是否相信或是否依照信息内容采取行动，都和沟通的好坏无关。

举例而言，管理者只要让部属知道绩效奖金或其他激励办法的内容，就已经是良好的沟通，至于部属是否因而努力冲刺业绩，则应该视为该项奖励制度是否生效，而不是沟通是否良好。因此，虽然"沟通不良"是发生问题之际唾手可得而且普遍可以获得接受的代罪羔羊，但称职的管理者必定会找出真正的原因所在，不会随意使用"沟通不良"这个挡箭牌。

显然，如果没有沟通，则组织无法整合全体成员的努力来达成目标，而个别管理者在无法让部属知道该做什么或不该做什么之下，也根本谈不上领导或指挥部属。因此，虽然有学者试图衡量管理者的沟通能力并探讨沟通能力与管理效能和职场成就的关系[1]，但实际上我们不需要这类研究也可以知道没有沟通就没有管理可言。

实际的沟通活动可说是无所不在，包括撰写或阅读书面资料，主持或参与各种会议，上台演讲致辞或演示文稿，发布人事命令，进行招募或绩效面谈，主持或参与各种教育训练，乃至于打广告或进行其他促销活动等，都是常见的沟通活动。早期对管理活动的研究普遍显示，管理者大部分的时间都是用来搜集、处理和传送信息，第1章所述的十种管理角色当中有发言人等四种角色都是以沟通为主[2]。因此，不论就逻辑或实证而言，沟通都是影响管理成败的关键之一。

11.1.1 基本沟通流程

那么，究竟要如何进行沟通呢？首先当然要了解基本的沟通过程，通常都以通信理论大师 Claude Shannon 所提出的模式为蓝本，如图 11–1 所示。既然沟通是指传送信息给其他人并且让后者了解该项信息，那么沟通过程中必定会涉及所要传送的信息，也就是所谓的信息（Message）。再者，沟通过程必定会有人传送信息，而也有人接收信息，这两者就是模式中的传送者（Sender）与接收者（Receiver），其人数并没有限制为一对一，例如，对政府的陈情书经常同时有许多连署人，属于多对一的沟通，而大部分的广告都是一对多的沟通。

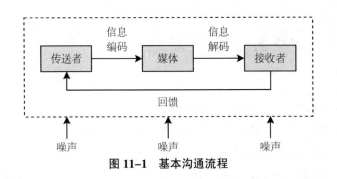

图 11-1　基本沟通流程

为了将信息传送给对方，传送者必须将信息转变成对方可以了解的信号，例如，将一个想法转变成文字或语言，这个过程称为编码（Encoding）。另一方接收到信号之后必须进行解读，借以了解该信号的意义，这个过程称为解码（Decoding）。此外，文字或语言等信号不会自然的转移到接收者的脑海中，必须借由某些工具来传送，这些传送信号的工具统称为媒体（Media）或沟通渠道（Communication Channel），例如文字与语言，其中按理也包括让文字和语言得以使用的光线与空气，但这两者是大部分沟通的共同成分，因此通常不予讨论。

接收者经由媒体接收到信号并予以解码之后，可能会以某种行动来向传送者确认，例如，当场点头同意、在电话中表示赞成或回信告知已收悉等，这个部分称为回馈（Feedback）。最后，沟通过程中随时会出现各种与所要传送信息无关的信号，例如，传送者无意识之下所发出的声音或做出的动作、信件纸张的设计与品质和谈话当中从背景环境传来的声音等，这些不属于原有信息内容的信号统称为噪声或杂讯（Noise）。

任何沟通活动都可以运用上述模式来解析，而所谓的沟通良好，就是运用最适当的信息编码来形成信号，选择最适当的媒体来传送信号，并尽可能减少噪声，借以确使接收者完整而正确的接收并了解信息的内容，同时更借由接收者的回馈来确认沟通任务确实圆满达成。当然，上述的每个环节都还有许多管理者应该了解的进阶议题，后文将逐一叙述。

随堂思考 11-1

以上司当面要求部属帮他购买一张次日早上从台北到高雄的高铁车票为例，指出此一沟通活动中的信息、传送者、接收者、媒体、回馈和杂讯分别可能为何。

11.1.2 常见的沟通类型

图 11–1 中的各个环节都有许多不同的情境或选择，于是自然而然地形成各种不同的沟通类型，本章只针对管理者在工作上所需的沟通来说明。首先，如图 11–2 所示，就传送者与接收者的关系而言，若双方都是组织成员，则称为内部沟通（Internal Communication），根据彼此之间是否有指挥隶属关系而进一步区分为上司对部属的下行沟通（Downward Communication），例如命令或公告；部属对上司的上行沟通（Upward Communication），例如请示或诉愿以及同事之间的水平沟通（Lateral/Horizontal Communication），例如工作上的协调。

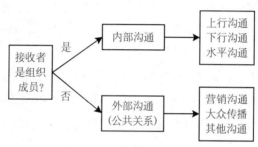

图 11–2　以沟通对象来分类

若接收者并非组织成员，则统称为外部沟通（External Communication），又由于外部沟通的目的大部分是为了与组织的利害关系人建立良好的关系，因此，大部分的外部沟通都可以纳入公共关系（Public Relations）的范畴。其中，若沟通对象是既有或潜在的顾客，则称为营销沟通（Marketing Communication），若沟通对象是不特定的社会大众，则称为大众传播（Mass Communication），至于对股东、供货商、主管机关等利害关系人的沟通则没有特定名称，视实际沟通事项而给予称呼，例如，希望立法机关通过或否决某项法案的游说（Lobby），将年度经营成果和未来营运计划呈献给股东的年报（Annual Report）等。

其次，沟通过程必须使用媒体（沟通渠道），因此根据媒体的性质来分类也是可行的选择。图 11–3 根据各种沟通媒体在特定时间内所能传送的信息数量来分类，因此，其横轴为媒体丰富性（Media Richness），其中丰富性最低的是完全依靠视觉媒体的两种沟通形式，丰富性最高的是同时使用视觉与听觉媒体的沟通形式，完全依靠听觉媒体的沟通形式则居于两者之间，原因是语言可以转化为文字，而且可以借由音量、音调、语气等传达或接收额外的信息，但仍然无法涵盖表情、手势等有赖视觉来传达的信息。

若完全依靠文字来传送信息则称为书面沟通（Written Communication），包括传统信件、电子邮件、公告与通知、签呈及其他公文、书面报告等；若完全依靠影像来传送信息则是图像沟通（Image Communication），包括表情、手势、动作等所谓的肢体语言（Body

Language)，照片与图片，乃至于没有音效的影片等。若沟通过程使用的媒体是语言，则统称为口头沟通（Oral Communication），当然也可以称之为语言沟通、口语沟通或话语沟通。

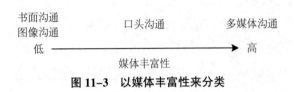

图 11-3 以媒体丰富性来分类

丰富性最高的沟通形式同时使用视觉与听觉媒体，因此泛称为多媒体沟通（Multimedia Communication），包括从两个人直接对谈到许多人参与的会议等面对面沟通（Face-to-face Communication），同时传送影像与音效的影片，以及让身处不同地点的人可以近似于面对面沟通的视讯会议及其他影音传输系统。

媒体丰富性是选择沟通媒体之际的重要考量。一般而言，若沟通过程所涉及的讯息复杂或抽象，则应该选择丰富性较高的媒体，例如，新事业的投资通常要求参与决策者面对面讨论，反之若讯息简单或例行性程度高，则通常会选择丰富性较低的媒体，例如，开会通知只需一张便条即可[3]。

当然，由于沟通媒体的性质各不相同，因此可以将图 11-1 中所述的媒体加以分类。常见的主张之一是区分为：①只能传送文字与图像的视觉媒体（Visual Media），例如信件；②只能传送声音的听觉媒体（Audio Media），例如电话；③能够传送文字、图像与声音的视听媒体（Audio-visual Media），例如面对面会谈。显然，视听媒体的媒体丰富性最高，视觉与听觉媒体则各有高下，简单的讯息通常以听觉媒体丰富性较高，复杂抽象的讯息则相反。

除了上述两种分类方式之外，管理者也必须了解正式与非正式沟通的差异。正式沟通（Formal Communication）是指组织成员根据其职权与指挥隶属关系所进行的沟通活动，不符合此要件的组织内部与外部沟通则全部属于非正式沟通（Informal Communication）。最常见的研判准则在于，讯息传送者是否有权取得并传送该项讯息，若答案是肯定的则属于正式沟通，反之则属于非正式沟通。

举例而言，主管级人员异动通常是最高主管的职权，因此，在依照最高主管指示发布属于正式沟通，该项讯息是所谓的"官方说法"（Official Announcement），而在发布之前人事单位各级人员私下向其他人透露的行为则属于非正式沟通，其讯息统称为"小道消息"（Grapevine）。当然，"官方说法"只不过是组织正式传达的讯息，其内容未必正确，"小道消息"则只不过是未能获得组织承认的讯息，其内容未必错误。

另外，也可以根据沟通的目的来区分。虽然可能的沟通目的多不胜数，但一般而言组织沟通最常见的目的包括下列几项：①告知（Inform），单纯的传送讯息，接收者自然知道应该如何反应，例如，宣布各项决策、发表新产品、招募新进人员等；②说服（Persuasion），在传送讯息的同时希望接收者采取某种并非既有义务的行为，例如，让相关人员同意某项决策、促销产品、向同业挖角等；③提升信誉（Promote Goodwill），在传送讯息的同时希望改善接收者的印象，例如，刻意对部属嘘寒问暖、刊播形象广告等。

随堂思考 11-2

以饭店在报纸上刊登征人广告为例，指出此沟通活动：

（1）以沟通对象而言属于何种沟通类型？

（2）以媒体特性而言属于何种沟通类型？其媒体丰富性是高是低？

（3）属于正式或非正式沟通？属于告知、说服或提升信誉？

11.1.3 沟通网络

图 11-1 中只涉及传送者和接收者，但是在实际的沟通活动中，原有的接收者可能随后成为传送者，向新的接收者传送同样的讯息，甚至有可能是原有的传送者要求原有的接收者把讯息传送出去。因此，除了原有的接收者之外，其他人都不是直接从最原始的来源接收到讯息，这种沟通形态俗称为"二手传播"（Second-hand Communication），而从原有的传送者开始，所有接触到该讯息的人员所共同构成的先后关系则称为沟通网络（Communication Network）。

图 11-4 呈现了学术界对于小群体沟通网络的发现[4]。虽然这些沟通网络是针对学生来进行仿真的结果，未必能够反映职场上的实际现象，但仍然可以在其中得知，即使是一个封闭的小团体，沟通过程也可能自然形成各种不同的网络，并没有固定的模式可供依循。可想而知，在属于开放性大群体的职场中，实际的沟通网络必定更为复杂多变。

图 11-4 中的数字代表不同的群体成员。以讯息传送速度而言，主要取决于必须经过几个人先后进行传送和接收之后才能够让全体成员收悉，也就是所谓的"沟通链"（Chain of Communication）长度。因此，若讯息是由 1 号成员首先传出，则沟通链长度为 4 的链型速度最慢，长度为 2 的 Y 型和圆型次之，最快的是长度为 1 的轮型，至于全方位沟通型态则无法确认其沟通链长度。反之，若讯息是由 3 号成员首先传出，则沟通链长度为 3 的圆型速度最慢，链型、Y 型和轮型的长度都是 2，而全方位沟通型态则无法确认其沟通链长度。因此，何种沟通网络能够最快速的传达讯息，还必须考虑讯息是由何人传出。

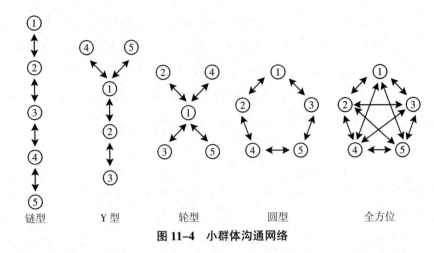

链型　　　Y 型　　　轮型　　　圆型　　　全方位

图 11-4　小群体沟通网络

当然，信息传送速度并不是唯一的考量，管理者还必须兼顾信息传达的正确性、信息内容的复杂性等因素，因此在尝试建立沟通网络之际，并不适合以信息传送速度为优先。实验显示，若群体任务相当简单或例行性程度高，则信息集中的轮型和 Y 型最有效率，反之在任务相当复杂之际，信息开放的全方位沟通型态可以获得最好的成效。

11.1.4　常见的沟通障碍

图 11-1 中显示沟通过程随时都可能受到各种噪声的干扰。直觉上，这些噪声应该是"外来的因素"，但实际上也包括通信系统本身的瑕疵，例如线路老旧、接触不良等。组织沟通过程也同样有许多内部与外来的噪声干扰，这些干扰都可能影响到沟通的成效，因此统称为沟通障碍（Barriers of Communication）。

图 11-5 根据干扰的来源列出部分常见的沟通障碍。就传送者而言，常见的问题包括：①迂回（Bypassing）：不敢或不愿直说，用含糊、不完整的词句带过，导致接收者产生误解，例如口头上交代"愈快愈好"，实际上的意思却是"马上处理"；②过滤（Filtering）：基于某些理由而对信息内容加以增删，使之更符合自己的理想，例如，政府官员对上级和民众的"报喜不报忧"；③表达能力不佳：无法用语言文字或其他工具正确的表达自己的意思；④信息矛盾：在沟通过程中传递出不一致的信息，例如，一方面表示嘉勉，另一方面又强调应予改善，甚至一方面按照规定处分，另一方面却给予加薪升迁。

在接收者方面，常见的问题包括：①阅听能力不佳：阅读或倾听的能力不足，无法在有限的时间内充分掌握信息内容；②选择性知觉（Selective Perception）：基于个人的偏好、兴趣或利益来过滤或解读信息，例如，只听取对自己有利的部分，或者对不利的信息做出有利的解释；③情绪/态度干扰：基于当时的情绪或对于相关人员与事物的主观看法而影响到信息的传送，例如，愤怒时无法进行理性的讨论，悲伤时容易被抚慰的言词打动，而不信任或排斥对方时必定难以接纳对方所传送的信息。

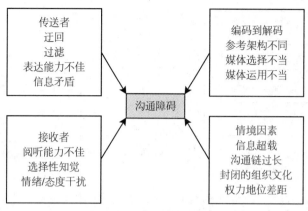

图 11-5 常见的沟通障碍

另外，从编码到译码的过程中也可能出现沟通障碍。除了传送者与接收者的语文能力也可以纳入这一类之外，可能的沟通障碍还包括：①参考架构（Reference Framework）不同：因个人背景差异导致彼此对于相同的语文或图像产生不同的解读，例如，对大部分成年人而言，青少年经常在网络上使用的"火星文"并不是很容易理解的文字；②媒体选择不当：未能配合讯息内容来选择适当的沟通渠道，例如，想要在电话中说明某些抽象的事物，或想要用文字叙述某个复杂的作业流程；③媒体使用不当：实际使用特定沟通渠道之际所发生的各种错误，例如，发音含糊不清、字体潦草模糊、图片无法显示等。

最后，沟通当时的某些情境因素也会成为障碍，包括：①信息超载（Information Overload）：接收者必须接收的信息超出其处理能力，因此必须忽略、过滤某些讯息；②沟通链过长：讯息经过许多人转达之后才让预定的接收者收悉，其间不但有时效上的顾虑，更可能在讯息内容上出现严重的扭曲；③封闭的组织文化：不鼓励相互沟通的组织文化，例如，采纳"军事化管理"的组织通常会压制上行与平行沟通；④权力地位差距：传送者与接收者之间权力或地位的差距太大，导致双方不愿意或不敢坦诚开放的进行沟通，例如，在高级主管视察基层之际，基层人员即使满肚子怨气，通常也不会自讨没趣地爆发出来。

11.1.5 有效沟通的原则

了解了沟通过程常见的障碍之后，自然可以"对症下药"寻求改善，图 11-6 左半部就是针对前述常见沟通障碍所提出的解决之道。其中，包括改善语文/表达/倾听能力以及避免情绪/态度干扰等理应无须说明，但部分原则仍有进一步解释的必要。首先，在可能的状况下应该尽量选择面对面沟通，不但避免二手传播可能的扭曲和媒体丰富性不足的困扰，而且可以立即获得回馈，达成良好沟通应有的双向沟通（Two-way Communication）型态。

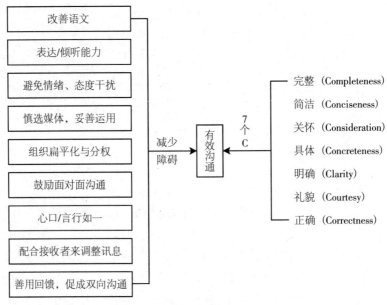

图 11-6　有效沟通的基本原则

其次，面对面沟通还具有"见面三分情"的效果，在改善双方关系上不可或缺。实务上，有些管理者经常前往部属的工作现场，直接与部属讨论各种事宜，这种管理型态称为走动式管理（Management by Walking Around，MABA）。

最后，心口如一和言行如一也是沟通成败的关键。在选民依靠大众传播媒体来了解候选人的政治圈，这点并没有绝对的迫切性，但一般组织的管理者必须与部属朝夕相处，任何矛盾很快就会暴露出来。在任何华丽的辞藻都无法弥补"说一套、做一套"所衍生的反感之下，心口不一或言行不一等于是埋下了彼此不信任甚至相互敌视的种子。

当然，配合接收者来调整讯息也是管理者必须熟悉的基本沟通素养。简言之，不同的接收者在偏好、兴趣或利益等方面都各异其趣，在语言文字的参考架构上也不尽相同，因此，传送讯息必须考虑对方的情况，在讯息内容的组织与遣词用字上妥为斟酌。举例而言，总经理在面对中高级主管之际可以大谈组织愿景的内容，因为愿景内容攸关中高级主管的未来前途，但面对第一线服务人员时则应该将愿景与个人利益结合，因为组织愿景对基层人员通常是太过高远而遥不可及。

虽然看起来并没有什么了不起，但沟通本身确实没有也不必有深奥繁复的理论模式，关键只在于能否将各项基本原则落实到日常沟通活动中，例如有研究显示，杰出企业普遍都遵守图 11-6 左半部的各项沟通原则，包括言行如一、注重双向沟通、强调面对面沟通以及"报喜也报忧"的态度等[5]。

图 11-6 右半部则是"商用文书"或"商业沟通"这类沟通教材当中经常提及的基本原则，偏重于传送者的编码过程，通常以"沟通的七个 C"来代表[6]。其中，完整

（Completeness）是指提供了所有必要的资料，回答了所有的问题，甚至也提供了必要的参考资料。简洁（Conciseness）是指没有多余的叙述，没有再三重复，直截了当的陈述相关讯息。关怀（Consideration）是指着眼于接收者的兴趣或利益，而不是从传送者的立场来呈现讯息。具体（Concreteness）是指尽可能以事实资料与数据说明，包括实际上应该采取的行动方向。明确（Clarity）是指没有模糊抽象的叙述，清楚地呈现出重点所在。礼貌（Courtesy）是指表现出诚意与尊重，没有任何贬抑或歧视。正确（Correctness）是指讯息内容没有错误，包括讯息意义、遣词用字与各种数据。

上述减少障碍与改善编码的基本原则实际上都是"知易行难"，需要谨慎的心态加上长期的磨炼才有可能达成有效沟通的目标。当然，每个人的才能各不相同，正如并不是每个人都可以成为顶尖运动员，有一些人可以在较短的时间内快速提升其沟通能力，有些人则必须经年累月才略有长进。

无论如何，上述基本原则确属有效沟通所不可或缺的，只不过即使熟悉这些原则，组织内的若干现实因素也可能让管理者无法实践。举例而言，大部分管理者都知道应该"报喜也报忧"，因此在组织面临重大危机时，按理应该根据此原则开诚布公地说明实际状况与因应对策，但高层却经常基于"降低立即损害"的考量而违反此原则，对相关人员下达"封口令"。这类基于特定考量而违反有效沟通原则的情形在各种组织当中都很常见，主事者通常不但不会受到责难，反而可能因为"有效因应危机"而获得奖励，至于长期而言对组织是利是弊则通常无人过问。

随堂思考 11–3

以下是职场与家庭生活中常见的两种情形，试分别指出所使用沟通网络型态以及可能违反了哪些有效沟通的原则。

（1）总经理要部门主管回去向部属宣布新的规定，部门主管交代其助理逐一以电话通知所有的部门成员。

（2）夫妻之间冷战，任何事情都要子女代为传话。

管理前线 11–1

果真应该"言为心声，文如其人"？

在中国的传统当中，"言为心声，文如其人"只是做人的基本要求，但事实上大部分人在许多情况下都做不到，而且有时候真的做到了的话，还违反了有效沟通的原则以及个人与组织的利益。

好莱坞电影界很清楚言行之间的矛盾。在不断回放的陈年旧片《小人物大英雄》(Accidental Hero) 中,达斯汀霍夫曼扮演一个只图自身利益,被所有人鄙视的人生战场输家,原先有意跳河自杀,却在河边目睹一场空难,在乘客哀号声中忍不住冲入火场救出十余人。其后媒体得知有此一事,想要借由塑造出一位英雄来提高收视率,于是用巨额赏金找出当事人。结果一位相貌堂堂的流浪汉出面承认,并且展现出绝佳的口才,用一连串华丽的言词让无数的电视观众为之动容,其恶心程度甚至让一位酒客忍不住问:你看过有人屁话 (Bullshit) 比美国总统还多的吗?

获知有人顶替的男主角当然怒不可遏,但观察过那位流浪汉的言谈之后,他选择私下要求分一些奖金以供子女就学所需,而不是公开拆穿其谎言。理由很简单,他自己缺乏能够让社会大众信服的特质,拆穿谎言对大家都有弊无利,该流浪汉身败名裂,电视台声誉扫地,他自己即使获得短期利益,迟早还是会陷入众人齐声喊打的困境,而社会大众则少了一个能够对他们说教而且令他们信服的英雄。反之,延续谎言则是有利无弊,流浪汉继续扮演英雄,电视台收视率飙升,他自己获得让子女就学的费用,而社会大众则多了一个影响力深远、有助于教化的心灵大师。

有关社会大众的另一个面向在于,民众未必需要知道真相,尤其是实际的英雄竟然是个"痞子"的真相,因此,女主角在最后获知真相时也同意延续谎言。换言之,若真相会妨碍沟通的最终目标,而谎言有助于达成目标,则结果的"善"或许足以抵消过程的"恶"而有余,这也是所谓的"善意的谎言"通常都不会受到责备的主因。

因此,不论你是看到无耻政客在奢言服务全民,还是无能商人在畅谈经营之道,都犯不着动怒,也未必需要采取行动来设法揭穿。毕竟,他们在公开场合所说的话大致上还是对的,而言行不一本来就是人性的必然,让他们畅言高论多少还具有教化人心的效果,揭穿他们之后却有可能让所有人都受伤。

11.2 倾听、表达与说服

前述的有效沟通原则中,减少沟通障碍的部分大致都是一般性原则,而"七个 C"则偏重于编码而且略嫌抽象,因此,本节将针对倾听、表达与说服这三个重要的沟通环节提供一些具体的建议。

11.2.1　有效的倾听

狭义而言，倾听（Listening）一词只用于口头沟通，意指接收者专注的听取传送者发出的语言讯息并理解其意义，但实际上通常都采用广义观点，另行涵盖了文字和图像讯息，例如，"倾听顾客的声音"并不以顾客的口头意见为限，至少包括了顾客的诉愿与建议信函、顾客实际的购买行为，乃至于各种市场调查结果等。因此，倾听的范围包括了所有能够反映出传送者心意的线索。

如前文所述，"阅听能力不佳"是可能的沟通障碍之一，虽然其中所涉及的语文能力不佳和参考架构不同等问题并无法在短期内获得改善，但只要对于倾听过程常见的偏差有所检讨，并学习一些改善倾听能力的方法，还是可以降低这个沟通障碍的不利影响。图 11-7 就是基于此目标所做的整理，包括倾听的过程、类型、常见障碍以及有效倾听的原则。

有效倾听基本上是身心合作的结果，其中的"身"与"心"分别代表生理上和心理面的机制，图 11-7 左侧的方块显示了倾听的过程。首先，身体上的各种感觉器官必须能够发挥作用而接收外界的刺激并传送到大脑，这个阶段称为感知（Sensation），例如，视觉让我们看到文字和图像，听觉让我们听到各种声音。然而，在该项刺激传送到大脑之际就进入了心理层面，大脑会自动辨识该项刺激究竟是什么，其方法是在记忆中搜寻类似的刺激。这个经过比对记忆而了解其意义的过程称为诠释（Interpretation）。显然，若是记忆中枢损伤，则我们可能只是看到某种图像或听到某种声音，但不知道那是什么。在记忆中没有类似的刺激时，也同样会出现不知其意义的现象。

了解了声光等刺激的意义之后，通常我们也会自然而然的进一步的分析其内容并形成某种结论，例如觉得其内容不完整，认为其讯息有错误等，这个步骤称为评估（Evaluation）。最后，在评估完成后，我们可能决定针对该项讯息采取某种行动，例如记下来、做出肢体动作（如点头、鼓掌、皱眉头、摇头）等，这个步骤称为回应（Response）。从感知到响应的生理与心理历程有时候不到一秒钟，但其间却有许多因素会影响到倾听的效果。

问题在于，我们在倾听的过程中未必会积极而客观的完成上述四个步骤，经常因为某些因素而在某个阶段偏离应有的过程，甚至有可能在第一个阶段就出现"视而不见，听而不闻"的现象。由于每一次倾听的状况不尽相同，自然可以根据其特征区分为若干类型，如图 11-7 左侧起第二个方块所示。其中，"视而不见，听而不闻"的情况称为虚伪式倾听（Psedolistening），表面上是在倾听，但实际上因为某些因素而心不在焉，根本没有把注意力集中在传送的讯息上，例如，对课程没兴趣但又担心教师点名的学生，就经常在课堂上表现出这种行为。

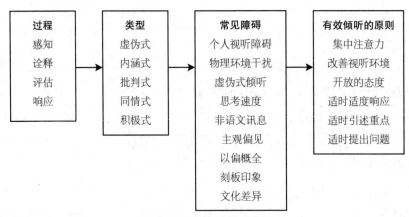

图 11-7　倾听的基本概念

其他四种倾听类型分述于下：内涵式倾听（Content Listening）只是想要了解并保留信息，并不需要进行评估；批判式倾听（Critical Listening）的重点在于评估讯息内容是否正确、合理、实用等，完整的讯息可以稍后以其他渠道取得；同情式倾听（Empathic Listening）只是让对方发泄情绪，虽然需要适度响应，但不需要评估其讯息内容；积极式倾听（Active Listening）则是想要完全了解讯息内容，可能以问题来反复澄清，而且很可能持续而进入评估与响应阶段。

举例而言，上司下达命令之际，部属通常会采用内涵式倾听，较复杂的命令则可能采用积极式倾听，而部属向上司提出建议时，上司通常会采用批判式倾听，较复杂的建议则可能采用积极式倾听。在个人对某些事物有所抱怨时，被当成"情绪垃圾桶"的对象通常会采用同情式倾听甚至虚伪式倾听，而面临攸关个人利益的新规定时，个人通常会采用积极式倾听。

由上述说明可知，接收者通常并未完成倾听过程的四个阶段，例如，内涵式和同情式倾听都跳过评估阶段而可能直接进入响应阶段，其中，同情式倾听甚至可能未曾完全进入诠释阶段就直接跳到响应阶段。在接收者可能视当时情况而分别以不同的倾听类型来处理讯息，倾听的成效自然各不相同，而倾听的障碍也大部分源自于此。

图 11-7 左侧起第三个方块列出了常见的倾听障碍。其中，个人视听障碍、物理环境干扰和虚伪式倾听这三者应该无须再行说明，"思考速度"是指讯息传达的速度可能赶不上我们的思考，于是很可能一方面接收讯息另一方面进行评估，从而遗漏了某些讯息。"非语文讯息"是指传送者的外貌、声音特征、肢体语言等事项导致接收者分神，干扰到讯息的接收。其他如接收者对传送者个人或讯息所涉议题的主观偏见与刻板印象，接收者根据传送者个人或讯息内容的某些特征来进行整体评估，以及接收者与传送者之间的文化差异衍生的错误诠释等，都可能造成倾听成效不彰。

图 11-7 右侧的方块则是针对倾听障碍而归纳出来的基本原则，例如，以"集中注意

力"来避免虚伪式倾听和思考速度较快衍生的问题，以"开放的态度"减少主观偏见和刻板印象可能导致的不良后果，以"适时引述重点"确认是否发生以偏概全和文化差异误导的问题等。由于都是"对症下药"，因此，只要了解可能的倾听障碍为何，任何人都可以提出类似的结论。

另外，图 11-7 指出非语文讯息可能成为倾听的障碍，但包括表情、音调、姿态等非语文讯息也可能是传送者刻意营造以强化讯息所致，因此除非语文和非语文讯息彼此矛盾，否则不应完全忽视非语文讯息。实务上经常将传送者身上所显示的非语文讯息称为肢体语言（Body Language），例如，不断抓头可能显示紧张或不知所措，而面对面交谈时彼此之间始终维持一公尺（三英尺）以上的距离则可能显示彼此间的不信任乃至敌意。有关肢体语言的讨论相当有趣，知名范例之一是，美国人点头时通常是表示同意，但日本人点头时却往往只是表达了解的意思。但整体而言，有关肢体语言的各项主张还需要许多实证研究来加以确认。

随堂思考 11-4

根据你的判断，学生在课堂上听课之际，最常出现的倾听类型是什么？若教师希望改善上课成效，则根据本章所述的有效倾听原则，可能应该采取何种措施？

管理前线 11-2

果真是"观其眸子，人为廋哉"?

肢体语言可能会通过露出语言本身以外的讯息，因此许多人都很感兴趣，台湾地区早期曾翻译出版《行为语言的奥秘》一书，深受社会大众欢迎，甚至孔老夫子也曾经讲过"观其眸子，人为廋哉"这个有关肢体语言的主张。然而，和星相学书籍类似，这些书籍的作者普遍宣称其各项主张都有丰富的实证依据，但通常都提不出完整而具体的证据。

广受欢迎的 CSI 犯罪现场影集也曾经把肢体语言纳入剧情。在该集的一个桥段中，案情原本陷入胶着，但第一女主角回想到某位关系人在答复侦讯之际，其眼睛是转向左上方，而根据神经心理学领域的研究发现，眼睛转向左上之际倾向于是在"构建"而非"回忆"，因此判断该关系人在说谎，于是根据这条线索持续追踪调查，全案终于水落石出。看来，孔老夫子所言似乎颇有参考价值。

近期宣称"疯狂抢购突破 500 万本"的《肢体语言终极天书》（The Definitive Book of Body Language）中，甚至宣称其内容除了个人的经验之谈以外，还引用了许多科学领域的研究成果。然而，除非阅读该书时完全不用脑筋，否则必定会觉得格格不入，例如，双手插腰一定是代表"有侵略性的蓄势待发"吗？至少对许多在球场边悠闲观战的人来说，那只是相当舒服的放松姿势。又如，拇指与食指扣成圆圈而其他三指向上直伸的手势，大部分人都知道应该视当时情况而分别解释为没问题（OK）、数字零或钞票，任何国家或文化中应该都不会有压倒性的多数认为该手势一定是代表某种意义。

若想要精准的把肢体语言应用在沟通上，就必须把范围缩小到特定的议题（如是否说谎）上，并重复进行许多次大规模的实验，然后才有可能获得类似于"有六成概率是在说谎"这类的结论。目前这种类型的研究还相当有限，不足以让我们对人类所有甚至大部分的肢体动作产生完整而足以参考的结论。

更糟糕的是，即使完成并发表了这类的研究，其他人引用之际经常会以讹传讹。例如，沟通大师 Albert Mehrabian 所提出的 7%-38%-55% 定律（文字 7%，声音 38%，肢体语言 55%），原本只是强调情意表达中语文和非语文讯息的相对重要性，但许多教育和沟通领域的学者专家都据以主张任何沟通当中非语文的成分都占了 93%，因此讲课、演说或演示文稿之际不需要注意内容，让台下的学生或听众目不暇接而且赏心悦目才是重点！拜托，任何沟通都只是强调好莱坞式的声光效果，年逾古稀的大师作古时会死不瞑目的！

11.2.2 良好的表达

探讨倾听是为了从接收者的立场来改善沟通，而探讨表达则是为了采纳传送者的立场来减少沟通上的问题，两者一样重要。所谓的表达（Presentation）是指借由过当的编码与媒体而将讯息传送出去，若缺少了这部分，则管理者无法将自己的意志传达给部属，自然没有指挥或领导可言。和有效倾听一样，良好的表达也需要优异的语文能力为基础，但了解若干基本原则之后仍然可能借以获得明显的改善。由于表达的过程可以粗略的区分为编码（或讯息形成）和传送这两个阶段，因此，本小节只针对这两者来说明。

如图 11-8 所示，编码（或信息形成）可以分为三个阶段，每个阶段分别有一些注意事项[7]。虽然实际的编码过程可能有所简化，甚至有可能只是在谈话的间隙中进行编码，在极短的时间内完成规划与组织这两阶段，并跳过校订的阶段，但完整的编码过程确实必须完成这三个阶段。

在规划阶段首先要掌握的是沟通目的，例如，究竟是想要让接收者了解全部的信息，还是只需要让他们产生兴趣，反过来说，就是接收者比较可能采取积极式或批判式倾听。其次是确定阅听众（Audience，即读者与听众，在沟通当中为接收者）的特性，据以决定

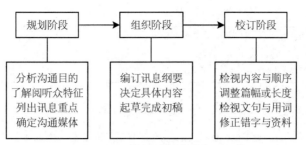

图 11-8 编码过程注意事项

何种讯息内容与表达方式较为适宜，例如，若阅听众多属学术界人士，则可能必须展示大量的文献依据；反之，若多属实务界人士，则丰富的案例比较容易获得好评。最后则是列出所要传达的主要讯息，确使不致有所遗漏，以及确定使用的沟通媒体，据以调整讯息呈现方式。

进入组织阶段之后，必须把规划阶段所列出的讯息重点按照合理的顺序排列而形成讯息纲要，例如，可以采用"直接法"，先说明观念再提示证据，也可以采用"间接法"，先提示证据再说明观念。直接法比较适合阅听众对讯息相当有兴趣的情况，间接法则比较适合阅听众对讯息可能不太有兴趣的情况。又如，纲要的编订可以参考写作原则，区分为开场（Opening）、主体（Body）和结束（Close）这三部分，而主体中还可能另行纳入承接（Related）与转折（Transitional）等部分。纲要完成后则必须决定其中的每个段落应该呈现哪些内容，然后构思如何以语文和图像来呈现这些内容并完成初稿。

校对阶段相当烦琐，而且除了必须事先准备的演讲或演示文稿等场合之外，通常并不适用于口头沟通。这个阶段通常必须①检视每个段落的内容及其先后顺序是否正确无误；②斟酌调整，包括内容和叙述文句的增删，借以达到适当的篇幅或长度；③检视文句是否通顺与用词是否妥当，避免出现过长、过于繁复的文句，以及阅听众可能无法了解的成语和典故等；④检视其中是否有错别字与错误的数据，必要时可能需要检视各项数据的原始来源。

以上叙述了编码过程所应注意的事项，但是在实际表达的过程也同样有一些重要的原则。表 11-1 列出了口头表达应予考虑的部分原则，实际应用时可以配合面对面谈话、电话交谈、公开演讲或主持演示文稿而酌予调整，例如，电话交谈当中无法使用视觉辅助工具，不必注意肢体层面的非语文沟通，但仍然应该事先熟记重点（纲要），并注意音量、语调等层面的非语文沟通。

表 11-1 口头表达的部分基本原则

事先熟记重点（纲要）或讲稿，必要时预先演练
维持目光接触，避免出现隐含紧张、焦虑的肢体语言
注意音量、速度、发音等，务使对方能够听得清楚
运用视觉辅助工具来展示复杂或重要的信息

续表

注意对方的非语文讯息，必要时以暂停等方式调整气氛
鼓励对方提出问题，但人数较多时可以保留到最后
不要迂回逃避问题，也不要因为批评而愤怒或沮丧

只要设身处地的站在接收者的立场来思考，则表 11-1 中的各项原则都有其必要。然而，并不是每个人都可以做到良好的表达，部分原因是有些人很害怕成为众人目光的焦点，这种舞台恐惧症（Stage Fright）甚至让部分人觉得"比死还可怕"。但整体而言，包括舞台恐惧症在内，准备不周与缺乏自信这两者是表达不佳的主因，例如，国内硕士班学生在演示文稿其毕业论文之际，典型的现象是低着头念出投影片上头的文字，根本不看现场的口试委员或其他听众，原因是不看着投影片则"讲不下去"，而且看到口试委员盯着自己会"心头发慌"。

表 11-2 则列出了书面表达应予考虑的部分原则，实际应用时可以配合所使用的是便条与备忘录、签呈或其他公文、信件或报告书而酌予调整，例如便条强调直截了当，不必区分开场、主体与结束，但仍然应该详列时间、地点等事项，并避免出现模棱两可的语气。

表 11-2　书面表达的部分基本原则

指示或命令应明确指出行动方向，并详列时间、地点等相关事项
一般文书宜先行列示主旨，再分项补充说明
短式报告应采信件格式，区分为开场、主体与结束这三个部分
长式报告应采标准格式，包括封面与标题页、目录、摘要、导论、文献探讨、研究设计、研究发现、结论与建议及附录
使用肯定句，避免出现"似可"这类模棱两可的语气
适度运用标题以吸引注意并提示重点，但标题不宜超过三层
引用资料时必须注意其时效、正确性与可靠性
结论与证据应有足够证据支持，不应出现前后矛盾的情形

随堂思考 11-5

许多专家根据沟通大师 Albert Mehrabian 的 7%-38%-55%定律（文字 7%，声音 38%，肢体语言 55%），宣称 93%的沟通来自于视觉与听觉，因此演说内容的好坏无关紧要，只要视觉与听觉上"感觉很爽"就行了。若将教师讲课视为演说，则根据此主张教师应该怎么做？以有效表达的基本原则而言，若真的这样做则可能有什么不对？

11.2.3　有效的说服

若沟通的主要目的在于说服，则前述的基本沟通原则只是"起码"的要求，虽然必须努力做到，但对于沟通成效大致只有"不会扣分"而没有"加分"的效果。问题在于，即使接收者正确而完整的取得讯息，也未必会相信并接受讯息的内容，更未必会根据讯息的内容采取某种行动，而所谓的说服（Persuasion）却是希望让接收者在态度或行为上产生特定改变的沟通形式。

图11-9呈现了说服性的沟通当中所可能经历的四个阶段[8]。第一个阶段是获得注意（Aaining Attention），也就是传送者设法让对方（预定的接收者）将感官知觉集中在他身上，常见的技巧包括直接指出对方关心的议题，提示对方可能获得的利益，用适度的赞美恭维打开话题，提出某些可能让对方感兴趣的资料，以幽默、令人意外的文句为起点，以及用名人言论或众人所熟悉谚语切入等。

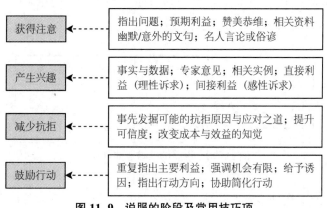

图 11-9　说服的阶段及常用技巧项

第二个阶段是产生兴趣（Building Interest），也就是设法让对方想要进一步的接收讯息，常见的技巧包括提示相关事实与数据，引述专家意见或相关实例，指出明显可见的直接利益，指出比较不明显、偏重于内心感受的间接利益等。这其中，直接利益通常与物质或经济因素有关，称之为理性诉求（Rational Appeal），间接利益则通常纯属个人情绪性反应，称之为感性诉求（Emotional Appeal）。

第三个阶段是减少抗拒（Reducing Resistance），也就是设法化解对方心中的疑虑与抗拒说服的企图，其中最重要的是预先找出可能的抗拒原因，并拟妥适当的应对之道，其他则包括用本身或第三者的信誉来取得对方的信赖，降低行动的成本或保证承担不利后果以改变成本与效益的知觉等。

第四个阶段是鼓励行动（Motivation Action），也就是设法让对方采取某种符合说服目的的行动，可能的手段包括重复指出主要的利益，以时效或名额来强调机会有限，以某种奖励作为促使行动的诱因，直接告知行动方向，以及化解行动上可能面临的困难或阻碍等。

某些说服的场合并不需要进入第四个阶段，例如，希望对方接受某种理念或主张时，通常并不会要求对方根据该理念或主张而立刻采取某种行动。另外，在"减少抗拒"的阶段中，接收者所提出的理由很可能并不是实际上的关键，例如消费者口中的"太贵"或员工口中的"家里有事"，往往只是不想购买或不想加班的推托之词，因此，减少抗拒的努力必须针对实际的原因，否则只是浪费时间精力。

若想要充分地传达说服讯息，则必须成功地引发接收者的兴趣，但即使做到了这点，接收者仍然可能无法充分了解讯息的内容。这种情况并不表示说服失败，而是显示接收者并不是根据讯息的内容来形成态度。如图 11-10 当中的推敲可能性模式（Elaboration Likelihood Model）所述，若接收者具有处理说服讯息的能力与意愿，则讯息是经由中央路径（Central Route）的理性思考来处理，因此会针对各项讯息进行评估推敲，并产生同意与不同意的正反意见。反之，若接收者不具备处理说服讯息的能力或意愿，则讯息是经由周边路径（Peripheral Route）来处理，此时接收者并不会专注在讯息内容上，因此，传送者有意或无意中传送的非语文讯息往往深具影响力[9]。

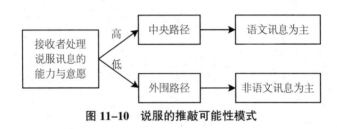

图 11-10　说服的推敲可能性模式

最后，文化差异也可能影响到说服过程，例如，在权力距离比较高的社会中，名人或专家的意见可以产生良好的说服效果，而在集体主义倾向比较高的社会中，民意调查和市场占有率等资料很可能足以令对方改变态度。

随堂思考 11-6

在美国，广告公司最密集的地区是纽约的麦迪逊大道（Madison Avenue），而麦迪逊大道上的传统主张之一是，说服消费者时应该采用 AIDA 模式，也就是让消费者经历注意（Attention）、兴趣（Interest）、欲望（Desire）和行动（Action）这四个阶段。试比较 AIDA 模式和图 11-9 所示的说服阶段，指出其异同，并判断推敲可能性模式在 AIDA 模式中可能有何重要性。

11.3　协商谈判与冲突管理

以上所讨论的沟通形式都以单方面传送讯息为主，接收者原先并没有特定的立场，但本节所要探讨的协商谈判与冲突管理则是双方都不断的向对方传送讯息，而且都希望对方改变立场而采取某种行动，因此，固然还是可以视为说服，但实际上比一般的说服难度更高。

11.3.1　协商谈判

就原始意义而言，协商（Negotiation）是指双方或多方借由沟通来共同寻求彼此都可以接受的解决之道，其间可能有立场或利益上的冲突，但未必一定如此。相对的，谈判（Bargaining）则是指双方或多方有立场或利益上的冲突，通过某种形式的沟通（通常是面对面）来决定如何处理。然而，目前两个名词已经没有明确的区分，通常将之视为同义词，都是代表借由沟通来获得共同结论的过程。

协商谈判当中有许多迥异于前述沟通议题的事项，图 11–11 先行列出有关谈判情境和结果的部分。谈判的情境大致可以区分为两种：其一是假定资源（权力、利益等）总和不变，因此，谈判的双方都想要"多分一点"，于是彼此相互敌对，都希望产生"我赢你输"的结果。这种谈判形式称为分配型谈判（Distributive Bargaining）或零和谈判（Zero-sum Bargaining）。其二则是假定至少有一个方案可以产生"皆大欢喜"的结局，因此谈判过程的重点在于找出这种方案，借由沟通讨论来产生对彼此都有利的结论。这种谈判形式称为整合型谈判（Integrative Bargaining）或双赢谈判（Win-win Bargaining）[10]。

不论何种谈判，最后都会落入图 11–11 右侧的四个象限当中，而且双方对于谈判结果的主观评估未必一致，例如，主导谈判过程的一方可能宣称是"双赢"，但被迫屈服的一方则认定是"你赢我输"。这四种可能的结果列示如下：

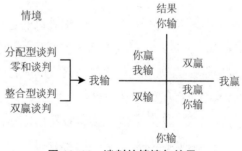

图 11–11　谈判的情境与结果

（1）双赢（I Win, You Win, 或 I'm OK, You're OK）

（2）我赢你输（I Win, You Lose, 或 I'm OK, You're not OK）

（3）你赢我输（I Lose, You Win, 或 I'm not OK, You're OK）

（4）双输（I Lose, You Lose, 或 I'm not OK, You're not OK）

显然，双赢是最好的结局，而双输则是理应尽可能避免的结果。然而，谈判结果通常涉及可观的利益，导致双方都可能不愿让步，因此，在缺乏明显的双赢选择甚至情绪性因素介入之下，"玉石俱焚"的双输结局仍然相当常见，例如，以罢工威胁来要求雇主提高薪资就经常以这种结果收场。

除了可能的情境与结果之外，管理者也应该了解谈判的目标与底限等观念。谈判的目标（Target）是指想要获得的结果，而底限（Limit）则是无法达到目标之际所愿意退让的最后界限。目标与底限两者共同决定了谈判空间（Bargaining Zone），代表该谈判者可以接受的各种可能结果，而双方谈判空间的交集则称为和解区域（Settlement Range），代表各种可能的实际谈判结果。

图 11-12 以相对位置标示出这几个重要的谈判观念。显然，若双方的谈判空间没有交集，则势必以失败收场，若双方都不愿意调整谈判空间并重新进行谈判，则很可能因为长期僵持不下而走上双输的结局。另外，谈判空间也经常被视为谈判筹码（Bargaining Chip），因为，互惠是人际关系当中的普世原则，谈判的一方明白表示让步的同时，另一方通常也会被迫做出幅度相近的让步。因此，谈判空间愈大则可以摊在台面上的让步空间也愈大，以赌博来比喻就是"筹码"愈多。

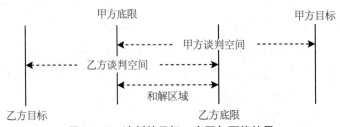

图 11-12 谈判的目标、底限与可能结果

大部分有关协商谈判的著作都是针对图 11-12 的相关议题进行讨论，例如，在美国营销教育协会出版的《销售谈判》一书中，建议业务人员可以很有"原则"的对顾客让步，其中，第一项原则就是以"目标"为谈判起点，预留最大的妥协让步空间；第二项原则是避免先行做出重大让步，只能用小幅度的退让来透露还有妥协的空间 [11]。

然而，在决定谈判的目标与底限之际，除了谈判议题所直接涉及的利益之外，也必须顾及双方关系是否会因为谈判而破裂，在双方关系的维系极其重要之下，适度的退让是合理的选择。因此，根据谈判结果和维持关系两者的相对重要性，可以发展出五种谈判策略，分别适用于不同的情境，如图 11-13 所示。

若谈判结果和彼此关系都极其重要，则理应采取合作（Collaboration）策略，以坦诚沟通和创意来共谋双赢的解决之道。若谈判结果重要而彼此关系不太重要，则竞争（Competition）策略是比较合理的抉择，坚持立场以求取"我赢你输"的结局。若谈判结果不太重要而彼此关系相当重要，则理应采取调过（Accommodation）策略，借由让步示

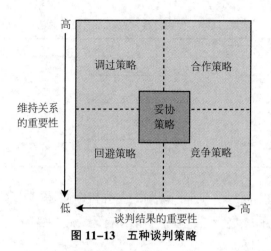

图 11-13 五种谈判策略

好的"我输你赢"结局来维系双方关系。若谈判结果和彼此关系都不太重要，则可能应该采取回避（Avoidance）策略，以消极的拖延或无关紧要的细节来延迟谈判步调，不需要急于达成协议。最后，若谈判结果和彼此关系都相当重要，但又不适合或无法找出双赢的方案，则理应寻求妥协（Compromise）策略，开诚布公的相互做出让步。这五种策略也是冲突管理的五种选择，只不过在冲突管理当中，通常将"竞争"改为"强迫"（Forcing），因为此时仲裁人是强制要求其中一方退让或牺牲。

虽然不同的谈判议题会衍生不同的重点与技巧，因此谈判过程所应遵循的原则也不尽相同，但各种谈判当中还是具有一定程度的共通性，可以归纳出一般性的原则。表 11-3 左侧列出一部分谈判过程当中常见的缺失，包括：①谈判之前未能做好准备，对自己和对方的立场缺乏了解，甚至也未能备妥沟通讨论过程当中可能用到的信息；②信息不足却急于达成协议，结果发现对方很快同意，于是产生"受骗上当"的懊悔，也就是所谓的"赢家的诅咒"（Winner's Curse）；③偏执地认为谈判一定是"拼个你死我活"，因此一心一意的寻求"我赢你输"，忽略了双赢的可能性；④念念不忘过去所付出的牺牲或代价，执意要求在谈判中获得补偿；⑤过度自信，认为对方一定会让步，从而不愿意做出让步或妥协；⑥僵化的认定只有输家才会做出让步，无法根据谈判目标与底限做出"少输为赢"的评断[12]。

表 11-3 右侧则是针对这些常见缺失的改善之道，其中执着于过去、过度自信和僵化的输赢知觉都涉及内心历程，当事人通常没有自觉，因此有赖于第三者提供客观建议来予以化解。

以上所述都是基本原则，不涉及特定的谈判技巧。虽然一般而言，实务工作者都相当重视各种谈判技巧，通俗谈判书籍的主要内容也都是各种可以立即应用的技巧，但这些技巧大多来自于个人的经验之谈，并未经过严密的验证，而且也往往会衍生一些不利的后果。举例而言，许多通俗谈判书籍都建议要抢地盘（Expanding Territory），用个人物品和

表 11-3　谈判过程常见缺失与改善之道

常见缺失		改善之道
事前准备不过	→	无充分准备则不谈判
赢家的诅咒		
忽视可能的双赢选择	→	以双赢为优先目标
执着于过去的事实		
过度自信	→	寻求第三者协助
僵化的输赢知觉		

肢体动作来扩大自己的空间，从而掌控谈判的主导权，但是却根本没提到，在需要顾及双方关系的场合或碰到内行人之际，这些举动会让自己"踢到铁板"。

随堂思考 11-7

以逛街购物时跟店家砍价为例，指出此商业谈判：

(1) 属于分配型谈判或整合型谈判？

(2) 消费者和店家可能如何决定其谈判空间？

(3) 消费者和店家通常是采用何种谈判策略？

(4) 以谈判过程常见缺失说明消费者为何经常会感叹"早知道就多砍一点"。

11.3.2　冲突管理

管理者可能会"亲自下海"负责协商谈判，但更可能会负责调解员工与员工之间、员工与组织之间、乃至于组织（单位）与组织之间的冲突。冲突（Conflict）一词泛指因为在观念、立场、利益等事项上不一致而产生的各种对立状况，而冲突管理（Conflict Management）则泛指各种用以预防或消除冲突的活动。因此，冲突管理可以视为协调工作的一部分，其目的是确保组织内外的和谐与合作，而前述的协商谈判也可以视为冲突管理的可能抉择之一，让冲突的双方借由直接谈判来达成协议，而不是由管理者裁示。

前述的谈判目标、底限乃至于谈判策略等观念，大致上也适用于冲突管理，只不过出面调解冲突的人必须掌握情势，并做出双方都可以接受的裁示。因此，本小节不再重复叙述，只强调几个冲突管理所特有的议题。首先，虽然直觉上冲突并不是好事情，但实际上未必如此。产学两界对于冲突的看法大致上可以区分为三个时期，较早期的传统观点（Traditional View）认为冲突对组织不利，应该尽可能避免发生冲突，其后的人际关系观点（Human Relations View）认为冲突是人类生活不可避免的一部分，因此不必刻意避免或消除。较近期的互动观点（Interactionist View）则认为，适度的冲突可以促进新构想的诞生，让组织得以有效运作并提升绩效，冲突不足将导致各个经营管理层面因循苟且，冲突过多则会衍生对立、不信任、缺乏合作意愿等不利后果。因此，根据冲突的互动观点，组织当中存在着过度冲突之际，将有助于提升经营绩效，应该将之视为良性冲突（Functional Conflict）；反之，冲突不足或过多则会导致绩效低落，理应视之为劣性冲突（Dysfunctional Conflict）。

虽然何谓"适度"显然难有定论，但冲突的互动观点至少已经指出，冲突管理需要拿捏分寸，有时候管理者必须创造一些冲突，而有时候则应该设法减少冲突。不过就这点而言，将冲突区分为关系和任务两种或许更有参考价值[13]。关系冲突（Relationship Con-flict）泛指因为彼此的个人因素所衍生的冲突，例如，为个性或价值观差异而意见不合，任务冲突（Task Conflict）则泛指因为彼此对于工作内容、方法等事项意见不合而衍生的冲突。一般认为，任务冲突可以让组织成员改善其工作，因此属于良性冲突，而关系冲突只会导致组织成员交相指责，因此属于劣性冲突。然而，既有的实证研究显示，不论是属于关系冲突或任务冲突，只要冲突情形愈严重，团队成员的满意度就会降低，而团队绩效也会蒙受不利的影响[14]，因此，目前并没有足够的证据显示冲突的互动观点比较正确。

在实际的冲突管理过程中，出面调解的管理者或其他人士可以运用冲突诊断模式来掌握状况，并评估可能的调解方式。如表 11-4 所示，冲突诊断模式（Conflict Diagnostic Model）是运用问题的性质、利害关系轻重、零和或双赢情境、彼此互动关系、群体凝聚力高低、有无客观公正第三者以及对解决方案的知觉等层面，来研判冲突的严重性以及解决的难易[15]。显然，若组织所面临的冲突多属严重而难以解决，则即使其数量有限，仍然可能足以影响组织运作与绩效。

表 11-4　冲突诊断模式

分析层面	难以解决	易于解决
问题的性质	原则问题（例如信仰）	可以切割的问题
利害关系轻重	影响重大	影响轻微
零和或双赢情境	零和	双赢
彼此互动关系	单一交易	长期合作
群体凝聚力	低	高
客观公正第三者	无	有
对解决方案的知觉	一方觉得受迫害	双方都觉得公平

举例而言，若发生材料昂贵的菜色与顾客点选不符的错误，则通常都必须追究责任。此时内、外场是处于长期合作的关系，彼此相处愉快，而餐厅经理处事一向公平，直接要求双方"各打 50 大板"，于是在双方都不觉得委屈的情况下就此搞定。然而，若其中一方自认没有犯错，则"各打 50 大板"让其觉得委屈，而且又涉及"惩罚无辜者"的原则问

题，那么就有可能必须费时耗事的循着作业流程逐一对质，搞到全体筋疲力尽却未必能够获得结论。

由于冲突管理可以视为协调工作的一部分，因此第 7 章所述的指定联络人、调整组织结构等协调机制，也可以应用在冲突管理上，而出面处理冲突的人也可以运用第 11.3 节所述的五种谈判策略，根据冲突议题与双方关系选择适当的处理方式，当然也可以让双方自行谈判协调。然而，包括调整组织结构和第三者仲裁在内，许多协调机制运用在冲突管理上的结果并不理想，但学者专家所提出的建议却又往往过于理想化[16]。

总之，目前尚未出现广受推崇的冲突管理模式，典型的主张都是评估冲突的性质与来源、开诚布公冷静合作这类一般性的原则。虽然无法满足管理者在冲突管理工作上的需要，但正如其他的管理议题，既有的理论与模式都不可能完美无缺，因此管理者必须根据有限的知识自行寻求最适当的抉择。

随堂思考 11-8

有两位华裔美籍教授指出，儒家思想是亚洲经济成长的幕后英雄，尤其是儒家思想强调"预防"冲突，以教育和社会规范来维系彼此关系，而西方思想则强调"补救"，在冲突发生后才予以处理。试问：

(1) 这两位学者对冲突的看法是属于传统、人际关系或互动观点？

(2) 以冲突诊断模式而言，这两位学者考虑了哪些层面而忽略了哪些层面？

课后练习

复习题

(1) 以图形显示基本沟通流程，并扼要说明其中的各个成分。

(2) 以沟通对象而言，沟通可以区分为哪些类型？

(3) 何谓媒体丰富性？在沟通上有何重要性？

(4) 书面、图像、口头、多媒体等沟通形式在媒体丰富性的相对顺序是什么？

(5) 若以能够传送的讯息来区分，沟通媒体有哪些类型？

(6) 何谓"官方说法"？何谓"小道消息"？在组织沟通上分别有何重要性？

(7) 何谓"沟通网络"？何谓"沟通链"？

(8) 试从传送者、接收者、编码到译码以及情境因素等层面，分别列举出两种常见的沟通障碍。

(9) 何谓"沟通的七个 C"？

(10) 何谓"倾听"？其基本过程是什么？

(11) 倾听可以区分为哪些类型？

(12) 列举三种常见的倾听障碍并指出其改善之道。

(13) 何谓"表达"？试分别针对口头与书面表达各列举三项原则。

(14) 编码过程可以区分为哪三个阶段？各阶段分别有何注意事项？

(15) 何谓"说服"？通常可以将说服区分为哪四个阶段？

(16) 针对说服的四个阶段分别列举两种可以运用的技巧。

(17) 何谓"推敲可能性模式"？其重要性为何？

(18) 何谓"谈判"？分配型谈判与整合型谈判有何差别？

(19) "目标"、"底限"与"谈判空间"等术语在谈判中分别代表什么意义？

(20) 双方"谈判空间"的交集对于谈判有何重要性？

(21) 根据谈判议题和双方关系的重要性，可以区分为哪五种谈判策略？

(22) 列举三种常见的谈判缺失并指出其改善之道。

(23) 何谓"冲突"？传统、人际关系与互动观点对于冲突分别有何主张？

(24) 任务冲突与关系冲突有何差别？根据冲突的互动观点，这两者与团队绩效的关系理应为何？实证研究所显示的关系又为何？

(25) 何谓"冲突诊断模式"？其主要用途为何？

应用题

(1) 有许多人宣称，随着计算机网络的普及，沟通形式将出现革命性的变化，传统的沟通观念与理论将不复适用。试运用基本沟通流程驳斥这种观点。

(2) 中国台湾从教育主管机关到许多学者专家都大力提倡多媒体教学，要求教师灵活运用各种影音教材。若将课堂教学视为沟通，则多媒体教学是否确实有助于提升学习效果？为什么？

(3) 许多人宣称上一代是"文字时代"，目前逐步进入职场的新一代则是"图像时代"。根据此观点，管理者对于这两者的沟通应该有何差异？

(4) 包括企业在内，较具规模的组织通常都会建立官方网站，试问一般而言在这些"官网"上所进行的沟通是属于何种沟通类型？

(5) 政府机构经常请知名演艺人员为特定政策代言，或者印发内含政策说明文字与图标的"说帖"，试运用说服的过程来分析这两项措施。

(6) 某主管因为上头迟迟不同意他雇用一位行政助理而深感不悦，于是准备和上司当面谈判。试问在下列两种情况下，该主管分别可能采取何种谈判策略？①该主管在业界颇富人望，其他业者都很乐意聘请他任职；②该主管获得升迁未久，公司内外人士普遍对他很陌生。

（7）曾有人在媒体上投书指出："我们的文化似乎并不介意我们的言论有无证据就大言不惭，我们不够谦逊的承认我们对事物的无知，又不用严谨的推理验证自己的直觉是否合乎逻辑。"若这位投书人所言属实，则我们这个社会当中的冲突可能比较倾向于关系冲突或任务冲突？根据冲突诊断模式其调解的难度是高是低？

管理个案

马拉湾的沟通努力

"大海啸"是"马拉湾水上乐园"的招牌设施。（照片由联合报系提供）

对于地处亚热带的居民而言，夏天"玩水"是绝对必要的休闲活动之一，因此，月眉育乐世界一开始就打出玩水的旗帜，希望能够带来大量的游客，奠定主题乐园的经营基础。2000年7月，其"马拉湾水上乐园"正式开园营运，几乎所有沟通上的努力都集中在命名为"大海啸"的人工海水浴场上，电视屏幕上不断出现超过成人身高的人工海浪，以及现场游客面临人工海浪袭击时的热烈情绪反应。在四面环海但天然海水浴场游憩条件普遍不佳的中国台湾，画面上那种近似于夏威夷海滩所见到的汹涌巨浪确实很吸引人。当然，中国台湾的水上活动设施普遍是"半年养蚊子"，月眉的经营阶层不会无知到不清楚这点。因此，一方面，在开门接客的同时，其他的休闲活动设施也在继续赶工，但直到2002才完成提供各种机械式游乐设施的"探索主题乐园"，例如，结合云霄飞车与瀑布泛舟两者的"黑洞迷航"，让情侣在小包厢中谈情说爱的"摩天轮"等。另一方面，一如台湾地区主题乐园的传统，各种表演活动和项目活动也络绎不绝，例如，2004年举办的俄罗斯狂欢节，创造了50万人次入园的纪录。整体而言，探索乐园创造的营收老早已经超过了马拉湾，也让月眉育乐世界和剑湖山世界及六福村并列，成为中国台湾地区"每年游客达百万人次"的民营主题乐园。

虽然探索乐园广受欢迎，但马拉湾还是月眉的"招牌菜"，因此仍然不断推出新设施以吸引游客，包括命名为"极速勇士"的滑水道，跟海盗船有异曲同工之妙但更为惊险刺激的"巫师飞艇"，以及不必到海边就可以享受冲浪乐趣的"鲨鱼浪板"等。其中，包括巫师飞艇和鲨鱼浪板在内，都因为是中国台湾地区首见的游乐设施而广受媒体报道，只不过媒体记者普遍并未明言是在月眉育乐世界。

月眉的沟通活动事实上相当不错，例如在鲨鱼浪板新设施推出之际，不但以"鲨鱼出没！马拉湾"为主题，运用多种传播媒体铺天盖地地罩住全中国台湾地区的消费者，还在发表会现场邀请了冲浪好手现场示范，而不同期间还搭配了水上摩托车特技秀、辣妹泳装秀、冲浪比赛、泳圈接力划龙舟比赛等，不论就趣味性或话题性而言都相当可取。营销部门的内部资料显示，马拉湾的游客过半数是"旧地重游"，推翻了台湾地区游乐区业者所言"来过了就不想再来"的定律，也显示其沟通努力确实获致丰硕的成果。

每年游客超过100万人次，月眉育乐世界应该可以获利，但事实上却是持续亏损多年，总收入只能支应营业成本，扣除营业费用后经常出现负数，而每年还要承担可观的利息支出。2005年因提列巨额业外损失，股东权益呈现负数，致使合作多年的台糖公司向法院申请月眉公司重整，以确保该公司投资于月眉的数亿元不至于因为人谋不臧而人间蒸发，随后获得台中地方法院裁定重整。虽然重整行动并不影响月眉的日常营运活动，但部分消费者心中还是难免有点犯嘀咕。

2009年，月眉公司重整完成，经营当局公开宣称将再次激活多项国际级开发计划，包括建设一座新花园、兴建主题饭店及欢乐购物街，乃至于后续的国际级度假村、赛马场、博弈事业等。官网上的文宣强调"期许以优异的开发统整专业技术及"五星级"的优质服务，为游客创造一处全新、高品质、超水准的国际级定点度假新乐园"，但伴随文字叙述的合成照片当中，最清楚显眼的还是大海啸的虚拟场景加上一条长长的滑水道。

讨论问题

（1）以基本沟通观念而言，在电视广告中宣传"大海啸"之际，讯息的接收者、沟通类型、媒体丰富性与沟通目的分别可能是什么？

（2）针对说服的四个阶段，分别说明在大众传播媒体宣传"大海啸"和各种表演活动对消费者的说服效果。

（3）中国台湾地区游乐区经常分别以不同的游乐设施与表演活动为诉求，希望说服消费者前去旅游，以推敲可能性模式而言，这种沟通方式可能有何优缺点？

（4）根据冲突诊断模式研判台糖公司与月眉原有经营阶层之间冲突的严重性。

（5）以五种谈判战术而言，台糖不理会消费者可能的负面反应，向法院申请月眉公司重整，反映出何种谈判战术？试推断该公司为何采用此战术。

12 激励

本章学习目标

1. 了解学术界与实务界对于激励的各种观点

2. 了解部分重要的激励理论及其主要的实证结果

3. 了解激励理论在部分实务议题上的应用

4. 了解奖励与惩戒在激励上所扮演的角色

心灵投手

看过真人实事改编的 《心灵投手》(The Rookie) 这部电影的人普遍都感到印象深刻，原因不是主角在投手丘上的杰出表现——电影在主角站上投手丘时就落幕了——而是愿意为了能够站在投手丘上而付出的代价，包括辞去稳定的教书工作，与妻子儿女天各一方，以及年薪仅 6000 美元却必须持续长途跋涉到全国各地进行小联盟的比赛。而这一切的牺牲，完全都是因为有了踏上大联盟投手丘的可能性，以及踏上投手丘后随之而来的荣誉和成就感。

当然，负面的力量也足以驱策人类。《铁男总动员》(The Longest Yard) 虽然颇有搞笑性质，但有关人类动机的部分并非任意虚构。主角受到典狱长逼迫，必须在囚犯中成立一支美式足球队，训练一段时间后再和已经成立多年、由狱卒所组成的甲组球队比赛。招募球员的过程中找上一位身高七尺、刚被狱卒毒打一顿的巨汉，虽然该巨汉对美式足球毫无兴趣，但想到可以在比赛当中毫无忌讳地冲撞狱卒，脸上自然而然地泛起笑容。

只要给予适当的动机，人们就会不计代价地全力以赴，这也正是激励这个管理议题的基本内涵与目标。然而，复杂的人性让管理者在激励活动上面临许多不确定性，也让为数众多的理论主张与实务措施看起来似乎都不太管用。通过本章的叙述，读者将体会到激励这个议题的复杂性，进而在实务应用时多做斟酌，而不是像门外汉那样渴求一道万试万灵的激励处方。

本章将探讨"激励"这个主题，借以了解管理者如何让部属的行为能够符合达成组织目标所需。然而，激励始于人性，而人性复杂多变，因此，各种有关激励的理论主张与实务措施都有其局限，受制于其中所隐含的人性假定。

12.1　激励的各种观点

员工在职场上所表现出来的通常都是有意识的行为，因此其背后必定具有动机（Motives），也就是具有做出该项行为的理由。在这种状况下，要让员工的行为能够符合达成组织目标所需，自然就必须提供适当的行为理由或动机，而提供此行为的理由或动机的行动就称为激励（动词为 Motivate，名词为 Motivation）。以下将分别从学术理论和实务措施这两个方向来说明各种不同的激励观点。

12.1.1　学术界的激励观点

迄今为止，学术界人士对于激励的主张大致可以按照其发展时间的先后区分为生物、行为、认知和社会这四种观点[1]。其中，最早诞生的生物观点主宰了数千年来人类对于激励这个议题的认识，时至今日仍有许多产学人士相信：就激励而言，员工和家里养的宠物没两样，而组织所实施的各项激励措施也经常反映了这种观点。

生物观点（Biological Perspective）的假定是人类和其他动物一样受到"趋吉避凶"的本能所驱策，一方面追求能够让自己快乐的事物，另一方面也逃避会让自己痛苦的事物。因此，在激励的生物观点当中，人类的行为来自于本能，只要提供某些事物来刺激其本能，就可以产生我们所期待的行为。当然，这些事物必须是人类本能当中会追求或逃避的，在组织生活中也就是奖励与惩罚。

激励的生物观点受到许多知名学者的支持，其中包括著名的心理学家弗洛伊德（Sigmund Freud）。这些学者或许无意贬低人性，但实质上就是认为人类和其他动物并没有差异，而且其主张或许只是反映了数千年来的激励实务，也就是英文当中的"棍子加胡萝卜"（Stick and Carrot）或中文当中的"恩威并济、赏罚分明"，一边是人们想要得到的奖励，另一边是人们想要逃避的惩罚，两者交互运用，人们做出被期待的行为则获得奖励，偏离被期待的行为则受到惩罚。图 12-1 呈现了这个观点的基本主张。

然而，这个观点显然还有重大缺陷。如果人类的行为完全来自本能，那么在面临相同的刺激之下，所有的人应该都会遵循本能而表现出相同的行为，但事实上并非如此，例如，有人"千里求官只为财"，有人却是"富贵于我如浮云"。因此，激励的生物观点过于简化人类的行为，虽然基本方向无误，但并不足以充分解释人类的实际行为。

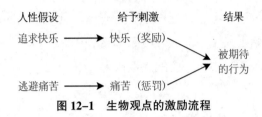

图 12-1　生物观点的激励流程

　　激励的行为观点（Behavioral Perspective）诞生于 20 世纪初期，试图超越生物观点而对人类行为提出比较完整的解释。当时有学者发现，某种行为受到奖励之后经常会重复出现，而受到惩罚之后则不会再度发生，因此，人类的行为不完全是出自先天的本能，后天的学习也扮演重要的角色。根据这些发现，行为观点主张行为是取决于其后果，因此，激励的重点不在于刺激人类本能，而在于让人们知道哪些行为可以得到奖励，哪些行为会遭受惩罚。

　　纯粹就上述基本主张而言，行为观点只是在本能之外强调学习的重要性，与生物观点差异有限，同样是认为人类和其他动物并没有两样，因为其他动物也一样需要借由学习来得知特定刺激会导致快乐或痛苦。实际上，激励的行为观点最主要的贡献是图 12-2 所示的激励过程，其虚线方框中显示，人们感受到某种需要未能获得满足是激励过程的起点，需要未能满足会让人觉得不舒服，于是产生想要减轻这种不舒服感觉的念头，并寻求某种事物来满足需要，直到该项需要获得部分或全部满足为止，而后就把注意焦点转移到另一种未能获得满足的需要。

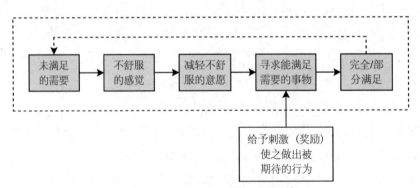

图 12-2　行为观点的激励流程

　　根据此激励流程，人们的行为是来自于想要满足某种需要，因此，若希望人们做出某种行为，就必须配合人们所想要满足的需要，将之与某种刺激连接，于是人们在表现出被期待的行为之后就可以获得该项刺激（奖励），进而满足其个人需要。由于人们通常不会需要痛苦，不会去寻求能够让自己感到痛苦的事物，因此，这个激励流程隐含着只有奖励才具有激励效果的假定，这点使之有别于生物观点，但也因此偏离了数千年来的激励实务。

除了忽视惩罚的效果之外，行为观点最大的缺陷也是在于无法充分地解释个人差异。根据此观点，若某种事物能够满足人们的需要，则将之与被期待的行为连接之后，所有该项需要尚未获得满足的人都会表现出被期待的行为，借以满足该项需要，但实际上也未必如此，例如，有些人会力求表现以获得组织所提供的权力与地位（升迁奖励），但有些人则是在组织以外的领域中寻求权力与地位（如在家里"作威作福"或到商店享受"贵宾级的待遇"）。

认知观点（Cognitive Perspective）弥补了行为观点的主要缺陷，包括可以适用于各种惩罚，以及对个别差异提供相当合理的解释。在认知观点中假定，人们并不是寻求某些事物来满足特定的需要，而是直接评估自己需要该项事物的程度，而且还会进一步评估做出某种行为和获得该项事物两者之间的关联，然后决定自己应该怎么做。

图 12-3 呈现了认知观点下的激励流程。其基本主张在于，不论所给予的刺激是属于奖励或惩罚，人们都会评估该项刺激对自己的重要性，以及做出被期待的行为之后得到或免除该项刺激的可能性，从而决定是否要做出被期待的行为。这其中，由于每个人对于重要性和关联性的评估结果都不尽相同，因此，同一个刺激（奖励或惩罚）的激励效果会因人而异。

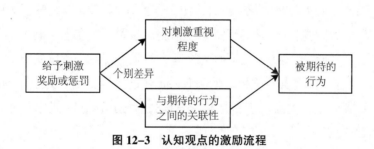

图 12-3　认知观点的激励流程

随后，部分学者认为，人类是社交性的动物（Social Animal），因此，实际的行为不只是反映了个人的本能、需要或自我评估，也会进一步考虑其他人对该项行为的看法。这种主张属于激励的社会观点（Social Perspective），部分学者并未将之视为独立的激励观点[2]，因此，若将之纳入行为观点，则代表人们会针对心理层次的"社会需要"寻求满足，若将之纳入认知观点，则代表被期待的行为必须是受到其他人支持甚至赞许的行为。

第 12.2 节所述的各种激励理论，实际上都是从 20 世纪中叶以来的重要理论发展的，分别反映了激励的行为、认知与社会观点。然而，实务上的激励措施并不是与学术理论齐头并进，因此，有必要另行说明。

12.1.2　实务上的激励措施

包括国家、教会、军队乃至企业在内，各种组织都持续不断地推出各种激励措施来激励部属。整体而言，这些激励措施可以根据其时间先后区分为家长式、科学管理式和参与式这三大类 [3]。

从封建时代到 20 世纪初期，大部分组织都沿袭旧例而持续地采用家长式（Paternalistic Approach）激励措施，其基本假定是只要满足其成员的需要就可以产生激励效果，满足的需要愈多则成员更忠诚、更努力。根据这个"多多益善"的假定，组织应该尽可能地对其成员提供各种报酬以换取其忠诚与努力，例如，良好的薪资、充足的员工福利、就业安全保障、升迁、舒适的工作环境以及个别关怀等。当然，在提供这些报酬的同时也有与之相对应的惩罚，不忠诚或怠惰失职的成员可能受到极其严厉的处分，甚至因此丢掉性命。

家长式激励措施大致符合生物观点的主张，事实上对许多组织的领导者而言，个别组织成员确实只不过是"自己所养的一条狗"。然而，不论在心态上是否有所偏差，这种激励方式最大的问题在于无法让组织成员全力以赴，典型的反应是只要表现达到一定水准，不会受到严重的惩罚，就可以继续"吃大锅饭"，享受组织所提供的各种报酬。

科学管理式（Scientific Management Approach）的激励措施来自泰勒以来强调效率的主张，弥补了家长式激励措施的缺陷。这种激励方式的假定在于，必须让奖励和惩罚与工作绩效连接才可以产生激励效果，否则组织成员必定会得过且过。包括计件制与佣金制等完全视绩效而定的薪资制度，以及定期表扬、擢升杰出工作人员等措施，都反映了这种观点。

大部分激励文献都忽略了科学管理式激励措施，原因可能在于泰勒等人并非研究人类行为的学者专家，但纯粹就实务上的影响力而言，科学管理对于激励实务的影响可能大于行为、认知与社会这三种观点的总和。举例而言，在近年广受瞩目的公司治理（Corporation Governance）议题上，主流观点就是科学管理式激励措施，主张应该让高级主管的报酬与公司的经营绩效连接 [4]。

随着人际关系学派管理思想的普及，参与式（Participative Approach）激励措施也应运而生，其假定是员工可以借由工作本身来获得满足，因此，组织应该提供有意义的工作，让员工有机会表现并以良好的工作表现为荣。实际的激励措施包括职务丰富化、参与式领导等，其主要特色是不再强调薪资升迁等外在的奖励，转而注重工作本身所产生的内心满足。

严格来说，虽然参与式激励措施比较符合前述激励的行为观点，但以实务上的影响力而言并不能视为主流。一般而言，大部分组织还是以家长式激励措施为主，提供基本的薪资福利，然后辅以科学管理式激励措施，另行提供绩效奖金、员工分红等奖励。在某些积极推动参与决策或自主管理的组织中，参与式激励措施确实有其重要性，但整体而言所带来的具体影响或许只是职务头衔比较动听，例如，业务经理变成营销副总经理，业务员改称客户经理等。由于许多组织都同时采用上述两种甚至三种激励措施，因此有学者称之为组合式（Combination Approach）激励措施。

个别组织究竟会采用何种激励措施，取决于许多因素，包括高级主管个人态度、同业竞争与惯例，乃至文化价值观等。举例而言，一份调查研究显示，在台美商的华籍主管比美籍主管更倾向于组织应该采纳家长式激励措施，但研究者也指出台湾地区的受薪阶级似乎逐渐走向"自给自足"，家长式观点逐渐淡化 [5]。

随堂思考 12-1

在中国的"传统智能"（Conventional Wisdom）中，金钱是极其有效的激励手段，相关谚语包括"钱可通神"、"有钱能使鬼推磨"、"千里求官只为财"、"重赏之下必有勇夫"等。试问：①以激励理论的生物、行为与认知观点而言，必须在何种状况下金钱才能够产生激励效果？②以激励实务的家长式、科学管理式与参与式观点而言，应该如何运用金钱奖励才能够得到最好的激励效果？

12.2 重要的激励理论

激励的生物、行为与认知观点本身就是"理论"，对人性本质和基本激励原则分别有所主张，而且管理者也可以将之反映在激励实务上。这些理论性的主张分别来自于不同的学者专家，因此，大部分管理学教科书都会说明部分知名的激励模式，本节就是针对行为与认知观点的部分激励模式略作讨论，并按照时间顺序排列。

12.2.1 行为观点的激励理论

在激励的行为观点的发展初期，学者专家的努力方向在于人们究竟有哪些需求或需要，因此，有部分学者将这期间所发展出来的理论模式统称为内容观点（Content Perspective），意指激励的效果取决于刺激（奖惩）的内容是否妥当。

12.2.1.1 需求层级理论

纯粹就知名度而言，由马斯洛（Abraham H. Maslow）所提出的需求层级理论（Hierarchy of Needs Theory）模式无疑是此中翘楚。该模式主张人类的需求可以区分为五大类，而且有先后顺序，人们会首先寻求低层次需求的满足，然后再寻求高层次需求的满足，而且在某一层次的需求获得满足之后，针对该层次的需求所提供的刺激就不再具有激励效果。

图 12-4 左侧为需求层级理论的基本内容，层次最低的是饮食男女这类的生理需求（Physiological Needs），而后依序为维护生命财产安全与心理层面的安全感这类的安全需求（Security Needs），包括亲情、友情、爱情等人际关系在内的隶属需求（Belongingness

Needs)，想要获得他人尊敬与重视的尊重需求（Esteem Needs），以及层次最高，涉及个人成长发展，实现各种志愿的自我实现需求（Self-actualization Needs）[6]。图 12-4 右侧则为组织可以针对该层次的需求所提供的部分刺激。

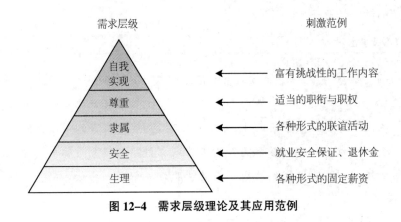

图 12-4 需求层级理论及其应用范例

　　需求层级理论很容易理解，直觉上也合情合理，从而使之成为实务界人士最熟悉的激励理论。然而，这个模式一开始就来自于思考推断，并未提出任何实证依据，而后续研究显示，不论是需求分类还是其层级顺序，都无法在实证中获得支持，而且需求未能满足的程度也未必和重视该项需求的程度成正比[7]。换言之，这个广受欢迎的激励模式可能并不正确，需要进行某些修正。

　　针对需求层级理论提出修正的激励模式当中，ERG 理论（ERG Theory）最能获得学界人士的支持。该理论中，E 代表存在（Existence），R 代表关系（Relatedness），G 代表成长（Growth），实际上等于是以存在需求来涵盖需求层级理论当中的生理与安全需求，以成长需求来涵盖需求层级理论当中的尊重与自我实现需求。此外，该模式主张存在、关系和成长这三种需求可能同时存在，没有先后顺序，而且人们会出现"挫折与退化"的反应，在某种需求未能获得充分满足之际，会退化到已经获得满足的需求上，针对该项需求寻求更高的满足[8]。

　　原创者在提出 ERG 理论的同时，引述了多篇有关需求内容的研究来支持其主张，而后续研究也显示该模式的各样主张大致获得支持[9]。因此，虽然 ERG 理论并非完美无缺，但相对于马斯洛所提出的需求层级理论，该模式确实获得较多的实证支持。

　　另一个可以视为针对需求层级理论提出修正的激励模式称为需求三分法理论（Trichotomy of Needs Theory），但该模式并非着眼于人们所有可能的需求，而是主张成就、隶属和权力这三种需求或动机在组织生活当中的重要性。其中，成就需求（Need for Achievement）是指想要有所表现，超越某个既定目标的意愿，隶属需求（Need for Affiliation）是指想要建立友谊及其他人际关系的意愿，权力需求（Need for Power）则是指想要影响其他人以及掌控环境中各项事物的意愿。

需求三分法理论的原创者提出不少实证资料，其他学者的后续研究也显示成就、隶属和权力这三种需求在职场生活中确实有其重要性[10]。然而，这三种需求的影响机制可能不尽相同，例如有学者指出，权力与隶属需求两者与管理成效的关系似乎比较密切，而成就需求强烈者则比较适合自行创业、负责独立自主的部门或担任基层销售职务，如果在体制严明的大型组织当中担任管理职反而难有表现[11]。因此，需求三分法理论在强调个别需求差异之外，进一步显示组织与职务的特征也是激励成败的重要考量。

12.2.1.2 X、Y 理论

实务界人士耳熟能详的激励理论是由麦葛瑞哥（Douglas McGregor）所提出的 X、Y 理论（Theory X and Theory Y），但此模式和马斯洛的需求层级理论一样缺乏实证依据，纯粹只是根据不同的人性假定所进行的推论。表 12-1 列出了 X、Y 理论对于人性所做的假定[12]，读者不难发现，若接受 X 理论的人性假定，则倾向于运用独裁式领导，并以惩罚作为主要的激励手段；反之，若接受 Y 理论的人性假定，则倾向于运用参与式领导，并以奖励为主要的激励手段。

表 12-1 X、Y 理论的人性假定

X 理论	Y 理论
1. 人类天生不喜欢工作，只要有可能就会逃避工作	1. 工作对人类而言就像玩乐和休息一样自然
2. 人们不喜欢工作，因此必须以处罚来强迫、威胁或控制	2. 只要人们认同目标，就会自我指挥约束束以达成目标
3. 一般人都喜欢接受命令，想要借以逃避责任	3. 在适当情况下，一般人都会承担责任甚至主动寻求责任
4. 一般人都缺乏企图心，只想保住职务	4. 许多人都拥有解决组织问题所需的智能与创意

学者专家对 X、Y 理论的诠释偏向于支持 Y 理论，从而主张应该采用参与式领导，以参与决策、提供富有挑战性的职务等手段来激励员工，甚至许多实务界人士也使用"人性化管理"一词来支持 Y 理论。然而，原创者事实上并未主张 Y 理论必定优于 X 理论，而后续研究也显示独裁式和参与式领导的优劣必须视任务、组织及成员三者配合而定，因此，似乎以"权变观点"比较符合实际情形[13]。

12.2.1.3 两因素理论

相对的，两因素理论（Two-factor Theory）的原创者虽然提供了实证依据，但知名度却远低于需求层级理论以及 X、Y 理论。在探讨员工工作态度的影响因素之际，原创者带领的研究团队发现，有些事项会令员工满意，而有些事项则只会导致员工没有不满意，前者如成就感与有意义的工作，称之为激励因素（Motivators），后者如工作环境与公司政策，称之为保健因素（Hygiene Factors）。

该研究团队要求员工回想其工作上满意与不满意的事件，然后予以归类，结果显示在1844 件导致不满意的事件中，有 69%可以归咎于保健因素；而 1753 件导致满意的事件中，有 81%可以归功于激励因素。表 12-2 扼要列示各种事件导致满意与不满意的百分比[14]。这其中，工作本身及其衍生的成就感与赞许表扬都可以视为激励因素，而对上关系、监督指导与公司政策等则可以视为保健因素，至于薪资、地位等事项则兼有两种性质。

表 12-2　两因素理论的实证发现

	事件归类	满意事件原因（%）	不满意事件原因（%）
激励因素	成就感	41	7
	赞许表扬	33	18
	工作本身	26	14
	责任	23	6
	升迁	20	11
两者兼具	薪资	15	17
	对下关系	6	3
	地位	4	4
	工作保障	1	1
保健因素	对上关系	4	15
	同事关系	3	8
	监督指导	3	20
	公司政策	3	31
	工作环境	1	11
	个人生活	1	6

根据此模式，组织应该运用工作本身及其衍生的成就感与赞许表扬来激励员工，并避免在对上关系、监督指导与公司政策等事项上招致员工不满。然而，该模式的着眼点在于员工的满意度而非工作绩效，而且后续研究的结论并不一致，因此，各种事项的激励效果仍未盖棺定论。

12.2.1.4　增强理论

整体而言，增强理论（Reinforcement Theory）及其衍生的行为调整理论（Behavior Modification Theory），不论在激励的方式或可能的影响方面，都提出最丰富的推论与证据，因此，可以视为"集行为观点之大成"的激励理论。该理论主张动物与人类的行为都是由行为的"后果"来决定，因此，只要操纵各种奖惩，让行为与奖惩产生连接，自然可以让动物与人类学习到应该与不应该从事哪些行为[15]。

图 12-5 呈现了增强理论的基本主张，其纵轴代表刺激的性质，区分为动物与人类"想要的事物"和"逃避的事物"，例如奖金和扣薪，横轴代表刺激的给予或取消，例如发给奖金和取消奖金。一方面，若针对动物或人类的某种行为而给予他们所想要的刺激，则称为正面增强（Positive Reinforcement），适用于希望该项行为能重复发生的情况，例如，因为员工绩效良好而发给奖金。若针对某种行为而取消他们所逃避的刺激，则称为负面增强（Negative Reinforcement），也是适用于希望该项行为能重复发生的情况，例如，因为员

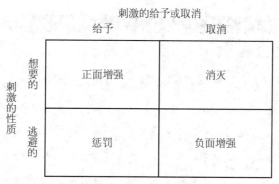

图 12-5 增强理论的基本主张

工绩效良好而取消上下班必须打卡的规定。

另一方面，若针对动物或人类的某种行为而给予他们所逃避的刺激，则称为惩罚（Punishment），适用于希望该项行为不再发生的情况，例如，因为员工绩效不佳而给予偏低的考绩并进行减薪甚至不予续聘。若针对某种行为而取消他们所想要的刺激，则称为消减（Extinction），也是用于希望该项行为不再发生的情况，例如，因为员工绩效不佳而取消弹性上下班的规定。

图 12-5 所呈现的只是增强理论的基本内容，相关议题还有调整刺激的规模与发生时间是否会影响到激励效果，如何借由操纵刺激来塑造出持续发生的新行为等。既有研究显示，增强理论的激励效果取决于是否遵循某些原则，包括奖惩与绩效直接连接的权变原则，重赏重罚优于小赏小罚的规模原则，行为出现后尽快给予奖惩的立即原则，以及奖赏名额必须设限而不能"通通有奖"的剥夺原则等等[16]。整体而言，虽然增强理论经常受到"把人当狗看待"的道德面质疑，而且也难免有过度简化人类行为之嫌，但以激励效果而言，确实有其参考价值。

随堂思考 12-2

　　王品集团董事长戴胜益在一次观看海豚表演中，领悟了"实时奖励、立即分享"的训练方法，并将得来的灵感运用于企业管理，让各级员工在每个月结算该单位的损益之后立刻获得奖金，并成为大众传播媒体中所推崇的"海豚式领导"。试分别运用需求层级理论，X、Y 理论，两因素理论和增强理论来解释"海豚式领导"能够产生激励效果的原因。

管理前线 12-1

真的会有后物质主义社会？

《星舰迷航记》(StarTrek) 系列电影中，毕凯舰长曾对 21 世纪的地球人类表示，23 世纪的地球人类所关心是学习成长，不再追逐金钱与物质财富。这段对白让人回想起 20 世纪 60 年代，美国在战后持续经济发展，人民日渐富裕之后所衍生的"后物质主义社会"(Post-materialism Society) 论点。该论点主张，随着生理与安全需求普遍获得满足，金钱与物质不再是美国人的生活重心，民众会转而追求马斯洛所揭示的高阶需求。

目前的美国仍然是物质主义（或译为"拜金主义"）倾向最高的国家之一，金钱与物质财富不但可以用来满足生理与安全的需求，也可以在相当程度内"买到"人际关系与社会地位，甚至可以用"钱赚得愈多代表对社会愈有贡献"来产生心理上的成就感。因此，虽然仍然有部分学者坚持金钱缺乏激励效果，但显然只是象牙塔中的呻吟，甚至在象牙塔中都未能引起共鸣，因为，美国的顶尖大学已经普遍将教师的工作绩效（主要是研究上的表现）反映在薪资上，台湾地区的公立大学也已经获得教育部补助而逐步实施。

就这点而言，经济学家显然对人性就比较务实，直接以效用 (Utility) 的观念将所有的事物金钱化，简单来说，就是任何事物都有个价钱，人类的道德操守乃至于性命也不例外——当然，用金钱来扼杀道德或收买人命都是"只能做不能说"的事情。因此，为了避免高级主管任意挥霍公司资源而成为所谓的"肥猫"，经济学家所制定的对策是尊重"贪财"的人性，设法让高级主管的金钱报酬与股东的财富挂钩，而不是给予高级主管更多的尊重与成就感，甚至也不是对任意挥霍公司资源的肥猫开铡。

显然，即使是在富裕的美国工作的高收入阶层，职场上所追逐的仍然是金钱与物质财富，后物质主义社会仍是"八字还没一撇"？有调查显示，过半数的台湾地区民众赞同"人生以赚钱为目的"这句话，这点显示我们自己也是物质主义倾向偏高的地区之一，没有立场去取笑美国民众的贪财，当然也显示组织想要激励员工应该少唱高调，要"一切向钱看"。

12.2.2 认知观点的激励理论

在激励的行为观点持续发展的同时，学者专家也开始探讨人们的各种需求与认知评估过程的关联，也就是开始纳入认知观点。由于根据这种观点所发展出来的激励模式都强调，特定的刺激必须通过某种过程方可产生激励效果，因此，有部分学者将之统称为过程观点（Process Perspective）。

12.2.2.1　公平理论

纯粹就学术研究上的影响力而言，公平理论（Equity Theory）及其衍生的组织正义（Organizational Justice）观点已经被广泛应用到员工与顾客层面，因此其相对重要性不容置疑。该理论的原始主张在于，人们会考虑自己对特定组织或个人的付出与回报，若觉得自己的付出多于回报，则会觉得自己受到不公平的待遇，结果是很可能减少自己的付出，甚至满腹委屈地与该组织或个人"分手"[17]。

图 12-6 是把公平理论应用于组织员工身上所衍生的推论。首先，员工会根据自己在同一组织、不同组织以及日常生活中的经验，有意无意地在其中选择参考对象，借以研判现有职务上的付出与回报是否公平合理。

其次，若研判结果出现不公平的结论，则可能是觉得对自己不公平，但也可能是觉得对别人不公平，而这两者都可能导致行为上的改变，例如，改变自己的努力程度以增加或减少付出，争取更多的薪资福利或放弃某些既有权益以改变回报，甚至调整对自己或别人的看法等。

后续研究中不断地扩充公平理论的内涵与适用范围，例如，在进一步将公平区分为程序、分配与互动这三个层面，发展出公平与否会因人而异的公平敏感性（Equity Sensitivity）观念，以及延伸应用到组织以外的顾客层面等。整体而言，图 12-6 的公平理论应用及后续的延伸，大致上都获得大量实证研究的支持[18]，因此在解释员工与顾客的态度与行为上，公平理论的角色确实不容忽略。

12.2.2.2　期望理论

相对于公平理论只是对于付出与回报进行评估，期望理论（Expectancy Theory）则主张人们实际上会同时对下列三个事项进行评估：①价值（Valence）：意指当事人对于特定刺激（奖惩）的重视程度；②工具性（Instrumentality）：意指当事人认为特定行为结果与特定刺激之间是否有明显的关联；③期望（Expectancy）：意指当事人认为特定行为与特定行为结果之间是否有明显的关联。人们必须在价值、工具性与期望这三个层面上都获得肯定的答案，才会进行某种特定的行为以求获得/避免特定的刺激[19]。

图 12-7 以员工的绩效为例来说明期望理论的基本主张。组织运用奖惩手段（刺激）来促使员工力求表现，但这些激励手段能够生效的第一个前提是员工在乎这些奖惩（价值），第二个前提是表现良好者会获得奖励而表现不佳者会受到惩罚（工具性），第三个前提则是认真努力的工作可以让自己获得良好的表现（期望）。这三个前提中任何一个不成立，例如，努力工作者未必能够获得较佳的考绩，考绩优劣未必反映在奖惩当中，或奖惩微不足道、无关痛痒，员工就不会认真努力地工作。

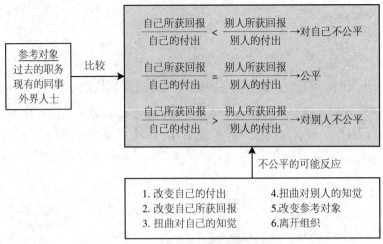

图 12-6　公平理论应用于员工的推论

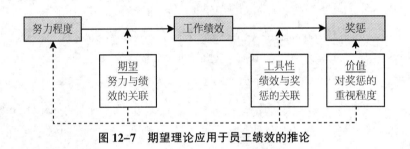

图 12-7　期望理论应用于员工绩效的推论

以上所述只是期望理论的基本内容，原创者还另行提出许多主张，包括组织同时提供多种奖惩，因此，必须考虑各项奖惩作用力的总和，以及沟通成效、个别差异等情境与个人因素对于价值、工具性与期望这三者的评价可能有何影响等。另外，虽然原创者以组织的员工为主要的应用对象，但期望理论实际上可以应用在许多不同的场合，例如，民众是否愿意遵守法令，学生是否愿意认真读书，乃至于运动员是否愿意长期苦练等。举例而言，近年来台湾地区学界对于大专学生不够认真的批评，部分原因来自于原来就不重视学业的"后段班学生"也进入大专院校就读，而这些学生在期望理论的"价值"层面给予的评价偏低所致。

12.2.2.3　目标设定理论

早在科学管理学派的发展初期，泰勒就提出为部属设定工作目标的主张，到了 20 世纪 50 年代则以"目标管理"的形式进一步考虑了部属目标的设定过程以及与奖惩的连接。然而，学术界对于目标在激励过程中所扮演的角色，则是到了 20 世纪 60 年代末期才逐渐形成，并逐步发展扩充而成为相当繁复的激励模式，一般称之为目标设定理论（Goal-setting Theory），只不过学者专家对其"完整的内涵"并未建立共识。

图 12-8 呈现的是目标设定理论当中最简单的形式。其基本主张是明确而具有挑战性

的目标有助于提升工作绩效，但员工对目标的接纳与承诺程度会影响到目标困难度与实际绩效之间的关系，在目标的接纳与承诺程度偏低时，目标困难度对实际绩效几乎毫无影响；而在目标的接纳与承诺程度很高时，目标困难度有助于提升实际绩效[20]。

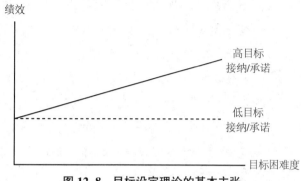

图 12-8　目标设定理论的基本主张

因此，根据上述简单形式的目标设定理论，组织应该在员工可以接纳/承诺的前提下，协助员工设定较具挑战性的目标，进而提升个人与组织的绩效。当然，实际执行时必定会面临许多困难，例如，应该如何来评估目标困难度以及员工接纳/承诺程度，是否应该考虑个别差异，是否应该与既有的奖惩措施配合等，而这些也正是目标设定理论后续的发展与扩充方向。

目前对于目标设定理论的基本结论在于，明确而富有挑战性的目标比"尽力而为"的目标或没有目标更能导致良好的工作绩效，而且在员工接纳目标过程中以"绩效回馈"持续检讨进展，达成目标后给予金钱报酬，以及员工能力优异等情况下，目标困难度对于提升绩效最有效果[21]。

管理前线 12-2

三分钟搞定管理?

　　管理学教科书的篇幅通常相当可观，这点显示管理是一项复杂而困难的工作，但许多人不愿意接受这事实，期待着能够找到简单明确而且万试万灵的管理方法。在有需求自然会有供给的经济定律之下，当然会有一些学者专家跳出来宣称"管理其实很简单"，希望能够获得可观的经济利益。

　　《一分钟经理人》（One Minute Manager）就是宣称"管理其实很简单"而且"狂销数百万册"、获得庞大经济利益的一本书。这本书以类似于中篇小说的形式来呈现其三把斧头：①一分钟目标设定，协助部属设定工作目标及其优先级，并决定如何衡量是否达成目标；②一分钟赞美，在部属做了正确的事之后立刻给予赞美；③一分钟惩罚，在部属做错之后立刻给予指正。当然，书中还穿插了一些管理上的重要观念，例如，80/20 原则（80%的绩效来自于 20%的目标）的重要性和强制分配考绩的荒谬等。

整体而言，这本书点出了应该在规划过程中设定目标，针对目标持续地进行控制，并针对实际绩效立即给予奖惩，因此完全符合管理学教科书中的主张。问题在于，这本书有意无意地宣示管理者只要善用书中所述的三把斧头就够了，三分钟就可以搞定所有的管理问题，这点实在令人无法苟同，至少不会有任何一位管理学教科书作者认为，只要了解掌握了这三个管理方法就能够成为优秀的管理者。

挑剔一点的话，这三个管理方法跟教导宠物没两样。想象一下，拿一根树枝给你养的狗看，让它知道这就是目标，然后把树枝丢出去，如果它把树枝捡回来就摸摸它的头当作鼓励，没捡回来的话就端它一脚当作惩罚。当然，人类毕竟也是动物，拿教导动物的方法来教导人类也可能行得通，只不过人类的自主性远高于宠物，未必会认同捡回树枝是值得努力的目标，未必会喜欢被摸头，而且被端一脚之后可能会伺机报复。

12.2.2.4　认知评估理论与成就目标理论

延续了内容观点的"二分法"，包括需求层级理论的高阶与低阶需求，两因素理论的激励因素与保健因素等，认知评估理论（Cognitive Evaluation Theory）将奖赏分为内在与外在两种，内在奖赏（Intrinsic Rewards）是指行为本身所具有的意义、挑战性、成感等，外在奖赏（Extrinsic Rewards）是指行为所带来的薪资与升迁等，并进一步主张人们对特定行为的努力程度取决于该项行为可以获得何种性质的奖赏[22]。

图 12-9 呈现了认知评估理论的部分主张，左侧的内在与外在奖赏已在前文说明，右侧是最后产生的三种激励状态：①内在动机（Intrinsic Motivation）：亦称为自主性动机（Autonomous Motivation），意指因为该项行为本身所具有的意义、挑战性、成就感等内在奖赏而努力；②外在动机（Extrinsic Motivation）：亦称为控制性动机（Controlled Motivation），意指因为该项行为所带来的薪资与升迁等外在奖赏而努力；③无动机（Amotivation）：缺乏内在与外在动机而不做努力。至于图 12-9 的中间部分则呈现了奖赏对激励状态的影响机制，主要推论是奖赏的性质会影响当事人对于自主性与能力的评估，外在奖赏会降低当事人对自主性与能力的评断，从而降低其内在动机。

既有的实验研究业已证实了正面的绩效回馈（内在奖赏）有助于提升内在动机，而物质报酬（外在奖赏）则会导致内在动机下降[23]。然而，由于认知评估理论特别重视内在动机，而职场工作大多缺乏内在奖赏，因此，认知评估理论是否适用于一般组织始终有争议，而且许多相关研究也确实只是着眼于教育、运动等需要强烈的内在动机方可持之以恒

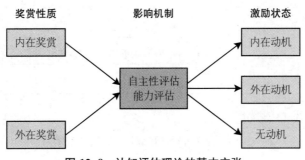

奖赏性质　　　　　　影响机制　　　　　　激励状态

内在奖赏

外在奖赏

自主性评估
能力评估

内在动机

外在动机

无动机

图 12-9　认知评估理论的基本主张

的场合，较少应用在职场生活上。

成就目标理论（Achievement Goal Theory）和认知评估理论一样强调内在动机的重要性，但主张人们的各种行为背后都有两种目标，其一是学习目标（Learning Goal），意指想要通过持续的学习来让自己能够做得更好；其二是绩效目标（Performance Goal），意指想要获得比其他人更好的表现，这两种目标都可以让个人积极地从事特定行为，而个人对这两个目标的相对重视程度则称为目标导向（Goal Orientation）[24]。由于该理论并未将绩效连接到外在奖赏，因此其学习目标与绩效目标主要都是来自于内在动机。

虽然成就目标理论主要也是应用在教育、运动等领域，但研究显示员工的目标导向确实足以影响其行为，例如，对于基层业务人员的研究显示，学习目标倾向较高者比较会考虑顾客的需要，协助顾客做出最适当的购买决策，而绩效目标倾向较高者则比较在意能否达成交易，不在乎是否符合顾客的需要[25]。

12.2.2.5　理性行动与计划行为理论

最后要介绍的是结合认知与社会观点，但因为其中并未直接纳入各种刺激（奖惩）而很少被视为激励理论的两个模式。理性行动理论（Theory of Reasoned Action，TRA）主张影响人类行为的主要因素在于意图（Intention），也就是从事该项行为的意愿，而意图主要来自于态度与主观规范这两者，其中态度（Attitude）是指个人对该项行为的评估结果，而主观规范（Subjective Norm）则是个人觉得亲友如何看待该项行为。计划行为理论（Theory of Planned Behavior，TPB）则是理性行动理论的延伸，另行纳入知觉行为控制（Perceived Behavior Control）的观念，主张在态度与主观规范之外，个人对于自己能否顺利完成该项行为的信念也会影响到意图与行为[26]。在后续研究中，许多学者引用自我效能（Self-efficacy）一词来取代知觉行为控制。

图 12-10 呈现了理性行动与计划行为理论的基本内容，其中虚线方格中的部分是理性行动理论，另行纳入知觉行为控制之后则成为计划行为理论。既有研究显示，不论是理性行动理论或计划行为理论，对行为意图和实际行为都具备相当良好的解释能力[27]，因此，这两个模式确实有助于增进我们对于人类行为的了解。

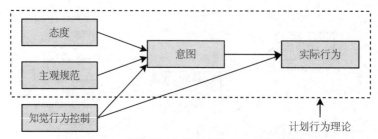

图 12-10　理性行动与计划行为理论的基本内容

虽然如前文所述，这两个模式都未能直接与组织所提供的刺激连接，但显而易见的是，根据这两个模式，不论组织如何将特定行为与奖惩连接，其激励效果都必须视员工对该项行为的态度、主观规范与知觉行为控制而定。若员工认为该项行为不妥，亲友不赞同该项行为，或者自己无法顺利完成该项行为，则奖惩所能发挥的激励效果将相当有限。

随堂思考 12-3

延续随堂思考 12-2，试分别运用①公平理论、②期望理论、③目标设定理论、④认知评价理论、⑤成就目标理论和⑥计划行为理论，来解释王品集团董事长戴胜益的"海豚式领导"能够产生激励效果的原因。

12.3　整合与应用

以上介绍了产学两界对于员工激励的各种观点以及部分知名的激励理论模式，本节将提示部分整合性的主张，以及实务应用上的重要观念。

12.3.1　整合性的激励模式

随着理论模式的持续发展，不同的理论模式分别着眼于不同的激励层面，结果出现了类似于"瞎子摸象"寓言中的情形，个别而言每个理论模式都正确无误，但整体而言每个理论模式皆是错误的。在这种情况下，自然会有学者专家尝试结合各种激励理论模式，建立起比较完备的整合性激励模式。本小节针对这类努力提供两个范例，其目的不在于增加一些记忆背诵的材料，而是为了显示出激励这个议题的复杂性。

图 12-11 是较早期的文献中所出现的整合性的激励模式，以期望理论为基本架构，加入了公平理论，认知评估理论的内在与外在奖赏，以及员工能力、角色冲突与混淆等知觉

的潜在影响，但其主张员工的绩效会影响其满意度，而不是较早期所推断的"满意的员工是最有效率的员工"[28]。

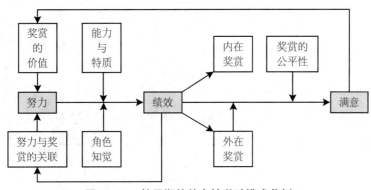

图 12-11　较早期的整合性激励模式范例

根据这一模式，员工是否会力求表现同时取决于奖赏的价值以及努力与奖赏之间的关联，而奖赏的价值又取决于对过去工作表现衍生的奖赏性质与公平性的满意度，但过去的工作表现一方面同时取决于员工过去的努力程度、能力与特质以及角色知觉，另一方面也会影响到努力与奖赏之间的关联。因此，即使组织能够公平而确实地对员工提供奖赏，员工仍然可能因为觉得努力与绩效之间关系不明确，或者因为觉得奖赏的性质不理想而缺乏价值，从而不愿意付出组织所期待的努力水准。

图 12-12 则是较近期的文献中所出现但由本书作者予以简化调整的整合性的激励模式，以完整的目标设定理论为基本架构，涵盖了目标特征（困难度与明确性）、努力（方向、程度与持续性）以及目标承诺、能力等影响努力与绩效之间关系的因素，此外，还加入了期望理论的价值、期望、工具性观念、公平理论衍生的组织正义观点以及在计划行为理论中用来取代知觉行为控制的自我效能等[29]。

根据这一模式，必须先订定明确而富有挑战性的工作目标，员工才会付出较高的努力，但员工的实际工作目标同时取决于员工个人的人格与价值观，组织所提供的奖惩（诱因），以及员工对这些奖惩的价值、期望与工具性评估，而目标特征与工作绩效之间的关系则会受到组织的绩效回馈措施、任务复杂性及员工的目标承诺、能力与自我效能的影响。

上述两个模式不但显示出激励效果同时取决于许多因素，更显示出学者专家之间对于各种因素的相对重要性缺乏共识。图 12-11 中的主轴是期望理论所强调的奖赏价值以及努力与奖赏的关联，而图 12-12 所强调的关键却是目标设定理论所考虑的各项因素。目前虽然有部分研究尝试确认各种激励模式与措施的相对影响力，例如，研究显示金钱的激励效果相当不错，而另行搭配绩效回馈与公开表扬等措施则更理想[30]，但一般而言这类研究并非学界主流。因此，我们不难想象，若是由另一组学者专家来尝试整合各种激励理论，则其结果很可能会迥异于图 12-11 和图 12-12 中的模式。

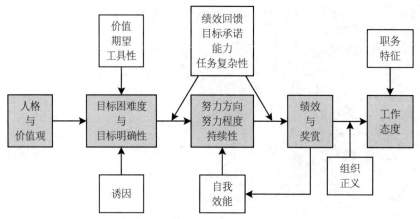

图 12-12　近期的整合性激励模式范例

12.3.2　激励理论的体制化

不论接受何种激励模式并采用何种激励措施，组织通常都会将之纳入相关的规章制度或作业流程当中，或者使之适用于全体组织成员，或者强调只有某一部分的组织成员适用，这也就是所谓的体制化（Institutionalization），其主要着眼点是为了连到图 12-11 和图 12-12 中所示的"公平性"或"组织正义"，同时也确使组织成员能够了解相关的奖惩规定。

图 12-13 从职务设计、考核制度、奖赏这三个层面来显示如何将理论性的激励模式或观点予以体制化。如图中右侧方格所示，若经营阶层决定根据需求层级理论（或两因素理论）来激励员工，则本书第 8 章所介绍的职务特征模式就是合理的选择之一，让个别员工在执行任务时享有充分的自主性，感受到达成任务的重要性，斟酌需要使用多种技能，并随时得以知道自己的表现与进展等。

除了职务本身之外，考核制度也必须配合需求层级理论来进行调整，最重要的是必须针对职务上的实际表现来进行考核，避免纳入性向、价值观等个人特质，以及是否遵守各项规定等违反自主性要求的事项。最后，将考核结果反映在奖惩措施时，则理应在已经顾及低阶需求的前提下，以公开表扬、赋予更具挑战性的任务等强调高阶需求的方式来给予奖励。

图 12-13 的内容只是范例，若经营阶层采纳其他激励模式或观点，则在职务设计、考核制度、奖赏这三个层面就必须配合调整，例如若采用期望理论，则可能必须让表现优异的员工在若干个不同性质的奖赏选择自己最想要的。总之，想要有效地运用某个激励模式或观点，就必须使之体制化，将其内容反映在相关的规章制度与作业流程当中，否则激励

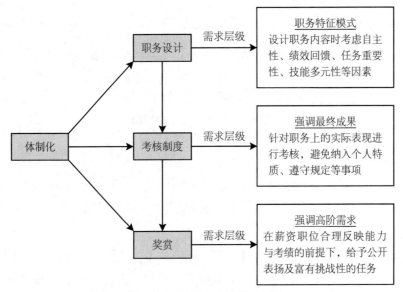

图 12-13　激励理论体制化范例

措施很可能和本书第 10 章所述的"领导者—部属交换模式"以及"欺凌式领导"一样，沦为管理者随兴滥用的私人工具。

12.3.3　奖惩方式与原则

本小节将介绍有关奖惩的基本常识，包括常见的奖惩方式以及执行过程所应该遵守的一般性原则。管理学教科书通常都因为"缺乏理论基础且过于浅显"而省略这个部分，但至少对于职场经验有限的读者而言，确实需要借由适当的说明来建立起这方面的认识。

图 12-14 左侧呈现了组织生活中常见的四大类奖赏：①直接财务给付（Direct Financial Payment）：意指以现金形式发给的各种奖赏，例如，薪资与各种津贴、各种奖金乃至于员工入股所领取的股利等；②间接财务给付（Indirect Financial Payment）：意指可以用金额衡量其价值但并非直接发给现金的奖赏，例如，各种奖品、员工福利、休假等；③非财务给付（Nonfinancial Payment）：意指不适合用金额来衡量其价值的各种奖赏，例如，职衔、专属办公室、专用车辆、专属停车位、专属助理、公开表扬等；④内在奖赏（Intrinsic Rewards）：意指职务本身衍生的心理奖赏，例如，有兴趣的工作、自主性、挑战性与成就感、学习成长机会等。当然，前三种奖赏可以合称为外在奖赏（Extrinsic Rewards）。

相对的，惩罚的方式固然也可以比照奖赏来分类，但学者专家普遍不喜欢使用负面意义强烈的"惩罚"一词，转而使用较为温和的"管教"（Discipline），甚至直接使用"管"这个字来代表运用各种惩罚来约束员工行为的措施，图 12-14 也比照这种方式处理。如图中右侧所示，运用惩罚来约束员工行为有两种选择：①正面管教（Positive Discipline）：意

图 12-14　奖惩类别与基本原则

指在员工行为失当之际采用"建设性的批评"来处理，以咨商讨论的形式找出问题成因与解决之道，从而协助员工改变其行为；②负面管教（Negative Discipline）：意指借由员工对惩罚的恐惧回避心态来改变其行为，常用的方法包括当面斥责、书面警告、扣减薪资或罚款、调职与降级乃至于停职与开除等[31]。

图 12-14 中位于中间的方格则揭示了奖惩所应该遵循的四项基本原则：①体制化（Institutionalization），尽可能将有关奖惩的事项纳入规章制度，让员工知道何种行为会获得奖赏而何种行为会受到惩罚；②立即性（Immediacy），在员工应该获得奖赏或受到惩罚之际立刻执行，避免因为某些原因而有所拖延；③一致性（Consistency），员工每次应该获得奖赏或受到惩罚之际都予以执行，避免因为某些原因而省略；④公平性（Impartiality），不论是哪位员工应该获得奖赏或受到惩罚都予以执行，不能因为亲疏好恶等原因而省略。

当然，有关奖惩的原则绝对不限于上述四点（请参阅管理前线 12-3），例如，"对事不对人"就是常见的忠告之一，意指所要奖赏或惩罚的是员工的行为，而不是员工的个性、态度或价值观等。若违反了这一原则，则除了获得奖赏的员工之外，其他员工都很可能会产生强烈的反感，认为只有"得宠"的员工才可以获得奖赏，而受到惩罚的原因则是"不拍上级马屁"。

管理前线 12-3

你知道部属想要什么吗？

从不花分文的口头赞美到高达盈余 20%以上的分红，从自有分寸的口头告诫到毫不留情的撤职开除，组织可以运用的奖惩工具为数众多，但各级主管却经常感叹无法让部属尽忠职守全力以赴，到底是怎么回事呢？没有人能够提出正确而完整的答案，但有证据显示很可能是忽略了某些原则甚至常识。

首先，即使把员工当作动物，奖惩措施也必须考虑员工所要追求或逃避的事物，但研究显示：管理者和部属对于员工所追求的事物看法有别，管理者认为部属最在意地是薪资多寡，而部属却表示有趣的工作和适当的赞赏与感谢才是重点。因此，一个可能的答案是：管理阶层自以为是，忽略了部属在体认到薪资与职位调整有其限制之下的实际需求。

其次，任何激励措施都必须将特定行为与奖惩连接，否则无法让员工因为可能的奖惩而进行或回避该项行为，但实证研究和实务案例都显示：经营阶层经常莫名其妙地将其他行为与奖惩连接，例如，在强调工作绩效的同时，却纵容各级主管以个人亲疏好恶来决定部属的考绩乃至于加薪与升迁。因此，另一个可能的答案是，管理阶层基于其他考量而把奖惩连接到无关的行为上，从而无法让员工受到激励而展现出应有的行为。

当然，我们无法排除另一个可能的原因，就是组织无法提供员工所追求或逃避的事物，因此，各种激励措施的效果自然相当有限。举例而言，若员工想要的是短期致富或功成名就，则一般组织的薪资与升迁制度显然无法让员工心想事成，结果自然是得过且过。在现今的多元化社会中，每位员工所要追求或逃避的事物可能各不相同，而且也可能超越了组织力所能及的范畴，因此，至少对某些员工而言，组织所提供的激励措施可能还不如"鸡肋"——食之无味，弃之亦不可惜[32]。

课后练习

复习题

（1）激励的生物观点对人类行为的基本主张是什么？激励的行为、认知与社会观点又是什么？

（2）何谓家长式的激励方式？科学管理式和参与式又是什么？

（3）需求层级理论有哪些基本主张？

（4）X理论和Y理论对于人类的工作行为分别有哪些假定？

（5）ERG理论及需求三分法理论两者与需求层级理论的主要差异是什么？

（6）两因素理论对于员工的激励有哪些主张？

（7）增强理论主张可以运用哪些方式来改变人类的行为？

（8）简单说明公平理论的基本主张。

（9）组织正义文献中通常将"正义"进一步区分为哪些层面？

（10）期望理论有时也称为VIE理论，其中的V、I、E分别代表哪些事项？

（11）根据期望理论，激励措施必须在何种情况下才足以影响员工的行为？

（12）根据目标设定理论的基本主张，在什么情况下才能够提升员工的工作绩效？

（13）认知评估理论对于行为的动机和不同性质奖赏的效果有什么独特的主张？

（14）成就目标理论有哪些基本主张？为何该理论主要是用在教育、运动等领域？

（15）理性行动理论与计划行为理论对人类行为有哪些主张？

(16) 为什么有必要结合各种激励理论模式，建立起比较完备的整合性激励模式？

(17) 何谓激励理论的"体制化"？有什么重要性？

(18) 组织的各项奖惩措施除了必须体制化之外，还必须遵循哪些原则？

应用题

(1) 分别就下列主张或案例而言，其中所反映的主要是激励的生物、行为、认知还是社会观点？①扬善于公堂，规过于私室；②衣食足然后知荣辱，仓廪实而后识礼义；③国内某公司规定，男性员工上班不打领带或女性员工上班不擦口红者一律罚款；④专家指出组织所面临的主要激励问题在于组织所要的行为和所奖赏的行为出现明显落差。

(2) 台湾地区的公营事业以薪资优异福利完备闻名，但近年来不断受到各界压力而必须将绩效反映在员工待遇上，以激励实务而言，这点显示其激励方式预期将有何变化？员工可能有什么反应？

(3) 以餐厅外场服务人员为对象，分别根据需求层级理论和两因素理论，说明其职务上可能满足的高阶需求和可能具备的激励因素，并据以指出为什么这些员工普遍呈现抱怨多、离职频繁的情形。

(4) 终身致力于推广人际关系训练的卡内基（Dale Carnegie）宣称，想要改变人类的行为的话就应该和训练动物一样，用肉片取代鞭子，用称赞取代责骂，用抚摸取代瞪眼。试运用增强理论来解释其主张。

(5) 一位长年兼任教职的管理顾问根据其研究结果指出，员工表现不佳的可能原因很多，最常见的原因是员工"不知道为什么要做某些事情"。试分别运用目标设定理论与认知评估理论解释这一研究发现。

(6) 国内的教育改革争议业已持续多年，改革派与保守派的主要争议如下：①改革派强调学习本身的乐趣，保守派注重学习所带来的分数、升学与就业；②改革派主张以赞美与奖励引导学生，保守派认为应该强调未来的物质报酬；③改革派强调学习本身就是教育的最终目标，保守派则认为培养国家所需人才和提升个人社会经济地位才是重点。试综合运用各种激励理论模式，针对"如何提升学生学习动机"这个议题，指出改革派与保守派的可能主张，以及近年来升大学的门槛消失对于两者主张的务实程度有何影响。

管理个案

晶华国际酒店集团的晶英计划

传统上，"高获利高成长"并不适合用来形容饭店产业，因此，晶华酒店连续两年每股盈余超过 10 元的业绩，让股票价格冲上每股 500 元并得以争取"上市公司股王"宝座的时候，确实让许多熟悉中国台湾地区股市生态的人士瞠目结舌。然而，这家原先以"丽晶"为名，属于四季饭店暨丽晶酒店集团联盟成员的国际观光饭店，在2000年潘氏家族与东帝士集团达成股权转移协议而成为主要股东之后，确实展现出足以与中国台湾地区信息大厂匹敌的企图心。

2001年开始，晶华酒店可说是"重新出发"，包括兰亭餐厅的改装开幕，新成立的Robin's牛排屋与铁板烧，由峇里岛四季酒店顾问规划的沐兰SPA，中国台湾地区业界首创、提供私人管家服务的"大班"套房，乃至于以Wasabi Buffet、Wasabi Dining Bar及Bando 8三间餐厅进驻有台北曼哈顿之称的信义计划区，以及使用捷丝旅（Just Sleep）品牌进军商务饭店领域等，都显示出晶华酒店集团不甘于维持现状、积极开疆辟土的雄心。

捷丝旅（Just Sleep）是晶华国际酒店集团品牌进军商务饭店的品牌。（照片 由联合报系提供）

然而，实际让晶华酒店得以争取上市公司股王宝座的原因并不是业务上的拓展，而是严谨的成本控制与别具一格的财务运作。从2001年起，晶华酒店每年的利润都维持在6亿~9亿元新台币，并未出现重大变化，但纯益率也始终维持在足以让同业美煞的二到三成水准，再加上，2006年的股权结构调整让股本由21亿元新台币降为6亿元新台币，于是开启了中国台湾地区饭店业每股盈余冲上10元的新纪元。

要让上千名员工同心协力地在维持服务品质的同时积极控制成本，显然并非轻而易举。晶华酒店也和同业一样无可避免地主张"人"是企业最重要的资产，并宣称坚持"以人为本"的用人原则，期望在纪律规范与人性化管理间取得平衡。实际上，除了具有竞争力的薪资水准之外，该集团也另行提供了许多福利，包括每年三次的绩效奖金、员工入股、国外丽晶及四季酒店住宿优惠、国内外旅游补助、当值时的免费膳食、优惠员工的托儿所，以及庆生会、模范及资深员工表扬、社团活动等。

值得注意的是，该集团在上述常见的员工福利项目之外，特别强调其员工享有"公平及公正的内部晋升考核"，这是其引以为傲的一项人力资源措施。显然，一方面，晶华酒店的经营当局所要的并不是"只想暂时找一份工作"的员工，而是打算将住房餐饮等饭店经营管理领域视为终身职业，想要在其中谋求长期发展的有心人。另一方面，这点也显示该集团很清楚饭店从业人员升迁渠道并不畅通的老问题，希望借由适当的考核制度来减少各级员工因挫折失望而挂冠求去的常见现象。

晶华酒店引以为豪的另一项人力资源措施是教育训练，一般员工都可以参加各种化妆及礼仪训练，英文和日文的语言课程，各部门本身的专业训练，以及不同部门之间的交叉训练。因此，该集团很自豪地宣称，"每位晶华员工都能够在晶华精心安排的课程及训练之下，拥有可晋级、可跨功能、可跨区域、可跨品牌、甚至可跨产业的职涯发展机会"。

为了持续扩张事业版图，该集团也进行了人力资源规划，并提出以加速培养专业人才为目标的"晶英计划"，运用"全方位专业培训"和"完整职涯规划"两项诉求来招募新进人员。而为了培养该集团所需的国际餐旅人才，还建构了"晶华餐旅学院"，通过网络提供线上学习课程；另外，也计划引进拥有百年历史的 City & Guilds 英国城市专业学会的专业认证课程，协助员工取得国际餐旅专业资格。

虽然并不是每一位求职者都想要公平及公正的内部晋升考核、全方位专业培训和完整职涯规划，但任何一位想要在饭店产业谋求长期发展的求职者应该都不会忽视这三者，就这点而言，晶华酒店集团确实有其独到之处。当然，该集团的高获利能力是否肇因于此，还需要严谨的科学研究方足以盖棺定论。

讨论问题

（1）针对本案所述晶华酒店集团的人力资源措施，指出有哪些措施符合激励的行为与认知观点。

（2）同第（1）题，指出有哪些措施符合家长式与科学管理式的激励。

（3）以需求层级理论而言，晶华酒店集团的人力资源措施中分别有哪些是倾向于满足低阶与高阶需求？

（4）除了本案所述的各项薪资福利措施之外，到晶华酒店集团任职或许还可以满足哪些在小吃店或小旅馆任职所无法满足的需求？

（5）以公平理论与期望理论说明"公平及公正的内部晋升考核"为什么可能足以产生激励效果。

（6）试综合运用各种激励理论，说明一位"想要在饭店产业谋求长期发展的求职者"为什么很可能受到晶华酒店集团的宣示的吸引。

13 控制概论

本章学习目标

1. 了解控制的重要性与常见的控制类型

2. 了解基本控制程序及其各阶段的关键事项

3. 了解预算控制和内部控制的意义与主要内容

4. 了解管理稽核的意义及其可能的实务应用

终极警探

电影《终极警探》（Die Hard）的粉丝们应该都会注意到，除了激烈的枪战与爆炸场面之外，这个系列的电影还有个共同点——坏蛋领导人其实非常能干，不但拥有恐怖分子进行破坏所需的各种专业能力，更展现出良好的规划、组织与领导能力，甚至在出状况之际也能够迅速妥善的应变。这点在第四集中特别明显，坏蛋领导人展现超级骇客的功力而得以控制全美国所有联机的计算机，负责打击国内恐怖活动的 FBI 束手无策，直到男主角被牵连之后才出现与原订计划不符的意外，但后续的应变措施仍属相当完美。

为了铲除男主角带来的意外，坏蛋领导人先后实施了多项应变措施，包括搭乘直升机在空中以机枪扫射、操纵煤气输送方向并引发大爆炸，以及让战斗机飞行员相信假命令而发射飞弹等，甚至漂亮的华裔女坏蛋自行应变，展现拳脚功夫把男主角踢出窗外。在正常的情况下，每一项应变措施都足以把男主角送入地狱，但男主角就像"打不死的蟑螂"那样顽强地存活下来，甚至最后以挟持男主角的女儿来威胁，也未能产生正常状况下应有的效果。

"谋事在人，成事在天"这句话最能够描述《终极警探》系列电影中几个坏蛋领导人的处境。事先有妥善的规划，建立了能够完成任务的团队，确使团队成员全力以赴，并随时掌控进展，必要时调整计划妥善反应。任何一个优秀的管理者都不会比这些坏蛋领导人做得更好，但最后却是以失败送命收场，除了"天意"之外无从解释。值得庆幸的是，电影终归只是电影，必须传达"恶有恶报"的信息，真实世界中的管理者则可以断言，只要做好从规划到控制的各个环节，即使最后天不从人愿，至少也不会落得失败送命的下场。

本章将探讨"控制"这个无所不在但经常被忽略甚至被歧视的管理活动。一般而言，管理学教科书对于控制的探讨相当有限，部分原因在于控制的对象以"事"为主，而只要讨论到具体的事务，就会"侵犯"到其他学科的领域，例如，对产品或服务品质的控制通常被视为"生产与作业管理"甚至"品质管理"课程的内容，在管理学教科书进行讨论可能会招来"不够专业"的批评。本书假定读者未必会研习各种企业管理进阶课程，因此，并未限制缩减讨论范围。

13.1 控制的基本概念

控制（Control）泛指各种用以确使员工行为或组织绩效能够符合预定目标的机制，有时候也称为"管制"，在日常言谈中甚至经常将之视为管理的同义词，例如，"政府应该出面管一管"或"管管你的孩子"等。许多人对于控制抱持着负面的印象，因为，控制经常隐含着强迫、约束、监视、操纵等，但缺乏适当的控制也可能衍生许多严重的问题，因此，本节将从控制的重要性开始，扼要地介绍有关控制的基本概念。

13.1.1 控制的重要性

将管理程序简化成规划、执行与控制之后，就不难了解控制在管理上的重要性。如图 13-1 所示，规划过程确定了目前状况（起点）、未来希望达成的状况（目标）以及达成未来状况的方法（预定路径），但实际执行时未必一如预期，许多始料未及的因素都会导致前进方向偏离了预定的路径，从而可能呈现图中曲线所示的实际路径。若整个过程中完全没有控制，则管理者无从得知实际上已经偏离了预定的路径，甚至到了最后还不知道已经无法达成目标。

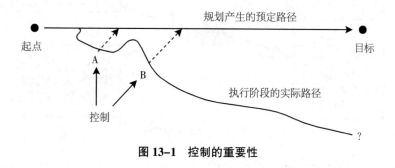

图 13-1 控制的重要性

相反的，在执行阶段纳入控制活动之后，管理者在 A 点就可以发现实际上已经偏离了预定的路径，就可以采取必要的措施予以补救，若随后到了 B 点而发现偏离的情况更严重,则必须采取更强烈的措施来弥补。换言之,有了控制活动的辅助,实际执行过程偏离到 A 点或 B 点时,管理者可以及时介入,使之循着虚线箭头回归到预定的路径,若是没有控制活动,则完全无法确定最后结果会是什么。

这个简单的图标点出了有关控制的重要性:规划过程提出了预期的行为与成果,而控制过程则有助于确使实际的行为与成果符合预期。当然,实际上能否借由控制来达成既定目标,还必须视偏离的时间与幅度以及管理者是否采取适当的补救措施等因素而定,但这点并不足以否定控制在管理上的必要角色。

显然,控制有助于避免错误,而在发生错误时也有助于及早发现并予以矫正,这点在经营管理上至为重要。举例而言,若自动化机器设定错误,则产出将不符合既定规格,组织可能蒙受重大损失,而合理的控制流程必然是在开始生产之前确定机器设定是否正确,并且在开始生产后持续追踪产出的规格是否符合要求,一直到完成既定的产量为止。

总之,控制固然是管理程序的最后一环,但并不表示其重要性低于规划与执行。若缺少了控制的环节,则无从断言规划与执行是否妥当,因此,任何一位优秀的管理者都善用各种控制工具,确使自己的任务或组织的目标能够顺利达成。

13.1.2　控制的类型

既然控制是管理活动中不可或缺的环节,那么究竟要进行哪些控制活动呢?显然,有规划就会有控制,而规划活动可以区分为策略规划、营销规划、财务规划等,因此控制活动自然也可以比照区分为策略控制、营销控制、财务控制等,图 13-2 左上角的方格中列出了这些根据"事务性质"来区分的控制活动,较具体的内容留待第 14 章再做说明。

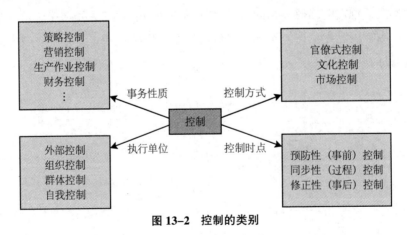

图 13-2　控制的类别

图 13-2 左下角的方格中所呈现的是根据控制活动的"执行单位"进行的分类。首先,组织的利害关系人可能会提出某些要求,要求组织予以遵守,这类的控制活动统称为外部控制 (External Control),例如各项政府管制措施。其次,组织通常会制定各种规章制度,

要求组织成员在进行各项活动时必须遵守规定，或者打造出特定的企业文化而约束员工的行为，这类的控制活动统称为组织控制（Organizational Control），例如，员工请假规定和支出报销规定等。再次，组织内部的个别单位也可能制定各种规章制度或形成某些无形的规范，该单位的成员必须遵守这些规定或规范，但其他单位的成员则不受约束，这类的控制活动称为群体控制（Group Control）。最后，个人也可能根据专业素养、道德判断等事项来约束自己的行为，例如医师、律师、大学教师等，主要都是借由这类自我控制（Self Control）来决定其工作内容与方式。

显然，大部分组织都同时兼有这四种控制形式，只不过其相对重要性各不相同。例如，教育机构受到政府的严格管制，因此，许多工作完全是为了配合管制上的要求，而一般企业除了在税务方面受到严格的监督审查之外，其他活动没有必要考虑政府的角色。又如在教育机构当中，虽然主管机关和校方都有许多规定，但相对而言大学的自主性远高于中小学，大学教师执行自我控制的程度也远高于中小学教师。

图 13-2 右上角的方格显示，不论是由谁来执行控制活动，实际的执行方式都不外乎下列三种：①官僚式控制（Bureaucratic Control），以管理者的职权和各种明文规定的规章制度来对员工进行控制；②文化控制（Cultural Control），也称为宗族控制（Clan Control），根据无形的规范、价值观、专业要求等事项来对员工进行控制；③市场控制（Market Control），以价格机能和契约条款来控制交易对象的行为 [1]。同样的，大部分组织都同时兼采这三种控制方式，只不过官僚式与文化控制所针对的是员工，而市场控制的适用对象则是利害关系人。举例而言，大学和大型企业都有相当繁复的官僚式控制，但仍有许多事项并未明文规定，由组织或专业领域的价值观来加以规范，也就是纳入了文化控制的成分，而在涉及对外采购的事项之际，则普遍在运用官僚式控制的规章制度来拘束员工之外，还考虑交易对象的价格与契约内容，从而纳入市场控制的成分。

图 13-2 右下角的方格则显示，根据控制的时间点可以将控制活动分为下列三种形式：①预防性控制（Preventive Control），也称为事前控制（Preliminary Control），意指在行为或事件发生之前就加以约束，例如各种规章制度以及由上级核备的计划和预算；②同步性控制（Concurrent Control），也称为过程控制（Process Control），意指在行为或事件发生的同时加以约束，例如，监视员工的作业流程是否符合组织既有的规定；③修正性控制（Corrective Control），也称为事后控制（Post-action Control）或结果控制（Outcome Control），意指在行为或事件发生之后再进行检讨改善，例如每个月的产销检讨报告。实际上，这三种控制形式也就是第 1 章所述的规划、执行与控制这三个管理程序阶段，因此，将控制视为管理的同义词也不算错误。

这三种控制形式相辅相成，组织或个别单位通常会针对重复发生的事件制订标准作业流程或相关规定，但"徒法不足以自行"，实际执行阶段仍然需要运用同步性控制来确保员工遵守相关规定。同时，组织或个别单位每隔一段时间（如一个月、一季、一年）都会进行修正性控制，检讨这段时期的实际结果，若结果不符预期则检讨原因并提出改善对策。

在既有的文献中，组织应该采用何种控制形式，主要取决于活动过程的标准化程度与结果的可衡量程度。如图 13-3 所示，若过程的标准化程度与结果的可衡量程度都很高，则官僚式控制中的过程或结果控制都是可行的选择，若两者皆低则文化控制是唯一可行的选择，在过程的标准化程度与结果的可衡量程度中一高一低之际，则针对较高的事项进行官僚式控制，较低的部分则省略而不予控制 [2]。

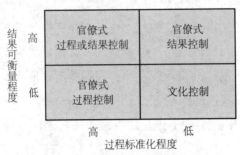

图 13-3　控制形式的选择

以上的控制分类都是根据某种标准来区分，但实务上有许多重要的控制形式同时应用在不同的功能领域，而且同时兼有事前、过程与事后控制的性质。以控制方式而言，这些重要的控制形式都属于官僚式控制，但针对其具体内容而给予不同的名称，包括内部控制、预算控制和成本控制等。

虽然在观念与实务的发展上主要是由会计界人士控制，但内部控制（Internal Control）实际上就是一套管理程序，其目的在于确保各级员工能够遵照组织的各项规定来执行任务，而其方法则是针对各项经营管理活动制订标准作业流程，并且在要求各级员工遵守的同时，由专责人员定期或不定期地进行查核。由于实务上通常由会计人员负责事后查核（事后控制），因此，许多人误以为内部控制属于会计业务，但是从制订标准作业流程（事前控制）到确使日常活动符合规定（过程控制），实际上负责执行的还是各级主管甚至基层员工。

同样的，预算控制（Budgetary Control）也是由会计人员高度介入，但实际上就是一套管理程序，各级主管以待完成事项（What）及其预定金额（How Much）来呈现其计划（事前控制），经上级核准后按照计划执行（过程控制），然后针对预算资料与实际状况的异同进行检讨（事后控制）。这其中，会计部门通常有权对预算内容与实际费用支出提出反对意见甚至直接否决，在事后控制阶段也可能有权退回各单位的检讨报告，但实际预算的编制与执行仍然是各级主管的权责范围。

相对的，组织生活当中无所不在的成本控制（Cost Control）不是一套具体的管理程序，其目的在于减少不必要的支出以降低产品或服务的成本，改善财务状况，提升经营绩效等，其方法则无所不包，例如，从随手关灯与要求影印纸张必须双面使用这类的"小事"，到调整产品设计与作业流程这类的"大事"，前述的内部控制与预算控制也是其中不可或缺的工具。如第 1 章所述，管理的目标之一是提升"效率"，而效率是指每一单位投入所能获得的产出，在成本控制有助于降低所需投入之下，每一位管理者的职责中都包括了成本控制。

本章第 13.3 节将会比较深入地介绍内部控制与预算控制，但有关成本控制的部分则因为过于繁杂琐碎、需要具体提示所涉及的事物而省略。

随堂思考 13-1

　　某旅行社一方面对旗下的专职业务人员要求如下：①每天必须参加早会，下班前填写工作日志并交给直属上司，后者必须对工作日志的内容进行抽查；②每周必须至少接触 10 位潜在顾客，并联系 5 位老顾客；③每个月必须达成团费责任额，其额度视职级和营业地区而定。另一方面，兼职业务人员则没有任何要求，只规定每个月按照其招揽游客的团费发给一定比例的佣金。试指出该公司对专职业务人员的控制制度当中属于事前、过程与事后控制的成分，并说明为什么这些控制制度不适用于兼职业务人员。

管理前线 13-1

当制度被视为"麻烦"……

　　"自由"是众所公认的普世价值观，几乎每个人都会在职场与日常生活中寻求自主的空间，但"控制"往往扼杀了自由，因此子女普遍希望父母"少管一点"，老公经常期待老婆不要再"碎碎念"，而员工则经常祈祷老板"不在家"。事实上，在许多影视节目中，男女主角经常因为漠视规定自行其是而屡建奇功，其恪守规定的上司则经常被描述成无能的官僚。

　　对于生活在各种规章制度丛林的现代人而言，击败制度（Beat the System）是很有成就感的事情，除了避免受到绑手绑脚的约束而省掉不少麻烦之外，还可能衍生自己并非"凡夫俗子"的优越感。然而，实际上有许多规章制度都是人类经验与智能所累积的心血结晶，予以回避的同时很可能只是耍着一些小聪明而舍弃了历史的教训。

　　名噪一时、让国内一家上市金融业者损失百亿元的"国票案"，就是一群高薪高学历的从业人员为图省事而耍了一点小聪明，却因此暴露出控制的大漏洞而被有心人士利用。这一世纪奇案的关键在于让内部员工自由取得并使用公司的"保证章"，稍具商业常识的人都知道这点严重违反规定，但这一"违规"的起因却只是为了方便省事，不必浪费承办人和保证章保管人文件往来的时间。换言之，这些高学历的从业人员自作聪明地认定，每位同仁都会尽忠职守，只有在实际业务需要时才会使用保证章，因此，不必按部就班的遵守规定，忽略了该项规定的用意就是要避免有人擅自使用保证章而图谋不轨。

防弊是规章制度的功能之一，但人性的贪婪足以击败任何制度。有谁能够想象得到，美国拥有全世界最完备周详的会计制度、全球声誉最佳的会计师事务所、全世界权力最大且执法最严的证券主管机关，以及全球数量最多且素质最佳的证券分析师，却还是爆发出虚增收入与盈余，让投资人损失超过千亿美元的安隆（Enron）事件，而事件爆发之前安隆还因为不墨守成规而在业界享有"创意与创新"的美名。

当然，更高段的击败制度手法是让规章制度配合自己的需要和利益来量身定做，从而完全"按照规定"来图谋私利，而最高段的功力则是练就金刚不坏之身，让自己变得"无法可管"，任何规章制度都为之瓦解冰消。各种组织的高级主管通常都拥有这种程度的手腕与功力，因此，在国家层次需要反对党与媒体的强力监督，在企业层次则需要有受到外部监督的公司治理制度，只不过在实际运作时经常因为选民或股东不在乎，敌不过高级主管的私心而败北。

13.2 基本控制程序

虽然不同的事物必定会有不同的控制程序与要点，但其中仍然有一些共通的基本原则，而正如其他的管理原则，熟悉了这些基本控制原则之后，就可以在面对实际问题时自行思考如何运用。这也正是管理学教育的价值所在，否则就不再是"管理学"，而是特定营运活动的"作业细节训练"，也就是必须配合特定产业甚至特定组织的情况来调整其内容的"实务"。

如图 13-4 所示，任何控制活动都可以分为四个阶段。第一个阶段是建立标准（Establish Standards），也就是决定我们所期待的行为或结果（绩效）为何，例如，业务部门的行为标准可能是每天规划行程、拜访既有和潜在的顾客以及检讨改善等，而绩效标准则可能包括业绩责任额、特定的销售组合（如长线旅游团费应达七成或以上）以及某种水准以下的退货率与坏账率（如退费旅客低于一成）等。

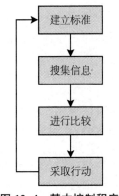

图 13-4 基本控制程序

13.2.1 建立标准

不同的控制事项会有不同的标准，这点在第 14 章会有进一步的说明。一般而言，将某种事项纳入控制而建立标准之前，必须考虑下列几个原则：

（1）攸关性（Relevance）：该事项应该与达成组织目标有关，否则只是徒增相关人员的工作负担，甚至可能有碍于组织目标的达成；

（2）可行性（Feasibility）：该事项应该是组织成员力所能及，而且能够根据客观的信息来评估其优劣，否则就成为不合情理而且听凭个人好恶的要求；

（3）一致性（Consistency）：该事项不能与既有的控制事项冲突，否则员工将无所依循，例如，不能在规定繁复且层层节制下要求员工自行发挥创意解决问题；

（4）平衡性（Balance）：除非组织只进行结果控制，否则任何控制事项都不应该"独大"，必须兼顾其他重要层面的相关事项，例如，虽然业绩是业务人员最重要的绩效标准，但也必须兼顾退货率、诉愿率等绩效指针，否则等于是鼓励业务人员不择手段地冲刺业绩，长期而言，未必对组织有利。

若某一事项确实符合上述原则，那么在建立事后控制所需的绩效标准时，应该考虑下列几种可能的选择：①配合内外环境因素、工作性质、个人能力等事项来决定绩效标准，例如，全公司或个别单位营业额与利润目标、个人销售业绩或生产数量配额等；②参考过去实际状况而调整的绩效标准，例如，全公司营业额比上年度提升 10%，或个人销售业绩比上年度高出 10%等；③参考同业状况而调整的绩效标准，例如，晶华酒店的纯益率长期维持在 20%~30%，因此，本饭店也初步选择以纯益率 20%为全公司的绩效标准。

相对地，在建立过程控制所需的行为标准时，则可以考虑下列两种可能的选择：①根据相关理论或因果逻辑，推导出可能获得最佳绩效的行为特征，例如，业务人员的日常工作纪律或生产线员工的主动呈报/处理问题等；②以顶尖业者实际规定的行为标准为起点，调整成为组织内相关员工的行为标准。大部分组织以第一种方式为主，但许多学者专家都建议可以兼采后者，并且把顶尖业者实际执行的各项规定称为最佳实务（Best Practices），而这一模仿最佳实务的做法则称为标杆评比（Benchmarking）。

13.2.2　搜集信息

基本控制程序的第二个阶段是搜集信息（Collect Information），也就是设法确定实际的行为或结果是什么。如前述建立标准的"可行性"原则所述，建立标准的同时也应该考虑到搜集信息的机制，例如，以"工作日志"来搜集业务人员行为方面的信息，以业务部门的统计资料来搜集业务人员业绩方面的信息。

一般而言，搜集控制所需信息的机制可以分为下列四大类[3]：

（1）直接观察（Direct Observation）：管理者个人在日常活动中的观察监督；

（2）口头报告（Oral Report）：部属对于其行为或工作成果的口头说明；

（3）书面报告（Written Report）：部属按照规定所提报的工作日志、检讨说明等；

（4）统计资料（Statistical Data）：组织的正式信息系统所产生的数据性资料。

这四种机制分别有其优缺点，在时效与便利上直接观察与口头报告较佳，完整性则以书面报告比较理想，但统计资料有客观正确的优点。在过程控制方面，大部分管理者会斟酌实际状况选择适当的机制，但是在结果控制方面则主要是依靠正式信息系统所产生的统计资料。

另外，管理者也必须考虑各种搜集信息机制的成本与效益。虽然信息越完备则越可能达成良好的控制，但为了取得完备信息所付出的代价可能高于控制良好所衍生的效益，例如，为了对业务人员进行完美的过程控制，可以针对工作日志上的每一个项目予以查核，为了让出厂的产品都完美无缺，也可以对每一件产品进行品质检验，但这两种措施都因为成本高于可能的效益而不可行。

13.2.3　比较与行动

基本控制程序的第三个阶段是进行比较（Make Comparison），也就是将既定的标准与实际的行为或结果对照，借以确定是否出现差异。第四个阶段是采取行动（Take Action），也就是根据比较结果决定后续行动，包括维持现状与谋求改善。图13-5结合这两个阶段，呈现出各种不同的状况，其中左上方的两个方块呈现的是既定标准与实际状况，也就是完成前两个控制阶段之后所获得的结果。右半边以流程图来呈现既定标准与实际状况两者进行比较之后的可能结果：①若实际状况符合或优于既定标准，则通常会决定继续维持现状，不作任何调整改善；②虽然实际状况并不符合既定标准，但其差距在可接受的范围内，因此，很可能会决定继续维持现状，不作任何调整改善；③实际状况不符合既定标准且差距无法接受，则先行评估既定标准是否合理，若既定标准确实不合理，则应该修订标准，反之若既定标准确属合理，则应该发掘导致实际结果不如预期的原因，并谋求适当的对策。

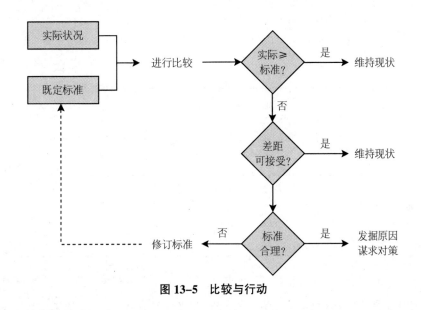

图 13-5 比较与行动

除了上述流程图之外，实务上还经常运用两种简便的控制工具，让管理者在面对某些重要的事物时不致有所疏漏。在过程控制方面经常使用的是检核表（Checklist），逐条列出进行某项活动时应该遵守的事项，然后借由直接观察来逐项核对是否遵守各项要求。图 13-6 以餐厅外场服务流程为例，提供一个检核表的简化范例，只要将之适度修改，就可以应用在各种场合。

员工行为检核表

员工姓名：	职位：外场服务员		日期：	

	是	否
(1) 仪容是否符合规定	□	□
(2) 是否随时以笑容面对顾客	□	□
(3) 是否以亲切的态度回答顾客的疑问	□	□
(4) 是否配合顾客偏好主动推荐菜色	□	□

图 13-6 检核表范例

在结果控制方面则经常使用管制图（Control Chart），以既定标准为中间点，纳入可接受的差距之后成为一个区间，两个容忍界限分别称为管制上限（Upper Control Limit）与管制下限（Lower Control Limit）。若实际结果落在这个可接受的区间内则维持现状不予处理；反之，若超出了此区间则必须考虑是否要修订标准或谋求改善对策。图 13-7 为管制图的范例，其纵轴代表顾客满意度，横轴代表时间，由于顾客满意度属于"越高越好"的指标，因此并不考虑管制上限，图中的前 5 笔资料都在可接受范围内，但是到了 A 点则显示顾客满意度已经低于可接受水准，有必要谋求改善对策。

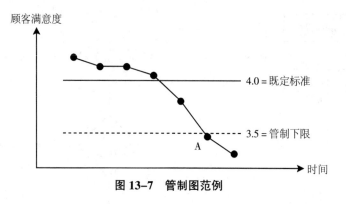

图 13-7　管制图范例

随堂思考 13-2

　　美国某著名的航空公司规定，女性空服员过胖者应予调职或解职，部分因此被资遣的女性空服员提起诉讼，主张该公司对肥胖者就业有所歧视，结果法院予以驳回，支持航空公司资遣的决定。中国台湾地区的航空业长期以来也对女性空服员的身高体重有所限制，但目前尚未出现诉讼案例。试问以基本控制程序而言，应该如何进行这类的控制，其中是否有可能违反某些原则？（提示：各航空公司都规定空服员必须定期接受体检）

13.3　跨功能控制

　　本章最后将分别介绍三种跨功能的控制活动，包括实务上相当普遍的预算控制与内部控制，以及虽然在实务上并不普及，但是在理论上确实有其重要性的管理稽核。

13.3.1　预算控制

　　如前文所述，预算控制是一套管理程序，各级主管以待完成事项（What）及其预定金额（How Much）来呈现其计划（规划/事前控制），经上级核准后按照计划执行（执行/过程控制），然后针对预算资料与实际状况的异同进行检讨（考核/事后控制）。这套管理程序在政府机关、教育机构和大型企业中相当普遍，但因为相当费时耗事，中小企业较少采纳。

图 13-8 显示了企业预算所涵盖的范围，其中日常营运活动及其产生的收支属于营业预算（Operating Budget），包括销货收入、生产数量、采购与存货、制造成本以及销售与管理费用等事项，至于购置固定资产（土地、建筑物、机器设备等）和进行各种长期投资的部分则称为资本预算（Capital Budget）。在政府和教育机构中，这两者分别称为"经常门预算"和"资本门预算"。另外，为了掌控未来的现金收支状况，组织也会根据目前持有的现金、营业与资本预算及预计的资金调度活动，列出所有可能导致现金增加与减少的事项，并推算出下一个会计期间结束时所持有的现金，这个部分称为现金预算（Cash Budget）。图中的箭头表示各种预算的编制顺序，最后完成的是下一个会计期间的预计资产负债表。

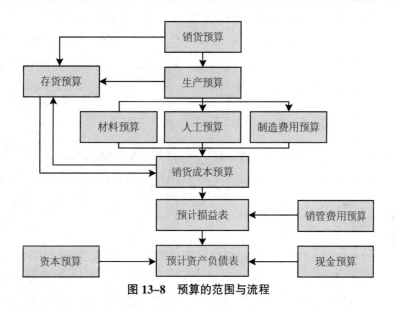

图 13-8　预算的范围与流程

编制预算只是规划或事前控制阶段的活动，实际执行或过程控制的阶段还有其他活动，其中最重要的是实际支出各项费用时必须遵守的规定。如图 13-9 所示，一般而言，各级主管都拥有一定的权限，支出金额未超过此一权限时由该单位主管"决行"，会计部门只进行事后查核，确认其支出项目与相关凭证是否符合规定，若一切无误则同意拨款；反之，则可能要求主办单位更改支出名目或补正单据，但通常不至于出现会计部门"死不

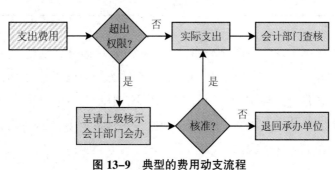

图 13-9　典型的费用动支流程

认账"的尴尬局面。

若支出金额超过单位主管的权限，则必须呈请上级核示，此时通常会先把经费支出申请送交会计部门会办。虽然会计部门按理只是审查经费支出项目与金额是否符合预算，然后注记其意见供上级参考，但会计部门不同意时，实务上很可能直接退回承办单位。表面上这种情形是会计部门"越权"，但实际上通常都是高级主管授意，因为高级主管通常不熟悉预算的详细内容与经费支出的详细规定，授权最熟悉这两者的会计部门代为决定是相当合理的选择，当然会计部门也因此经常成为高级主管的"挡箭牌"，各请款单位可能因为觉得"被刁难"而对会计部门心生不满。

到了考核或事后控制的阶段，最重要的活动是比较各个项目的预算数字与实际数字，进行预算差异分析（Budget Variance Analysis），实际分析过程可能涉及进一步确认造成差异的原因，但一般都只需要呈现差异的金额或百分比即可。这其中，预算达成率（Budget Completion）是最基本的指针，其定义如下：

$$预算达成率 = \frac{实际数量或金额}{预算数量或金额} \times 100\%$$

表面上，有关产销数量与金额的事项似乎是预算达标率越高越好，有关各种费用的事项则是越低越好，但事实上只要预算达标率严重偏离100%，就显示编列预算过于乐观或保守，就规划与控制而言皆不足取。然而，由于绩效奖金通常都是取决于预算达标率，因此，其规划与控制的功能经常被忽略。

表13-1是以表格的形式来呈现的预算达成情形，其优点是可以同时显示许多个项目的预算数、实际数、差异数以及差异百分比。这一表格在美国称为绩效报告（Performance Report），国内则直接称为"预算实际比较表"。当然，使用者也可以再加一栏以呈现上述的预算达标率。

表 13-1　预算实际比较表范例

项目	预算数	实际数	差异数	差异百分比
A 产品销货收入	2000 万元	3000 万元	+1000 万元	+50%
B 产品销货收入	3000 万元	2000 万元	−1000 万元	−33%
合计	5000 万元	5000 万元	0	0

若重要的收支事项出现严重的预算差异，则相关人员通常必须提出附带说明，指出可能的原因和预定的改善途径，但金额微小的收支事项以及正常营运活动中会自然呈现波动的资产负债项目则通常无须说明。至于何谓"严重"则没有一般公认的评估标准，目前国内证券主管机关对于上市上柜公司的规定是20%，只要实际数比预算数超出或不足20%，就必须针对该事项说明差异原因。

随堂思考 13-3

某业者研究发展部门的一位员工提出研究计划并获得核准，其中列有出门拜访专家、搜集资料等活动所需的交通支出，并以"差旅费"的名义编列，但该员工实际申报该项支出时，会计部门却根据员工请假规则，以"员工出差必须先提报出差请假单并由上级核准"为由予以退回。试问以预算控制程序而言，该研究人员与会计部门可能存在何种错误？

管理前线 13-2
好玩但只是比烂的预算游戏

预算制度是一套立意良善的管理程序，但熟悉预算制度运作的人都知道，实务上有太多的"官样文章"，导致规划与控制的效果不彰，甚至成为无效率的官僚体系中最显眼的特征。电影《冒牌总统》（Dave）的编剧甚至通过一家小公司的老板取笑说，白宫所提出的预算根本就借贷不平衡，承办人如果是他的部属的话一定会被开除。

不幸的是，预算制度已经成为社会规范之一，而且有许多人已经成为预算游戏的既得利益者，因此，即使你不想玩这种无聊的游戏，你的同事或上司也会逼得你不得不玩。最基本的预算游戏是虚增金额，即使实际上只需要一点点，也要尽可能多报，最好是一万元能够搞定的事情获得一亿元的预算。这种"能抢多少就抢多少"的抢钱游戏也就是学术界所说的"预算宽放"（Budget Slack），不参加这种游戏的人铁定被同事视为呆子，被上司视为笨蛋。

预算宽放必定会衍生用不到这么多的后遗症，这点会让自己在下一次的抢钱游戏中屈居下风，再加上"不用白不用"的心态驱使，导致每个单位都会尽可能的用完所有的预算。于是，典型的做法是到了会计年度即将结束之际，不管实际上是否有其必要，也不管名义上的用途是否符合实际内容，务必运用一切可能的手段，以会计部门能够同意的名目把预算花得一干二净。这个游戏称为"预算消化"（Budget Digestion），许多人可能被卷入了这一游戏而不自知，例如，设宴"感谢"部属的辛劳。

由于会计部门通常看得很紧，因此，预算宽放和消化通常都有点小儿科，只能算是入门的戏码，真正高明的是提出金额庞大但会计部门无从反对的预算。"包裹式预算"（Budget Package）是这类游戏中最有效的贱招之一，将所有不能见光的预算项目拆解改名，隐藏到笃定可以获得通过的人事与采购等项目中，会计部门在只有同意与不同意这两种选择，无法要求承办单位列出明细并逐项审查之下，即使知道里头大有文章也无能为力，何况会计人员也不会自找麻烦。

另一个经常奏效的贱招在美国称为"骆驼的鼻子"（Camel's Nose），在台湾地区则称为"先上车后补票"，先行虚增收入或虚减成本以求通过审核，经核定之后再运用各种理由追加预算，会计部门在无法承担停工损失之下只能被迫同意。最神奇的是，不论在哪一个国家，相关人员普遍接受追加预算是"不可抗力"的意外，承办人员及其上司不会受到任何惩处……当然，最常见的是高级主管自己在要这个贱招，要所有参与预算审查的人员为其背书！

13.3.2 内部控制与公司治理

如前文所述，内部控制也是一套管理程序，其目的在于确保各级员工能够遵照组织的各项规定来执行任务，其方法则是针对各项经营管理活动制订标准作业流程，并且在要求各级员工遵守的同时，由专责人员定期或不定期地进行查核。目前国内的证券主管机关甚至参考国外状况而明文规定，公开发行公司必须取得由公开执业的会计师针对其内部控制制度出具的签证，并以"内部控制制度审查报告"的形式向投资大众公布，等于是由政府宣示内部控制的相关事宜，并授权会计师评估内部控制的适当性。

图 13-10 是根据"公开发行公司建立内部控制制度处理准则"所整理出来的几个要点 [4]。首先，在定义与目标方面，内部控制制度是指由经理人设计，董事会通过，并由董事会、经理人及其他员工执行的管理过程，其目的在于促进公司的健全经营，以合理确保下列目标的达成：①营运效果及效率；②财务报道的可靠性；③相关法令的遵循。这其中，"营运的效果及效率"即第 1 章所述的管理目标，但"财务报道的可靠性"与"相关法令的遵循"则强烈地反映了证券主管机关与会计人员的思维。

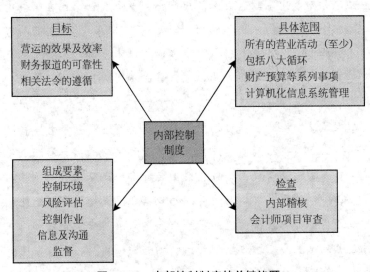

图 13-10　内部控制制度的关键议题

其次，在所谓的内部控制制度"组成要素"方面，实际上是会计学者对于经营管理重点的诠释，表示意义远大于实质意义，包括：①控制环境，意指塑造组织文化、影响员工控制意识的综合因素，例如，员工的操守、价值观及能力，董事会及经理人的管理哲学、经营风格等；②风险评估，意指公司辨认导致其目标不能达成的内、外在因素，并评估其影响程度及可能性的过程；③控制作业，意指确使董事会及经理人的指令得以执行的控制程序；④信息及沟通，意指内部控制制度须具备产生规划、监督等所需信息及提供信息需求者适时取得信息的机制；⑤监督，意指自行检查内部控制制度品质的过程，包括评估控制环境是否良好，风险评估与控制作业是否及时、适当、确实，信息及沟通系统是否良好等。

图13-10右上角所示的"具体范围"中，呈现了内部控制制度实际针对的事项，其中涵盖了所有的营运活动，并依照交易事项分为下列"八大循环"：

（1）销售及收款循环：包括订单处理、授信管理、运送货品或提供劳务、开立销货发票、记录收入及应收账款、销货折让及退回等政策及程序。

（2）采购及付款循环：包括请购、进货或采购、点收货品、检验品质、核准付款、进货折让、执行与记录现金付款等政策及程序。

（3）生产循环：包括拟订生产计划、开立用料清单、领料、计算存货生产成本、计算销货成本等政策及程序。

（4）薪工循环：包括雇用、请假、加班、辞退、训练、退休、薪资计算与支付、考勤及考核等政策及程序。

（5）融资循环：包括借款、保证、租赁、发行公司债及其他有价证券等资金融通事项政策及程序。

（6）固定资产循环：包括固定资产的取得、处分、维护、保管与记录等政策及程序。

（7）投资循环：包括有价证券、不动产、衍生性商品及其他投资决策、交易、保管与记录等政策程序。

（8）研发循环：包括对基础研究、产品与制程发展、研发记录及文件保管等政策及程序。

除了营运活动之外，内部控制也涵盖了对于印鉴、票据、预算、财产、背书保证、负债承诺及或有事项、职务授权及代理人制度、资金贷与他人程序、财务及非财务信息、关系人交易、财务报表编制流程、子公司的监督与管理、董事会议事运作等事项的管理，而在使用计算机化信息系统之际，还包括了信息处理部门的功能及职责划分、系统开发及程序修改的控制、资料输出输入的控制等有关信息系统管理的事项。总之，以具体范围而言内部控制可说是"无所不包"，所有的经营管理活动都属于内部控制的范畴。

最后，内部控制是由董事会、经理人及其他员工在日常经营管理活动中予以执行，但必须接受下列两种形式的监督：①内部稽核（Internal Audit），意指由专任的内部稽核人员定期或不定期的检查内部控制制度，以衡量现行政策、程序的有效性及遵循程度；②会计师项目审查，也就是外部稽核（External Audit），意指由公开执业的会计师来检查内部控制制度，借以让利害关系人了解该公司内部控制制度设计及执行是否有效。

不论是内部控制的执行或内部与外部稽核的监督，通常都无法有效约束总经理、董事长和其他董事会成员，因此，另行以公司治理（Corporate Governance）制度来加以规范，在其中对股东会、董事会、监察人等议题加以规范。在台湾地区的"上市上柜公司治理实务守则"中，甚至参考国外文献而具体建议"董事长及总经理不宜由同一人担任"以及"设置二人以上之独立董事"[5]。但不论是在中国台湾或国外，有关公司治理的主张大致都是由财务学者（财务经济学家）主导，依据代理理论而提出加强监控以及让个人利益与组织利益结合的各种措施。

整体而言，内部控制与公司治理的防弊成分远大于兴利，而且强烈地支持官僚式控制，甚至隐含着 X 理论的人性假设，显然并不适用于需要弹性与创意的职务或组织，但至少以上市上柜公司而言，内部控制与公司治理都是主管机关要求的"强制性规定"，各公司都必须相当程度的予以配合。虽然并没有足够的证据显示严密的内部控制与公司治理制度有助于提升经营绩效[6]，但目前可说是"大势已定"，没有任何组织或管理者会公开宣称自己不重视内部控制与公司治理。

13.3.3 管理稽核

相对于预算控制和内部控制都有专责人员介入，管理稽核（Managerial Audit）则是各单位自行针对各项管理流程与结果所进行的定期检讨，其主要目的在于兴利，也就是前述内部控制目标中的"营运的效果及效率"。"兴利"的目标导致管理稽核并不是由会计或财务人员主导，而是在各个领域的理论性主张与实务性范例中归纳出一般性的原则与措施，然后检讨各单位的实际活动是否符合这些原则与措施。

目前产学两界并未针对管理稽核建立起完整的架构，因此"管理稽核"一词的知名度远低于内部控制或内部稽核，甚至对于这个名词的意义也还有若干争议，例如，有学者认为管理稽核只是评估管理者的能力与表现[7]。然而，纯粹就提升"营运之效果及效率"的目标而言，管理稽核可以确定既有的措施是否是理论或实务上的最佳选择，而不是确定不会有人在其中贪污舞弊，因此，理应远比内部控制或内部稽核来得重要。

一般而言，不论所要检讨的领域是什么。大部分管理稽核的文献都主张采用检核表或评分表的形式来进行稽核，表 13-2 是针对经营策略进行稽核的范例[8]。读者不难发现，这类的稽核活动不但费时耗事，结论也未必客观中肯，而评估架构虽然来自于各项管理观念与原则，但具体内容必定会有所争议。

在产销活动方面也分别有其管理稽核方法，生产/作业领域最重要的管理稽核活动是衡量投入产出效率的生产力稽核（Productivity Audit），以及着眼于产品或服务的品质是否

表 13-2　策略稽核范例

1.	公司对其市场是否有足够的认识？有必要取得哪些额外的信息？应该如何取得这些信息？
2.	公司对其竞争者是否有足够的认识？是否有能力预测各种状况下竞争者可能的动向？对竞争态势的评估是否合理？是否有高估或低估竞争者的情形？
3.	预定产销的商品或服务是否优于竞争者？证据何在？
4.	各项经营活动是否能够产生综效？彼此是否相容？
5.	执行预定策略所需的资源是什么？公司是否已经拥有这些资源？是否订有长期计划以取得建立长期竞争优势所需的资源与能力？

符合顾客要求的品质稽核（Quality Audit），前者是建立低成本优势的关键，后者则是差异化优势的重要来源。一般常见的主张是采用评分法，针对重要的生产力或品质层面逐一评定优劣，进而获得"总生产力"或"整体品质水准"这类的参考性指标[9]。然而，这类主张事实上属于"结果"控制，而非管理稽核所强调的"过程"控制，比较适合纳入第14章的"生产/作业绩效评估"中。

表 13-3 呈现了采用过程控制观点来进行品质稽核的范例，其中品质管理所应遵循的原则取自于美国国家品质奖（Baldrige Award）的评分架构[10]，但只是反映了六个评分层面，并未深入列出细项。

表 13-3　品质稽核范例

1.	经营阶层是否确实致力于改善产品/服务的品质？
2.	是否将顾客满意视为改善产品/服务品质的最高指导原则？
3.	是否建立正式的品质规划与管理系统？
4.	是否运用适当的方法搜集有关产品/服务品质的信息？
5.	是否对员工提供衡量与改善产品/服务品质的教育训练？
6.	是否针对研发与产销流程来提升其品质？

在营销活动方面，知名营销学者 Philip Kotler 倡导营销稽核（Marketing Audit）已有多年历史，主张应该根据组织在营销管理层面所应该完成的各项活动逐一评估执行状况，其完整的架构中涵盖了营销环境、营销策略、营销组织、营销信息系统、营销生产力和营销功能等六大类事项[11]。然而，实际执行该项稽核时未必要同时涵盖这六大类事项，因为文献中已有简化的现成工具可供运用，区分为五个层面，共计 15 题，如表 13-4 所示，每题有从低而高的三个选项，分别给予 0~2 分，全部 15 题的得分加总之后为组织的营销效能分数[12]。

表 13-4 所述的营销稽核，其实是反映了下列五个可能有助于提升营销绩效的因素：

（1）顾客哲学（Customer Philosophy）：是否熟悉市场状况与顾客需要，并将之纳入经营计划与实际营运当中？

表 13-4 营销效能稽核范例

顾客哲学	1.	经营阶层是否认识到满足顾客需求的重要性？
	2.	经营阶层是否针对不同的市场区隔来开发产品/服务并拟定营销计划？
	3.	经营阶层进行规划时是否采取完整的营销系统观点（兼顾供应商、竞争者、顾客与环境）？
营销组织	4.	各项营销活动之间是否具有高度的整合与控制？
	5.	营销部门是否与研发、制造、配送及财务部门密切合作？
	6.	新产品发展过程是否很有条理？
营销信息	7.	最近一次针对顾客、影响购买因素、渠道或竞争者的营销研究于何时完成？
	8.	经营阶层是否了解不同的市场区隔、顾客、地区与产品的销售潜力与获利能力？
	9.	组织是否致力于衡量各项营销支出的成本效益？
策略导向	10.	营销规划活动是否高度的正式化？
	11.	现有营销策略的品质是否良好？
	12.	是否进行权变思考与规划？
营运效率	13.	经营阶层的营销思维是否传达到各单位并确实执行？
	14.	经营阶层是否有效地运用营销资源？
	15.	经营阶层是否能够快速而有效地因应最新的情势？

（2）整合营销组织（Integrated Marketing Organization）：营销部门本身是否运作良好及是否与其他功能部门密切协调合作？

（3）足够的营销信息（Adequate Marketing Information）：是否取得适当且品质良好的信息以便执行各项营销活动？

（4）策略导向（Strategic Orientation）：是否在策略上致力寻求创新以提升长期成长与获利？

（5）营运效率（Operational Efficiency）：营销活动是否符合成本效益？是否随时监测以便迅速修正？

虽然营销稽核在实务上似乎并不普遍，但确实有实证研究显示，在顾客哲学等营销效能层面表现较佳的组织，其经营绩效通常也比较理想[13]。

随堂思考 13-4

假定您任职的饭店想要运用内部控制与管理稽核来提升经营绩效，打算聘用专职人员来负责这两项业务，试问：

（1）以专业背景而言，负责这两项业务的人员应该具备何种专长？

（2）以组织结构而言，负责这两项业务的单位应该直接向谁负责？

复习题

（1）试扼要叙述控制在管理上的重要性。

（2）什么是外部控制？为何组织可能必须接受外部控制？

（3）官僚式控制、市场控制、文化控制三者有何差异？分别适用于何种状况？

（4）以事前、过程与结果控制的划分说明为何控制可以视为管理的同义词。

（5）控制的基本程序分为哪四个阶段？

（6）为了执行控制而建立标准时，应该遵守哪些原则？

（7）什么是最佳实务？标杆评比呢？这两者与控制有何关联？

（8）一般而言，搜集控制所需信息的机制可以分为哪四大类？

（9）基本控制程序的"进行比较"阶段所要比较的是什么？

（10）在何种情况下，控制的"进行比较"阶段会显示出必须采取改善行动？

（11）什么是检核表？如何将之应用在控制上？

（12）什么是管制图？如何将之应用在控制上？

（13）什么是预算？通常将预算分为哪三大类？

（14）什么是预算控制？其最主要的控制过程是什么？

（15）如何运用预算达标率和预算实际比较表进行预算差异分析？

（16）什么是内部控制？其三个基本目标是什么？

（17）内部控制的五个组成要素分别是什么？

（18）请具体指出内部控制所涵盖的范围。

（19）什么是内部控制的"八大循环"？

（20）内部控制的执行与检查分别是由哪些人负责？

（21）什么是公司治理制度？与内部控制有什么关联？

（22）什么是管理稽核？与内部控制有什么差异？

（23）管理稽核通常以什么形式来进行？可能产生哪种缺失？

（24）Kotler所提出的营销效能稽核涵盖了哪些事项？

应用题

（1）中国台湾教育行政主管部门对中国台湾地区大专院校所作的"评鉴"和美国商学院联合会（AACSB）的"认证"，都是针对教学设施与资源、教学内容与过程以及在学生/毕业生态度与表现等层面来评估各校是否"合格"。以执行单位、执行方式和执行时点而言，这两者分别属于哪种控制？

（2）根据工作结果的可衡量程度和工作过程的标准化程度，旅行社的业务人员

（Salespersons）与管控人员（OP）分别可能比较适合哪一种控制方式？餐厅的内场与外场人员又适合哪种控制方式？

（3）业务人员"请潜在顾客吃饭"之后，通常必须呈报该项支出，检附统一发票或其他凭证并经上级与会计部门审查后，才转给出纳人员拨付款项。试指出这一作业流程规定在内部控制与成本控制上有什么重要性。

（4）某公司在年度预算编制原则中规定，各营业单位下年度预计收入成长率不得低于5%，在此同时必须节省支出，各项费用至少降低10%，试问这一规定可能违反了哪些制订标准的原则？

（5）为了①确认业务人员是否达成预定的业绩；②外场服务人员是否按照公司规定的标准作业流程招呼顾客；③新游程的规划是否符合预定进度，分别应该采用什么方法搜集控制所需的信息？

（6）假定你是某旅行团的领队，第二天的行程因为运输工具误点，导致中午用餐时间延后一小时，为了耽误晚上的用餐时间，你可能会采取哪种行动？为什么？

（7）你任职的饭店规定员工上班时可以到餐饮部门免费用餐，但并未编列员工"误餐费"的预算。你管辖的某位业务人员因外出拜访顾客，来不及赶回饭店用餐，于是到同业的餐饮部门用餐，然后检附单据要求根据"免费用餐"的精神拨付该笔费用。试问你是否应该签字同意并向上呈报？为什么？

（8）假定你任职的旅行社经营绩效不佳，平均每位员工所创造的营业收入只有同业的2/3，而平均每位员工的支出则和同业相近，试问你会建议公司加强内部控制还是进行管理稽核？为什么？

管理个案

星巴克的文化控制

不论你喝不喝咖啡，应该都知道星巴克（Starbucks）这家公司，或者至少也应该听过由统一集团所经营的"统一星巴克"。从1971年一家贩卖咖啡豆的小店，到如今成为遍及50余国，拥有超过15000间店面的跨国企业，任何人都应该对其成就致上最高敬意。同时我们也应该知道，该公司除了以醇厚浓郁的咖啡自豪之外，也相信其成就是源自于优异的服务和吸引人的气氛，而这两者主要都来自于员工的态度与行为。

虽然餐饮业者可以制定标准作业流程并要求员工遵守，但监督员工是否遵照规定的成本太高，因此，员工服务的优劣及其衍生的店面气氛主要来自于员工是否努力地做好服务顾客的工作。星巴克很清楚这个行业特性，并选择了"视为己有"（Make it

Your Own）的原则，让员工把公司当成自己的"家"，从而愿意自动自发地为公司牺牲奉献、努力不懈。

为了履行视为己有的原则，星巴克采纳了经济学家的建议，让员工的个人经济利益与公司的利益结合，也就是给予员工股票选择权。然而，企业界的实务都是"重要员工"才享有股票选择权，经济学家的建议甚至是只有"高级主管"才需要享有股票选择权，而星巴克却是"统统有份"，只要每星期工作时间超过20小时，就可以享受股票选择权的福利，因此，其中完全没有企业界常见的"肥猫"现象，而且确使每位员工的经济利益都与公司的利益结合。

然而，如果只是提供经济利益的诱因，那么星巴克很可能不会有目前的成就。显然，如果员工满脑子都是顾客可能带来的经济利益，那么很可能在言行之间反映出急功近利的心态，让顾客产生反感，但星巴克所要的却是诚心诚意为顾客着想，希望能够提供最好的产品与服务，让顾客心满意足而且期待下一次再来消费的员工。

为了让员工"乐在服务"，星巴克提出"尊重员工"的最高原则，甚至刻意将所有的员工称为"伙伴"（Partners）。虽然无可避免的制定了一些标准作业流程，但每位第一线员工都拥有为顾客提供最佳服务的决策权，在符合热诚欢迎、真诚相待、用心体贴等原则的前提下，自行决定应该如何处理，其中甚至包括免费赠送公司的产品。当然，每位员工对于公司的各项事务也有建议参与权，包括作业流程调整、新产品的开发，乃至于员工所需特殊能力的教育训练等。

一方面，尊重员工的最高原则也表现在各级主管对待部属的方式上，以领导理论而言就是"体恤"或"个别化关怀"。每一位主管都能够认识接纳个别差异，尽其所能地在日常生活中关怀个别员工，激发他们对工作的热情与创意。在某些情况下，个别员工甚至可以根据自己的独特状况，要求公司修改某些规定，让自己也可以享受到特定的福利项目。

另一方面，星巴克也用公司与各级主管对待部属的方式来训练与要求员工，务使每位员工都能够尊重顾客，迎合甚至超越顾客的需求与期待，从而创造出惊喜（Surprise and Delight）的消费体验。

即使兼有股票选择权的经济诱因和尊重员工的最高原则，仍不足以保证每位员工都乐在服务，补救之道是在招募阶段就下工夫，找出想法契合的人才，建立一个正面积极、注重合作的工作团队。星巴克的各级主管在招募阶段耗费了不少心力，而公司方面也坦承这个问题是成长的障碍之一，因为，并不是每一位求职者都具备足够的服务热情，许多人都不符合能够履行热诚欢迎、真诚相待、用心体贴等原则的条件。

虽然有困难，但星巴克大致上做得不错。该公司的员工流动率远低于餐饮业的平均水准，满意度在各行各业中名列前茅，甚至超越了许多以薪资福利优异而名列"最佳雇主"（Best Place to Work）的企业。当然，咖啡的价格比同业高出好几倍，但成长与获利也远远优于同业，就已经足以证明星巴克的文化控制已经获得丰硕的成果。

讨论问题

（1）为什么星巴克对第一线员工主要是采取文化控制而非官僚式控制？

（2）对星巴克的第一线员工采取过程或结果控制可能有什么困难？

（3）文化控制与官僚式控制在基本控制程序上可能有什么差异？

（4）你认为星巴克有无实施预算控制与内部控制？为什么？

14 绩效评估与控制

本章学习目标

1. 了解策略层次的绩效评估与控制要点

2. 了解生产 / 作业领域的绩效评估与控制要点

3. 了解营销领域的绩效评估与控制要点

4. 了解财务领域的绩效评估与控制要点

5. 了解人力资源与研究发展领域的绩效评估与控制要点

终极警探

以英国为背景的电影《终极警探》（Hot Fuzz）讽刺地道出许多组织所面临的现实。男主角原先是任职于伦敦的基层警察，平时就积极提升自己的知识、体能以及办案能力，实际的工作表现也极其优秀，多次获得颁奖表扬。某日其长官召见，告知已获得荣升警官的信息，但附带指出因为伦敦已经没有警官的职缺，因此必须把他调到某偏僻小镇的警察局。

男主角当然不是省油的灯，很清楚这是经常用来修理特定对象的"明升暗降"，因此，直言要向警务督察申诉，没想到配属于该警察局的基层督察随即现身，表示支持男主角直属上司的决定，男主角随后要求再向督察主任及督察长申诉，结果这两位高级警官也随即现身，并于最后直言真正的原因是他的表现太优秀，让其他人很难堪。男主角无奈之下想要诉诸同事，却发现同事已经兴高采烈地准备好要欢送他调任。

故事的结局当然是好人出头。男主角不但在偏远小镇侦破了骇人听闻的连续杀人案，原先将其调职的高级警官也亲自邀请男主角调回伦敦，并坦言男主角调离伦敦之后，该警察局的绩效实在不好。

组织与个人都同时拥有许多不同的目标，而且个人与组织的目标可能彼此冲突，若员工优先追求个人目标，则很可能在个人绩效上只是维持"不至于被开除"的水准，而组织绩效也可能随之下降到"勉强存活"的程度。这不但是有限理性与代理理论的预测，也是目标设定理论在实践中获得支持的主因。因此，在管理者应该致力于提升组织绩效的前提下，每一位有志于管理工作的学徒都应该知道如何设定适当的绩效标准，这也正是本章的主题。

控制的过程涉及建立标准并与实际结果比较，本章将探讨部分涉及具体数字，从而可以客观评估经营管理绩效的控制方法。用考试来比喻，本章所要说明的就是"考试科目与评分标准"，只不过所要测验的不是学习成绩，而是管理者在任务层面上的绩效。

14.1 策略层次的绩效评估与控制

本章将以策略层次的绩效评估与控制为起点，因为每位管理者都应该熟悉这个部分，例如，营销经理可以不理会生产部门的绩效项目与标准，但是不能不知道全公司的绩效。

14.1.1 策略控制程序

如第 13 章所述以"事务性质"对控制的划分，组织会进行策略控制（Strategic Control），将组织的重大目标和预定策略与实际情形比较，必要时采取适当的修正补救行动。图 14-1 呈现了策略控制所涵盖的程序，实际上和 13 章所述的基本控制程序相同，只不过在其中明确地指出，策略控制中所建立的标准以及所要比较的事项至少包括内外环境因素、策略内容和经营绩效目标这三大类。

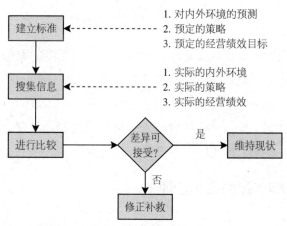

图 14-1　策略控制程序

策略规划过程中必定会进行环境分析与预测，除非经营阶层采用产业剧本技术（Scenarios Technique）而做出多重预测及因应方式，否则通常只会获得一组预测资料。若实际状况显示环境因素已经出现重大变化，则必须重新进行分析预测，甚至可能必须修订策略内容和经营绩效目标。在经营环境已经出现重大变化之际，继续针对既定的策略内容和经营绩效目标进行控制已经毫无意义可言。若经营环境并未出现重大变化，则必须针对策略内容和经营绩效目标这两个部分进行比较，并于呈现重大落差时谋求补救。

有关内外环境因素和策略内容的部分未必有客观的数字可供比较，但经营绩效的部分则不然。在既有文献中，组织绩效包括下列三个层次[1]：

（1）财务绩效（Financial Performance）：会计信息所产生的绩效指标；

（2）经营绩效（Business Performance）：财务绩效加上产销层面的营运绩效指针；

（3）组织效能（Organizational Effectiveness）：财务绩效加上营运绩效再加上其他任何足以反映组织个别层面或整体表现的事项。

这其中，财务与营运绩效通常都以数字表示，但组织效能中则包括许多主观评估的事项，例如，组织形象或声望、产品创新程度、履行社会责任程度（社会绩效）等。这三种组织绩效的关系如图 14-2 所示，财务绩效涵盖范围最狭隘，而组织效能则最为广泛。

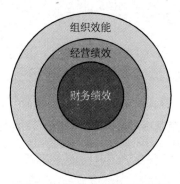

图 14-2　组织绩效的三个层次

一般而言，组织在拟定年度计划之际，通常会订出该年度的财务绩效目标以及产销层面重要的营运绩效目标，因此，可以在年度结束时进行事后比较，甚至一季之后才进行初步的比较，根据预算达标率或其他指标推断能否顺利达成本年度的目标。其他组织绩效层面的重视程度则可能受到个人与社会的价值观的影响，例如，研究显示日本和中国台湾的业者都优先考虑市场占有率，而美国的业者则以获利为第一优先[2]。

14.1.2　投资报酬率控制及其延伸

企业以"营利"为目的，因此，大部分企业都优先考虑财务绩效层面，尤其是有关获利能力的绩效指针。若企业同时拥有若干个事业单位，也就是所谓的"多角化公司"，则很可能会采用利润中心（Profit Center）制度，各事业单位自行计算损益，而且在日常营运上也几乎享有完全的自主权。在这种制度下，总公司对各个事业单位的控制以财务层面为主，包括资金控管、资本预算及内部稽核等，而绩效层面则主要是使用投资报酬率控制（Return on Investment Control，ROI control）的形式，根据各个事业单位所实现的投资报酬率来决定总公司是否要对个别事业单位进行干预。

投资报酬率在不同的场合有不同的计算方式，在多角化公司的投资报酬率控制中，其计算式如下：

$$投资报酬率 = \frac{年度净利}{平均资产总额} \times 100\%$$

其中，净利（Net Income）也经常称为"纯益"，也就是结算各种收支之后所呈现的盈余或亏损，因这个数字位于损益表的底部，在英文中俗称为"Bottom Line"。虽然会计理论主张应该把所得税导致的净利减少数加回，但实务上通常直接使用损益表中的数字。另外，分母的资产总额是指个别事业单位所使用的部分，通常取年初与年底的平均数。由于分母为资产总额，因此计算结果也称为资产报酬率（Return on Assets，ROA）。

若投资报酬率未能达到既定标准，则可以根据上述计算式以及各种财务数字之间的关系进一步发掘可能的原因与对策，这点留待后文讨论财务控制之际再行说明。组织整体的财务绩效也可以根据上述计算式来进行评估，但由于资产总额中有一部分来自于负债，并不能反映出股东实际的投资金额，因此，经常以股东权益报酬率（Return on Stockholder's Equity，ROE）来取代，其计算式如下：

$$股东权益报酬率 = \frac{年度净利}{平均股东权益} \times 100\%$$

又由于股东权益报酬率并不足以显示个别股东的投资报酬，因此，实务上更为普遍的指针是每股盈余（Earnings Per Share，EPS），也就是假定将年度净利按照公司发行股数平均分配后，每一股所能获得的金额，计算式如下：

$$每股盈余 = \frac{年度净利}{普通股发行股数}$$

当然，若公司有发行特别股，则必须在年度净利中扣除特别股的股利，然后再计算普通股的每股盈余。上述三个重要的绩效指针都是来自于会计数字，但会计数字可能受到管理者的决策以及使用的会计原则所扭曲，因此，学者专家普遍主张应该另外寻求更理想的绩效指针。目前广受支持的指针包括超额利润和股东价值，两者都是股东观点的财务绩效指针。

超额利润（Residual Income，RI）可能直译为"剩余利益"，而更受欢迎的称呼则是经济附加价值（Economic Value Added，EVA），其定义是年度净利减去"必要利润"之后的剩余金额，而必要利润则是指使用资产后理应获得的最低报酬，通常以平均资产总额乘以公司的资金成本（或称为"必要报酬率"）来计算。因此，超额利润或经济附加价值的计算式如下：

超额利润（经济附加价值）= 年度净利 – 平均资产总额 × 资金成本

= （投资报酬率 – 资金成本）× 平均资产总额

这个指针和投资报酬率一样，可以应用在个别事业单位或全公司。国外的调查显示，美国的大型企业已有三成以上将超额利润或经济附加价值应用在个别事业单位的绩

效评估上 [3]。

股东价值 (Shareholder Value) 的观念则来自于"股东财富最大化"的经营目标,主张经营阶层应该尽可能创造"股东价值",让股东的财富得以增加。其中所谓的股东价值其实就是普通股的理论价值,也就是未来现金流量以资金成本折算出来的目前价值,计算式如下:

$$股东价值 = \sum_{t=1}^{\infty} \frac{CF_t}{(1+k)^t}$$

其中,CF_t 为第 t 期的现金流量;k 为资金成本。

就实务应用上的可行性而言,超额利润与股东价值都必须用到资金成本,但资金成本的计算方式确有许多争议,财务管理或管理会计教科书中所揭示的加权平均资金成本 (Weighted Average Cost of Capital,WACC) 不但难以客观估计,其合理性也未能获得普遍认同。因此,虽然有许多学者专家支持,但完全按照理论内涵来评估超额利润与股东价值的案例仍属有限,大部分实务案例采用变通的方式,例如,用现有的资本结构搭配过去十年普通股平均报酬率来计算资金成本。

市场附加价值 (Market Value Added,MVA) 也是来自于"股东财富最大化"的观念,但不需要计算资金成本,只需要考虑各项资产目前的市价,或资产的可变现价值 (Realizable Value),其计算式如下:

市场附加价值 = 公司发行证券市价总值 − 公司资产市价总值

若将之改为比例,以公司发行证券市价总值除以公司资产市价总值,则称为"Tobin's Q"或"Q ratio",是目前学术界普遍认为最合理的绩效评估指标,可以解释为"经营阶层为公司创造的附加价值"。

组织也可能将成长 (Growth) 视为重要目标,希望在经营规模、获利水准等方面逐年扩大或增加,并使用各种成长率指针来监控这方面的进展。成长率的计算方式只有一种,列示如下:

$$成长率 = \frac{本期数字 - 前期数字}{前期数字} \times 100\%$$

应用时可以针对不同的事项和不同的期间分别代入适当的数字,例如,全年营收成长率是代入本年度和上年度的营业收入,本季营收成长率则是代入本季和上年度同季的营业收入(简称为 Y to Y 成长率),或代入本季和上季的营业收入(简称为 Q to Q 成长率)。

随堂思考 14-1

以下是两家知名观光饭店的部分财务资料（金额单位：新台币亿元）：

	晶华酒店		亚都丽致	
	本年度	上年度	本年度	上年度
营业收入	30.34	29.83	4.26	4.61
年度净利	6.97	6.77	0.05	-1.29
资产总额	36.46	35.97	10.73	10.22
股东权益	26.90	27.25	7.83	7.68

（1）两公司本年度的营收成长率、资产报酬率和股东权益报酬率分别是什么？相对而言哪个应谋求改善？

（2）若两公司都主张投资金额应该获得5%或以上的报酬，则本年度两公司的超额利润分别是多少？哪个应谋求改善？

管理前线 14-1

寻找那个神奇的数字！

在经营管理思想史上，如何评估企业的经营绩效一直是争议众多的重要议题，在这个议题上获得突破性进展的人笃定可以名留青史，例如，Kim S. Cameron 在组织效能方面所完成的整合与创新[4]。然而，在许多理论模式都显得过于抽象繁复的情况下，许多学者专家都尝试找出一个最具有代表性的绩效指针，希望借此简化理论，并且在实务上被大家普遍接受。

按理，既然"赚钱"是企业的首要目标，那么损益表中的净利（或纯益）应该颇有参考价值。不幸的是，净利属于"绝对数字"，并不能反映企业规模所可能产生的影响，因此最少应该考虑"相对数字"，使用资产报酬率或股东权益报酬率这类的"相对数字"，才比较能够掌握获利能力的真面目。经济附加价值比资产报酬率更周到地考虑了资产所应该获得的合理报酬，市场附加价值或 Tobin's Q 则更进一步地从股东财富的观点来评估绩效，分别都有其值得称道的优点。

那么，管理者究竟该如何选择呢？有学者曾经尝试比较净利和经济附加价值的相对优劣，用这两者与股票投资报酬率及市场附加价值的关联来评估，结论是经济附加价值并不能提供额外的信息[5]。然而，由于其研究设计实际上已经指出股票投资报酬率及市场附加价值是比较合理的绩效指标，因此，等于是在研究"比较烂的指针中哪一种比较好"，真有几分为研究而研究的天真。

寻找"神奇数字"的努力目前尚未曲终人散，但平衡计分卡观点的问世指出这些努力可能终归枉然。正如同飞机驾驶不会只看一个仪表，企业最高主管也不应该执著于单一的绩效指针。即使我们没有能力通过视会计净利和股票价格背后的玄机，至少可以确定若所有重要的绩效指针都 OK，那么我们可以暂时高枕无忧，若所有重要的绩效指针都不 OK，那么火速图谋补救是唯一选择，而在各指针背道而驰的时候，我们应该赶快设法了解真相。

14.1.3　平衡计分卡

由于个别绩效指针都有其限制，无法显示组织的全貌，因此，有学者建议采用平衡计分卡（Balanced Scorecard）的形式来评估经营绩效，其原始主张是将组织绩效区分为下列四个层面 [6]，每个层面分别回答一个关键问题：

（1）顾客观点（Customer Perspective）：顾客如何看待我们？

（2）内部流程观点（Internal Process Perspective）：我们擅长的是哪些作业层面？

（3）创新与学习观点（Innovation and Learning Perspective）：我们能否持续创造并提升价值？

（4）财务观点（Financial Perspective）：我们如何对待股东？

图 14-3 呈现了这四个层面及其可能的部分绩效指针，例如，顾客观点中可以直接调查现有顾客对产品/服务的满意度，也可以要求现有及潜在顾客对各个竞争品牌分别予以评分，从而获得各品牌的顾客评比排名。图中的双箭头则显示任何两个绩效层面之间都有关联，例如，顾客对组织的评价越高则组织的财务绩效通常越好，至于孰因孰果则并不是这个模式所要探讨的事项。

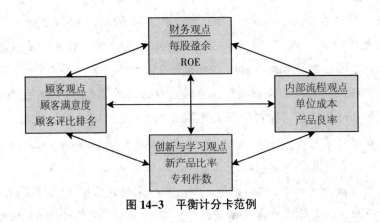

图 14-3　平衡计分卡范例

这四种观点中的绩效指标大致上都属于财务与营运绩效层面，将在后文中进一步说明。整体而言，平衡计分卡将实务上最重视的财务与营运绩效层面同时纳入考量，因此，是比较完备的绩效评估与控制制度。然而，并不是每位管理者都认同平衡计分卡的主张，常见的理由是各类指针可能有相对重要性的问题，不能一概而论，而且有关创新与学习的部分还有指针不够明确、不易更新等问题。调查显示，平衡计分卡在国际的普及性相当高，甚至高于全面品质管理，就饭店业而言，业者即使并未使用平衡计分卡一词，实际使用的绩效指针仍普遍涵盖了平衡计分卡所考虑的四个层面[7]。

更完备的绩效评估与控制制度是把所有的利害关系人都纳入考虑，分别在顾客、竞争者、上下游业者、主管机关、员工及股东等层面寻求适当的绩效指针并定期监控[8]，因此，其组织绩效的定义比较接近前述的组织效能。但显而易见的是，这种做法必须耗费大量资源来取得许多对组织成败的影响可能微不足道的绩效指针，因此，通常只有在主管机关强制要求之下，组织才比较可能采取这种观点来进行绩效评估与控制。

随堂思考 14-2

想象一下，如果把管理学或其他课程当作"组织"，并采用平衡计分卡来评估控制这门课的绩效，那么在顾客、内部流程、创新与学习以及财务观点方面，分别有哪些可能的绩效指针可供运用？（提示：优先考虑你的学校现有的机制，在缺乏适当的指针时才自行设计发展）

14.2 产销层面的绩效评估与控制

本节将探讨生产/作业与营销这两个营运核心层面的绩效评估与控制，虽然完备深入的程度不可能和这两个领域的专业著作比拟，但仍然有助于读者掌握企业的"日常语言"，建立起任何管理者都必须具备的"一般性技术能力"。

14.2.1 生产/作业绩效评估与控制

生产/作业领域的控制活动包括了产出、品质、存货、成本等层面，但其中大部分属于事前与过程控制，需要大量的篇幅来说明，因此，本小节只是延续本章的主题，针对生产/作业领域的绩效评估与控制进行探讨。

生产/作业部门所追求的目标不外乎提高生产力（效率）、提升品质与降低成本，因此，其大部分的绩效指标都与这三者有关。表14-1呈现了实务上经常运用的部分生产/作业绩效指标，其中产能利用率（Capacity Utilization）是最基本而重要的指针，实务上也经常称为"开工率"，业者根据其厂房设备与人力配置情形，考虑正常的维修、休假等事项后，估算出正常情况下所能达到的最高产量，也就是"标准产能"，再将实际产量与标准产能比较，就可以计算出产能利用率。

表 14-1 部分常见的生产/作业绩效指标

一、产能/设备运用情形

$$产能利用率（开工率）= \frac{实际产量}{标准产能} \times 100\%$$

$$设备利用率（稼动率）= \frac{实际操作时间}{标准操作时间} \times 100\%$$

二、制造循环

总循环时间 = 加工时间 + 移动时间 + 等候时间 + 整备时间 + 检验时间

$$制造循环效率 = \frac{加工时间}{总循环时间} \times 100\%$$

三、品质

$$制程良率 = \frac{合格品数量}{总产量} \times 100\%；不良率 = 1 - 制程良率$$

$$准时交货率 = \frac{准时交货批数}{全部交货批数} \times 100\%$$

$$退货与折让百分比 = \frac{退货与折让金额}{销货金额} \times 100\%$$

四、生产力

$$每元机器设备产值 = \frac{完工产品总成本}{机器设备账面价值} \times 100\%$$

$$每元薪资产值 = \frac{完工产品总成本}{生产线员工薪资总额} \times 100\%$$

产能利用率可以显示生产/作业设备与人力的运用情形，其数字越高则设备与人力闲置的现象越少，从而衍生较高的生产力与较低的成本。若忽略人力部分，纯粹针对厂房设备来计算产能利用率，则应该对机器实际操作时间和标准操作时间进行比较，计算出设备利用率（Equipment Utilization），也就是日本企业所称的"稼动率"。产能利用率或设备利用率的选择必须考虑产业特征，在机器设备是生产/作业主体，而人力只是辅助的行业中，通常会优先考虑设备利用率。

表 14-1 所示的第二类生产/作业绩效指针属于制造业专用的效率指标。其基本原则在于，生产流程中只有"加工时间"可以创造附加价值，其他如搬运、等候、整备、甚至检验等活动所耗费的时间都是"浪费"，应该尽可能降低。因此，生产流程所耗费的时间越短，加工时间占全部时间的比率越高，则生产流程越有效率。这其中，将加工、搬运、等候、整备、检验等活动所耗费的时间加总即为总循环时间（Total Cycle Time），代表生产流程所耗费的时间，而加工时间除以总循环时间即为制造循环效率（Manufacturing Cycle Efficiency），代表加工时间占全部时间的比率。

第三类生产/作业绩效指针属于品质指针。虽然早期的品质专家普遍倡议应该考虑提升品质的成本与效益而选择一个"最佳的"（Optimal）品质水准，但近年来的主流观点则是"零缺点"，因此，各项品质指针都是越高越好。这其中，制程良率（Process Yield）是从产品是否符合业界公认或顾客指定规格的角度出发，计算出合格品数量占总产量的比率，若分子改为"不合格品数量"，则计算出来的数字代表不良品占总产量的比率，故称为不良率（Defeat Rate）。

退货与折让百分比（Percentage of Return and Allowance）是从品质不佳导致顾客退货和要求折让的角度来界定品质，因此，顾客退货和要求折让的金额占总销货金额的比率越高则品质越不理想。准时交货率（On-Schedule Delivery Percentage, OSD）则是从能否在顾客要求的时限如期交货的角度来界定品质，因此，准时交货的批数占全部交货批数的比率越高则品质越理想。

这些品质指针比较适合制造业使用，在产销一体的服务业当中，主要的品质指针都来自于顾客层面，因此，留待第 14.2 节再作说明。

第四类生产/作业绩效指针属于生产力指针，也就是同时考虑投入与产出。在机器设备是生产主体之际，组织在机器设备上的投资金额通常相当可观，因此，可以用每元机器设备产值（Production Value/machines and Equipments）来衡量其投资报酬，计算方式为完工产品的制造成本除以机器设备的账面价值（以原始成本为主，但可能为求便利而使用扣除折旧后的净额）。若生产线员工的薪资成本所占比重相当可观，则可以计算每元薪资产值（Production Value/Wages），已完工产品的制造成本除以生产线员工的全部薪资，从而了解人工成本是否获得有效的控制与回收。

上述两个生产力指针是针对制造业而设计的，其他行业应用时通常必须斟酌调整，例如，服务业不易计算产值，因此直接以营业收入取代；而且第一线服务人员需要大量的支持，计算人力投入时不应该忽略其他人员，因此以全体员工的薪资代入，于是成为实务上相当常见的"每元薪资营业收入"。又如在不易取得薪资总额数字的外部分析当中，用员工人数取代薪资总额是相当合理的选择，于是成为另一个实务上常见的生产力指针，称为"每人营业收入"。

随堂思考 14-3

假定你任职于某观光饭店，总经理交代要分别计算住房与餐饮两部门的产能利用率和生产力，但就你所知公司从未估算过住房与餐饮部门的标准产能，而你也搞不定会计与人事部门，无法取得完整的设备与薪资资料，试问你应该如何评估住房与餐饮两部门的产能利用率和生产力？

14.2.2 营销绩效评估与控制

在营销领域方面，最基本的控制活动是营销计划（含预算）与实际结果的比较，其方法与第 13 章所述的预算差异分析相同，也包括本章所述的成长率分析，但由于考虑事项较多，使用各种方式来进行归类与比较，因此通常将之视为特定的分析事项，并称之为销售分析（Sales Analysis），主要是针对总销售金额以及产品别、地区别和顾客别等的销售金额进行必要的分析，借以深入了解实际销售状况并探讨可以改善的方向。表 14-2 扼要呈现了销售分析的主要内容。

表 14-2　销售分析的主要内容

一、总额分析	总销售金额的预算差异分析 总销售金额的成长率分析 销货毛利变动分析
二、产品别分析	各产品销售数量与金额占总额的百分比（销售组合分析） 个别产品销售数量与金额的预算差异分析 个别产品销售数量与金额的成长率分析
三、地区别分析	各地区销售数量与金额占总额的百分比 个别地区销售数量与金额的预算差异分析 个别地区销售数量与金额的成长率分析
四、顾客别分析	各顾客群销售数量与金额占总额的百分比 主要顾客群销售数量与金额的预算差异分析 主要顾客群销售数量与金额的成长率分析
五、其他分析	销售费用预算差异分析、顾客集中度分析、产品销售排行

首先，当然是从总销售金额开始着手，应用预算差异分析中的预算连成率或预算差异比较表来了解实际销售金额与预算数的差异，并计算其年度或各季的成长率以掌握变动情形。若销货毛利出现异常的变化，则应该进一步分析其变动原因，了解价格与销售数量两者的相对影响。其次，是针对不同的产品/服务、营业地区乃至于顾客类别，分别计算出占总销售数量与金额的百分比，并进行类似的预算差异分析和成长率分析，借以进一步了解总销售金额变动的原因以及可能面临的销售问题。最后，管理者也可以进行特定事项的销售分析，例如，针对销售费用进行预算差异分析，根据个别顾客交易金额计算出顾客集中度，根据个别产品销售金额计算出销售排行与集中度等。

按理，在生产/作业领域中也可以使用类似于表 14-2 的分析方式，实际上也确实有不少业者针对生产数量与产值进行总额和产品别的分析。然而，一方面，由于生产预算通常是根据销售预算来编制，而且生产排程必须配合实际的销售状况来调整，因此，严格说来并不适合在生产/作业领域应用这种分析方法。

另一方面，营销领域也有许多重要的绩效指标，可以应用在营销部门的绩效评估与控制上。虽然有调查显示，业者经常用销货收入、销货毛利、甚至全期损益来评估营销部门的绩效，但确实也应用到一些不属于财务数字的绩效指标[9]。表14-3呈现了部分常见的营销绩效指标，包括其计算方式或内容的说明。其中除了市场占有率之外，其他指标都是反映顾客对公司产品或品牌的主观评估、态度与行为等层面。

表14-3　部分常见的营销绩效指标

一、竞争面
市场占有率 $= \dfrac{\text{本公司销售数量或金额}}{\text{全体同业销售数量或金额}} \times 100\%$
顾客评比排名：既有与潜在顾客对同类产品/服务的评比中本公司的排名
二、顾客评价
属性评价：既有与潜在顾客对本公司产品/服务各项特征的评价
知觉品质：既有与潜在顾客对本公司产品/服务整体品质的评价
品牌知名度与形象：既有与潜在顾客对本公司品牌的熟悉度与整体评价
三、顾客态度
顾客满意度：既有顾客对本公司产品/服务的满意水准
顾客忠诚度：既有顾客继续购买和向他人推荐本公司产品/服务的意愿
四、顾客行为
诉愿率：既有顾客对本公司产品/服务不满意而提出抗议与抱怨的次数
重购率：本期销售当中属于既有顾客重复购买的比率
荐购率：本期销售当中属于既有顾客推荐而购买的比率

市场占有率（Market Share）是指公司的产品销售数量或金额在同类型产品当中所占的比率，在借由规模经济来取得低成本优势上极其重要，这也是国内实务上出现"大者恒大"此一主张的原因。但相对而言，大部分服务业者都受到产能与地区的限制，因此较少考虑这个绩效指标。顾客评比排名（Ranking of Customer Rating）则反映出既有与潜在顾客对同类产品/服务的相对评价，可以视为决定市场占有率高低的关键事项之一。

除了诉愿率可能有争议之外，表14-3当中有关顾客评价、态度与行为等层面的各种事项可以统称为品牌权益（Brand Equity），其命名背景是消费者对各种品牌分别建立起评价，产生态度与行为，而这些事项反映出差异化优势，因此，在理论上有助于提升营业收入与利润，从而提高股东权益[10]。研究显示这些事项确实彼此相关，例如，对各行各业的研究显示顾客的知觉品质会影响顾客满意度，而顾客满意度则会影响到顾客忠诚度[11]。至于品牌权益对经营绩效的影响方面，国际的全国性顾客满意度调查资料已经证实顾客满意度有助于提升获利能力[12]，只不过其他品牌权益层面因为无法取得类似的资料而未能进行完整的验证。

严格说来，表14-3所示的各种绩效指针并未局限于营销层面，例如，顾客对产品品质的评价必定会受到产品的设计开发与生产流程的影响，营销人员不可能让顾客在面对设计瑕疵或组装错误之际，还是觉得该产品品质良好。因此，不论是在顾客评价、态度与行为等方面的表现，或是市场占有率的上升与下降，都不能完全归功或归咎于营销部门。然而，由于顾客层面的事务主要是由营销部门负责，因此，要求营销部门对这些指针负全责的情形仍然相当常见。

另外，特定营销活动中也有一些重要的绩效指标，例如，零售活动中通常会计算每平方米的营业面积所创造的营业收入，台湾地区实务上称为"平效"，而英美国家则采用"每平方尺营业收入"。其他如大众传播广告中用以代表看到或听到该广告人数的"接触率"以及销售促进活动中的用以衡量活动吸引力的"折价券兑换率"等，都是可能的营销绩效指标。当然，在节庆或其他项目促销活动中，最受重视的还是营业收入和顾客人数这类财务数字的绩效指标。

随堂思考 14-4

假定你任职于某主题乐园，总经理交代要让顾客乐于再度光临，因此必须提供相关指针以供参考，但就你所知，目前公司的各项作业流程无法产生这类信息，而且公司也没有产生这类信息的预算与人员编制，试问你应该如何设计并执行搜集相关信息的活动？

14.3 其他层面的绩效评估与控制

产销层面的部分绩效评估与控制要点已如前述，本节将延伸到财务、人力资源和研究发展等层面。同样的，由于这些层面的事前与过程控制都相当繁复，因此，本节的内容还是以绩效评估为主，只不过在财务层面所探讨的并不是财务部门的绩效，而是全公司或个别事业单位的财务绩效评估与控制。

14.3.1 财务分析与控制

如第 14.1 节所述，来自于会计信息的财务绩效是组织绩效的核心，而在获利能力方面常用的指针包括资产报酬率、股东权益报酬率、每股盈余等。然而，若获利能力不尽理想，那么应该如何进一步找出原因并谋求改善呢？运用各种财务资料之间的关系来进行探讨的杜邦分析（Du Pont Analysis）是可能的答案之一，以资产报酬率为起点反向逐步找出绩效良好或不佳的可能原因。图 14-4 呈现了修正杜邦分析（Modified Du Pont Analysis）的内容，其基本观念与程序完全相同，但改为以股东权益报酬率为起点。

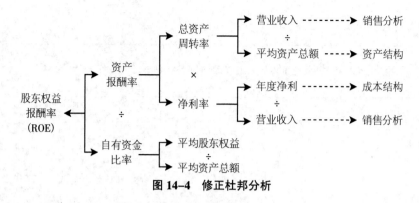

图14-4　修正杜邦分析

图14-4当中各个财务数字之间的关系推导如下：

$$ROE = \frac{年度净利}{平均股东权益} = \frac{年度净利}{平均资产总额} \times \frac{平均资产总额}{平均股东权益}$$

$$= 资产报酬率 \div \frac{平均股东权益}{平均资产总额} = 资产报酬率 \div 自有资金比率$$

$$资产报酬率 = \frac{年度净利}{平均资产总额} = \frac{营业收入}{平均资产总额} \times \frac{年度净利}{营业收入}$$

$$= 总资产周转率 \times 净利率$$

其中，股东权益报酬率和资产报酬率已在第14.1节有所说明，总资产周转率（Total Assets Turnover）是营业收入与平均资产总额的比值，可以显示出每一元资产创造出多少营业收入，是常用的资产运用效率指针之一。自有资金比率（Equity/Assets）是平均股东权益与平均资产总额的比值，可以显示出每一元资产当中有多少来自于股东权益，其反向指针是负债比率（Liabilities/Assets），都是了解公司资本结构不可或缺的指针。图中右侧的虚线部分则是本书另行增补，用以显示进一步分析中可以运用的方法，包括前述的销售分析以及计算各类型资产所占比重的资产结构分析，各种成本所占比重的成本结构分析等。

根据修正杜邦分析的架构，在股东权益报酬率不理想或下降时，应该探讨自有资金比率和资产报酬率的实际情形，若资产报酬率良好或大致不变，则应该是自有资金比率过高或上升所致；反之，若自有资金比率适当或大致不变，则应该是资产报酬率不佳或下降所致。若结论在于资产报酬率，则应该进一步探讨净利率与总资产周转率的状况，找出何者是导致资产报酬率不理想或下降的原因，例如，在净利率良好之际，必定是因为总资产周转率不佳所致，而总资产周转率仍属合理之下，必定是净利率不理想所致。

图14-4显示，追查到最后必定会归结到营业收入、年度净利、平均资产总额和平均股东权益这四个方向。其中，平均股东权益涉及公司的资本结构与股利政策，通常不会大幅波动，因此，其他三者的状况经常是导致股东权益报酬率不理想或下降的主因。图中右侧的虚线部分就是显示追查到这个阶段之后，可能还需要哪些分析方法来获得更完整深入的结论。

随堂思考 14-5

以下是两家知名观光饭店的部分财务资料（金额单位：新台币亿元）：

	晶华酒店		亚都丽致	
	本年度	上年度	本年度	上年度
营业收入	30.34	29.83	4.26	4.61
年度净利	6.97	6.77	0.05	−1.29
资产总额	36.46	35.97	10.73	10.22
股东权益	26.90	27.25	7.83	7.68

试以晶华酒店为比较基准，运用修正杜邦分析探讨亚都丽致可能应该如何改善经营绩效？

管理前线 14-2

会计啊会计……多少罪恶假汝之名！

虽然在大专院校当中，会计并不是极其热门的科系，但是在经营管理的许多层面上，会计人员拥有至高无上的权威则是无可置疑的事实。因此，除了确认财务报表是按照规定来编制的财务与税务签证之外，许多会计师事务所也跨入管理顾问的领域，包括提供管理方面的教育训练、提出诊断与改善建议，促成企业之间的购并等。而国内证券主管机关在上市上柜公司规划（预算）的合理性以及内部控制的适当性等事项上，都要求执业会计师对上市上柜公司进行审查并表达意见。

既然社会大众授予会计人员相当大的权柄，不肖之徒当然会在其中翻云覆雨。在一个各国广泛报道的案例中，美国的一家企业向若干家银行分别申贷数百万美元，银行承办人员检视会计师出具签证的财务报表后，认为该公司"偿债能力优异"且"授信展望良好"，二话不说就核准申贷。不料到了开始偿还贷款之际，该业者却一再推托，经银行承办人员通过各种渠道追查后才发现，该业者根本就是一家承租厂房但未曾营业的空壳公司，而签证会计师早已带着用假签证换来的巨款移民到国外。

这类案例只是偶发事件，当事人必须付出相当的代价，更普遍的是完全不需要担负任何法律责任，却能够轻松为自己或他人获取可观利益的"创意会计"（Creative Accounting）。简言之，一般公认会计原则和相关法规中有许多模糊地带，只要能够适当的加以运用，就可以在不违反法令与会计规则的前提下，让自己或顾客的收入或利润下降，从而减免巨额的税金，或者让公司的利润增加，促使股价上涨，从而让企业肥猫坐享分红和股票选择权带来的利益。

学者专家很清楚创意会计的运作方式，但基本上无能为力。例如，有两位会计学者在其专著中指出，创意会计可以分为五大类，其中最常见的是在收入认列上搞鬼，主要是提前认列未来的收入和认列"纯属虚构"的收入 [13]。著名的安隆事件中就涉及提前认列未来的收入，而业界常见的对经销商"塞货"的行为则是认列虚构收入的典型。然而，上述两位会计学者也坦承，是否提前认列收入或认列虚构收入并非特例，经常只是程度问题，而其中确实有许多灰色地带——换言之，这两位会计学者除了对社会大众提出警告并说明检测方式之外，对这类不道德行为也没辙！所以啰，如果你渴求财富却又笃信"人无横财不富，马无夜草不肥"的俗谚，那么会计工作是不错的选择，因为其他管理职务不但不会有这么多可以设法在其中捞钱的灰色地带，而且随时有一群熟悉捞钱伎俩的会计人员在背后虎视眈眈的监视着。

当然，财务领域也有其绩效要求，但由于融资与投资等事项多属长期持续的活动，因此，比较偏向于"项目式"的评估，针对特定融资与投资案件评估其表现，并不适合在个别的会计期间内进行绩效评估。唯一的例外在于营运资金管理层面，例如，财务人员必须调度资金以维持良好的短期偿债能力，因此，可以根据流动负债对流动资产的比值来评断其资金调度的绩效，这也就是实务上用以评估短期偿债能力的流动比率（Current Tatio）。同理，是否如期支付各种应付款项也是重要的指针之一，管理者可以配合相关作业流程来搜集这个指针所需要的信息。

14.3.2 人力资源绩效评估与控制

人力资源部门属于幕僚，其业务项目都是为了支持其他部门，而且在招募、训练、考核等活动上也和财务部门一样倾向于"项目式"，因此，也不适合在个别的会计期间评估其绩效。然而，既然员工层面的事务主要是由人力资源部门负责，那么即使其结果不能归功或归咎于人力资源部门，在绩效资料的搜集与分析上还是必须由人力资源部门负责处理。本小节所要说明的就是公司或个别事业单位在人力资源层面的绩效指针，由人力资源部门负责搜集并分析，并由人力资源部门偕同其他单位共同谋求改善。

表 14-4 呈现了部分常见的人力资源绩效指标，最基本而必要的是员工在行为层面所表现出来的出缺席和离职状况，分别以缺勤率（Absenteeism）和员工流动率（Employee Turnover）来表示，前者包括事假、病假、旷职等事项，但不包括公假和法定的休假，以全体员工的平均数来呈现，后者则是根据特定期间进入与离开组织的员工人数来计算。显然，任何组织都希望员工表现出较低的缺勤率与流动率，但没有理由要求必须降到接近于零的水准，而且偏低的流动率可能导致员工新陈代谢缓慢，对组织的生存发展未必有利。

在员工态度层面有两个彼此密切相关的指标，都必须借由员工态度来取得资料。职务满意度（Job Satisfaction）是指员工对于职务的满意水准，可以分别针对职务本身、上司、同事、薪资、升迁等层面来衡量，也可以用整体满意水准来代表[14]。组织忠诚度（Organizational Loyalty）在学术文献上称为组织承诺（Organizational Commitment），意指员工认同组织，愿意为组织付出努力，并且不愿意离职的程度[15]。虽然实证研究显示这两者对工作绩效的影响并不高[16]，但至少在有赖于员工自动自发的工作环境中，我们有理由相信满意而忠诚的员工会比满腹牢骚骑驴找马的员工来得可靠。

表 14-4 部分常见的人力资源绩效指标

一、行为面
缺勤率 = $\dfrac{\text{员工未到班总天数}}{\text{员工应上班总天数}} \times 100\%$
员工流动率 = $\dfrac{\text{本期新进人数 + 本期离职人数}}{\text{期初员工人数 + 期末员工人数}} \times 100\%$
二、态度面
职务满意度：对于职务本身、上司、同事、薪资、升迁等层面及整体的满意水准
组织忠诚度：认同组织，愿意为组织付出努力，并且不愿意离职的程度
三、成本面
人事费用比率 = $\dfrac{\text{薪资福利支出总额}}{\text{全部成本与费用}} \times 100\%$

另外，人力资源部门通常必须借由员工编制与薪资福利等事项来管控人事费用，虽然各部门人力膨胀并不能完全归咎于人力资源部门，但该部门确实有责任提出警告并要求管制。因此，人力资源部门通常会计算员工薪资福利支出占全部费用的比重，也就是人事费用比率（Ratio of Personnel Expense），借由逐期比较及同业比较来掌握组织是否可能有人力过剩或不足的现象。在同业比较当中，这个指针通常可以显示出业者在人力运用效率上的差异，因此极具参考价值。

14.3.3　研究发展绩效评估与控制

前述的财务与人力资源部门都不适合运用指针来评估部门绩效，但研究发展部门本身确实有许多应该逐期评估分析的绩效指针，因此，本节在叙述组织研究发展的绩效指针之际，也等于是指出研究发展部门的绩效评估与控制方式。

表 14-5 呈现了部分常见的研究发展绩效指标[17]。虽然实务上经常采用专案审查或检核表的方式来评估研发活动，但仍有许多常用的研发绩效指针可供参考，其中最重要的产出层面指针是新产品销售比率（New Sales Ratio），以过去若干年内开发完成的新产品所创造的销售金额占总销售金额比率来衡量，对于强调创新的企业而言是优先考虑的指针。通过审查的专利件数（Patent Counts）也是常见的指针，但由于许多专利缺乏商业价值，因此其重要性低于新产品销售比率。

表 14-5　部分常见的研究发展绩效指标

一、产出面

新产品销售比率 $= \dfrac{\text{最近 X 年开发的产品销售金额}}{\text{总销售金额}} \times 100\%$

专利件数：特定期间内通过审查的制程与产品专利数量

制程良率提升：产品良率比前期提高的程度

总循环时间缩减：总循环时间比前期缩短的程度

研究报告数量：研究报告完成与发表的篇数

二、成本效益

研发投资报酬率 $= \dfrac{\text{研发衍生的利润}}{\text{研发支出}} \times 100\%$

在制程研发上最重要的两个绩效指标是制程良率提升（Process Yield Increase）和总循环时间缩减（Total Cycle Time Reduction），分别显示因为制程研发而在品质和效率方面获得改善的程度。研发人员的职责也包括研究报告的撰写与发表，因此，许多组织也将研究报告数量纳入考核，但研究报告也很可能不具商业价值，因此，这个部分可能比专利件数更不足以反映研发活动的效益。

许多组织也尝试衡量研发投资报酬率（Return on R&D Investment），基本上都是以研发活动所衍生的利润除以研发活动所产生的支出，但对于实际计算方式仍有许多争议。主要问题在于，财务资料无法明确显示研发活动所衍生的利润，必须依赖主观的评估与计算，而且研发活动所衍生的效益可能延续若干年，按理不应该拿来和该期的研发支出比较。虽然如此，但至少在美国的大型企业中，以某种方式来计算研发投资报酬率仍是相当常见的管制措施[18]。

最后要附带指出，本小节并未将研发密度（R&D Intensity）或研发费用比率（Ratio of R&D Expense）视为研发绩效指标，原因和前文中并未将销售费用比率（Ratio of Sales Expense）视为营销绩效指标一样，都是因为不应该把衡量资源投入多寡的指针视为该项活动的绩效指标。教育界经常将各校投入的资源视为办学绩效指标之一，主要原因是过程（教学品质）与产出（毕业生学识）的信息比较不客观且难以取得，但是在组织的研发与营销领域并没有这类问题，因此，不应该把权宜之计视为合理选择。

随堂思考 14-6

以饭店的餐饮和住房部门为对象，说明针对这两者评估其研发绩效的必要性，并指出可能应该使用何种研究发展绩效指标。

课后练习

复习题

(1) 在针对经营策略的控制程序中，建立标准的阶段可能涉及哪三种"标准"？

(2) 组织绩效包含哪三个层次？各层次之间有什么关系？

(3) "某公司采用利润中心制度，总公司对各利润中心进行投资报酬率控制"这句话是什么意思？

(4) 在评估组织的财务绩效之际，资产报酬率、股东权益报酬率和每股盈余这三者分别应该如何计算？

(5) 超额利润或经济附加价值的意义与计算方式分别是什么？

(6) 股东价值的意义与计算方式分别是什么？

(7) 何谓市场附加价值？Tobin's Q呢？两者分别应该如何计算？

(8) 成长率有何意义？其计算方式是什么？

(9) 何谓平衡计分卡？其主要的功能是什么？

(10) 平衡计分卡中将组织绩效区分为哪几个层面？

(11) 何谓产能利用率？其重要性是什么？与设备利用率有何差异？

(12) 总循环时间和制造循环效率对制造业者有何重要性？分别应该如何计算？

(13) 试分别列出两个用来衡量制造业者品质与生产力的绩效指针。

(14) 何谓销售分析？主要包括哪些分析方式？

(15) 何谓市场占有率？对于组织的竞争优势有何重要性？

(16) 何谓品牌权益？对于组织的竞争优势有何重要性？

(17) 在修正杜邦分析中，若股东权益报酬率不理想，则应该针对什么进行探讨？

(18) 在修正杜邦分析中，若资产报酬率不理想，则应该针对什么进行探讨？

(19) 何谓员工流动率？对组织有何重要性？应如何计算？

(20) 何谓人事费用比率？对组织有何重要性？应如何计算？

(21) 何谓职务满意度？组织忠诚度呢？在什么情况下这两者可能对组织很重要？

(22) 衡量研究发展绩效的"新产品销售比率"和"研发投资报酬率"分别应该如何计算？

(23) 为什么专利件数和研究报告数量可能无法反映研发活动的效益？

(24) 在制程研发方面可以用哪些指标来衡量研发活动的绩效？

应用题

(1) 许多学者专家都主张"好心有好报"(Do Good by Doing Good)，认为善尽企业社会责任有助于提升未来的财务绩效。以组织绩效的三个层次而言，这种主张可能有什么问题？

（2）以饭店的住房与餐饮部门而言，若采用平衡计分卡来进行规划与控制，则四个组织绩效层面可能分别应该使用何种指标？

（3）某"财务专家"在分析一家上市公司的财务资料时指出，"该公司的总资产周转率高于同业，显见其经营能力良好"，试问以杜邦分析而言，该专家的主张可能有何待商榷的地方？

（4）据媒体报道，中国台湾地区主管部门的人事费用比率达三成多，而欧美先进国家大致都在两成五以下。根据这则报道，你对台湾地区主管部门的人力资源运用效率有何推断与结论？

（5）在中国台湾地区两大晶圆代工业者的角逐过程中，联华电子的专利件数遥遥领先台积电，其中大部分属于半导体设计的专利，但以财务绩效而言则是台积电遥遥领先。试问在强调研究发展的半导体中，为何会出现专利件数与财务绩效不成比例的现象？

管理个案

六福开发的经营绩效评估

听到"客栈"一词必定令人发思古之幽情，而六福开发就是打出"六福客栈"的名号而一举成名，此后，在休闲游憩领域逐步扩充，包括创设六福村野生动物公园、投资长春戏院、引进 Westin Hotels & Resorts 的品牌而成立六福皇宫饭店，以及在垦丁与关西设立六福庄休闲度假饭店等，如今已成为年营收逾20亿元新台币，员工逾千人的多角化观光休闲业者。

目前六福开发在六福客栈、六福村、六福皇宫和垦丁六福庄这四个事业单位都设有总经理一职（关西六福庄并入六福村），统辖其下的产销与财务、人事等部门，颇有利润中心的架势。这四个事业单位及全公司部分财务及其他资料如下（金额单位：新台币亿元）：

	六福客栈	六福村	六福皇宫	垦丁六福庄
本期营业收入	2.16	7.63	9.76	0.80
前期营业收入	2.12	6.73	11.42	—
本期顾客人数	12.1 万	122.5 万	11.4 万	—
前期顾客人数	11.9 万	92.2 万	10.0 万	—
全公司				
	本期	前期		
营业收入	20.73	21.60		
营业毛利	6.94	7.70		
年度净利	− 1.47	− 5.98		
资产总额	7.93	7.97		
股东权益	3.82	3.96		

然而，该公司并未揭露利润中心制度下应有的事业单位损益，而是另行整理出下列资料（省略部分资料，金额单位：新台币亿元）：

	餐饮部	园游区	客房部	合计
本期收入	8.15	5.40	5.69	20.73
前期收入	8.45	4.96	6.54	21.60
本期支出	4.96	3.19	4.54	13.82
前期支出	4.76	3.34	4.71	13.90
本期部门毛利	3.19	2.21	1.15	6.92
前期部门毛利	3.70	1.62	1.83	7.70

整体而言各单位合计的毛利仍为正数，但扣除全公司的营业费用后就呈现亏损，其中前期因提列 3.37 亿元新台币的固定资产减损损失而出现巨额亏损，本期没有类似的营业外损失，故亏损金额大幅缩减。

很难想象，一家拥有六福村和六福皇宫这两块金字招牌的观光休闲业者竟然会出现赤字，而且事实上该公司从 2000 年起的十年之间从未出现黑字，堪称亏损连连。值得庆幸的是，营业活动现金流量持续为正数，因此，不至于陷入财务危机，而投资人也很赏脸，不但让股票价格长期维持在 10 元新台币以上，甚至在 2008 年金融海啸前还冲上 30 元新台币。

讨论问题

（1）六福开发的财务绩效未尽理想，试运用修正杜邦分析发掘其原因与可能的改善之道，并指出缺乏同业资料下修正杜邦分析可能面临的限制。

（2）同第（1）题，但计算前期净利时排除 3.37 亿元的固定资产减损损失（在前期净利中加回这一金额），则修正杜邦分析的结果有何差异？

（3）根据本个案所提供的资料，对六福客栈、六福村、六福皇宫这三个单位和六福开发公司经营销售分析，并指出你的发现。

（4）根据六福开发所揭露的餐饮部、园游区、客房部等部门损益资料经营销售分析，并指出你的发现。

（5）六福开发可以计算出餐饮部、园游区等部门损益资料，就一定可以计算出六福客栈、六福村等单位的损益，试推断该公司可能基于何种考虑而不采用利润中心制度。

15 服务业管理

铁达尼号

在不得不用"洒狗血"的手段来吸引观众之下的情况下，1997年版的电影《铁达尼号》(Titanic) 无可避免地加入了虚构的爱情故事。男女主角在船头迎风而立、高喊"I am the king of the world!"的画面一再被其他业者模仿，而凄凉的结局也让男主角李奥纳多一夜之间成为全球女性心目中的头号情圣，当然也因此让女主角凯特温斯蕾被骂到臭头。然而，在管理学徒的观察角度中，这部电影也显示出一些有趣的议题。

铁达尼号是"邮轮"(Cruise Ship)，是载运旅客在特定地点之间往返的海上船舶，以行业分类而言绝对属于服务业，但并不像直觉中的服务业那样应该重视亲切周到的服务过程，例如，早年广受欢迎的电视影集《爱之船》(Love Boat)，强调的是其装潢的富丽堂皇及设施的多元完备。任何管理学徒都必定会注意到这个不寻常的特点，进而探索其背后的逻辑，并且好奇到底要砸多少银子才能够为整条船打造出电影中那样豪华的场景，更好奇三等舱的旅客到底能不能享受这些豪华的设施。

美轮美奂的装潢也暴露出优先级的错乱。既然有足够的钞票来彰显豪华奢侈，为什么不设计出比较完善，能够在船员慌乱中发挥作用的水密舱系统，确使舰桥上的指挥官可以妥善应变，甚至避免整艘船因为破损进水而沉没。同样的，为什么不配置足够的救生艇，让乘客在危急之际可以全数搭乘救生艇脱逃，而不是眼睁睁地看着落水的乘客一个个在哀号声中活活冻死。

许多人仍在继续探索铁达尼号的历史真相，例如，有人揣测该邮轮所使用的钢板耐寒力可能比较差，因此，在北大西洋冰冷的海水中变得比较脆弱。虽然我们可能永远无法完全明了铁达尼号的历史真相，但"前事不忘，后事之师"，从一些简单的线索就可以发现，若想在服务领域领先，还是不能忽略某些基本的管理原则。

本书大致依循管理学教科书的传统，依序说明管理程序的各个阶段，并未针对行业特性等事项深入探讨。然而，行业特性确实足以影响到管理的许多层面，而在"服务业时代"的经济趋势当中，大部分读者未来也将任职于服务业。因此，本书尝试性地增辟专章探讨服务业的管理，区分三节依序说明有关服务业的基本概念以及服务业特性对"人"与"事"的管理所产生的影响。

15.1 服务业的定义与分类

不论从哪一个角度分析，全球各主要经济体都可以视为"服务业经济"（Service Economy），服务业在国内生产总值（GDP）中所占的比重和所提供的就业机会，都超过其他各行各业的总和，例如，欧美先进国家服务业占 GDP 比重普遍超过七成，而国内也早已超过六成。因此，对服务业的初步了解，应该是管理者养成教育当中不可或缺的一环。本节将从服务业的定义开始，依序延伸到服务业涵盖范围与分类以及服务业的共同特性。

在经济学及其他商学领域中，学者专家多年来都习惯性的使用"产品与服务"一词，原因显然是不论使用"产品"或"服务"，都无法充分表达自己所讨论的是企业或其他组织的"产出"。因此，一如各国的标准行业分类，组织是否属于服务业，取决于其产出是否属于服务。

在日常用语当中，产品（Product）是指通过种植或制造等过程而产生，具有形体的"物品"或"东西"，例如稻米和电视机，在市场经济体系中通常是由各种组织所种植或制造，然后销售给需要该产品的其他组织与消费大众。相对地，服务（Service）则是指不具有形体的对待，强调的是行为层面，虽然服务过程中可能涉及给予或让顾客使用某些物品，但组织的报酬主要是来自于"协助顾客完成某项事务"，例如"玩得痛快"或"睡个好觉"，而不是因为销售某些物品。然而，这种直觉推论有一个致命的缺陷，那就是所有的行业都可以视为服务业，例如制造业只是提供"为消费者设计与制造某种产品"的服务。

在商业实务上，标准行业分类（Standard Industry Classification，SIC）是区分不同行业的标准方法，其内容是根据产出的性质进行初步区分，对各个类别分别给予编号或代码，成为一码分类（One-digit Classification），然后针对每个初步区分的类别进一步划分并给予第二个编号或代码，形成二码分类（Two-digit Classification），如此不断进一步区分，直到其分类足够完备与详尽为止。目前台湾地区的标准行业分类先用英文字母区分为十九大类，再进一步区分为四码，例如，大专院校全部都属于 P 大类的教育服务业，二码分类的85 教育服务业，三码分类的 855 大专院校，四码分类的 8550 大专院校。

表 15-1 呈现了中国台湾地区标准行业分类的实际区分 [1]，其中编号 A、B 和 C 的农、林、渔、牧、矿、制造等行业的产出都视为产品，从 F 大类的营造业开始都是一般所谓的服务业，也包括了被视为"非营利"的政府机关（O 大类的公共行政及国防）、医疗院所（Q 大类的医疗保健）和社会工作（Q 大类的社会工作）等。至于编号 D 的电力及燃气供应业和编号 E 的用水供应及污染整治业则可能有所争议，但国际文献倾向于将电力公司、自来水公司等业者视为"公共服务业"。

表 15-1　台湾地区标准行业分类内容

代码	名　称	二分法
A	农、林、渔、牧业	产品
B	矿业及土石采取业	
C	制造业	
D	电力及燃气供应业	服务
E	用水供应及污染整治业	
F	营造业	
G	批发及零售业	
H	运输及仓储业	
I	住宿及餐饮业	
J	信息及通信传播业	
K	金融及保险业	
L	不动产业	
M	专业、科学及技术服务业	
N	支援服务业	
O	公共行政及国防	
P	教育服务业	
Q	医疗保健及社会工作服务业	
R	艺术、娱乐及休闲服务业	
S	其他服务业	

表 15-1 右侧是使用产品对服务的二分法所进行的区分，其中产品只包括三大类，而"广义"的服务却包括了十六大类。一方面，这点显示服务业所涵盖的范围极其庞杂，需要较多的类别方可获得完备与详尽的分类。另一方面，这点也显示服务业中仍然有明显的行业差异，管理者必须在适应环境上多下工夫，不宜抱着"一招半式闯江湖"和"放诸四海而皆准"的心态。

由于服务业所涵盖的范围极其庞杂，但经营管理上又希望归纳出某些共同的原则，因此，学者专家不断地尝试用各种方式来进行归类，希望能够在其中获得某些有助于建立基本管理原则的线索。这当中，最简单而符合逻辑的分类依据来自于产品对服务二分法的缺陷。如前文所述，有些服务过程涉及给予或让顾客使用某些物品，但产品对服务二分法无法反映出这个事实，因此，可以考虑根据服务过程涉及"产品"的程度来划分，这也就是所谓的"产品—服务连续带"（Product-service Continuum），如图 15-1 所示 [2]。

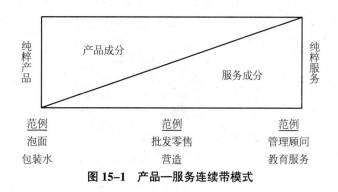

图 15-1　产品—服务连续带模式

图 15-1 左侧是只有产品成分而没有服务成分的状况，此时称为"纯粹产品"（Pure Product），例如，购买泡面和包装水之际并不期待业者另行提供任何服务。沿着图中的长方形往右移动之际，服务成分逐渐增加而产品成分逐渐减少，到了最右边成为只有服务成分而没有产品成分的状况，称为"纯粹服务"（Pure Service），例如，聘请管理顾问或就读于大专院校之际并不期待业者交付任何种植或制造出来的产品（文凭是"证书"而非产品）。这两个极端之间的是各种兼具产品与服务成分的行业，例如，零售业协助我们很方便地购买到某些产品，因此具有服务成分，但购买过程中必定要交付该项产品，因此也具有产品成分。

产品—服务连续带模式的重要性在于，在产品与服务成分相对重要性各不相同的情况下，经营管理的重点也随之有别。在产品成分较重要之际，经营阶层首要之务是改善顾客所取得的产品或使用的设施，例如，零售业者确使产品品质符合顾客的要求，自来水业者确使水质符合家庭使用标准等。相反的，在服务成分较重要之际，经营重点转移到服务过程与内容的提升，例如，教育服务业者改善其课程设计与教学方法。

随堂思考 15-1

────────────────────

以观光休闲领域所涵盖的住宿、餐饮、旅行社、主题乐园和旅客运输这五个次级产业而言，在产品—服务连续带中分别可能落在哪个位置？在经营管理上可能有何意涵？

另一种常见的分类方式可以视为产品—服务连续带的延伸。既然大部分服务都兼有产品与服务成分，而且这两者的相对重要性各不相同，那么为什么一定是产品成分重要而服

务成分就不重要呢？为什么不会有产品成分重要而服务成分也很重要的情况呢？这种推论衍生的结果是把产品与服务成分的重要性视为彼此独立的两个坐标轴，再考虑服务成分是由服务人员提供，而产品成分则来自于服务设施（含交付的产品），于是成为根据服务人员和服务设施（含交付的产品）的相对重要性来划分的分类方式，如图 15-2 所示 [3]。

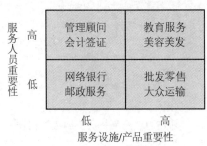

图 15-2　人员—设施相对重要性模式

一般而言，一方面，只要顾客不太需要直接跟服务人员打交道，则服务人员的重要性就偏低，例如，图 15-2 中的网络银行与邮政服务（含快递）都可能出现顾客完全没有见到服务人员的情况，批发零售与大众运输服务当中虽然顾客会面对服务人员，但大致上只是结账、付款、验票这类例行公事。相对的，管理顾问、会计签证、教育服务、美容美发等服务都需要顾客与服务人员面对面地商谈讨论，因此，服务人员所扮演的角色就相当重要。

另一方面，虽然服务人员的重要性在网络银行等行业中偏低，但服务设施或产品的重要性并未一致的偏高。顾客通常并不会直接接触到网络银行与邮政服务业者的各项设施，因此，其服务设施的重要性也偏低，但是在批发零售与大众运输服务中，顾客或者必须取得产品，或者必须置身在业者的服务设施当中，因此，其服务设施/产品的重要性比较高。同理，虽然服务人员的重要性在管理顾问等行业中偏高，但服务设施或产品的重要性并未一致的偏低。管理顾问与会计签证的服务过程中几乎不需要任何设施，因此其服务设施的重要性偏低，但是教育服务和美容美发这两者的服务过程通常都需要若干服务设施来配合，因此，其服务设施的重要性也很高。

这些范例显示产品—服务连续带并不是完备周详的服务分类方式。再以教育服务为例，在产品—服务连续带模式中，教育服务相当接近于纯粹服务，产品成分无足轻重，因此，经营阶层理应致力于服务的改善，不必考虑其他事宜。但是在图 15-2 的人员—设施相对重要性模式当中，教育服务具有人员与设施两者皆重要的特性，因此，经营阶层在致力于课程设计与教学方法等层面的改善之际，也必须努力地为学员提供更良好的教学设施。

随堂思考 15-2

以观光休闲领域所涵盖的住宿、餐饮、旅行社、主题乐园和旅客运输这五个次级产业而言，若根据服务人员和服务设施（含产品）的相对重要性来划分，分别可能落在哪个位置？在经营管理上可能有何意涵？

15.2 服务业的特性

第15.1节的初步介绍事实上已经点出了服务业的一些特性，包括服务业所涵盖的范围相当庞杂，彼此性质迥异，大部分服务中还是兼有若干产品成分以及服务成分主要是由人员提供，而产品成分则可能是指服务设施或交付的产品等。本节将进一步讨论服务业的特性，并指出这些特性对服务业者的影响。

服务业具有许多迥异于制造业的特性，有些特性是服务本身使然，但有些特性则是因为其他特性所衍生，大部分探讨服务业的著作对这两者都不予区分，但本书尝试让读者在了解服务业特性的同时，也能够掌握其间的因果关系[4]，从而了解应该如何因应。

虽然服务业者可以采取"合则来，不合则去"的态度，不理会顾客的实际需要，但除了受到政府管制与保护的业者之外，大部分服务业者还是必须优先考虑顾客需要，因此显然有必要从顾客层面探讨服务所具有的特性。

一般而言，顾客都希望在需要时可以立刻获得产品或服务，而且其需要并非平均地分散在一整天或一整年当中，虽然通常都可以"等候"，但仍有一定的限度，而且服务的等候时限通常远比产品来得短暂，例如，消费者通常在用餐时间才会走进餐厅，只有在假日才会出门旅游，在非用餐时间或非假日很可能根本无法使用这些服务。因此，时效性（Time Factor）是许多服务的共同特征，在某些时候出现大量的需求，有些时候则是门可罗雀，实务上经常以"尖峰"和"离峰"来称呼这两种时段，而这种需求变化明显的现象称之为需求波动性（Cyclical Demand）。制造业也面临类似问题，但其程度通常比较轻微，而且还有其他因素使得这个问题对制造业不至于产生重大影响。

消费者购买了产品之后，通常是拿到自己的生活场所当中使用，因此购买的时间很有弹性，例如，若整天的行程都很忙碌，则可以等到下班后再去购买。相对的，许多服务都必须在业者的营业场所中立即提供，例如餐饮服务，或者由业者的服务人员在其他场所立即提供，例如旅行社的导游与领队服务。因此，制造业者可以自行处理其生产流程，然后将完工的产品卖给顾客，两者毫无关联，但是在许多服务业当中，如果顾客不在现场则根本无法启动服务流程，两者密不可分。这个特征可以称为顾客参与（Customer as a Participant），也可能称为产销同步性（Simultaneous Production and Consumption）或产销不可分割性（Non-separated Production and Consumption），是服务业的第一个特性、是服务业所特有的、制造业所未见的特性。

图 15-3 显示了需求波动性与产销不可分割性对制造业与服务业的影响。由于制造业的生产与销售活动可以分割，因此随时都可以进行生产活动，在顾客需要时交付成品即可，需求波动性的影响相当有限。相对的，服务业的生产与销售活动无法分割，因此，必须在顾客需要时才提供服务，其他时间则面临人员与设施闲置的问题，甚至可能因此而出现严重亏损。

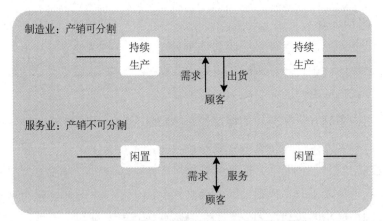

图 15-3　需求波动性与产销不可分割性的影响

图 15-3 也显示出，需求波动性与产销不可分割性（尤其是后者）共同造成了第二项特性。由于在没有顾客上门之际，服务业者的人员与设施都处于闲置状态，无法用以创造收益，不像制造业那样可以持续生产，累积制成品存货以供日后销售，这种产能闲置而无法创造收益的现象称为产能易逝性（Perishable Capacity）或不可储藏性（Non-storability）。相对的，制造业者若出现产能闲置的现象，则通常是因为需求预测与产能规划错误所致，并不是受到需求波动与产销不可分割性的影响。

需求波动性加上产销不可分割性也另行衍生了第三个特性。由于消费者有时效上的考虑，而且必须亲自到服务现场，因此，服务场所对顾客的方便性就变成重要的考虑因素，例如，不论高雄某餐厅的美食名气大到什么程度，消费者都不可能在上班日为了吃一顿午餐而从台北赶到高雄。同理，不论某大学的学术声望有多高、教学品质有多好，对于一个必须上下班的在职人士而言，都不可能每天耗费好几个小时的通勤时间，千里迢迢的到该校上课。

因此，一方面，大部分服务都具有地点选择性（Site Selection），空间距离阻碍了顾客的选择。相对的，制造业者虽然也面临着类似的空间障碍，但可以借由有限的运输成本而轻易克服，许多情况下甚至可以要求顾客负担产品运输费用。图 15-4 呈现了地点选择性对制造业与服务业的影响，虽然顾客散处各地，但制造业者可以借由适当的运输工具将产品送到顾客手中，因此其营业范围不受空间距离的限制。相对的，服务业者受制于消费者的地点选择性，只能吸引地域关系较为接近的消费者，因此，其营业范围受到影响，无法到外地去和当地的业者公平竞争，用俗话来说就是"强龙不压地头蛇"。

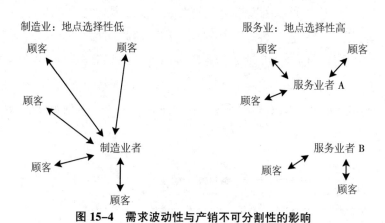

图 15-4 需求波动性与产销不可分割性的影响

另一方面，如前文所述，产品通常是指某种"物品"或"东西"，消费者看得见、摸得着，而服务主要是"协助顾客完成某项事务"，即使在服务过程中交付或使用某些物品，完成该项事物的过程仍是重点所在，而这个部分却是消费者看不见也摸不着。例如，虽然有教室、投影机等教学设施，但学生对于"教得好不好"这个问题的答案主要还是教师讲授或其他教学过程中所展现的行为，而这些行为并不是具体的"物品"或"东西"。这种没有具体实物的特性称为服务的无形性（Intangibility），如图 15-1 所示的产品—服务连续带，各种服务的无形性程度各不相同，因此，其影响也轻重有别。

无形性衍生的问题是很难评估服务的好坏，或称为服务的不可衡量性（Immeasurability）。消费者即使没有能力在购买前确认某个产品是好是坏，至少在实际使用时可以根据其性能、耐用程度等，来相当客观地评估该产品是否良好。相对的，除了服务设施与服务过程交付的产品之外，其他服务成分并没有具体的实物可供评估，因此，消费者通常是根据自己接受服务后的主观感受来判断服务的好坏，这种主观感受也就是所谓的顾客体验（Customer Experience）或消费体验（Consumption Experience）。

在此同时，即使是电子商务和自动贩卖机零售这类不需要与顾客面对面的服务，还是需要服务人员进行取货、寄送、补货、维修等事项，因此服务业通常都是劳力密集（Labor Intensive）的产业。然而，人毕竟不是机器，即使有周详的规定与完善的教育训练，服务人员仍然可能在作业过程中偏离常轨，何况许多服务还必须配合顾客的需要来"量身订作",不适合采用标准作业流程。因此,服务业的另一个特性是每一次的服务都不尽相同,其好坏差异可能很大,这就是服务的异质性 (Heterogeneity)。

不可衡量性与异质性导致服务业者无法借由标准作业流程和事后的检测来确使顾客获得良好的服务,因此,需要更有能力且更有意愿做好服务工作的员工。相对的,制造业者可以运用标准作业流程和事后的检测来确使出厂的产品都符合要求,即使是劳力密集的组装工厂亦然,因此,对员工的能力与意愿要求较低。

图 15-5 显示了上述八种服务特性之间的关系。需求波动性和产销不可分割性两者都会影响到不可储藏性与地点选择性,但相对而言需求波动性对不可储藏性的影响较小。无形性衍生了不可衡量性,而劳力密集则衍生了异质性。虚线箭头显示各项特性所衍生的经营管理意涵,其内容已在前文中有所说明。另外,产销不可分割性让业者无法借由品管人员来确保服务品质,因此,也是导致服务业者必须仰仗员工能力与意愿的原因之一,但加入这条线会使图 15-5 看起来很复杂,因此予以省略。

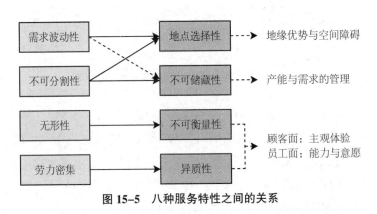

图 15-5　八种服务特性之间的关系

随堂思考 15-3

以观光休闲领域所涵盖的住宿、餐饮、旅行社、主题乐园和旅客运输这五个次级产业为对象,分别指出在需求波动性、产销不可分割性、不可储藏性、地点选择性、无形性、不可衡量性、劳力密集和异质性等方面的程度高低,并说明在经营管理上可能的意涵。

15.3　服务业的经营管理

第 15.2 节说明了服务业常见的特性,本节将根据这些特性来探讨服务业经营管理上的因应措施。当然，一般的经营管理方法与原则也适用于服务业，服务管理教科书的内容大部分也是在重复讨论这些方法与原则，但本节所叙述的内容则是服务业特有的经营管理措施，或至少是对服务业特别重要的经营管理措施。

15.3.1 服务业的策略管理

各种策略分析和规划的观念与方法都适用于服务业，因此，没有必要特别说明，但是在企业定位、竞争优势与并购这些议题上，服务业的特性导致经营阶层在进行选择之际必须考虑某些事项[5]。

制造业者可以直接使用产销的产品来定位，但服务业者在使用提供的服务来定位之际，还必须考虑到服务是由人员与设施共同完成的特性，并配合环境分析结论来慎选适当的组合。举例而言，存提款业务耗费了银行业大量的人力，因此，业者固然可以依循传统，以人力配置充足的分行来与同业竞争，但也可以减少分行数，以无人银行和网络银行来处理大部分的存提款业务。同理，教育服务也必须在小班制对大班制、阳春型（粉笔黑板）对豪华型（多媒体教学设施）之间选择。虽然制造业者也面临这类的选择，但其主要考虑在于降低成本，而不是服务业者的定位抉择。

在竞争优势的选择上，虽然服务业者和制造业者一样可以选择低成本优势和差异化优势，但地点选择性意味着当地业者拥有地缘优势，外地的业者难以突破空间障碍，因此，很难借由扩大规模衍生的规模经济来降低成本。服务业者固然可以借由自动化、雇用非专业人员等方式来降低成本，但这些措施都很容易模仿，无助于建立可以持之久远的竞争优势。整体而言，服务业者固然可以采用低价竞争策略，但由于不易取得低成本优势，因此通常并非理想的选择。

相对的，服务业者应该也确实普遍采用差异化竞争。首先，地点选择性衍生的地缘优势可以让当地业者立于不败之地，也就是业者可以借着对顾客的便利性来占有市场。

其次，不可衡量性意味着顾客难以客观地评估服务的优劣，必须依赖主观的体验，而这类主观评估很容易被对业者的整体印象所影响，因此服务业者的形象或声望是重要的差异化优势来源之一。虽然偶尔也有服务业者开发出受到智能财产权保护的服务设施或服务内容，但毕竟相当罕见，因此借由法律层面来建立差异化优势固然在制造业很常见，但是对服务业者而言并不是优先考虑的选择。

最后，服务业者若考虑借由并购来扩大经营规模与市场占有率，则同样必须考虑到并购对象的人员与设施配置情形。由于并购之后各项服务设施（包括营业据点）的所有权随之移转，因此，在主要目标就是这些设施之际，并购确实是可行的选择。然而，若主要的并购目标在于对方所拥有的优秀员工，那么因为这些员工没有义务继续在新雇主旗下任职，因此很可能出现得不偿失的结果。一般而言，若并购目标在于员工，则直接聘用优秀人才是比较理想的选择。

15.3.2　服务业的产销管理

同样的，制造业在产销方面所应用的许多观念与方法也适用于服务业，但有必要针对几个关键事项酌予调整。在作业管理方面，受制于地点选择性而不适合扩大产能，又因为不可储藏性而无法将作业活动分散，于是提高产能弹性成为服务业者不可避免的选择。一般而言，服务人员方面的调整弹性远大于服务设施，因此，典型的产能调整方式是尽可能聘用临时性或计时员工，事先配合预期的顾客需求来排班，因此，在顾客人数众多的期间有大量的服务人员值勤，而在顾客人数稀少的时段内则只有少数几个服务人员，必要时甚至暂时"打烊"，等到顾客人数较多的时段再开始营业。

产能的调整有其极限，若属于偏重设施的服务甚至几乎完全没有调整空间，因此，还必须搭配需求的管理，也就是设法突破需求波动性的限制，让部分顾客在离峰时段前来消费。典型的做法是提供优惠价格，让部分顾客看在"比较划算"的份上改变其消费时间。当然，若同业竞争并不激烈，则还可以反过来采取好听的"以价制量"策略，提高尖峰时段的价格，让部分顾客觉得"比较不划算"而设法改到离峰时段消费。

图15-6呈现了产能与需求管理所可能达成的效果。上半部是尚未进行产能与需求管理的情形，虚线代表实际产能，因为不作调整而呈现一条水平的直线，实线代表实际的顾客需求，因为没有改变消费时段的诱因而呈现高耸的尖峰。此时在离峰时段会出现大量的闲置产能，而受制于服务的不可储藏性，这些产能完全不能产生效益。在尖峰时段则出现可观的未满足需求，这些无法获得服务的顾客会转移到同业去消费，业者等于是损失了可观的营业收入。

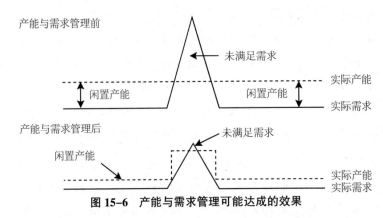

图15-6　产能与需求管理可能达成的效果

图15-6下半部则是进行产能与需求管理的状况，实际产能弹性调整，再加上部分需求转移时段，因此，离峰时段实际产能与实际需求拉近，业者因为产能闲置而衍生的损失大幅减少。产能管理让尖峰时段的产能增加，而需求管理则让尖峰时段的需求减少，因

此，业者在这个时段中可以满足大部分顾客的需求，因为产能不足而衍生的营业收入损失大幅减少。

以观光休闲领域所涵盖的住宿、餐饮、旅行社、主题乐园和旅客运输这五个次级产业为对象，分别指出图 15-6 所述的产能与需求管理是否能产生良好的效果。

除了上述的产能与需求管理之外，服务业的产销管理中还有许多迥异于制造业的观念与原则（参阅管理现场 15-1），但这些事项都涉及产销管理的细节，并不适合在管理学教科当中说明，因此，本节只提出下列五点以供参考：

（1）为了尽可能降低服务的异质性并迎合顾客的需要，在设计服务内容以及如何完成服务的服务传送系统（Service Delivery System）时，不需要与顾客面对面的"内场"中应该尽可能采用类似于制造业的标准作业流程，也就是服务的工业化（Industrialization of Service），而在与顾客面对面的"外场"中则应该适度授权现场人员弹性处理。

（2）由于服务涉及人员与设施两者，因此在设计服务传送系统时必须同时考虑这两者，而且受制于服务的无形性与不可衡量性，业者必须运用顾客主观的体验来设计并确定其服务水准，无法比照制造业以产品性能、耐用性等可以客观衡量的标准来进行设计与评估。

（3）在地点选择性的限制下，服务业者在渠道的设计上必须优先考虑顾客的便利性，接纳"顾客不来，那么我们到顾客那儿去"的观念，因此，必须在兼顾单店最小营运规模和顾客需求的前提下，广设分支单位以进行密集性配销。

（4）在不可储藏性的限制下，服务业者很难合理精确地估算出每一位顾客的服务成本，因此，即使在服务过程有交付产品，实际上也很少采用制造业常见的成本加成法来决定价格，通常都是参考同业的一般价位和顾客主观认定的价值来决定。

（5）受制于服务的异质性，服务业者比制造业者更难达到"零缺点"的要求，因此必定会出现服务过程出现差错的服务失灵（Service Failure）事件，业者必须尽可能予以制度化，对这类事件订出基本处理原则，并要求相关人员确实遵守。

到底需要几个 Ps 啊！

"4Ps"是营销领域的基本常识，用四个英文字的前缀来代表主要的营销活动，包括产品（Product）、价格（Price）、渠道（Place）与促销（Promotion），统称为营销组

合 (Marketing Mix)，意指营销人员可以也应该配合实际需要来弹性调整这四种营销活动，借以满足顾客进而提升绩效。

4Ps 已有 50 年的历史，当然会有"老掉牙"的疑虑，因此，就曾经有人宣称 4Ps 已经落伍了，应该用 4Cs 来取代，分别是顾客需求 (Customer's Needs)、成本 (Cost)、便利 (Convenience)、沟通 (Communication)。但稍具营销素养的人都会驳斥说，这只是用消费者观点来取代厂商观点，但厂商观点当中已经有满足顾客需求的营销观念大前提，因此，根本就是换汤不换药，新瓶装旧酒。

然而，在服务业管理领域所提出的修正建议则确实有其道理。产品的好坏通常可以根据性能、耐用性等事项来相当客观地加以评估，但服务的不可衡量性等特性却否定了这种评估方式的可行性，因此，虽然服务的内容仍然可以视为 4Ps 当中的 Product，但确实有必要兼顾到服务人员的表现，服务设施的良窳以及服务流程的适切性，而这三者也就是服务业营销当中多出来的三个 Ps——服务人员 (People)、实体环境 (Physical Environment) 与服务流程 (Service Process)。

如果只是到此为止也就罢了，但事实上我们还可以看到数不清的 Ps，例如，某著名观光营销学者宣称，餐旅营销所需要的另外四个 Ps 分别是服务人员 (People)、包装 (Packaging)、活动 (Programming) 与合伙 (Partnership)。其他服务业营销学者应该很难理解，为什么这位知名学者会认为包装、活动与合伙三者会比实体环境和服务流程更重要。

究竟需要几个 Ps 的争议很烦人也很无聊，但本书作者一时心痒也来凑热闹——基于服务的产销不可分割性、无形性与不可衡量性，消费者在购买前无法先行检视，购买后也无法客观评估，因此，品牌形象或社会风评变得非常重要，于是负责搞定社会风评的组织功能——公共关系 (Public Relations)，理所当然的应该视为另一个 P!

15.3.3 服务业的人员管理

如前文所述，在产销不可分割性、不可衡量性和异质性的影响之下，服务业者必须依赖员工的能力与意愿来为顾客提供良好的服务。在提升员工的能力与意愿方面，制造业与服务业基本上没有差异，因此，本书在职务与组织设计、人力资源管理、领导、沟通、激励等议题上所讨论的原则与方法都可以应用在服务业。然而，在部分议题上服务业确实有别于制造业。

如第 15.3.2 小节所述，为了尽可能降低服务的异质性并迎合顾客的需要，在不需要与顾客面对面的"内场"中，应该尽可能采用类似于制造业的标准作业流程，而在与顾客面对面的"外场"中则应该适度授权现场人员弹性处理。这其中，内场人员的职务设计和制造业生产线一样采用科学管理学派的观点，以分工和标准化来提升效率并稳定品质，但外场人员的职务设计则是采用行为学派的观点，以适度的自主性与成就感来激励员工。

虽然有许多理论可以应用在外场人员的职务设计上，但学者专家普遍主张第 10 章所述的权力赋予极其重要。一般而言，对服务业外场人员的权力赋予理应可以衍生迅速响应顾客需求、迅速响应顾客诉愿、改善对自己与职务的观感、更亲切热忱地对待顾客、激发服务构想以及提升顾客口碑与再购意愿等利益 [6]，而实证研究也显示出，工作自主性或权力赋予确实有助于提升职务满意度，甚至有助于提升组织的经营绩效 [7]。

权力赋予的另一面是控制。对外场服务人员权力赋予的同时，仍然需要适当的控制，但是在不可衡量性和响应顾客需要的限制下，官僚式的过程与结果控制显然并不可行，因此，文化控制成为首要的考虑。换言之，业者必须在招募、训练与考核的过程中，确认并提升外场服务人员对于既定价值观与行为规范的认同与实践程度，甚至借此淘汰不适任的人员。

除了权力赋予与文化控制之外，外场服务人员必须与顾客面对面，尽其所能迎合顾客需求的事实，也对人员管理的基本思维产生重大的影响，这其中最著称的是应该"把员工视为顾客"，以各种措施来获得员工满意与忠诚的内部营销（Internal Marketing）观念 [8]。

管理前线 15–2

很骄傲地对员工洗脑！

"洗脑"（Brain Washing）是一个带有负面意义的名词，通常视为对个人身心的侵犯，是不好、不应该有的行为。然而，对于许多成功的服务业者而言，对员工洗脑是绝对必要的措施，但是顾忌到可能引起社会大众反感，因此，通常都不愿意向外界揭露其细节。

迪士尼就是一家勤于给员工洗脑，但尽可能保持低调的服务业者。该公司的新进员工都必须到"迪士尼大学"接受训练，连清洁工也不例外，而难以想象的是，负责售票与收票的员工居然要接受长达两个星期的训练。这类看起来没什么道理的规定或要求，其实都是迪士尼精心设计的文化控制当中的部分环节，企图让每位员工都把自己当成这个大家庭的一分子，而不是仅当作一份可以换来微薄薪资、勉强度日糊口的工作。

迪士尼的文化控制是从招募开始，应征者先看一段短片，了解迪士尼对员工的要求。部分应征者在看完短片后就自行离开，留下的应征者接受至少由两位资深员工分别主持的面谈，借以评估能否融入公司的文化。之后，获得录用的新进人员先行接受3~5 天的训练，随即接受正式的考核评估以决定是否正式任用，其中可能包括长达数小时和各种升学考试一样累人的笔试。考核评估的重点在于是否了解公司的价值观与行为规范，并且知道如何反映在特定职务的工作行为上。

虽然训练内容必定包含预定职务上的作业流程，但重点还是在于雕塑出既定的信念与价值判断，也就是帮员工"换一个脑袋"。典型的新进人员训练当中会运用各种不同的活动带出主题，例如，训练员在介绍公司之际会传达出"迪士尼所做的是让大家快乐"的信息。文化控制甚至表现在职场语言的运用上，例如，"当班"（On Duty）变成"在台上"（On Stage），而"下班"（Off Duty）变成"在后台"（In Backstage）。

一位研究组织文化的学者坦言，迪士尼的员工拥有"像教派一样的信仰"，到这类公司工作只有两种可能的结果，不是如鱼得水那样悠游自在，就是像病毒一样被免疫系统吞噬或排除。

图 15-7 呈现了用以显示内部营销的重要性并称之为服务三角（Service Triangle）的观念[9]。其中，传统上组织对既有及潜在顾客的营销活动称为外部营销（External Marketing），第一线服务人员与顾客面对面，尽其所能迎合顾客需求的活动称为互动营销（Interactive Marketing），服务业者必须兼顾这两种营销活动。更重要的是，组织必须以内部营销来促使服务人员做好互动营销的工作，否则在员工行为是顾客体验的重要环节上，不论如何卓越的外部营销都无法让顾客获得良好的服务体验。

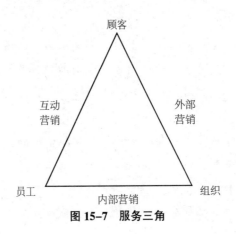

图 15-7 服务三角

目前有关内部营销的定义、内涵、衡量方式等议题都尚未完全盖棺定论，例如，前述的权力赋予与文化控制是否应该视为内部营销的一部分，必定会引发争议。事实上，部分学者专家是采用全面品质的观点，主张内部营销是指每个部门都把负责下一个作业流程的部门当作顾客。然而，把员工当作顾客的内部营销对于第一线服务人员工作态度与行为的可能影响则少有争议，并衍生了将内部营销、外部营销与组织绩效连接的服务利润链（Service Profit Chain）模式（虽然该模式中并未使用"内部营销"一词），如图 15-8 所示[10]。

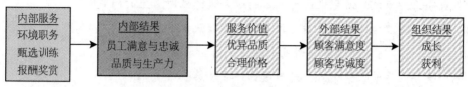

图 15-8　服务利润链

服务利润链模式的逻辑相当简单。第一线服务人员受到良好的对待（包括教育训练）之后，比较有能力与意愿来做好服务顾客的工作，因此服务品质与生产力得以提升，反映到顾客体验中则是优异的服务品质与合理的价格，也就是较高的服务价值，于是衍生了满意度与忠诚度，而组织则因为顾客的满意与忠诚而得以获利并成长。

虽然想要用实际的资料来证明服务利润链模式的正确性并不容易，但确实已经有一些实证研究问世，而且结论也大致符合该模式的主张[11]。整体而言，服务利润链模式加上服务工业化这两种主张，说明了服务业的员工管理应该分别采用两种对立的模式，内场人员尽可能采用科学管理学派的相关主张来提升效率与品质，而外场人员的管理虽然也是着眼于提升效率与品质，但应该尽可能采用行为学派的相关主张。

随堂思考 15-5

以观光休闲领域所涵盖的住宿、餐饮、旅行社、主题乐园和旅客运输这五个次级产业为对象，根据内部营销对个别业者的重要性排序，并说明你的理由。

课后练习

复习题

（1）试运用日常生活中的语言来说明"产品"与"服务"的意义。

（2）何谓标准行业分类？中国台湾地区的标准行业分类当中将各行各业区分为几大类？其中有几个大类可以视为广义的服务业？

（3）试扼要说明产品—服务连续带模式的内容。

（4）以自来水公司为例，说明为什么有些行业很难确定应该视为制造业还是服务业？

（5）若根据人员与设施的相对重要性来分类，则服务业可以区分为哪几大类？

（6）以需求的稳定性和生产与销售两者的关联性而言，产品与服务可能有何差异？这些差异导致服务业者面临何种问题？

（7）以产出的具体程度和耗用人力多寡而言，产品与服务可能有什么差异？这些差异导致服务业者面临哪种问题？

（8）服务业者应该如何克服因为顾客的地点选择性所衍生的问题？

（9）服务业者应该如何克服因为服务的不可储藏性所衍生的问题？

（10）服务的不可衡量性意味着业者应该如何衡量服务的好坏？

（11）服务的异质性意味着业者应该如何管理第一线员工？

（12）在低成本和差异化这两种竞争优势的选择上，服务业者和制造业者可能有什么差异？

（13）服务业者如何运用产能管理来解决不可储藏性所衍生的问题？

（14）服务业者如何运用需求管理来解决不可储藏性所衍生的问题？

（15）一般而言，服务业者在管理面对顾客的"前场"员工和不面对顾客的"后场"员工时有什么差异？其理由是什么？

（16）服务业者对第一线员工进行权力赋予可能产生哪些效益？

（17）服务业者对第一线员工应该采用何种控制方式？为什么？

（18）何谓内部营销？为何内部营销对服务业的重要性高于制造业？

（19）何谓服务三角？在服务业的人员管理上有何意涵？

（20）何谓服务利润链？在服务业的人员管理上有何意涵？

应用题

（1）某学者根据服务的标准化程度和劳力密集程度建立了服务流程矩阵。以饭店住宿、教育服务和医疗服务而言，分别应该落在哪一个象限？你推断这一分类方式有何参考价值？

（2）某餐厅经营阶层在阅读了服务业管理的书籍之后，认为既然服务的好坏同时取决于设施与人员，而且必须以顾客体验来确认，因此，设计了一套包含设施与人员的服务品质问卷，请来店消费的顾客填写。试问该业者用这种方式来衡量服务品质可能会面临什么问题？

（3）以需求波动性而言，在中国台湾开设水上乐园可能会遭遇什么问题？典型的服务业产能与需求管理能否有效地解决这些问题？若你是水上乐园的经营阶层，你认为应该用何种方式来因应需求波动性？

（4）中国台湾有许多餐饮业者在用餐时间任由顾客大排长龙，始终不愿意借由扩大店面来满足顾客需求，试推断除了排队的人龙等于是"活广告"之外，业者可能还有什么顾虑。

（5）餐饮业者经常在用餐时间呈现人满为患，而在非用餐时间则完全没有顾客进门，试问应该使用产能管理、需求管理或双管齐下来因应这个问题？实际上可能应该怎么做？

（6）中华航空公司长期使用"以客为尊"的口号，若这个口号确实反映了该公司的价值观与行为规范，则在面临下列问题时理应如何处理：①旅客业已登机，但班机因为机械问题无法起飞，而且无法确定需要多久的时间来排除问题；②旅客已报到但尚未登机，而班机因为天候问题无法起飞，而且无法确定需要等候多久。你觉得华航的机组与地勤人员实际上是否做到这一口号？

服务业收益管理的两套逻辑

各行各业都或多或少会进行某些价格促销活动，包括定期折扣、折价券、退佣、特价品等，百货公司和量贩店等大型零售业好像是上了瘾，一年到头找各种名义来举办促销。然而，这些价格促销都订有期限，在既定期间每位消费者都可以享受到相同的优惠，但是在某些行业当中，价格优惠每天都在改变，任何优惠都非常短暂，经常短到一天甚至几小时，而且可能伴随着其他的资格与条件限制。

五花八门的促销方案，旅展上民众抢便宜，航空业和旅行业者更使尽浑身解数，希望业绩拔得头筹。（照片由联合报系提供）

这套具有高度弹性的定价系统称为收益管理（Yield Management 或 Revenue Management），经营客运的航空公司都是此道高手，部分饭店业者也加入这一阵营。不论其细部设计是什么，基本目的一样都是在产能不变的前提下，尽可能把每一班客机的所有座位或每一天所有的住宿套房都全部卖出去，从而在营业收入达到可能的最高水平而成本大致不变的情况下，公司的经营利润自然也达到可能的最高水平。简单地说，还不是想要多赚一点钱或少亏一点本。

这套系统的起源留给历史学家去挖掘，但可以确定目前最活跃的收益管理专家都是"学数学的"，有些学术文献一开始就丢出由好几条"蚯蚓"构成的叠积分方程式，让非数学背景的读者望之生畏而退避三舍。事实上，目前主流的收益管理系统分别是运用两种相反的逻辑来设计，如下图所示。第一种逻辑（以下简称 A 式）是越早订位越省钱，越晚订位越花钱，最后一天买票者没有任何优惠。第二种逻辑（以下简称 B 式）是越早订位越花钱，太早的话可能完全没有优惠，而越晚订位则越省钱，最后一天买票者优惠最大。

当然，较晚订位的旅客未必可以享受到优惠。例如，在 A 式中，若旅客订位踊

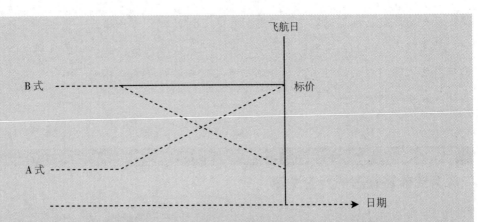

跃，则该航班的座位可能全部在较早期以最优惠的价位售完，较晚订位的旅客必须改订其他航班。反之，在B式中也可能全部在较早期以最高的价位售完，较晚订位的旅客同样无法享受到该航班的优惠。

A式的逻辑是从航空公司理应付出的代价来出发，由于旅客提早订位是让业者及早完成交易，业者应该以收取较低的价格作为代价。B式的逻辑则是从旅客理应付出的代价来出发，由于旅客提早订位是让旅客确定可以搭上该航班，应该以支付较高的价格作为代价。但无论是A式还是B式，使用收益管理系统的前提都是能够相当准确地预测出每个航班在不同日期中的订位状况，从而能够在预料无法满载之下开始进行价格促销，而经验显示，航空客运业者确实可以做到相当精准的预测。

不论采取哪种形式的收益管理系统，都不会干扰到旅行社这个航空业者主要的顾客兼渠道商。在跨国或长途旅游当中，旅行社出团前必须取得足够的机位，因此，是帮航空业者找来"团客"的顾客，而代售机票也是旅行社的法定营业项目之一，因此，是帮航空业者找来"散客"的渠道商。于是，航空业者在飞航日以前好几个月就以低价将大量机票批给旅行社，已经成为行之有年的传统，在机位经常严重不足的台湾地区，甚至有旅行社将"掌握大量机位"视为竞争优势。

讨论问题

(1) 服务的何种特性导致航空业者需要使用收益管理系统？

(2) 人员与设施的相对重要性对于使用收益管理系统有何影响？为什么？

(3) 以第15.3节所述的产能与需求管理而言，哪个收益管理系统可以达到什么效果？

(4) 你认为A、B两式的收益管理系统哪个比较合理？为什么？

(5) 既然有收益管理系统的协助，航空业者为何不取消以低价将大量机票批给旅行社的传统销售方式？

各章附注

第1章

［1］这一定义主要是参考 Griffin，R. W.（2005）. Management，8th Edition，Boston，MA：Houghton Mifflin，6–8.

［2］Mintzberg，H.（1973）. The Nature of Managerial Work，New York：Harper and Row.

［3］Kurke，L. B. and Aldrich，H. E.（1983）. Mintzberg Was Right：A Replication and Extension of the Nature of Managerial Work，Management Science，29（8），975–984. Pearson，C. A. L. and Chatterjee，S. R.（2003）. Managerial Work Roles in Asia：An Empirical Study of Mintzberg's Role formulation in Four Asian Countries，Journal of Management Development，22（7/8），694–707. Pavett，C. M. and Lau，A. W.（1983）. Managerial Work：The Influence of Hierarchical Level and Functional Specialty，Academy of Management Journal，26（1），170–177.

［4］Luthans，F.（1991）. Real Managers，Ballinger Publication. Ng，T. W. H.，Eby，L. T.，Sorensen，K. L. and Feldman，D. C.（2005）. Predictors of Objective and Subjective Career Success：A Meta–Analysis，Personnel Psychology，58，367–408. Garavan，T. N.，O'Brien，F. and O'Hanlon，D.（2006）. Career Advancement of Hotel Managers since Graduation：A Comparative Study，Personnel Review，35（3），252–280.

［5］Bonoma，T. V. and Zaltman，G.（1981）. Psychology for Management，Kent Publication Co.

［6］Katz，R. L.（1974）. The Skills of Effective Administrator，Harvard Business Review，52（5），90–102.

［7］Pavett，C. M. and Lau，A. W.（1983）. Managerial Work：The Influence of Hierarchical Level and Functional Specialty，Academy of Management Journal，26（1），170–177.

［8］Griffin，R. W.（2005）. Management，8th Edition，Boston，MA：Houghton Mifflin Company，20–22.

［9］Pavett，C. M. and Lau，A. W.（1983）. Managerial Work：The Influence of Hierarchical Level and Functional Specialty，Academy of Management Journal，26（1），170–177.

Ng, T. W. H., Eby, L. T., Sorensen, K. L. and Feldman, D. C. (2005). Predictors of Objective and Subjective Career Success: A Meta-Analysis, Personnel Psychology, 58, 367-408.

[10] Spencer, L. M., & Spencer, S. M. (1993). Competence at Work: Models for Superior Performance. New York: Wiley.

[11] 引述自 Robbins, S. P. and Coulter, M. (2005). Management, 8th Edition, Upper Saddle River, NJ: Pearson Education, Inc., 12-13.

[12] Chung-Herrera, B. G., Enz, C. A. and Lankau, M. J. (2003). Grooming Future Hospitality Leaders: A Competencies Model, Cornell Hotel and Restaurant Administration Quarterly, June, 17-25.

[13] Barrick, M. R. and Mount, M. K. (1991). The Big Five Personality Dimensions and Job Performance: A Meta-Analysis, Personnel Psychology, 44 (1), 1-26. Ng, T. W. H., Eby, L. T., Sorensen, K. L. and Feldman, D. C. (2005). Predictors of Objective and Subjective Career Success: A Meta-Analysis, Personnel Psychology, 58, 367-408.

第 2 章

[1] van de Ven, A. H. (1989). Nothing is Quite so Practical as a Good Theory, Academy of Management Review, 14 (4), 486-489.

[2] 本小节资料主要引述自 George, C. S. (1972). The History of Management Thought, 2nd Edition, Upper Saddle River, NJ: Prentice-Hall, Inc.

[3] Weber, M. (1947). Theory of Social and Economic Organizations, translated by Parsons, T., New York: Free Press.

[4] Carey, A. (1967). The Hawthorne Studies: A Radical Criticism, American Sociological Review, 403-416. Sonnenfeld, J. A. (1985). Shedding Light on the Hawthorne Studies, Journal of Occupational Behavior, 111-130.

[5] Koontz, H. (1961). The Management Theory Jungle, Academy of Management Journal, 4 (3), 174-188.

[6] Keys, J. B. and Miller, T. R. (1984). The Japanese Management Theory Jungle, Academy of Management Review, 9 (2), 342-353. Keys, J. B., Denton, L. T. and Miller, T. R. (1994). The Japanese Management Theory Jungle-Revisited, Journal of Management, 20 (2), 373-402.

[7] 成中英 (1995). C 理论：易经管理哲学. 中国台北：东大书局.

[8] Mason, E. S. (1939). Price and Production Policies of Large Scale Enterprises.

American Economic Review, 29 (1), 61–74. Bain, J. S. (1956). Barriers to New Competi-
tion, Cambridge, MA: Harvard University Press. Porter, M. E. (1981). The Contributions of
Industrial Organization to Strategic Management, Academy of Management Review, 6 (4),
609–620. Scherer, F. M. and Ross, D. (1990). Industrial Market Structure and Economic
Performance. 3rd Ed., New York, NY: Houghton Mifflin Company.

[9] Hesterly, W. S., Liebeskind, J. and Zenger, T. R. (1990). Organizational Eco-
nomics: An Impending Revolution in Organization Theory? Academy of Management Review,
15 (3), 402–420.

[10] Williamson, O. E. (1975). Markets and hierarchies: Analysis and Antitrust Impli-
cations, New York, NY: Free Press. Williamson, O. E. (1985). The Economic Institutions of
Capitalism, New York, NY: Free Press.

[11] David, R. J. and Han, S. K. (2004). A Systematic Assessment of the Empirical
Support for Transaction Cost Economics. Strategic Management Journal, 25, 39–58.

[12] Jensen, M. C. and Meckling, W. (1976). Theory of Firm: Managerial Behavior,
Agency Cost and Capital Structure. Journal of Financial Economics, 3 (3), 305–360. Eisen-
hardt, K. M. (1989). Agency Theory: An Assessment and Review. Academy of Management
Review, 14 (1), 57–74.

[13] Barney, J. B. (1991). Firm Resources and Sustained Competitive Advantage. Jour-
nal of Management, 17, 99–120. Barney, J. B. (1997). Gaining and Sustaining Competitive
Advantage. Reading, MA: Addison–Wesley.

[14] Hall, R. (1992). The Strategic Analysis of Intangible Resources. Strategic Manage-
ment Journal, 13, 135–144.

[15] Gold, A. H., Malhotra, A. and Segars, A. H. (2001). Knowledge Management:
An Organizational Capabilities Perspective. Journal of Management Information Systems, 18
(1), 185–214.

[16] Scott, W. R. (1995). Institutions and Organizations. Thousand Oaks, CA; Sage.
Busenitz, L. W., Gomez, C. and Spencer, J. W. (2000). Country Institutional Profiles:
Unlocking Entrepreneurial Phenomena, Academy of Management Journal, 43 (5), 994–1003.

[17] Heide, J. B. and John, G. (1992). Do Norms Matters in Marketing Relationships?
Journal of Marketing, 56 (2), 32–44.

第 3 章

[1] Fahey, L., King, W. R. and Narayanan, V. K. (1981). Environmental Scanning and

Forecasting in Strategic Planning–The State of the Art. Long Range Planning, 14 (6), 32–39.

［2］这部分主要是根据下列文献所做的延伸：Hrebiniak, L. G. and Joyce, W. F. (1985). Organizational Adaptation: Strategic Choice and Environmental Determinism, Administrative Science Quarterly, 30 (3), 336–349.

［3］Subramanian, R., Fernandes, N. and Harper, E. (1993). Environmental Scanning in U.S. Companies: Their Nature and Their Relationship to Performance, Management International Review, 33 (3), 271–286. Sanders, N. R. and Manrodt, K. B. (1994). Forecasting Practices in US Corporations: Survey Results. Interfaces, 24 (2), 92–100.

［4］Hillman, A. J. and Hitt, M. A. (1999). Corporate Political Strategy Formulation: A Model of Approach, Participation and Strategy Decisions. Academy of Management Review, 24 (4), 825–842.

［5］Porter, M. E. (1980). Competitive Strategy: Techniques for Analyzing Industries and Competitors, New York: Free Press.

［6］Pecotich, A., John Hattie, J. and Low, L. P. (1999). Development of Industruct: A Scale for the Measurement of Perceptions of Industry Structure. Marketing Letters, 10 (4), 409–422.

［7］Milliken, F. J. (1987). Three Types of Perceived Uncertainty About the Environment: State, Effect and Response Uncertainty. Academy of Management Review, 12 (1), 133–143.

［8］Dess, G. G., and Beard, D. W. (1984). Dimensions of Organizational Task Environments. Administrative Science Quarterly, 29 (1), 52–73.

［9］Schein, E. H. (1985). Organizational Culture, American Psychologist, 45 (2), 109–119.

［10］Quinn, R. E. (1988). Beyond Rational Management, San Francisco, CA: Jossey-Bass.

［11］Schneider, B., Goldstein, H. W. and Smith, D. B. (1995), The ASA Framework: An Update, Personnel Psychology. 48 (4), 747–773.

第4章

［1］Tang, T. L. P. (1993). The Meaning of Money: Extension and Exploration of the Money Ethic Scale in a Sample of University Students in Taiwan, Journal of Organizational Behavior, 14 (1), 93–99. Tang, T. L. P., Adrian Furnham, A. and Davis, G. M. T. W. (2003), A Cross–cultural Comparison of the Money Ethic, the Protestant Work Ethic and Job Satisfaction: Taiwan, the USA and the UK. International Journal of Organization Theory and

Behavior, 6（2）, 175-194.

[2] Hofstede, G. (1980). Culture's Consequences: International Differences in Work-related Values. Beverly Hills, CA: Sage.

[3] Hofstede, G. and Bond, M. H. (1988). The Confucius Connection: From Cultural Roots to Economic Growth. Organizational Dynamics, 16 (4), 5-21.

[4] Yeh, R. S. and Lawrence, J. J. (1995). Individualism and Confucian Dynamism: A Note on Hofstede's Cultural Root to Economic Growth, Journal of International Business Studies. 26 (3), 655-669. Spector, P. E. (2001). An International Study of the Psychometric Properties of the Hofstede Values Survey Module 1994: A Comparison of Individual and Country/Province Level Results. Applied Psychology: An International Review, 50 (2), 269-281. McSweeney, B. (2002). Hofstede's Model of National Cultural Differences and Their Consequences: A Triumph of Faith-A Failure of Analysis, Human Relations. 55 (1), 89-118.

[5] Crotts, J. C. and Erdmann, R. (2000). Does National Culture Influence Consumers' Evaluation of Travel Services? A Test of Hofstede's Model of Cross-Cultural Differences, Managing Service Quality. 10 (6), 410-419. Litvin, S. W., Crotts, J. C. and Hefner, F. L. (2004). Cross-cultural Tourist Behaviour: A Replication and Extension Involving Hofstede's Uncertainty Avoidance Dimension. International Journal of Tourism Research, 6 (1), 29-37.

[6] House, R., Javidan, M. and Dorfman, P. (2001). Project GLOBE: An Introduction, Applied Psychology: An International Review, 50 (4), 489-505.

[7] House, R. J., Hanges, P. J., Javidan, M., Dorfman, P. W. and Gupta, V. (2004). Culture, Leadership and Organizations: The GLOBE Study of 62 Societies. Thousand Oaks, CA: Sage.

[8] Jackson, T. (2002). The Management of People across Cultures: Valuing People Differently. Human Resource Management, 41 (4), 455-475.

[9] Davis, K. and Blomstrom, R. L. (1975). Business and Society: Environment and Responsibility, 3rd Ed. New York: McGraw-Hill.

[10] Friedman, M. (1962). Capitalism and Freedom. Chicago: University of Chicago Press.

[11] March, J. G. and Simon, H.A. (1958). Organizations, New York: Wiley. Jensen, M. C. (2001). Value Maximisation, Stakeholder Theory and the Corporate Objective Function, Journal of Applied Corporate Finance, 14 (3), 8-21. Omran, M. and Pointon, J. (2002). Shareholders Versus Stakeholders: Corporate Mission Statements and Investor Returns, Business Ethics: A European Review, 11, 318-326.

[12] Carroll, A. B. (1991). The Pyramid of Corporate Social Responsibility: Toward the

Moral Management of Organizational Stakeholders, Business Horizons. 34 (4), 39–48.

［13］本节所述的正反论点取自：Davis, K. (1973). The Case for and against Business Assumption of Social Responsibilities, Academy of Management Journal, 16 (2), 312–322. Robbins, S. P. and Coulter, M. (2005). Management, 8th Ed., Upper Saddle River, NJ: Pearson.

［14］Griffin, R. W. (2005). Management, 8th Ed., Boston, New York: Houghton Mifflin.

［15］Orlitzky, M., Schmidt, F. L. and Rynes, S. L. (2003). Corporate Social and Financial Performance: A Meta-analysis. Organization Studies. 24, (3), 403–441. Lee, D. D., Faff, R. W. and Kim Langfield-Smith, K. (2009). Revisiting the Vexing Question: Does Superior Corporate Social Performance Lead to Improved Financial Performance? Australian Journal of Management. 34 (1), 21–49.

［16］Frederick, W. C., Davis, K. and Post, J. E. (1988). Business and Society: Corporate Strategy, Public Policy, Ethics. 6th Ed. New York: McGraw-Hill.

［17］Hunt, S. and Vitell, S. A. (1986). A General Theory of Ethics, Journal of Macromarketing 6, 5–16. Forsyth, D. R. (1980). A Taxonomy of Ethical Ideologies, Journal of Personality and Social Psychology, 39, 175–184.

［18］Kohlberg, L. (1976). Moral Stages and Moralization: The Cognition-Development Approach. in T. Lickona (ed.) Moral Development and Behavior: Theory, Research and Social Issues. New York: Holt, Rinehart & Winston.

［19］Victor, B. and Cullen, J. B. (1987). A Theory and Measure of Ethical Climate in Organizations, in Fredrick, W. C. (ed.), Research in Corporate Social Performance and Policy, 9, 51–71. Victor, B. and Cullen, J. B. (1988). The Organizational Bases of Ethical Work Climates, Administrative Science Quarterly, 33, 101–125.

［20］Kim, N. Y. and Miller, G. (2008). Perceptions of the Ethical Climate in the Korean Tourism Industry. Journal of Business Ethics, 82, 941–954.

［21］Borkowski, S. C. and Ugras, Y. J. (1998). Business Students and Ethics: A Meta-analysis. Journal of Business Ethics, 17 (11), 1117–1127. Cole, B. C. and Smith, D. L. (1996). Perceptions of Business Ethics: Students vs. Business People, Journal of Business Ethics, 15 (8), 889–896.

［22］Ferrell, O. C. and Fraedrich, J. (1994). Business Ethics, 2nd Ed., Boston, MA: Houghton Mifflin. Aguilar, F. J. (1994). Managing Corporate Ethics, New York, NY: Oxford University Press.

［23］Wood, G. (2000). A Cross Cultural Comparison of the Contents of Codes Of Ethics:

USA, Canada and Australia, Journal of Business Ethics, 25 (4), 287-298.

[24] Carroll, A. B. (1993). Business & Society: Ethics and Stakeholder Management, 2nd Ed., Cincinnati, Ohio: South-Western.

[25] Schwepker, C. H. Jr., and Ingram, T. N. (1996). Improving Sales Performance through Ethics: The Relationship between Salesperson Moral Judgment and Job Performance. Journal of Business Ethics, 15 (11), 1151-1159. Verschoor C. C. (1998). A Study of The Link Between a Corporation's Financial Performance and Its Commitment to Ethics. Journal of Business Ethics, 17, 1509-1516. Donker, H., Poff, D. and Zahir, S. (2008). Corporate Values, Codes of Ethics, and Firm Performance: A Look at the Canadian Context. Journal of Business Ethics, 82, 527-537.

第 5 章

[1] Pearce, J. A., II, Robbins, D. K. and Robinson, R. B., Jr. (1987). The Impact of Grand Strategy and Planning Formality on Financial Performance, Strategic Management Journal. 8 (2), 125-134. Ramanujam, V. and Venkatraman, N. (1987). Planning and Performance: A New Look at an Old Question. Business Horizons. 30 (3), 19-25. Glaister, K. W., Dincer, O, Tatoglu, E., Demirbag, M. and Zaim, S. (2008). A causal analysis of formal strategic planning and firm performance; Evidence from an emerging country. Management Decision. 46 (3), 365-391.

[2] Gimpl, M. L. and Dakin, S. R. (1984). Management and Magic. California Management Review. 27 (1), 125-136.

[3] Pearce, J. A., II and David, F. R. (1987). Corporate Mission Statement: The Bottom Line. Academy of Management Executive, 109-115.

[4] 在《EQ》一书中主张延后满足倾向就是高 EQ 的表现. 参阅: Goleman, D. EQ. 张美惠译 (1996). 中国台北: 时报出版社.

[5] 高孔廉与刘德照 (1979). 企业目标优先顺序之比较研究. 管理评论, 195-209. Hofstede, G., van Deusen, C. A., Mueller, C. B. and Charles, T. A. (2002). What goals do business leaders pursue? A study in fifteen countries. Journal of International Business Studies, 33 (4): 785-802.

[6] Leonard, J. W. (1986). Why MBO Fails So Often, Training and Development Journal, 40 (6), 38-39. Ford, C. H. (1979). MBO: An idea Whose Time Has Gone? Business Horizon, 22 (6): 48-53.

[7] Claessens, B. J. C., van Eerde, W., Rutte, C. G. and Roe, R. A. (2007). A Re-

view of the Time Management Literature，Personnel Review，36（2），255–276.

［8］LeBoeuf，M. 做时间的主人. 金磊译（1986）. 中国台北：中国生产力中心.

第6章

［1］Nees，D. B. and Greiner，L. E.（1985）. Seeing Behind the Look–Alike Management Consultants. Organizational Dynamics. 13（3），68–79.

［2］Griffin，R. W.（2005）. Management，8th Edition，Boston，MA：Houghton Mifflin.

［3］Stoner，J. A.（1968）. Risky and Cautious Shifts in Group Decision：The Influence of Widely Held Values，Journal of Experimental Social Psychology，4，442–459. Bumstein，E. and Vinokur，A.（1977）. Persuasive Argumentation and Social Comparison as Determinants of Attitude Polarization，Journal of Experimental Social Psychology，13，315–332.

［4］Janis，I. L.（1972）. Victims of Groupthink，Boston，MA：Houghton Mifflin.

［5］Dess，G. G.（1987）. Consensus on Strategy Formulation and Organizational Performance：Competitors in a Fragmented Industry，Strategic Management Journal. 8（3），259–277. West，C. T. Jr. and Schwenk，C. R.（1996）. Top Management Team Strategic Consensus，Demographic Homogeneity and Firm Performance：A Report of Resounding Nonfindings，Strategic Management Journal. 17（7），571–576.

［6］Nutt，P.（1997）. Better Decision Making：A Field Study. Business Strategy Review，8（4），45–52.

［7］Burke，L. A. and Monica K Miller，M. K.（1999）. Taking the Mystery out of Intuitive Decision Making. Academy of Management Executive. 13（4），91–99. Wozniak，A.（2006）. Managerial Intuition across Cultures：Beyond A "West–East Dichotomy"，Education & Training. 48（2/3）：84–96.

［8］Isenberg，D. J.（1984）. How Senior Managers Think. Harvard Business Review，Nov.–Dec.，81–90. Agor，W. H.（1986）. The Logic of Intuitive Decision Making. Quorum Books. Khatri，N. and Ng，H. A.（2000）. The Role of Intuition in Strategic Decision Making. Human Relations. 53（1），57–86. Andersen，J. A.（2000）. Intuition in Managers：Are Intuitive Managers More Effective? Journal of Managerial Psychology. 15（1），46–67.

［9］Beckwith，N. E. & Lehmann，D. R.（1975）. The Importance of Halo Effects in Multi-Attribute Attitude Models. Journal of Marketing Research，12（3），265–75. Wu，B. T. W. & Petroshlus，S. M.（1987）. The Halo Effect in Store Image Measurement. Journal of the Academy of Marketing Science，15（3），44–51. Murphy，K. R.，Jako，R. A. and Anhalt，R. L.（1993）. Nature and Consequences of Halo Error：A Critical Analysis，Journal of Applied Psychology. 78（2），218–225.

[10] Saaty, T. L. (1980). The Analytic Hierarchy Process, New York, NY: McGraw–Hill.

[11] Rickards, T. (1999). Brainstorming Revisited: A Question of Context. 1 (1), International Journal of Management Review, 91 –110. Pinsonneault, A., Barki, H., Gallupe, R. B. and Hoppen, N. (1999). Electronic Brainstorming: The Illusion of Productivity. Information Systems Research, 10 (2), 110–133.

[12] Wober, K. W. (2002). Benchmarking in Tourism and Hospitality Industries: The Selection of Benchmarking Partners, Cambridge, MA: CABI Publishing. Kozak, M. (2003). Destination Benchmarking: Concepts, Practices and Operations. Cambridge, MA: CABI Publishing.

[13] Schwenk, C. (1989). A Meta–Analysis on the Comparative Effectiveness of Devil's Advocacy and Dialectical Inquiry. Strategic Management Journal. 10 (3), 303–306.

第 7 章

[1] Weihrich, H. and Koontz, H. (1993). Management: A Global Perspective, 10th Ed., New York: McGraw–Hill.

[2] Mintzberg, H. (1987). The Strategy Concept II: Another Look at Why Organizations Need Strategies, California Management Review, 30 (1), 25–32.

[3] Ohmae, K. (1989). Companyism and Do More Better. Harvard Business Review, 67 (1), 125–132.

[4] Mintzberg, H. (1978). Patterns in Strategy Formation, Management Science, 24 (9), 934–948.

[5] Palich, L. E., Cardinal, L. B. and Miller, C. C. (2000). Curvilinearity in the Diversification –Performance Linkage: An Examination of Over Three Decades of Research. Strategic Management Journal, 21, 155–174.

[6] Neves, J. C. and Lourenço, S. (2009). Using Data Envelopment Analysis to Select Strategies That Improve the Performance of Hotel Companies. International Journal of Contemporary Hospitality Management. 21 (6), 698–712.

[7] Ansoff, I, (1965). Corporate Strategy, New York, NY: McGraw–Hill.

[8] Porter, M. E. (1980). Competitive Strategy, New York, NY: Free Press.

[9] Porter, M. E. (1980). Competitive Strategy, New York, NY: Free Press. Kumar, K., Subramanian, R. and Yauger, C. (1997). Pure versus Hybrid: Performance Implications

of Porter's Generic Strategies, Health Care Management Review. 22（4）, 47–60.' Gopalakrishna, P. and Subramanian, R. （2001）. Revisiting the Pure versus Hybrid Dilemma: Porter's Generic Strategies in a Developing Economy, Journal of Global Marketing. 15（2）, 61–79.

[10] Miles, R. E. and Snow, C. C. （1978）. Organization Strategy, Structure and Process, New York, NY: McGraw-Hill.

[11] McDaniel, S. W. and Kolari, J. W. （1987）. Marketing Strategy Implications of the Miles and Snow Strategic Typology. Journal of Marketing, 51（4）, 19–30. Parnell, J. A. and Wright, P. （1993）. Generic Strategy and Performance: An Empirical Test of the Miles and Snow Typology, British Journal of Management, 4, 29–36. Garrigos-Simon, F. J., Marques, D. P. and Narangajavana, Y. （2005）. Competitive Strategies and Performance in Spanish Hospitality Firms. International Journal of Contemporary Hospitality Management, 17（1）, 22–38.

[12] 图中的效率、创新等竞争优势来源取自 Hill, C. W. and Jones, G. R. （1993）. Strategic Management: An Integrative Approach. 3rd Ed., Boston, MA: Houghton Mifflin.

[13] Jayamaha, N., Grigg, N. and Mann, R. （2009）. A Study of the Validity of Three Major Business Excellence Models in the Asia Pacific Region. Total Quality Management, 20（11）, 1213–1227.

[14] Hamel, G. and Prahalad, C. K. （1994）. Competing for the Future. Boston, MA: Harvard Business Press. Kiernan, M. J. （1993）, The New Strategic Architecture: Learning to Compete in the 21 Century, Academy of Management Executive, 7（1）, 7–21.

[15] Prahalad, C. K. （1995）. Weak Signals Versus Strong Paradigms, Journal of Marketing Research, 32（3）, iii–viii.

[16] Datamonitor （2009）. Marriott International Inc. Company Profile. New York, NY: Datamonitor USA.

第 8 章

[1] Mintzberg, H. （1993）. Structure in Fives: Designing Effective Organization, Upper Saddle River, NJ: Prentice-Hall, Inc.

[2] Bittel, L. R. and Newstrom, J. W. （1990）. What Every Supervisor Should Know, 6th Ed., New York, NY: McGraw-Hill.

[3] Thompson, J. （1967）. Organizations in Action. New York, NY: McGraw-Hill.

[4] Daft, R. L. （1998）. Organization Theory and Design, 6th Ed., Cincinnati, Ohio: South-Western College Pub.

[5] Dessler, G. （1986）. Organization Theory, 2nd Ed., Upper Saddle River, NJ:

Prentice-Hall, Inc.

[6] Van de Ven, A. H. (1976). Determinants of Coordination Modes within Organization, American Sociological Review, 41, 322-338.

[7] Hackman, J. R. and Oldham, G. R. (1980). Work Redesign. Reading, MA: Addison-Wesley.

[8] Fried, Y. and Ferris, G. R. (1987). The Validity of the Job Characteristics Model: A Review and Meta-Analysis. Personnel Psychology. 40 (2), 287-322.

[9] Hogan, E. A. and Martell, D. A. (1987). A Confirmatory Structural Equations Analysis of the Job Characteristics Model. Organizational Behavior and Human Decision Processes. 39 (2), 242-261.

[10] Kirkman, B. L. and Shapiro, D. L. (2001). The Impact of Cultural Values on Job Satisfaction and Organizational Commitment in Self-Managing Work Teams: The Mediating Role of Employee Resistance. Academy of Management Journal. 44 (3), 557-569. Tata, J. and Prasad, S. (2004). Team Self-management, Organizational Structure and Judgments of Team Effectiveness. Journal of Managerial Issues. 16 (2), 248-265.

[11] Pugh, D. S., Hickson, D. J., Hinings, C. R. and Turner, C. (1968). Dimensions of Organization Structure, Administrative Science Quarterly, 13, 65-105. Daft, R. L. (2001). Organization Theory and Design, 7th Ed., Cincinnati, Ohio: South-Western College Pub. Grinyer, P. H. and Yasai-Andikani, M. (1980). Dimensions of Organizational Structure: A Critical Replication. Academy of Management Journal, 23 (3), 405-421.

[12] Burns, T. and Stalker, M. (1961). The Management of Innovation. London: Tavistock Publications. Lawrence, P. R. and Lorsch, J. W. (1967). Organization and Environment: Managing Differentiation and Integration. Homewood, Illinois: Irwin.

[13] Woodward, J. M. A. (1965). Industrial Organization: Theory and Practice. Oxford, New York: Oxford University Press.

[14] Pugh. D. S., Hickson, D. J., Hinings. C. R. and Turner, C. (1969). The Context of Organizational Structures. Administrative Science Quarterly. 14, 91-114. Grinyer, P, H. and Yasai-Ardekani. M. 1981. Strategy, Structure, Size and Bureaucracy. Academy of Management Journal, 24, 471-486.

[15] Thain, D. H. (1969). Stages of Corporate Development. Business Horizons. 14, 109-114.

[16] Jennings, D. F. and Seaman, S. L. (1994). High and Low Levels of Organizational Adaptation: An Empirical Analysis of Strategy, Structure and Performance, Strategic Manage-

ment Journal, 15 (6), 459–475. Alexander, J. W. and Randolph, W. A. (1985). The Fit between Technology and Structure as a Predictor of Performance in Nursing Subunits. Academy of Management Journal, 28 (4), 844–859.

[17] Venkatraman, N. (1989). The Concept of Fit in Strategy Research: Toward Verbal and Statistical Correspondence. Academy of Management Review, 14 (3), 423–444.

第 9 章

[1] Sherman, A. W., Snell, S. and Bohlander, G. W. (1998). Managing Human Resources, 11th Ed., Cincinnati, Ohio: South-Western College Pub.

[2] Dessler, G. (2008). Human Resource Management, 11th Ed., Upper Saddle River, NJ: Pearson Education, Inc.

[3] Premack, S. L. and Wanous, J. P. (1985). A Meta-Analysis of Realistic Job Preview Experiments. Journal of Applied Psychology, 70 (4), 706–719. Phillips, J. M. (1998). Effects of Realistic Job Previews on Multiple Organizational Outcomes: A Meta-Analysis. Academy of Management Journal. 41 (6), 673–690.

[4] Saks, A. M., Uggerslev, K. L. and Fassina, N. E. (1997). Socialization Tactics and Newcomer Adjustment: A Meta-Analytic Review and Test of a Model, Journal of Vocational Behavior. 70 (3), 413–446.

[5] Eby, L. T., Allen, T. D., Evans, S. C., Ng, T. and DuBois, D. L. (2008). Does Mentoring Matter? A Multidisciplinary Meta-Analysis Comparing Mentored and Non-Mentored Individuals. Journal of Vocational Behavior. 72 (2), 254–267.

[6] Kirpatricks, D. (1996). Great Ideas Revisited: Techniques for Evaluating Training Programs. Training & Development. 50, (1), 54–59.

[7] Morin, L. and Renaud, S. (2004). Participation in Corporate University Training: Its Effect on Individual Job Performance. Canadian Journal of Administrative Sciences. 21 (4), 295–306. del Valle, I. D., Castillo, M. A. S. and Rodríguez-Duarte, A. (2009). The effects of Training on Performance in Service Companies; A Data Panel Study. International Journal of Manpower. 30 (4), 393–407.

[8] 例如 Gremler, D. D., Bitner, M. J. and Evans, K. R. (1994). The Internal Service Encounter, International Journal of Service Industry Management. 5 (2), 34–56. Reynoso, J. and Moores, B. (1995). Towards the Measurement of Internal Service Quality, International Journal of Service Industry Management. 6 (3), 64–83.

[9] 例如 Barrick, M. R. and Mount, M. K. (1991). The Big Five Personality Dimensions

and Job Performance: A Meta-Analysis. Personnel Psychology. 44 (1), 1–26. Tracey, J. B., Sturman, M. C. and Tews, M. J. (2007). Ability Versus Personality: Factors that Predict Employee Job Performance, Cornell Hotel and Restaurant Administration Quarterly. 48 (3), 313–322.

[10] Milliman, J., Nason, S., Zhu, C. and De Cieri, H. (2002). An exploratory Assessment of the Purposes of Performance Appraisals in North and Central America and the Pacific Rim, Human Resource Management. 41 (1), 87–102. Jawahar, I. M. and Williams, C. R. (1997). Where all the Children are Above Average: The Performance Appraisal Purpose Effect. Personnel Psychology. 50 (4), 905–925.

[11] Dessler, G. (2008). Human Resource Management, 11th Ed., Upper Saddle River, NJ: Pearson Education, Inc.

[12] Hall, D. T. (1976). Careers in Organizations, Scott, Foremost and Co.

[13] Becker, B. E., Huselid, M. A. and Ulrich, D. (2001). The HR Scorecard: Linking People, Strategy and Performance, Boston, MA: Harvard Business School Press.

[14] Robinson, S. L., Kraatz, M. S. and Rousseau, D. M. (1994). Changing Obligations and the Psychological Contract: A Longitudinal Study. Academy of Management Journal, 37 (1), 137–152. Zhao, H., Wayne, S. J., Glibkowski, B. C. and Bravo, J. (2007). The Impact of Psychological Contract Breach on Work–Related Outcomes: A Meta–Analysis. Personnel Psychology. 60 (3), 647–680.

第 10 章

[1] Stogdill, R. M. (1974). Handbook of Leadership: A Survey of Theory and Research, New York, NY: Free Press.

[2] Lewin, K. and Lippitt, R. (1938). An Experimental Approach to the Study of Autocracy and Democracy: A Preliminary Note. Sociometry, 1, 292–300. Lewin, K. (1939). Field Theory and Experiment in Social Psychology: Concepts and Methods, American Journal of Sociology, 44, 868–896. 引述自 Robbins, S. P. and Coulter, M. (2005). Management, 8th Edition, Upper Saddle River, NJ: Pearson Education, Inc., 424.

[3] Bass, B. M. (1981). Stogdill's Handbook of Leadership, New York: Free Press. Bruns, G. H. and Shuman, I. G. (1988). Police Managers' Perception of Organizational Leadership Styles. Public Personnel Management. 17 (2), 145–167.

[4] Bass, B. M. (1981). Stogdill's Handbook of Leadership, New York: Free Press. Nystrom, P. C. (1978). Managers and the Hi-Hi Leader Myth. Academy of Management Jour-

nal，21，325-331. Judge，T. A.，Piccolo，R. F. and Ilies，R. （2004）. The Forgotten Ones? The Validity of Consideration and Initiating Structure in Leadership Research. Journal of Applied Psychology，89（1），36-51.

［5］Likert，R. （1961）. New Patterns of Management，New York：McGraw-Hill. Likert，R. （1967）. The Human Organization：Its Management and Value，New York：McGraw-Hill.

［6］Blake，R. R. and Mouton，J. S. （1964）. The Managerial Grid，Houston，TX：Gulf Publishing.

［7］Yukl，G. （2006）. Leadership in Organizations，6th Ed.，Upper Saddle River，NJ：Pearson Education，Inc. Bennett J. Tepper，B. J. （2007）. Abusive Supervision in Work Organizations：Review，Synthesis and Research Agenda，Journal of Management，33，261-289.

［8］Holland，J. H. （1985）. Making Vocational Choices：A Theory of Vocational Personalities and Work Environments，2nd Ed.，Upper Saddle River，NJ：Prentice-Hall，Inc. Zaleznik，A. （1977）. Managers and Leaders：Are They Different? Harvard Business Review，55（5），67-78. Kotter，J. P. （1990）. A Force of Change：How Leadership Differs from Management，New York：Free Press.

［9］Tannenbaum，R. and Schmidt，W. H. （1958）. How to Choose a Leadership Pattern，Harvard Business Review，36（2），95-101.

［10］Fiedler，F. E. （1967）. A Theory of Leadership Effectiveness，New York：McGraw-Hill.

［11］例如 Hill，W. （1969）. The Validation and Extension of Fiedler's Theory of Leadership Effectiveness，Academy of Management Journal，12（1），33-47. Utecht，R. E. and Heier，W. D. （1976）. The Contingency Model and Successful Military Leadership，Academy of Management Journal，19（4），606-618.

［12］Evans，M. G. （1970）. The Effects of Supervisory Behavior on the Path-Goal Relationship. Organizational Behavior and Human Performance，55，277-298. House，R. J. （1971）. A Path Goal Theory of Leader Effectiveness，Administrative Science Quarterly，16（3），321-338.

［13］Wofford，J. C. and Liska，L. Z. （1993）. Path-Goal Theories of Leadership：A Meta-Analysis，Journal of Management，19（4），857-876.

［14］Hersey，P. and Blanchard，K. H. （1977）. Management of Organizational Behavior：Utilizing Human Resources，Englewood Cliff，NJ：Prentice-Hall Inc.

［15］例如 Vecchio，R. P. （1987）. Situational Leadership Theory：An Examination of a Prescription. Journal of Applied Psychology，72（3），444-451. Blank，W.，Weitzel，J. R.

and Green, S. G. (1990), A Test of the Situational Leadership Theory, Personnel Psychology. 43 (3), 579-597.

[16] Vroom, V. H and Yetton, P. W. (1973). Leadership and Decision-Making. Pittsburgh: University of Pittsburgh Press. Vroom, V. H and Jago, A. G. (1988). The New Leadership, Upper Saddle River, NJ: Prentice-Hall, Inc.

[17] 例如 Vroom, V. H., Jago, A. G. (1978). On the Validity of the Vroom-Yetton Model. Journal of Applied Psychology, 63 (2), 151-162. Field, R. G. (1979). A Critique of the Vroom-Yetton Contingency Model of Leadership Behavior, Academy of Management Review. 4 (2), 249-257. Jago, A. G. and Vroom, V. H. (1980). An Evaluation of Two Alternatives to the Vroom/Yetton Normative Model. Academy of Management Journal. 23 (2), 347-355. Pate, L. E. and Heiman, D. C. (1987). A Test of the Vroom-Yetton Decision Model in Seven Field Settings. Personnel Review. 16 (2), 22-26. Ettling, J. T. and Jago, A. G. (1988), Participation Under Conditions of Conflict: More on the Validity of the Vroom-Yetton Model. Journal of Management Studies, 25 (1), 73-83.

[18] Dansereau, F., Graen, G. B., & Haga, W. J. (1975), A Vertical Dyad Linkage Approach to Leadership Within Formal Organizations, Organizational Behavior and Human Performance, 13, 46-78.

[19] 例如 Graen, G. B., Novak, M. A., & Sommerkamp, P. (1982). The Effects of Leader-Member Exchange and Job Design on Productivity and Satisfaction: Testing a Dual Attachment Model. Organizational Behavior and Human Performance, 30, 109-131. Sherony, K. and Green, S. (2002). Coworker Exchange: Relationships Between Coworkers, leader-member exchange and work attitudes. Journal of Applied Psycholoty, 87 (3), 542-548.

[20] Janssen, O. and Van Yperen, N. W. (2004). Employees' Goal Orientations, the Quality of Leader-Member Exchange and the Outcomes of Job Performance and Job Satisfaction. Academy of Management Journal, 47 (3), 368-384.

[21] Kerr, S. and Jermier, J. M. (1978). Substitutes for Leadership: Their Meaning and Measurement. Organizational Behavior and Human Performance, 22, 375-403.

[22] Podsakoff, P. M., MacKenzie, S. B. and Bommer, W. H. (1996). Meta-Analysis of the Relationships Between Kerr and Jermier's Substitutes for Leadership and Employee Job Attitudes, Role Perceptions and Performance. Journal of Applied Psychology, 81 (4), 380-399. Podsakoff, P. M. and MacKenzie, S. B. (1996). Kerr and Jermier'S Substitutes for Leadership Model: Background, Empirical Assessment and Suggestions for Future Research, Leadership Quarterly, 8 (2), 117-125.

[23] House, R. J. (1977). A 1976 Theory of Charismatic Leadership. In J. G. Hunt & L. L. Larson (Eds.), Leadership: The Cutting Edge (pp.189-207). Carbondale: Southern Illinois University Press. Nadler, D. A., & Tushman, M. L. (1990). Beyond the Charismatic Leader: Leadership and Organizational Change. California Management Review, 32, 77-97. Ehrhart, M. G. and Klein, K. J. (2001). Predicting Followers' Preferences for Charismatic Leadership: The Influence of Follower Values and Personality, Leadership Quarterly. 12 (2), 153-179.

[24] DeGroot, T., Kiker, D. S. and Cross, T. C. (2000). A Meta-Analysis to Review Organizational Outcomes Related to Charismatic Leadership. Canadian Journal of Administrative Sciences. 17 (4), 356-370.

[25] Burns, J. M. (1978). Leadership. New York: Harper & Row. Bass, B. M. (1985). Leadership and Performance Beyond Expectations. New York: Free Press.

[26] Bass, B. M. and Avolio, B. J. (2000). MLQ: Multifactor Leadership Questionnaire. Redwood City: Mind Garden.

[27] Lowe, K. B. and Kroeck, K. G. and Sivasubramaniam, N. (1996), Effectiveness Correlates of Transformational and Transactional Leadership: A Meta-Analytic Review of the MLQ Literature, Leadership Quarterly, 7 (3), 385-425. Tejeda, M. J., Scandura, T. A. and Pillai, R. (2001). The MLQ Revisited: Psychometric Properties and Recommendations, Leadership Quarterly. 12 (1), 31-52. Rowold, J. and Heinitz, K. (2007). Transformational and Charismatic Leadership: Assessing the Convergent, Divergent and Criterion Validity of the MLQ and the CKS, Leadership Quarterly. 18 (2), 121-133.

[28] Greenleaf, R. K. (1977). Servant Leadership: A Journey into the Nature of Legitimate Power and Greatness. Mahwah, NJ: Paulist Press. Ehrhart, M. G. (2004). Leadership and Procedural Justice Climate as Antecedents of Unit-Level Organizational Citizenship Behavior, Personnel Psychology, 57 (1), 61-94. Sendjaya, S., Sarros, J. C. and Santora, J. C. (2008), Defining and Measuring Servant Leadership Behaviour in Organizations, Journal of Management Studies, 45 (2), 402-424.

[29] 例如 Ehrhart, M. G. (2004). Leadership and Procedural Justice Climate as Antecedents of Unit-Level Organizational Citizenship Behavior, Personnel Psychology, 57(1), 61-94. Jaramillo, F., Grisaffe, D. B., Chonko, L. B. and Roberts, J. A. (2009), Examining the Impact of Servant Leadership on Sales Force Performance, Journal of Personal Selling & Sales Management, 29 (3), 257-275. Jaramillo, F., Grisaffe, D. B., Chonko, L. B. and Roberts, J. A. (2009). Examining the Impact of Servant Leadership on Salesperson's Turnover Intention, Journal of Personal Selling & Sales Management, 29 (4), 351-365.

[30] Messick, D. M. and Bazerman, M. H. (1996). Ethical Leadership and the Psychology of Decision Making, Sloan Management Review, 37 (2), 9–22. Brown, M. E., Treviño, L. K., and Harrison, D. (2005). Ethical Leadership: A Social Learning Perspective for Construct Development and Testing. Organizational Behavior and Human Decision Processes, 97, 117–134.

[31] Brown, M. E., Treviño, L. K. (2006). Ethical Leadership: A Review and Future Directions. Leadership Quarterly. 17, 595–616.

[32] Resick, C. J., Hanges, P. J., Dickson, M. W. and Mitchelson, J. K. (2006). A Cross –Cultural Examination of the Endorsement of Ethical Leadership. Journal of Business Ethics, 63, 345–359. Toor, S. and Ofori, G. (2009). Ethical Leadership: Examining the Relationships with Full Range Leadership Model, Employee Outcomes and Organizational Culture. Journal of Business Ethics, 90, 533–547.

[33] 康自立 (2002). 职业学校校长领导行为与教师组织承诺关系之研究, 全国技职教育研讨会论文集, 141–152.

[34] 例如: 陈文宗 (2004). 我国高级中等学校技艺竞赛与竞技运动教练领导风格及选手满意度、团队凝聚力与团队目标达成度之研究. 台湾地区彰化师范大学工业教育与技术学系未出版博士学位论文. 谢贞洲 (2004). 中国式领导在医疗组织的应用——以台南县市医院为例. 台湾地区成功大学高阶管理硕士在职专班未出版硕士学位论文.

[35] 郑伯埙, 周丽芳, 黄敏萍, 樊景立及彭泗清 (2003). 家长式领导的三元模式: 中国大陆企业组织的证据. 本土心理学研究期刊, 19, 209–250.

[36] 例如: 王新怡 (2002). 家长式领导、信任与员工效能. 中国台湾中山大学人力资源管理研究所未出版硕士学位论文. 林柏年 (2007). 家长式领导与员工组织承诺、工作绩效及离职倾向关系之研究. 中国台湾台北大学/企业管理学系未出版硕士学位论文.

[37] Tepper, B. J. (2000). Consequences of Abusive Supervision. Academy of Management Journal, 43 (2), 178–190. Zellars, K. L., Tepper, B. J., & Duffy, M. K. (2002). Abusive Supervision and Subordinates' Organizational Citizenship Behavior. Journal of Applied Psychology, 87, 1068–1076. Tepper, B. J. (2007). Abusive Supervision in Work Organizations: Review, Synthesis and Research Agenda, Journal of Management, 33 (3), 261–289.

[38] Cogner, J. A. (1992). Learning to Lead, San Francisco, CA : Jossey–Bass.

[39] French, J. R. P. and Raven, B. H. (1959). The Basis of Social Power, in Cartwright, D. (Eds), Studies in Social Power, Ann Arbor, MI: University of Michigan Press, 150–167.

[40] 例如 Skinner, S. J., Dubinsky, A. J. and Donnelly, J. H., Jr. (1984). The Use of Social Bases of Power in Retail Sales, Journal of Personal Selling & Sales Management. 4 (2),

48-56. Gaski, J. F. and Nevin, J. R. (1985). Unexercised Power Sources in a Marketing Channel, Journal of Marketing Research. 22 (2), 130-142.

[41] Zimbardo, P., Haney, C., Banks, C. and Jaffe, D. (1975). The Psychology of Imprisonment: Privation, Power and Pathology, S. 270-287. in Rosenhan, D. I. and London, P. (Eds.). Theory and Research in Abnormal Psychology, New York: Holt, Rinehart and Winston.

[42] Ford, R. C. and Fottler; M. D. (1995). Empowerment: A Matter of Degree, Academy of Management Executive, 9 (3), 21-31.

[43] Spreitzer, G. M. (1995). Psychological Empowerment in the Workplace: Dimensions, Measurement and Validation, Academy of Management Journal, 38 (5), 1442-1465.

[44] 例如 Spreitzer, G. M. (1995). 同注 [43]. Spreitzer, G. M., Kizilos, M. A., & Nason, S. W. 1997. A Dimensional Analysis of the Relationship Between Psychological Empowerment and Effectiveness, Satisfaction And Strain. Journal of Management, 23, 679-704. Seibert, S. E., Silver, S. R. and Randolph, W. A. (2004). Taking Empowerment to the Next Level: A Multiple-Level Model of Empowerment, Performance and Satisfaction, Academy of Management Journal, 47 (3), 332-349.

[45] Gantz, J. and Muray, V. V. (1980). Experiences of Workplace Politics, Academy of Management Journal, 23, 237-251.

[46] Daft, R. L. (1998). Organizational Theory and Design, 6th Ed., Cincinnati, Ohio: South-Western.

[47] Miller, B. K., Rutherford, M. A. and Kolodinsky, R. W. (2008). Perceptions of Organizational Politics: A Meta-analysis of Outcomes. Journal of Business and Psychology, 22, 209-222.

[48] Ferris, G. R., Treadway, D. C., Kolodinsky, R. W., Hochwarter, W. A., Kacmar, C. J., Douglas, C. and Frink, D. D. (2005). Development and Validation of the Political Skill Inventory. Journal of Management, 31 (1), 126-152.

[49] 例如 Ferris et al. (2005). 同注 [48]. Treadway, D. C., Hochwarter, W. A., Ferris, G. R., Kacmar, C. J., Douglas, C. Ammeter, A. P. and Buckley, M. R. (2004). Leader Political Skill and Employee Reactions, Leadership Quarterly, 15, 493-513. Hochwarter, W. A., Ferris, G. R., Gavin, M. B., Perrewé, P. L., Hall, A. T. and Frink, D. D. (2007). Political Skill as Neutralizer of Felt Accountability-Job Tension Effects on Job Performance Ratings: A Longitudinal Investigation. Organizational Behavior and Human Decision Processes, 102, 226-239.

[50] Yukl, G. and Tracey, J. B. (1992). Consequences of Influence Tactics Used with Subordinates, Peers and the Boss. Journal of Applied Psychology. 77 (4), 525–535.

[51] 例如 Yukl, G. and Tracey, J. B. (1992). 同注 [50]. Branzei, O. (2002). Cultural Explanations of Individual Preferences for Influence Tactics in Cross Cultural Encounters, International Journal of Cross Cultural Management, 2(2), 203–218. Higgins, C. A., Judge, T. A. and Ferris, G. R. Influence Tactics and Work Outcomes: A Meta–analysis. Journal of Organizational Behavior, 24, 89–106.

第 11 章

[1] Penley, L. E., Alexander, E. R., Jernigan, I. E. and Henwood, C. L. (1991). Communication Abilities of Managers: The Relationship to Performance. Journal of Management. 17 (1), 57–76. Zorn, T. E. and Violanti, M. T. (1996). Communication Abilities and Individual Achievement in Organizations, Management Communication Quarterly, 10 (2), 139–167.

[2] Mintzberg, H. (1973). The Nature of Managerial Work, New York: Harper and Row.

[3] Daft, R. and Lengel, R. (1986). Organizational Information Requirements, Media Richness and Structural Design. Management Science, 32, 554–571. Daft, R., Lengel, R. and Trevino, L. (1987), Message Equivocality, Media Selection and Manager Performance: Implications for Information Systems, MIS Quarterly, 17, 355–366.

[4] Wofford, J. and Gerloff, E. (1977). Organizational Communication, Boston, NY: McGraw–Hill.

[5] Young, M. and Post, J. E. (1993). Managing to Communicate, Communicating to Manage: How Leading Companies Communicate with Employee. Organizational Dynamics, 22 (1), 31–43.

[6] Murphy, H. A., Hildebrandt, H. W. and Thomas, J. P. (1997). Effective Business Communications. 7th Ed., Boston, NY: McGraw–Hill.

[7] Thill, J. V. and Bovee, C. L. (1991). Excellence in Business Communication, Boston, NY: McGraw–Hill.

[8] Guffy, M. E. (1997). Business Communication: Process and Product. 2nd Ed., Cincinhati, Ohio: South–Western College Pub.

[9] Petty, R. E. and Cacioppo, J. T. (1981). Attitudes and Persuasion: Classic and Contemporary Approaches. Dubuque, IA: W. C. Brown.

[10] Lewiki, R. J. (1997). Essentials of Negotiation, Boston, NY: McGraw–Hill.

［11］Smith, H. B. (1987). Selling through Negotiation. Marketing Education Association.

［12］Bazerman, M. H. (1986). Why Negotiations Go Wrong? Psychology Today, June, 54-58.

［13］Jehn, K. (1995). A Multimethod Examination of the Benefits and Detriments of Intragroup Conflict. Administrative Science Quarterly, 40, 256-282.

［14］De Dreu, C. K. W. and Weingart, L. R. (2003). Task Versus Relationship Conflict, Team Performance and Team Member Satisfaction: A Meta-Analysis. Journal of Applied Psychology, 88 (4), 741-749.

［15］Greenhalgh, L. (1986). Managing Conflict, Sloan Management Review, Summer, 45-51.

［16］Blake, R. R. and Mouton, J. S. (1984). Solving Costly Organizational Conflicts, San Francisco, CA: Jossey-Bass.

第 12 章

［1］Geen, R. G., Beatty, W. W. and Arkin, R. M. (1984). Human Motivation: Physiological, Behavioral and Social Approaches, Boston,, MA: Allyn and Bacon.

［2］例如 Petri, H. L. and Govern, J. M. (2004). Motivation: theory, Research and Application, 5th Ed., Belmont, CA: Wadsworth/Thomson Learning.

［3］Lawler III, E. E. (1994). Motivation in Work Organizations, San Francisco, CA: Jossey-Bass.

［4］Jensen, M. C. and Murphy, K. J. (1990). Performance Pay and Top-Management Incentives. Journal of Political Economy, 98, 225-264. Jensen, M. C. and Murphy, K. J. (1990). CEO Incentives-It's not How Much You Pay, but How, Harvard Business Review, 68 (3), 138-149.

［5］Chang, S. K. C. (1985). American and Chinese Managers in US companies in Taiwan: A Comparison. California Management Review, Summer, 144-156.

［6］Maslow, A. H. (1973). A Theory of Human Motivation. Psychological Review, 50, 370-396.

［7］Wahba, M. A, and Bridwell, L. G. (1976). Maslow Reconsidered: A Review of Research on the Need Hierarchy Theory, Organizational Behavior and Human Performance, 15 (2), 212-240.

［8］Alderfer, C. P. (1972). Existence, Relatedness and Growth, New York, NY: Free Press.

[9] 例如Wanous, J. P. and Zwany, A. (1977). A Cross Sectional Test of Need Hierarchy Theory, Organizational Behavior and Human Performance. 18 (1), 78–97. Borg, I. and Braun, M. (1996). Work Values in East and West Germany: Different Weights, but Identical Structures, Journal of Organizational Behavior. 17, 541–555.

[10] McClelland, D. C. (1985). Human Motivation. Glenview, Ⅲ.: Scott, Foresman. Harrell, A. M. and Stahl, M. J. (1981). A Behavioral Decision Theory Approach for Measuring McClelland's Trichotomy of Needs, Journal of Applied Psychology. 66 (2), 242–247. Harrell, A. M. and Stahl, M. J. (1984). McClelland's Trichotomy of Needs Theory and the Job Satisfaction and Work Performance of CPA Firm Professionals, Accounting, Organizations and Society. 9 (3, 4), 241–252.

[11] Robbins, S. P. (1989). Organizational Behavior, 4th Ed., Upper Saddle River, NJ: Prentice-Hall, Inc.

[12] McGregor, D. (1960). The Human Side of Enterprise, Boston, NY: McGraw-Hill.

[13] Morse J. J. and Lorsh, J. W. (1970). Beyond Theory Y, Harvard Business Review, 48 (3), 61–68.

[14] Herzberg, F. Mausner, B. and Snyderman, B. B. (1959). The Motivation to Work, New York: Wiley. Herzberg, F. (1968). One More Time: How Do You Motivate Employees? Harvard Business Review, 46 (1), 54–63.

[15] Skinner, B. F. (1969). Contingencies of Reinforcement, New York: Appleton-Century-Crofts.

[16] Kazdin, A. E. (1984). Behavior Modification in Applied Settings, 3rd Ed., Homewood, Ill.: Dorsey Press.

[17] Adams, J. S. (1963). Toward an Understanding of Inequity. Journal of Abnormal and Social Psychology, 67, 422–436. Adams, J. S. (1965). Inequity in Social Exchange. In L. Berkowitz (Ed.), Advances in Experimental Social Psychology, 2, 267–299. New York: Academic Press.

[18] 例如Goodman, P. S. and Friedman, A. (1971). An Examination of Adam's Theory of Inequity. Administrative Science Quarterly, 16, 271–288. Cohen-Charash, Y. and Spector, P. E. (2001). The Role of Justice in Organizations: A Meta-Analysis. Organizational Behavior and Human Decision Processes, 86 (2), 278–321. Szymanski, D. M. and Henard, D. H. (2001). Customer satisfaction: A meta-analysis of the empirical evidence, Journal of the Academy of Marketing Science. 29 (1), 16–35.

[19] Vroom, V. H. (1964). Work and Motivation, New York: Wiley.

[20] Locke, Edwin A. (1968). Toward a Theory of Task Motivation and Incentives, Organizational Behavior and Human Performance, 3 (2), 157–189.

[21] Latham, G. P., and Yukl, G. A. (1975). A Review of Research on the Application of Goal Setting in Organizations. Academy of Management Journal, 18, 824–845. Locke, E. A., Shaw, K. N., Saari, L. M. and Latham, G. P. (1981). Goal Setting and Task Performance: 1969–1980. Psychological Bulletin, 90 (1), 125–152.

[22] Deci, E. L. (1975). Intrinsic Motivation. New York: Plenum.

[23] Deci, E. L., Koestner, R., & Ryan, R. M. (1999). A Meta–Analytic Review of Experiments Examining the Effects of Extrinsic Rewards on Intrinsic Motivation. Psychological Bulletin, 125, 627–668.

[24] Dweck, C. S. (1986). Motivational Processes Affecting Learning. American Psychologist, 41 (10), 1040–1048.

[25] Harris, E. G., Mowen, J. C. and Brown, T. J. (2005). Re–examining Salesperson Goal Orientations: Personality Influencers, Customer Orientation and Work Satisfaction, Journal of the Academy of Marketing Science. 33 (1), 19–35.

[26] Ajzen, I. and Fishbein, M. (1980). Understanding Attitudes and Predicting Social Behavior. Englewood Cliffs: Prentice–Hall, Inc. Ajzen, L and T. J. Madden. (1986). Prediction of Goal–Directed Behaviour: Attitudes, Intentions and Perceived Behavioral Control. Journal of Experimental Social Psychology, 22, 453–474.

[27] Sheppard, B. H., Hartwick, J. and Warshaw, P. R. (1988). The Theory Of Reasoned Action: A Meta–Analysis Of Past Research. Journal of Consumer Research. 15 (3), 325–343. Armitage, C. J. and M. Conner. (2001). Efficacy of the Theory of Planned Behaviour: A Meta–analytic Review. British Journal of Social Psychology, 40 (4), 471–199.

[28] Porter, L. W. and Lawler, E. E. (1968). Managerial Attitudes and Performance, Homewood, Ⅲ.: Irwin.

[29] Locke, E. A. and Latham, G. P. (2004). What Should We Do About Motivation Theory? Six Recommendations for the Twenty–First Century. Academy of Management Review, 29 (3), 388–403.

[30] Stajkovic, A. D. and Luthans, F. (2003). Behavioral Management and Task Performance in Organizations: Conceptual Background, Meta–Analysis, and Test of Alternative Models. Personnel Psychology, 56 (1), 155–194.

[31] Bittel, L. R. and Newstrom, J. W. (1990). What Every Supervisor Should Know, 6th Ed., Boston, NY: McGraw–Hill.

［32］Fitzgerald, T. H. （1971）. Why Motivation Theory Doesn't Work. Harvard Business Review, 49（4）, 37–44. Kerr, S. （1975）, On the Folly of Rewarding A, While Hoping for B, Academy of Management Journal. 9（1）, 7–14. Kovach, K. A. （1987）. What Motivates Employees? Workers and Supervisors Give Different Answers, Business Horizons. 30（5）, 58–65. Podsakoff, P. M., Bommer, W. H., Podsakoff, N. P. and Mackenzie, Sc. B. （2006）. Relationships between Leader Reward and Punishment Behavior and Subordinate Attitudes, Perceptions and Behaviors: A Meta–Analytic Review of Existing and New Research. Organizational Behavior & Human Decision Processes, 99（2）, 113–142.

第 13 章

［1］Ouchi, W. G. （1980）. Markets, Bureaucracies and Clans. Administrative Science Quarterly, 25（1）, 129–141.

［2］Ouchi, W. G. （1979）. A Conceptual Framework for the Design of Organization Control Mechanisms, Management Science, 25, 833–848.

［3］Robbins, S. P. and Coulter, M. （2005）. Management, 8th Edition, Upper Saddle River, NJ: Pearson Education, Inc., 461.

［4］公开发行公司建立内部控制制度处理准则，2007 年 7 月 17 日修正公布。

［5］上市上柜公司治理实务守则，2008 年 5 月 14 日修正公布。

［6］Dalton, D. R., Daily, C. M., Certo, S. T. and Roengpitya, R. （2003）. Meta–Analyses of Financial Performance and Equity: Fusion or Confusion? Academy of Management Journal, 46（1）, 13–26. Lehn, K., Patro, S. and Zhao, M. （2007）. Governance Indexes and Valuation: Which Causes Which? Journal of Corporate Finance, 13, 907–928.

［7］Weihrich, H. and Koontz, H. （1993）. Management: A Global Perspective, 10th Ed., New York: McGraw–Hill.

［8］Lauenstein, M. （1984）. Board of Directors: The Strategic Audit, Journal of Business Strategy, 87–91.

［9］Mali, P. （1978）. Improving Total Productivity, New York: Wiley.

［10］George, S. （1992）. The Baldrige Quality System. New York: Wiley.

［11］Kotler, P. and Armstrong, G. （2009）. Marketing: An Introduction, 9th Ed., Upper Saddle River, NJ: Pearson Education, Inc. Kotler, P., Gregor, W. T. and Rogers, W. H. （1989）. The Marketing Audit Comes Of Age, Sloan Management Review, 30（2）, 49–62.

［12］Kotler, P. （1977）. From Sales Obsession to Marketing Effectiveness. Harvard Business Review, 55（6）, 67–75.

［13］例如 Webster, C. (2000). Marketing Culture and Marketing Effectiveness in Service Firms. Journal of Services Marketing, 9 (2), 6–21. Appiah-Adu, K., Fyall, A. and Singh, S. (2001). Marketing Effectiveness and Business Performance in the Financial Services Industry. Journal of Services Marketing, 15 (1), 18–34. Velev, M. S. and Marinov, I. T. (2004). Research of Bulgarian Companies' Marketing Effectiveness. Managerial Auditing Journal, 19 (6), 774–789.

第 14 章

［1］Venkatraman, N. and Ramanujam, V. (1986). Measurement of Business Performance in Strategy Research: A Comparison of Approaches, Academy of Management Review, 11 (4), 801–814.

［2］高孔廉与刘德照 (1990). 企业目标优先顺序之比较研究. 管理评论, 195–209.

［3］Anthony, R. N. and Govindarajan, V. (1998). Managerial Control Systems, 9th Ed., Boston, NY: McGraw-Hill.

［4］Cameron, K. S. and Whetten, D. A. (1983). Organizational Effectiveness: A Comparison of Multiple Models, New York: Academic Press. Cameron, K. S. (1986). A Study of Organizational Effectiveness and Its Predictors, Management Science, 32 (1), 87–112.

［5］Biddle, G. C, Bowen, R. M, and Wallace, J. S. (1997). Does EVA Beat Earnings? Evidence on Associations with Stock Returns and Firm Values, Journal of Accounting & Economics. 24 (3), 301–336.

［6］Kaplan, R. S. and Norton, D. P. (1992). The Balanced Scorecard–Measures That Drive Performance, Harvard Business Review. 70 (1), 71–79.

［7］Lingle, J. H. and Schiemann, W. A. (1996). From Balanced Scorecard to Strategic Gauges: Is Measurement Worth It? Management Review. 85 (3), 56–61. Rigby, D. (2001). Management tools and techniques: A survey, California Management Review. 43 (2), 139–160. Evans, N. (2005). Assessing the Balanced Scorecard as a Management Tool for Hotels, International Journal of Contemporary Hospitality Management. 17 (4/5), 376–390.

［8］Connolly, T., Conlon, E. J. and Deutsch, S. J. (1980). Organizational Effectiveness: A Multiple-Constituency Approach, Academy of Management Review. 5 (2), 211–216. Freeman, R. E. (1984). Strategic Management: A Stakeholder Approach. Marshfield, MA: Pitman.

［9］Ambler, T., Kokkinaki, F. and Puntoni, S. (2004). Assessing Marketing Performance: Reasons for Metrics Selection. Journal of Marketing Management, 20, 475–498.

[10] Aaker, D. A. (1996). Measuring Brand Equity across Products and Markets, California Management Review. 38 (3), 102–120.

[11] Szymanski, D. M. and Henard, D. H. (2001). Customer Satisfaction: A Meta-analysis of the Empirical Evidence, Journal of the Academy of Marketing Science. 29 (1), 16–35. Carrillat, F. A., Jaramillo, F. and Mulki, J. P. (2009). Examining the Impact of Service Quality: A Meta-Analysis of Empirical Evidence, Journal of Marketing Theory and Practice. 17 (2), 95–110.

[12] Anderson, E. W, Fornell, C. and Lehmann, D. R. (1994). Customer Satisfaction, Market Share, and Profitability: Findings from Sweden, Journal of Marketing. 58 (3), 53–66.

[13] Mulford, C. W. and Comiskey, E. E. (2002). The Financial Numbers Game: Detecting Creative Accounting Practices, New York: Wiley.

[14] Smith, P. C., Kendall, L. M., & Hulin, C. L. (1969). Measurement of Satisfaction in Work and Retirement. Chicago: Rand McNally.

[15] Mowday, R. T., Porter L. W., & Steers, R. M. (1982). Employee-Organizational Linkages: The Psychology of Commitment, Absenteeism and Turnover. New York : Academic Press.

[16] Petty, M. M., McGee, G. W. and Cavender, J. W. (1984). A Meta-Analysis of the Relationships Between Individual Job Satisfaction and Individual Performance, Academy of Management Review. 9 (4), 712–721. Mathieu, J. E. and Zajac, D. M. (1990). A Review and Meta-Analysis of the Antecedents, Correlates and Consequences of Organizational Commitment. Psychological Bulletin, 108 (2), 171–194.

[17] 主要参考 Schumann, P. A. Jr., Ransley, D. L. and Prestwood, D. C. L. (1995). Measuring R&D Performance, Research Technology Management, 38 (3), 45–54. Werner, B. W. and Souder, W. E. (1997). Measuring R&D Performance——State of the Art, Research Technology Management, 40 (2), 34–42.

[18] Werner, B. M. and Souder, W. E. (1997). Measuring R&D Performance——U.S. and German Practices, Research Technology Management, 40 (3), 28–32.

第 15 章

[1] 中国台湾行政主管部门主计处. 台湾地区标准行业分类（第八次修订）. 2006 年 4 月.

[2] Shostack, G. L. (1977). Breaking Free from Product Marketing, Journal of Marketing, 41 (2), 73–80.

［3］Lovelock, C. H. and Wirtz, J. (2011). Services Marketing, 7th Ed., Upper Saddle River, NJ: Pearson Education, Inc.

［4］服务业特性主要参考 Fitzsimmons, J. A. and Fitzsimmons, M. J. (1998). Service Management: Operations, Strategy, and Information Technology, Boston, MA: McGraw-Hill. Lovelock, C. H. and Wirtz, J. (2011). Services Marketing, 7th Ed., Upper Saddle River, NJ: Pearson Education, Inc. 因果关系部分由本书作者自行推导.

［5］Thomas, D. K. E. (1978). Strategy is Different in Service Businesses, Harvard Business Review, 56 (4), 158–165.

［6］Bowen, D. E. and Lawler, E. E., Ⅲ. (1992). The Empowerment of Service Workers: What, Why, How and When, Sloan Management Review, 33 (3), 31–39.

［7］Hui, M. K., Au, K. and Fock, H. (2004). Empowerment Effects across Cultures, Journal of International Business Studies, 35, 46–60. Subramony, M. (2009). A Meta-Analytic Investigation of the Relationship between HRM Bundles and Firm Performance, Human Resource Management. 48 (5), 745–768.

［8］Berry, L. L. (1981). The Employee as a Customer, Journal of Retail Banking, 3, 33–44.

［9］Gronroos, C. (1984). A Service Quality Model and Its Marketing Implication, European Journal of Marketing, 18 (4), 36–44.

［10］Heskett, J. L., Jones, T. O., Loveman, G. W., Sasser, W. E. Jr., and Schlesinger, L. A. (1994). Putting the Service-Profit Chain to Work, Harvard Business Review. 72 (2), 164–174. Heskett, J. L., Sasser, W. E. Jr. and Schlesinger, L. A. (1997). The Service Profit Chain: How Leading Companies Link Profit and Growth to Loyalty, Satisfaction and Value, New York: Free Press.

［11］例如 Loveman, G. W. (1998). Satisfaction, Customer Loyalty and Financial Performance: An Empirical Examination of the Service Profit Chain in Retail Banking, Journal of Service Research, 1 (1), 18–31. Gelade, G. A. and Young, S. (2005). Test of a Service Profit Chain Model in the Retail Banking Sector, Journal of Occupational and Organizational Psychology, 78, 1–22. Larivière, B. (2008). Linking Perceptual and Behavioral Customer Metrics to Multiperiod Customer Profitability: A Comprehensive Service-Profit Chain Application, Journal of Service Research, 11 (1), 3–21.

索　引

致　谢

　　首先要感谢所有曾经使用过张志育所著《管理学：新观念，本土化，世界观》一书的读者。该书能够获得市场接受，显示中国台湾商学教育界确实有许多致力于提升教学成效的教师，同时也证明美式商学教科书"从俗而不创新"的传统并非唯一的生存之道。本书大致上是根据该书所建立的雏形来进一步调整更新，希望能延续该书配合顾客需要来持续寻求创新的传统。

　　其次要感谢前程文化事业公司的鼎力支持。要求企业家走上"人迹较少的道路"确属不合情理，但前程文化的傅和彦先生及其公子傅国彰先生多年来始终默默支持作者的抉择，即使市场评估分析显示并不乐观也不改其初衷。策略理论与案例早已显示"主流规格"确定后其他产品的生存空间有限，因此本书对前程文化而言又是另一次的冒险，作者必须致以最高的谢意与敬意。

　　最后也是最重要的，就是要感谢上苍的眷顾，让本书的两位作者在各自努力多年之后得以携手合作。在学术的漫漫长路上，能够遇到志趣相投的同事已属难能可贵，能够进一步截长补短密切合作则堪称是奇迹，而本书的两位作者很幸运的能够相互结识，在相知相惜之下首次激活合作并携手完成这本实验性的管理学教科书。期待在市场反应达到可接受水准之下，这个合作组合能够持之久远，为中国台湾的商学教科书带来全新的风貌。

叶日武、林玥秀

2010 年 7 月